Susan Sheehan
Ich bin nicht da, wo ihr mich sucht

DANKSAGUNG

Mein aufrichtiger Dank gebührt Dr. William L. Werner, dem Direktor des Psychiatriezentrums Creedmoor, der mich an einem Apriltag des Jahres 1978 im Creedmoor empfing und mich dazu ermunterte, vierundzwanzig Stunden pro Tag in seinem Zentrum zu verbringen. »Reden Sie mit jedermann, nehmen Sie an all unseren Zusammenkünften teil und lassen Sie die Öffentlichkeit wissen, wie schlimm die Zustände hier sind; vielleicht werden sie dann besser«, sagte er zu mir. Dr. Werner starb überraschend im September 1978, doch glücklicherweise wurde seine Politik der offenen Tür von seinen Nachfolgern weitergeführt. Hunderte von Patienten und Mitarbeitern haben mir während der drei Jahre, die ich damit zubrachte, für dieses Buch zu recherchieren und es zu schreiben, geholfen. Es ist mir leider nicht möglich, die Namen der einzelnen Patienten zu nennen, und wollte ich mehreren Hunderten von Mitarbeitern meinen Dank aussprechen, würde dies auf die Publikation einer reinen Namenliste hinauslaufen; deshalb möchte ich meinen aufrichtigen Dank jenen drei Menschen aussprechen, mit denen ich im Creedmoor am engsten zusammengearbeitet habe und die mir auf so großzügige Art ihre Zeit, ihr Wissen und ihre Freundlichkeit widmeten: Rita Amatulli, Hermine Plotnick und dem »Spezialisten für Psychopharmakologie«, wie er im Buch genannt wird, nämlich Dr. Gideon Seaman.

Mit Freude spreche ich auch an dieser Stelle einigen meiner Kollegen des *New Yorker* meinen Dank aus: Brendan Gill, Milton Greenstein, Ann Goldstein, Helen Ruttencutter, Nancy Holyoke, Eleanor Gould, Mary Norris, Edward Stringham, David Jackson, Sharon Lerner, Joseph R. Carroll, John M. Murphy, Bernard J. McAteer, William J. Fitzgerald, John Broderick, Patrick J. Keogh, Luis R. Feliciano, Juan Cruz Jr., Bruce J. Diones, Peter Deitch und Carmine J. Graziano. Jr. William Shawn, der Herausgeber des *New Yorker*, ist der einzige Herausgeber der Welt, der es einem Journalisten oder einer Journalistin gestattet, sich an ein so trauriges und schwieriges Thema heranzuwagen, und der dann einen ausführlichen Bericht über dieses Thema veröffentlicht. Das größte Privileg, das einem Journalisten oder einer Journalistin des *New Yorker* zuteil werden kann, ist, wenn ihm oder ihr John Bennet als Chefredakteur und Martin Baron als Überprüfer sämtlicher Sachinformationen zur Seite stehen, wie dies bei mir der Fall war.

Überdies bin ich der Ford Foundation für ihre großzügige finanzielle Unterstützung zu Dank verpflichtet, wie auch Jane und Andrea Goldwyn und Harvey Pincus, dem Research Facilities Office of the Library of Congress, und Austin Olney, Nan A. Talese, Gail Ross und Clay Morgan von Houghton Mifflin.

Der größte Dank gebührt Sylvia Frumkin, ihren Eltern und ihrer Schwester, daß sie die für dieses Buch notwendigen Einwilligungsformulare unterschrieben und mich in ihr Leben aufgenommen haben, so daß ich dieses Buch schreiben konnte. Dank der Mitarbeit der Familie Frumkin hatte ich Zugang zur Krankengeschichte von Sylvia Frumkin und war somit in der Lage, beinahe alles aus erster Hand zu berichten. Ich war auf der Abteilung und stenographierte Miss Frumkins Monologe. Ich war am jüdischen Neujahrsfest bei den Frumkins zum Abendessen eingeladen. Ich schlief in jener schneereichen Nacht, als Sylvia Frumkin sich entschloß davonzurennen, im Creedmoor-Hotel in einem Bett neben ihr.

Der Name Sylvia Frumkin und die Namen der Mitglieder ihrer Familie in diesem Buch wie in allen früheren Publikationen dieser Geschichte sind frei erfunden; überdies wurden auch kleinere deskriptive Einzelheiten verändert. Auch die Namen aller Patienten des Psychiatriezentrums Creedmoor sind fiktiv. Überdies habe ich auch hier Einzelheiten verändert oder umbenannt. Die Menschen, die in diesem Buch ihren tatsächlichen Namen tragen, sind die drei ehemaligen Direktoren des Creedmoor, eine Anzahl berühmter europäischer Psychiater, zwei Ärzte aus New York, die eine bekannte psychiatrische Studie durchführten, der Leiter der Clearview-Einheit und der für die Berufungen zuständige Anwalt des N. Y. Department of Mental Health. Schließlich sei noch erwähnt, daß ich verschiedene Male die Namen öffentlich bekannter Personen erwähnt habe, von denen viele in den Gesprächen von Miss Frumkin auftauchten.

Inhalt

I

Das Psychiatriezentrum Creedmoor

Kurz nach Mitternacht, am Freitag, dem 16. Juni 1978, beschloß Sylvia Frumkin, ein Bad zu nehmen. Miss Frumkin, eine übergewichtige, plumpe junge Frau, die in einem zweistöckigen gelben Backsteinhaus in Queens Village, New York, lebte, ging von ihrem Schlafzimmer im zweiten Stock ins Badezimmer nebenan und ließ warmes Wasser in die Wanne laufen. Vor ein paar Tagen hatte sie sich die Haare schneiden und eine Pagenfrisur machen lassen, die sie besonders kleidsam fand, und war deshalb in aufgeräumter Stimmung. Sie wusch ihr braunes Haar mit einem Shampoo und außerdem mit einem roten Mundwasser. Vor einigen Jahren hatte sie ihr Haar rot gefärbt, was ihr sehr gut gefallen hatte, und sie hatte bloß deshalb wieder damit aufgehört, weil ihr die Färberei alle sechs Wochen zu mühsam gewesen war. Sie stellte sich vor, das rote Mundwasser würde irgendwie von der Kopfhaut absorbiert werden und ihr Haar bliebe dann für immer rot. Miss Frumkin freute sich dermaßen über ihre neue Frisur, daß sie plötzlich glaubte, sie sei Lori Lemaris, die Nixe, der Clark Kent, der Held der alten »Superman«-Comics, im College begegnet war und in die er sich verliebt hatte. Sie blies Blasen ins Wasser.

Nach einigen Minuten vergnügter Possentreiberei stieg Miss Frumkin aus der Wanne. Sie rutschte auf dem Badezimmerboden aus – er war naß von der Planscherei – und verletzte sich beim Sturz am Hinterkopf. Die Platzwunde fing an zu bluten. Miss Frumkin versuchte, das Blut zu stillen, indem sie fest mit den Fingern auf die Wunde drückte, band sich dann ein großes Handtuch um den Kopf und ging ins Schlafzimmer zurück. Auf der Frisiertoilette stand ein Flakon mit teurem Parfüm, das eine Tante und ein Onkel ihr im Mai zu ihrem dreißigsten Geburtstag geschenkt hatten. Sie goß den Inhalt des Flakons auf die Wunde, teils, weil sie wußte, daß Parfüm Alkohol enthielt und Alkohol ein Antiseptikum war (1972 hatte sich Miss Frumkin in einem zehnmonatigen Kurs zur diplomierten Arztsekretärin ausbilden lassen), und teils, weil sie glaubte, sie sei Jesus Christus und ihre blutende Wunde sei der Anfang einer Dornenkrone. Und sie glaubte, sie sei Maria Magdalena, die Jesus die Füße gesalbt hatte. Als Miss Frumkin sich sechs Monate später an den Zwischenfall erinnerte, ärgerte sie sich über sich selbst, weil sie das Parfüm vergeudet hatte, das die Tante und der Onkel in Israel gekauft hatten und das nun nicht ersetzbar war. »Es war das einzige Parfüm, das ich je besaß, für das die Leute mir Komplimente machten«, sagte sie.

Miss Frumkins Kopf brannte, als das Parfüm mit der offenen Wunde in Kontakt kam; die Blutung ließ zwar nach, hörte aber nicht ganz auf. Es war nun bereits nach ein Uhr. Sie zog ein altes Nachthemd an und ging die Treppe hinunter ins Büro des Gebäudes, um dem Nachtaufseher, Dwight Miller, der von Mitternacht bis halb neun Uhr morgens Dienst hatte, zu erzählen, was geschehen war. Mr. Miller besah sich die Wunde, forderte Miss Frumkin auf, sich anzuziehen, und sagte, er würde sie zur Notfallstation des Long Island Jewish-Hillside Medical Center fahren, einem durch Spenden finanzierten Krankenhaus in New Hyde Park, das ganz in der Nähe lag. Die Wunde sah nicht schlimm aus, und Miss Frumkin wirkte ruhig – ruhiger, dachte Miller, als er an ihrer Stelle gewesen wäre –, aber er wußte, daß jede Kopfverletzung potentiell gefährlich war und von einem Arzt untersucht werden sollte. Miss Frumkin zog ihre Unterwäsche, eine rosa-weiß bedruckte Bluse und einen dazu passenden rosa-weiß gestreiften Rock an, ein Paar braune Sandalen, eine Timex-Uhr, die sie von ihrer Mutter geliehen hatte, weil sie ihre eigene verloren hatte, eine Brille mit achteckigem Gestell (Miss Frumkin ist sehr kurzsichtig) und einen beigen Poncho, den ihr ihre Schwester vor kurzem von einer Reise nach Peru als Geschenk mitgebracht hatte. Sie nahm eine große, gelbbraune Handtasche, die mit Notizbüchern, einem Sparbuch, Kosmetika und anderen persönlichen Gegenständen vollgestopft war, und ging nach unten.

Als Dwight Miller den Wagen startete, das Autoradio einstellte und in Richtung Krankenhaus fuhr, schien Miss Frumkin in Aufregung zu geraten. Aus dem Radio drang Paul McCartneys Song »The Lovely Linda«, und er sang gerade die Worte »La, la, la, la, la, the lovely Linda«. Mr. Miller wußte nicht, daß Miss Frumkin glaubte, McCartney singe den Text sarkastisch, weil er sich in sie verliebt hatte und seine Frau Linda nicht mehr liebte. Miss Frumkin fing an, leidenschaftlich mit dem Radio zu sprechen. Eine Zeitlang befürchtete Mr. Miller, sie würde aus dem Wagen springen. Miss Frumkin und Mr. Miller trafen um zwei Uhr nachts in der Notfallstation des L.I.J.-Hillside ein. Zuerst wurde Miss Frumkin von einer Krankenschwester befragt und untersucht. Einige Minuten lang hatte sich Miss Frumkin genügend unter Kontrolle, so daß die Schwester ihre Temperatur, Puls- und Atemfrequenz messen, ihre neurologischen Reaktionen prüfen, ihre Wunde ansehen und Fragen stellen konnte, die Miss Frumkin denn auch beantwortete. Sie gab ihren richtigen Namen und ihre richtige Adresse an, erzählte, wie es zum Sturz gekommen war, und teilte Namen und Anschrift ihrer nächsten Verwandten mit – ihrer Eltern Irving und Harriet Frumkin, die ebenfalls in Queens wohnen. Während sie auf den Arzt und den Röntgenassistenten wartete, steigerte sie sich in eine Aufregung hinein (sie fing an, rasch zu reden, und sagte, sie leide an Hypoglykämie und an der Wilsonschen Krankheit und sie sei Aschenbrödel, was alles nicht viel Sinn ergab); sie wurde noch aufgeregter, als der Röntgenassistent Aufnahmen ihres Schädels machte und der Arzt die Wunde nähte; und sie wurde noch unruhiger, als sich herausstellte, daß es ziemlich lange dauern würde, bis die Röntgenbilder entwickelt sein würden. Miss Frumkin tobte dermaßen, während sie und Mr. Miller auf der Notfallstation warteten, daß man beide in einen der kleinen Behandlungsräume auf der einen Seite der Notfallstation schickte, die eine gewisse Privatsphäre gewährleisteten; ein Sicherheitsbeamter gesellte sich zu ihnen. Miss Frumkin hatte dem Arzt, der ihre Wunde genäht hatte, derart Schwierigkeiten gemacht – indem sie ihre medizinischen Kenntnisse ostentativ zur Schau gestellt, sein medizinisches Wissen getestet, ihn der Inkompetenz beschuldigt, ihn beschimpft und ihm damit gedroht hatte, sie werde gegen ihn und das Krankenhaus Klage einreichen –, daß er einen der diensthabenden Assistenzärzte aus der Psychiatrie gebeten hatte, sie zu untersuchen. Als Miss Frumkin im kleinen Behandlungszimmer war, nahm ihr Verhalten zusehends bizarrere Formen an. Sie entledigte sich all ihrer Kleider, beschuldigte Mr. Miller, sie entführt und Annäherungsversuche gemacht zu haben, forderte dann ihn und den Sicherheitsbeamten zum Geschlechtsverkehr mit ihr auf und sagte, sie habe seit fünf Jahren keinen Verkehr mit einem Mann gehabt. Kaum war es den beiden Männern gelungen, Miss Frumkin ein Krankenhaushemd überzustreifen, hatte sie es in Sekundenschnelle wieder ausgezogen.

Gegen drei Uhr morgens kam Dr. Conrad Aaronson, einer der diensthabenden Assistenzärzte aus der Psychiatrie, um Miss Frumkin zu beobachten und ihr einige Fragen zu stellen. Er verbrachte etwa eine Stunde mit ihr und bat sie, ihm von sich zu erzählen und zu berichten, was sich in der Nacht ereignet habe. Er versuchte außerdem, mit ihr über ihre Vergangenheit zu reden. Daraufhin hielt Dr. Aaronson auf einem Krankenblatt des L.I.J.-Hillside seine Ansichten über Miss Frumkin und seine Empfehlungen fest. Dr. Aaronson schrieb, daß Miss Frumkin intelligent sei und »ihre Orientierung in allen drei Bereichen intakt war« – sie wußte, wer sie war, wo sie war und welcher Wochentag es war. Er fand es schwierig, ihr Kurz- und Langzeitgedächtnis zu beurteilen, weil sie eine ausgeprägte »Lockerung der Assoziationen« (das Abschweifen von einem Gedankengang zu einem anderen, der mit dem ersten nicht den geringsten Zusammenhang aufweist) sowie »Umständlichkeit« (das Steckenbleiben in einem Morast trivialer Einzelheiten, welches das Übermitteln eines Hauptgedankens behindert) an den Tag legte und auch, weil sie äußerst agitiert war, Schimpfworte gebrauchte und nicht kooperativ war. Dr. Aaronson vertrat die Ansicht, Miss Frumkins Einsichtsfähigkeit und Urteilsvermögen seien vermindert, sie sei »labil« (das heißt einem raschen Stimmungswechsel unterworfen) und neige zu Wutanfällen, Feindseligkeiten und Drohungen. Überdies seien einige ihrer Vorstellungen paranoid und sie habe einen »Beziehungswahn«, das heißt, sie interpretiere Vorkommnisse und Ereignisse der realen Umwelt fälschlicherweise so, als wiesen sie einen direkten persönlichen Zusammenhang mit ihr auf: So zum Beispiel teilte sie Dr. Aaronson nicht nur mit, Paul McCartney habe extra für sie gesungen, sondern auch, sie werde einen anderen ehemaligen Beatle, nämlich Ringo Starr, heiraten. Dr. Aaronson erklärte Miss Frumkin für »akut psychotisch«. (In einem Standardwörterbuch der Psychiatrie wird Psychose als »eine schwere psychische Erkrankung...« definiert, »bei welcher, die Fähigkeit des Individuums, zu denken, gefühlsmäßig zu reagieren, sich zu erinnern, zu kommunizieren, die Wirklichkeit zu interpretieren und sich dementsprechend zu verhalten, in einem solchen Maß gestört ist, daß seine Fähigkeit, den normalen Anforderungen des Lebens zu genügen, stark beeinträchtigt ist«.) Während Dr. Aaronson das Gespräch mit Miss Frumkin führte, waren ihre Röntgenbilder eingetroffen; der Befund war negativ. Dr. Aaronson schloß die Möglichkeit aus, daß ihr psychotisches Verhalten auf eine durch den Sturz bedingte körperliche Verletzung zurückzuführen sei. Sein Eindruck von Miss Frumkins Zustand war der, daß es sich um eine akute Verschlimmerung einer chronischen Schizophrenie – einer der am weitesten verbreiteten Formen von Geisteskrankheit – handle. Dr. Aaronson fand, Miss Frumkin sei unter keinen Umständen in der Lage, in ihr Zimmer in Queens Village zurückzukehren. Um 4.15 Uhr schrieb er in seinen Bericht: »Die Patientin zog nach dem Interview all ihre Kleider aus und fing, auf dem Boden sitzend, an zu singen und zu beten... Patientin muß sofort hospitalisiert werden, da sie in ihrem gegenwärtigen Zustand eine Gefahr für sich selbst und für andere darstellt.«

Miss Frumkin wurde gefragt, ob sie auf die psychiatrische Abteilung des L.I.J.-Hillside wolle. Obwohl sie bereits zweimal als Psychiatriepatientin dort gewesen war – ihr letzter Aufenthalt hatte vom 6. Februar 1978 bis zum 9. Mai 1978 gedauert – und viel von diesem Krankenhaus hielt, war sie dermaßen erzürnt, weil sie auf der Notfallstation hatte warten müssen, und zwar zu lang, wie sie fand, daß sie sich weigerte. Statt dessen bat sie darum, daß man sie ins Psychiatriezentrum Creedmoor in Queens Village bringe – eine staatliche Klinik für die zwei Millionen Einwohner von Queens. Miss Frumkin war sogar nach ihrem Aufenthalt im Hillside, das heißt bis vor zwei Wochen, im Creedmoor gewesen, nämlich vom 9. Mai 1978 bis zum 31. Mai 1978. Am 16. Juni um 4.30 Uhr rief Dr. Aaronson den diensthabenden Arzt vom Creedmoor an, der sich um die Nachtaufnahmen kümmerte, berichtete ihm von Miss Frumkin, beschrieb ihren Zustand und fragte, ob es in Ordnung sei, wenn er sie für ein Aufnahmegespräch – ein notwendiges Verfahren – vorbeischicke. Der Creedmoor-Psychiater erklärte sich damit einverstanden, und so füllte Dr. Aaronson einen Überweisungsschein aus. Um fünf Uhr morgens ließ ein Angestellter der Notfallstation einen städtischen Krankenwagen rufen, der in Kürze eintraf. Sobald Miss Frumkin sicher im Krankenwagen untergebracht worden war, der in Richtung Creedmoor davonbrauste, fuhr Dwight Miller allein zum Gebäude zurück, wo er arbeitete. Es handelte sich um eines der beiden von der Transitional Services for New York, Inc. verwalteten Übergangswohnheime auf dem Areal des Psychiatriezentrums Creedmoor; diese Gesellschaft ist eine gemeinnützige Organisation, die Geisteskranken bei ihrer Wiedereingliederung in ihre Gemeinde behilflich ist. Die meisten Bewohner der beiden Gebäude sind erst vor kurzem aus dem Creedmoor entlassen worden. Miss Frumkin hatte vom 14. Juni 1977 bis zum 5. Februar 1978 und erneut vom 31. Mai 1978 bis zu ihrem Sturz im Badezimmer am 16. Juni in einem dieser Gebäude gewohnt. Dwight Miller und Miss Frumkin kehrten beide um halb sechs Uhr morgens, gerade als die Sonne aufging, auf getrennten Wegen ins Creedmoor zurück.

ZWEI

D as Psychiatriezentrum Creedmoor (bis 1974 hieß es offiziell Creedmoor State Hospital, Staatskrankenhaus Creedmoor, und von vielen Patienten und Mitarbeitern wird es immer
noch Irrenanstalt oder Nervenheilanstalt genannt) ist ein Komplex aus siebzig über ein Areal von 1,2 Quadratkilometern verteilten Gebäuden. Die beiden ersten relativ modernen Gebäude
für Patienten wurden 1926 eröffnet und beherbergten kurz darauf schon mehr Patienten, als ihnen offiziell gestattet war. In den
folgenden dreißig Jahren war Creedmoor ständig überbelegt. Im
Jahr 1956 betrug die Überbelegung beinahe fünfundvierzig Prozent; in einem Krankenhaus, das offiziell nicht mehr als rund
4000 Patienten hätte aufnehmen dürfen, gab es nun 6000. Während jener Zeit gab es für die Creedmoor-Patienten keine einheitliche Behandlungsmethode. Patienten in Zwangsjacken waren
ein alltäglicher Anblick. Einigen Patienten wurden Sedativa verabreicht, wie zum Beispiel Paraldehyd, eine übelriechende Flüssigkeit, die sie für eine kurze Weile beruhigte, oder sie wurden
wie ein Kokon in eine beruhigende Packung gehüllt – nasse,
kühle Tücher, die erst um den Patienten und dann um die Untersuchungsliege gewickelt wurden, auf der er lag. In der Physiotherapie-Abteilung wurden einige Patienten mit Lichttherapie, Massagen und Perlbädern behandelt. In der Hydrotherapie-Abteilung behandelte man die Patienten mit Dauerbädern, das heißt,
sie wurden für einige Stunden in eine Wanne mit Wasser gesteckt. Ende der dreißiger und Anfang der vierziger Jahre wurden verschiedene Schockbehandlungen eingeführt, und zwar
unter anderem die Elektroschock- und Insulinschocktherapie.
Die Lobotomie* wurde 1952 eingeführt – »ein weiterer Beweis«,
so war im Jahresbericht der Klinik zu lesen, »für unseren Wunsch,
mit den modernen Strömungen auf dem Gebiet der Patientenpflege Schritt zu halten«.

Im Jahr 1952 stellte der französische Chirurg Henri Laborit

* Chirurgischer Eingriff im Gehirn

fest, daß Chlorpromazin, ein neu entwickeltes Phenothiazinderivat, eine bemerkenswert beruhigende Wirkung auf seine Patienten ausübte, und er wies darauf hin, daß es in der Psychiatrie eingesetzt werden könne. Infolge von Laborits Vorschlag wandten mehrere Psychiater Chlorpromazin bei ihren Patienten an, und in den folgenden Monaten fanden in Europa einige Versuche in kleinerem Rahmen statt. Dem Medikament schien Erfolg beschieden zu sein, doch als das New York State Department of Mental Hygiene 1954 einen Großversuch mit dem Medikament unternahm, befand man sich immer noch in der Experimentierphase. Fachleute auf dem Gebiet der Psychiatrie, die 1954 (das heißt vor der Einführung von Thorazin – der Markenname, unter dem Chlorpromazin bekannt wurde*) staatlich geführte psychiatrische Kliniken gesehen hatten und denselben Krankenhäusern 1956 erneut einen Besuch abstatteten, waren sich einig, daß die Veränderung nur mit einem einzigen Adjektiv adäquat beschrieben werden konnte: »revolutionär«. Tausende von höchst agitierten Patienten waren nun fügsam. Viele der Patienten, die ihre Tage mit andauerndem Schreien verbracht hatten, hatten sich insoweit beruhigt, als sie jetzt mit sich selbst redeten. Die Abteilungen konnten nun auch anders eingerichtet werden: Holzbänke wurden durch Stühle ersetzt und die Fenster mit Vorhängen versehen. Rasierapparate und Streichhölzer, die früher zu Recht als tödliche Waffen betrachtet worden waren, wurden nun an Patienten abgegeben, die jetzt in der Lage waren, sich selbst zu rasieren und sich ihre Zigaretten selbst anzuzünden, ohne sich oder andere zu verletzen oder die Klinik in Brand zu stecken.

Die sogenannten Wundermedikamente der Psychiatrie erlebten einen unerhörten Boom. 1960 fanden sich in den Krankenhausapotheken nebst Thorazin eine ganze Anzahl von neuen Phenothiazinderivaten mit antipsychotischer Wirkung, zum Beispiel Melleril, Compazine, Trilafon, Stelazine und Prolixin. 1978 gesellten sich weitere Psychopharmaka aus verschiedenen chemi-

---

* Dieses und auch die nachfolgend beschriebenen Medikamente sind entweder unter den gleichen oder unter anderen Firmennamen auch bei uns im Gebrauch (Anm. d. Übersetzerin).

schen Klassen hinzu, wie Taractan, Navane, Haldol und Moban, ferner Antidepressiva wie Elavil und Sinequan sowie Lithiumcarbonat, das bei manischen Zuständen eingesetzt wird. Durch die Medikamente konnte keine Heilung von schweren Geisteskrankheiten erzielt werden, und nicht einmal die eifrigsten Verfechter jener Medikamente behaupteten dies. Hingegen stellte man fest, daß mit diesen Medikamenten die auffälligen Symptome und das bizarre Verhalten bei Schizophrenie und anderen Psychosen unter Kontrolle gebracht werden, genau wie das Medikament Dilantin epileptische Anfälle hemmt. Bei Patienten, die von den furchteinflößenden Symptomen psychotischer Störungen befreit worden waren, konnten nun andere Behandlungsmethoden angewendet werden, wie zum Beispiel Psychotherapie, Arbeits- und Freizeitgestaltungstherapie. Viele Patienten, die man früher hatte einsperren müssen, durften sich jetzt innerhalb des Klinikareals frei bewegen, und viele Patienten, bei denen dank der neuen Medikamente eine Stabilisierung im Denken und Verhalten erzielt worden war – bei deren Psychosen es zu einer Remission gekommen war –, konnten aus der Klinik entlassen werden.

Die unmittelbare Wirkung der neuen Medikamente konnte nicht nur durch Adjektive, sondern ebenso eindrucksvoll durch Zahlen belegt werden. Im Jahresbericht des New York State Department of Mental Hygiene für das Wirtschaftsjahr 1956 stand, daß vom 1. April 1955 bis zum 31. März 1956 »bei den Maßnahmen zur Freiheitsbeschränkung und Absonderung, die eingesetzt werden mußten, damit schwer gestörte Patienten weder sich selbst noch andere gefährdeten, eine fünfzigprozentige Verringerung zu verzeichnen war«. Im selben Jahr sank die Patientenzahl der staatlich geführten psychiatrischen Kliniken von 93 314 auf 92 862 und verminderte sich in den folgenden Jahren weiterhin. 1978 belief sich die Gesamtzahl der Patienten der staatlichen psychiatrischen Kliniken auf 27 866.

Die Medikamente zeigten die größte Wirkung bei erstmaligen Patienten, von denen viele nun nach einigen Monaten der Behandlung bereits wieder entlassen werden konnten. Sylvia Frumkin zum Beispiel kam zum ersten Mal im Juni 1964 ins Creedmoor und wurde im Oktober 1964 wieder entlassen. Bei den chronischen und Langzeitpatienten – das heißt bei denjenigen, die auf den »rückwärtigen Stationen« landeten – zeitigten die Medikamente eine geringere Wirkung. Damals waren die chronischen Patienten in der Überzahl. 1962 waren beinahe fünfundsechzig Prozent der Patienten staatlicher Kliniken für fünf oder mehr Jahre hospitalisiert worden, und beinahe dreißig Prozent für zwanzig oder mehr Jahre. Einige Ärzte sagten, daß diese Patienten nicht auf die Medikamente ansprachen, weil ihre Psychosen bereits so lange bestanden, daß sie chronisch geworden waren. Einige Soziologen vertraten die Ansicht, die chronischen Patienten seien mindestens genausosehr das Opfer der Klinik, in die man sie eingesperrt hatte, wie das Opfer der Krankheit, aufgrund derer sie zum ersten Mal in die Klinik gekommen waren – sie seien derart »institutionalisiert« worden, daß sie in einem Zustand des Rückzugs in sich selbst, der Apathie, der Abhängigkeit und Kommunikationsunfähigkeit verharrten, obwohl die neuen Medikamente ihnen vielleicht etwas Besserung hätten verschaffen können.

Die Einführung dieser neuen Medikamente hatte jedoch zur Folge, daß sowohl die Politik des New York Department of Mental Hygiene als auch die der Gesundheitsbehörden anderer US-Staaten Mitte der sechziger Jahre einen Wandel erfahren hatten. Bis dahin waren nämlich im Staat New York weiterhin neue psychiatrische Kliniken gebaut und bestehende, wie zum Beispiel Creedmoor, vergrößert worden, um der großen Anzahl Patienten gerecht werden zu können. Sobald dank der Medikamente der Überbelegung der Kliniken Schach geboten worden war, änderte die Gesundheitsbehörde ihre Politik in dem Sinn, daß die Kliniken nun entvölkert wurden. Nachdem die Behörde Journalisten und Soziologen, die diese Kliniken fundiert angegriffen hatten, jahrelang ignoriert hatte, war das New York State Department of Mental Hygiene nun plötzlich mit den Kritikern in jeder Hinsicht einer Meinung: Staatskliniken stellten für die geistige Gesundheit der Psychiatriepatienten eine Gefahr dar. Das Department kündigte seine radikal neuen Zielsetzungen an, wonach erstens die bereits institutionalisierten Patienten »entinstitutionalisiert«, zweitens die neuen Patienten vor einem chronischen Verlauf ihrer Krankheit bewahrt werden sollten, indem man von der alten Einweisungspolitik abwich, und drittens die Dauer des

Klinikaufenthalts derjenigen Patienten verkürzt werden sollte, deren Psychose so akut war, daß man sie aufnehmen mußte. Der richtige Ort für die meisten Geisteskranken, so sagte das State Department, sei die Gemeinde.

Sowohl die einzelstaatliche als auch die bundesstaatliche Legislative – insbesondere das Community Mental Health Centers Act, das 1963 vom Kongreß verabschiedet wurde – forderten die Bereitstellung von Mitteln für die Gründung von Psychiatriezentren in den einzelnen Gemeinden, um den Einfluß der in Mißkredit geratenen staatlichen Anstalten bei der Betreuung der Psychiatriepatienten zu reduzieren; doch diese Gemeindezentren kamen, wenn überhaupt, nur sehr langsam zustande. Im Bestreben, die neuen politischen Richtlinien Mitte der sechziger Jahre zu verwirklichen, mußte das State Department zugeben, daß die zentralisierten Großanstalten sich eher für die Ende des neunzehnten und in der ersten Hälfte des zwanzigsten Jahrhunderts üblichen Praktiken – das heißt für die »Aufbewahrung« von geschädigten Menschen – eigneten als für das umgekehrte Ziel, nämlich für die Behandlung und Entlassung von Menschen, die geheilt werden können.

Die Patientenzahl des Psychiatriezentrums Creedmoor hatte in den ersten zehn Jahren nach der Einführung von Thorazin nicht so schnell abgenommen wie die der anderen staatlichen Kliniken. Der Direktor vom Creedmoor, Dr. Harry A. LaBurt, glaubte an die alte Behandlungspolitik und an die Aufrechterhaltung des Status quo.

1968 war es schließlich soweit, daß sich die Atmosphäre auf den Stationen Creedmoors infolge der Wirksamkeit der neuen Medikamente zwar verbessert hatte, doch war das Psychiatriezentrum im wesentlichen eine nach dem Muster der Jahre vor 1955 geleitete Klinik geblieben. Die Aufnahmestationen, wo die neuen Patienten untergebracht wurden, befanden sich alle in einem Gebäude und beschäftigten die Mehrheit des knapp bemessenen Fachpersonals, über das das Zentrum verfügte. Patienten, deren Zustand sich innerhalb von zwölf bis achtzehn Monaten nicht besserte, wurden auf die rückwärtigen Stationen geschickt und teilten dort mit den chronisch Geisteskranken das Los der Vernachlässigung. 1966, als die durchschnittliche Aufent-

haltsdauer von neuen Patienten in staatlichen Kliniken auf vierundsiebzig Tage zurückgegangen war, wurde Sylvia Frumkin
zum zweiten Mal im Creedmoor hospitalisiert. Sie blieb siebenundzwanzig Monate dort. Nachdem sie weder auf Medikamente
noch auf Elektroschocks und Insulinschocks angesprochen hatte –
Creedmoor hörte als letzte staatliche Anstalt mit der Insulinschocktherapie auf, und Miss Frumkin erinnert sich mit besonderer Wut und mit Groll an diese Behandlung –, wurde sie von der
Aufnahmestation auf eine rückwärtige Station verlegt. 1968
stand jedem Patientengebäude ein Psychiater vor; die Leitung
erfolgte in seinem Namen durch eine Oberschwester. Zwar handelte es sich beim Abteilungspersonal im wesentlichen um Aufsichts- und Reinemachepersonal, doch konnten diese Angestellten den Patienten das Leben angenehmer machen, wenn sie die
Patienten mochten und wenn die Patienten sich anständig benahmen und sich kooperativ zeigten. (»Gute« Patienten halfen dem
Personal aufzuräumen, was »böse« Patienten hinterlassen hatten,
und wurden mit Zigaretten, 25-Cents-Münzen oder kleinen Privilegien belohnt, wenn sie die Betten machten, die Fußböden
schrubbten und die Wagen der Angestellten wuschen.) Das Abteilungspersonal konnte Patienten, die es als schwierig oder »lästig« empfand – ein Wort, das häufig in den Berichten über Miss
Frumkins zahlreiche Aufenthalte im Creedmoor auftauchte –,
das Leben schwermachen. Miss Frumkin blieb während mehrerer Monate auf der rückwärtigen Station und verbrachte insgesamt sechs Wochen in einer Zwangsjacke. Ihre Hauptaufseherin
hieß Evelyn Deacon, eine Frau, die Miss Frumkins Meinung nach
mit Mr. Hobbs und Schwester Ratched zu vergleichen war –
zwei unsympathischen Gestalten aus *Ich hab dir nie einen Rosengarten versprochen* und *Einer flog über das Kuckucksnest*; zwei von den
vielen Büchern, die in einer psychiatrischen Klinik spielen und die
Miss Frumkin mit großem Interesse las. Gegen Ende des Jahres
1968 verbesserte sich der Zustand von Miss Frumkin überraschend, und sie wurde 1969 entlassen. Im Januar 1969 wurde der
Direktor, Dr. LaBurt, der das gesetzliche Pensionsalter von siebzig bereits überschritten hatte, trotz Widerstands zum Rücktritt
gezwungen, nachdem er mehr als fünfundzwanzig Jahre lang
Direktor vom Creedmoor gewesen war.

Der neue Direktor, Dr. Irwin M. Greenberg, vertrat die Ansicht, große staatlich geführte Krankenhäuser wie Creedmoor sollten entvölkert werden. Im Winter 1969 wurde die Insulinabteilung abgeschafft, die Aufnahmestationen und die rückwärtigen Stationen wurden aufgehoben, und die meisten Patienten vom Creedmoor wurden in jenen Einheiten untergebracht, die den Sektoren von Queens entsprachen, wo sie vorher gelebt hatten. Jede Einheit wurde zu einem halbautonomen Mini-Krankenhaus, dem ein »Einheiten-Leiter« oder ein Chef vom Dienst vorstand, und es wurden dort lediglich Patienten aus dem entsprechenden »Einzugsbereich« aufgenommen. Jede Einheit verfügte über ein eigenes »Behandlungsteam«, das sich aus Psychiatern, Psychologen, Schwestern, Sozialarbeitern, Arbeits- und Freizeitgestaltungstherapeuten zusammensetzte, und alle mußten die Patienten ihrer Einheit kennen; bei den Patienten handelte es sich um eine Mischung aus alt und jung, aus akuten und chronischen Fällen. Von den Mitarbeitern wurde erwartet, daß sie mit allen Patienten intensiv arbeiteten und in engem Kontakt mit dem Personal der Ambulanz standen. Diese Ambulanzen wurden zuerst auf den Abteilungen eingerichtet und dann nach und nach auf den der Einheit entsprechenden geographischen Sektor verlegt, um entlassene Patienten unterstützend zu betreuen, sie vor einer erneuten Einweisung zu bewahren und andere Klienten davor zu schützen, daß sie jemals stationär behandelt werden mußten. Dr. Greenberg blieb drei Jahre im Creedmoor. Während seiner Dienstzeit sank die Zahl der stationären Patienten von 5704 auf 2949, während die Zahl der ambulant zu behandelnden Patienten von Null auf 3000 stieg. Die Patientenzahl ging unter dem nächsten Direktor vom Creedmoor, Dr. William L. Werner, weiter zurück; am 31. März 1978 belief sich die Zahl der Patienten auf 1684.

Im Jahr 1978 gab es im Psychiatriezentrum Creedmoor einige Sondereinheiten für Patienten, die eine besondere Betreuung benötigten, namentlich einige größere Geriatrie-Einheiten für Patienten, die fünfundsechzig und älter waren, eine kleine Jugend-Einheit für etwa zwanzig Patienten im Alter von sechzehn bis zwanzig, eine kleine Einheit für forensische Fälle (Patienten, die eines Verbrechens angeklagt und als prozeßunfähig betrachtet worden waren, weil sie an einer Geisteskrankheit oder an einer Geistesstörung litten, sowie Patienten, gegen die ein Prozeß geführt worden war, die aber aus denselben Gründen für unschuldig erklärt worden waren), eine kleine neue Einheit für einige der mehrfach behinderten Patienten Creedmoors (die an schwerer Retardierung und an schweren Psychosen litten und in einigen Fällen auch an einer körperlichen Behinderung) und eine kleine Einheit für Alkoholiker. Die neun geographischen Einheiten des Krankenhauses beherbergten jedoch etwa drei Fünftel der Creedmoor-Patienten. In der kleinsten geographischen Einheit belief sich die Zahl der stationären Patienten 1978 auf durchschnittlich siebzig und in der größten Einheit auf durchschnittlich hundertfünfzig. Die Bevölkerung von Queens ist vorwiegend weiß, und die stationären Patienten Creedmoors widerspiegelten diese Demographie.

1972 wertete der Staat New York das Berufsbild und den Status der Angestellten des öffentlichen Dienstes für die in den staatlichen psychiatrischen Kliniken arbeitenden Angestellten auf und verlieh ihnen neue Berufsbezeichnungen: mental-hygiene assistant therapy aides oder M.H.A.T.A.s (assistierende Therapiehelfer/innen für Psychohygiene) und mental-hygiene therapy aides oder M.H.T.A.s (Psychohygiene-Therapiehelfer/innen). Im Creedmoor wandelten das Personal und die Patienten die beiden Abkürzungen zu dem Begriff *mahatas* ab. Für Miss Frumkin klang der Begriff *mahata* nach einer Mischung aus indischen Elefantentreibern und brahmanischen Weisen. Doch Miss Frumkin und viele andere weiße Patienten verwenden, wenn sie wütend sind, den Begriff »nigger bitches« (Niggerhuren). 1978 waren die im Creedmoor tätigen Pflegerinnen in der großen Mehrheit schwarze Frauen. In den dreißiger und vierziger Jahren hatte das Abteilungspersonal mehrheitlich aus irischen, italienischen und deutschen Angestellten bestanden, doch die meisten von ihnen waren in den Ruhestand versetzt worden. In den fünfziger Jahren hatte die Zahl der weißen Frauen abgenommen, die sich um diese schlechtbezahlten Jobs bewarben. Es herrschte ein akuter Mangel an männlichen Bewerbern jeglicher Nationalität. Männer, die beim Test für Therapiehelfer gut abschnitten, schnitten meistens ebenso gut bei den Tests für Stadtpolizisten

oder Angestellte des Gesundheitswesens oder für Sicherheitsbeamte im Creedmoor ab; all diese Berufe wurden besser bezahlt.

Auch in den oberen Rängen der Hierarchie des Klinikperso-
nals zeigte sich die wirtschaftliche und ausbildungstechnische
Rassenschranke Amerikas. 1978 waren die Sozialarbeiter, Psychologen, Arbeits- und Freizeittherapeuten, Chefs der Behandlungsteams und Leiter der Einheiten vornehmlich weißer Haut-
farbe, in Amerika geboren und in Amerika ausgebildet. Die
Psychiater hingegen stammten vorwiegend aus dem Ausland und
hatten auch ihre Ausbildung im Ausland genossen. Während
Jahrzehnten war es beinahe unmöglich gewesen, Psychiater, die
in Amerika geboren und ausgebildet worden waren, ins Creedmoor zu bringen. In den vierziger Jahren hatten einige Psychiater
aus Europa, die vor Hitler geflohen waren, nach ihrer Immigra-
tion eine Tätigkeit in den staatlichen Krankenhäusern angenommen. Einige dieser Psychiater waren auf ihrem Posten geblieben,
doch in den späten siebziger Jahren hatten die meisten das Pensionsalter erreicht und wurden hauptsächlich durch Asiaten ersetzt, die die Stabilität und die Aussicht auf eine wirtschaftliche
Sicherheit in den Vereinigten Staaten den Risiken vorzogen, die
eine Ausübung ihrer Tätigkeit in ihrem unterentwickelten und
oft turbulenten Heimatstaat mit sich gebracht hätte. So sind seit
den vierziger Jahren die Probleme zwischen Psychiatern und Patienten im Creedmoor vor allem Probleme der sprachlichen und
kulturellen Verständigung gewesen. Einige europäische Psychiater hatten mit der Zeit gut Englisch reden und schreiben gelernt.
Andere nicht. Durch die Zunahme der asiatischen Psychiater
häuften sich die Schwierigkeiten erneut, weil die kulturellen
Unterschiede noch größer waren. Am 9. Mai 1978, als Miss
Frumkin ihren jüngsten Aufenthalt im Creedmoor antrat, war sie
von Dr. Felix Koppel, einem Tschechoslowaken, aufgenommen
worden, der fließend Englisch reden und schreiben konnte. Am
31. Mai, als sie vom Creedmoor ins Übergangsheim überwiesen
werden sollte, war sie von einem seiner Kollegen, Dr. Sun, einem
Chinesen, entlassen worden. Dr. Sun gebrauchte oft männliche
Pronomen, wenn er von seinen Patientinnen sprach. Am Tag der
Entlassung von Miss Frumkin teilte er ihren Eltern mit: »Dem
Patienten, ihm geht es gut.«

Zwischen acht Uhr morgens und halb fünf Uhr nachmittags, in jenen Stunden, in denen fast das ganze Fachpersonal vom Creedmoor Dienst hatte, führte jede geographische Einheit die Aufnahmeformalitäten mit ihren zukünftigen Patienten selbst durch. Von vier Uhr dreißig nachmittags bis acht Uhr morgens, wenn keine staatlich geprüften Krankenschwestern in den geographischen Einheiten Dienst versahen und auch wesentlich weniger Psychiater anwesend waren, wurden die Aufnahmeformalitäten im zweiten Stockwerk im Gebäude 40 durchgeführt, einem häßlichen siebzehnstöckigen Hochbau, der den medizinischen Trakt des Psychiatriezentrums bildet; hierher wurde Miss Frumkin am 16. Juni 1978 kurz vor sechs Uhr morgens gebracht.

Eine Krankenschwester und der für den Nachtdienst zuständige Psychiater, Dr. Anand Khanna, kümmerten sich unverzüglich um Miss Frumkin. Dr. Khanna las den Bericht, der mit Miss Frumkin vom L.I.J.-Hillside gekommen war, beobachtete sie und stellte ihr eine Reihe von Fragen. Wie Dr. Aaronson fand auch Dr. Khanna, daß Miss Frumkins Orientierung in bezug auf Zeit, Ort und ihre Identität intakt war, daß sie Stimmungswechseln unterworfen war und daß ihre Einsichtsfähigkeit und ihr Urteilsvermögen stark eingeschränkt waren. Sie gab zu, die Stimme Gottes zu hören, und machte einige Aussagen (»Jeder ist darauf aus, einen andern irgendwie unterzukriegen«), die er als paranoide Wahnvorstellung klassifizierte. Seine Diagnose lautete »paranoide Schizophrenie«. Obwohl Miss Frumkin leugnete, irgendwelche Selbstmord- oder Mordabsichten zu hegen, beschloß Dr. Khanna, daß sie hospitalisiert werden müsse, weil sie seiner Meinung nach »sich selbst Schaden zufügen könnte«.

1978 gab es in New York zwei Hauptkriterien für die Aufnahme in ein staatliches Psychiatriekrankenhaus: wenn man als für andere gefährlich betrachtet wurde – Mordabsichten vorlagen oder die Gefahr tätlicher Angriffe bestand – und wenn man für sich selbst gefährlich war. Die letzte Kategorie umfaßte die Selbstmordgefährdeten und Menschen wie Miss Frumkin, die nun von zwei Psychiatern für unfähig erklärt worden war, in der Gemeinde zu überleben. In früheren Jahrzehnten hatte Creedmoor Menschen, die allgemeine psychotische Symptome wie Wahnideen (fest fixierte Ideen, die trotz logischer Argumente und objektiver gegenteiliger Beweise aufrechterhalten werden) oder akustische und optische Halluzinationen (falsche Sinneswahrnehmungen in Abwesenheit realer äußerer Reize) hatten, bereitwillig aufgenommen und sie manchmal jahrelang behalten; doch 1978 entsprach es der Politik des Staates New York, daß harmlose Psychotiker in ihrer Gemeinde behandelt wurden.

Dr. Khanna fragte Miss Frumkin, ob sie einen Vordruck für freiwillige Einweisung unterzeichnen wolle. Sie willigte ein. Das Formular weist einen siebenzeiligen Zwischenraum auf, wo die Person, die eine freiwillige Einweisung beantragt, ihre Gründe für die Hospitalisierung angeben soll. Miss Frumkin schrieb in ihrer Krakelschrift drei knappe Worte hin: »Ich brauche Ruhe.« Hätte sie sich geweigert, das Formular zu unterzeichnen, und hätte man gleichzeitig eine unverzügliche Hospitalisierung für nötig befunden, hätte sie auch gegen ihren Willen eingeliefert werden können, wie dies in ihrer Vergangenheit mehr als einmal der Fall gewesen war. Dr. Khanna fragte Miss Frumkin, welche Medikamente sie nehme. Sie sagte ihm, sie nehme zweihundert Milligramm Moban pro Tag – eine mäßig hohe Dosis eines der neuen Neuroleptika. Dr. Khanna verschrieb ihr dasselbe Medikament, regte jedoch an, daß die Medikation vom Abteilungsarzt, zu dem Miss Frumkin einige Stunden später für das Aufnahmegespräch geschickt werden würde, nochmals überprüft werden sollte.

Die Krankenschwester im Gebäude 40 führte eine kurze Untersuchung bei Miss Frumkin durch. Temperatur, Puls und Blutdruck waren normal; sie war 162 cm groß und wog neunundsechzig Kilo. Die Schwester sorgte auch dafür, daß die von Dr. Khanna angeordneten Blut- und Urinproben sowie der Röntgen-Thorax (eine Routineuntersuchung bei der Aufnahme im Creedmoor) durchgeführt wurden. Miss Frumkin wurde ein Merkblatt über Creedmoor ausgehändigt mit dem Titel »Informationen über Ihre Klinik«, das sie in die Handtasche stopfte, weiter ein Formular, in dem ihr Status und ihre Rechte als freiwillige Patientin erläutert waren, das sie ungelesen unterzeichnete, weil sie ihre Rechte bereits auswendig kannte. Miss Frumkin wußte, daß ein freiwilliger Patient jederzeit nach seiner Aufnahme in die Klinik seine Entlassung schriftlich beim Direktor der Anstalt beantragen konnte. Innerhalb von drei Tagen mußten die Stellvertreter des Direktors den Patienten dann entweder entlassen oder, falls sie der Ansicht waren, der Patient müsse weiterhin hospitalisiert bleiben, eine gerichtliche Verfügung beantragen, um den Patienten oder die Patientin gegen seinen/ihren Willen dabehalten zu können. Im allgemeinen war es üblich, daß Briefe von freiwilligen Patienten, in denen eine Entlassung binnen zweiundsiebzig Stunden beantragt wurde, demjenigen Psychiater geschickt wurden, dem der betreffende Fall am vertrautesten war. Vertrat ein Psychiater die Meinung, einer seiner Patienten benötige gegen seinen Willen eine Weiterbehandlung in der Klinik, so bat er einen Kollegen, den Patienten zu untersuchen. War der Kollege ebenfalls der Meinung, der Patient müsse noch weiter stationär betreut werden, so wurde der Patient im Creedmoor behalten, während ein Unterbringungsverfahren bei Gericht eingeleitet wurde. Das New York State Supreme Court for Queens County hielt einmal pro Woche eine Sitzung im Creedmoor ab – im Gebäude 40. Jeder freiwillig eingelieferte Patient hatte Anspruch auf eine Gerichtsverhandlung und das Recht, bei der Sitzung kostenlos durch einen Anwalt vertreten zu werden.

Miss Frumkin hatte das Übergangswohnheim als ihre Adresse angegeben. Es befand sich im Einzugsbereich der Queens-Village-Einheit. Um acht Uhr, als die Tagesschicht sich im Creedmoor zum Dienst meldete, wurde Miss Frumkin ins Patientengebäude der Queens-Village-Einheit gebracht. Sie verbrachte eine kurze Zeit dort. Der Einzugsbereich der Clearview-Einheit, das heißt der Nordosten von Queens, umfaßt Flushing, Bayside und Beechhurst, wo Miss Frumkins Eltern leben; Miss Frumkin war vom 9. bis zum 31. Mai Patientin der Clearview-Einheit gewesen. Gemäß den im Creedmoor üblichen Verfahren wurden die meisten Patienten, die innerhalb von neunzig Tagen nach ihrer Entlassung zurückkehrten, für die Neueinweisungsformalitäten in jene Einheit geschickt, aus der sie entlassen worden waren.

Kurz nachdem die Leiterin von Clearview, Hermine Plotnick, am 16. Juni um acht Uhr morgens zur Arbeit gekommen war, erhielt sie von einer Angestellten der Queens-Village-Einheit einen Anruf. Die Angestellte teilte Mrs. Plotnick mit, Miss Frumkin befinde sich in der Queens-Village-Einheit und werde demnächst in die Clearview-Einheit gebracht. Als Miss Frumkin am 31. Mai aus Clearview in das Übergangsheim entlassen worden war, hatte Mrs. Plotnick befürchtet, sie werde den Belastungen des Lebens in dieser weniger geschützten Umgebung nicht standhalten. Mrs. Plotnick wußte, daß Miss Frumkin seit langer Zeit immer wieder »dekompensierte« – ihr Zustand verschlimmerte sich zu einem psychotischen Zustand –, wenn sie glaubte, einem Druck ausgesetzt zu sein; aber Mrs. Plotnick war enttäuscht, daß Miss Frumkin es nur zwei Wochen außerhalb der Abteilung ausgehalten hatte.

Mrs. Plotnick brachte einen großen Teil ihrer Zeit mit der Erledigung administrativer Pflichten zu. Abgesehen davon, daß sie für die stationäre Abteilung von Clearview verantwortlich war – die 1978 am zweitdichtesten belegte geographische Einheit der Klinik, mit durchschnittlich 146 Patienten pro Tag in den vier geschlossenen Abteilungen –, war sie auch für das Clearview-Motivationszentrum, das Clearview-Tageszentrum und die Clearview-Ambulanz zuständig. Mrs. Plotnick ist eine kleine, dunkelhaarige Person anfangs fünfzig. Sie erledigt ihre administrativen Aufgaben flink und effizient; gewöhnlich steht sie morgens um halb sechs auf, setzt sich im Wohnzimmer an einen ihrer beiden Flügel, um zu spielen, und verbringt anschließend einen zehn- oder zwölfstündigen Arbeitstag. Sie ist gegenüber denjenigen ihrer Einheit, die nicht volle acht Stunden arbeiten, höchst intolerant. Als Folge ihres ausgefüllten Tagesablaufs lernte sie nicht alle stationären Patienten der Clearview-Einheit kennen, aber sie kannte die meisten Langzeitpatienten und die mehrfach rückfälligen wie Miss Frumkin.

Miss Frumkin war eine der ersten Patientinnen gewesen, auf deren Namen Mrs. Plotnick, kurz bevor sie am 28. Februar 1974 Leiterin von Clearview wurde, aufmerksam geworden war. Am 27. Februar war Mrs. Plotnick mit ihrer Vorgängerin zusammengekommen, um die unmittelbaren Probleme zu erörtern, mit denen sie sich würde auseinandersetzen müssen. Als eine ihrer ersten Pflichten hatte sie sich um einen Fall zu kümmern, bei dem es um eine Miss Frumkin und eine Therapiehelferin ging, die Miss Frumkin im Januar 1974 geschlagen hatte und die der Mißhandlung von Patienten beschuldigt worden war. (Es wurden schließlich Disziplinarmaßnahmen gegen die Therapiehelferin eingeleitet.) Miss Frumkin war im April 1974 aus dem Psychiatriezentrum Creedmoor entlassen worden, bevor Mrs. Plotnick, die ganz mit der Übernahme und Reorganisation ihrer neuen Einheit beschäftigt war, eine Möglichkeit gehabt hatte, sie zu sehen; doch Miss Frumkin war im Februar 1976 ins Creedmoor und in die Clearview-Einheit zurückgekehrt und bis zu ihrer ersten Entlassung und Überweisung an das Übergangswohnheim im Juni 1977 dort geblieben.

Im Lauf dieser sechzehn Monate hatte Mrs. Plotnick Miss Frumkin gut kennengelernt. Miss Frumkin gehört zu jener Art Menschen, die sogar in einer Menge auffallen – auch in einer Menge Patienten auf einer psychiatrischen Abteilung. Mrs. Plotnick und viele ihrer Mitarbeiter fanden Miss Frumkin irritierender und auch bemitleidenswerter als die meisten anderen Patienten. Sie nervte das Personal dermaßen, weil die akuten Phasen ihrer psychotischen Episoden (während derer sie Mitglieder des Pflegepersonals oft schlug und bis zur Weißglut trieb, wenn sie sie auch weniger häufig bis zu dem Punkt reizte, wo sie zurückschlugen) wesentlich länger dauerten, als dies bei den meisten andern Patienten der Fall war, und weil sie, auch wenn sie sich nicht gerade in einer akuten Phase befand, arrogant, garstig und anspruchsvoll war. Sie wirkte bemitleidenswert, weil der Unterschied zwischen dem, was sie war, und dem, was sie hätte sein können, wesentlich größer war als bei den andern Patienten. Sylvia Frumkins ältere Schwester Joyce war eine bekannte und gut bezahlte leitende Angestellte in einem der elegantesten Warenhäuser New Yorks, und der Erfolg von Joyce nagte an ihrer jüngeren Schwester. Mrs. Plotnick hegte die Vermutung, Sylvia Frumkin hätte eine glanzvolle Karriere machen können, hätte sie nicht zuviel Zeit ihres Lebens als Psychiatriepatientin verbracht. Sylvias schillernde Persönlichkeit, ihre verbalen Ausdrucksfähigkeiten und ihr Scharfsinn waren ungewöhnlich. Sogar als Patientin versuchte Miss Frumkin sich ins Rampenlicht zu stellen, und es gelang ihr auch oft. 1977 war sie eine von bloß etwa zwölf Patientinnen und Patienten, die Dr. Werner einzeln einmal pro Woche zu einer einstündigen Psychotherapiesitzung kommen ließ. Er hatte von Miss Frumkin gehört und war der Meinung, er könne ihr helfen, auch wenn dies so vielen andern Ärzten vor ihm nicht gelungen war.

Obwohl Miss Frumkin 1964, das heißt im Alter von fünfzehn Jahren, zum ersten Mal als schizophren diagnostiziert und als krank genug angesehen worden war, um hospitalisiert zu werden – fast zehn Jahre, nachdem Thorazin und einige der andern neuen Medikamente bei Tausenden von Patienten mit chronischer und erstmaliger Schizophrenie Wunder gewirkt hatten –, hatten die Medikamente bei ihr nur ein begrenztes Ergebnis gebracht. Bis 1977 hatten ihr zahlreiche Ärzte zahlreicher Kliniken zahlreiche Dosen zahlreicher Medikamente und Kombinationen von Medikamenten verschrieben. »Mein Blut ist die reinste Chemie«, hatte sie Hunderte von Malen geschrien. Die Neuroleptika, Antidepressiva und Medikamente mit antimanischer Wirkung hatten ihr zwar geholfen, ihre akuten Episoden zu überwinden und ihren Zustand zu stabilisieren, sie jedoch nie soweit gebracht, daß sie ein selbständiges Leben in der Gemeinschaft hätte führen können. So war sie zum Beispiel nie in der Lage gewesen, längere Zeit einer Vollbeschäftigung nachzugehen, und es gelang ihr nicht, während längerer Zeit ohne Aufenthalt in einer psychiatrischen Klinik auszukommen, auch wenn sie nicht unter dem Druck stand, sich ihren Lebensunterhalt verdienen zu müssen. Miss Frumkin gehörte einer unglücklichen Minderheit an – jenen schätzungsweise fünfzehn Prozent aller schwer gestörten Geisteskranken –, die »therapieresistent« ist. Sowohl Mrs. Plotnick als auch Dr. Werner, die beide die Krankengeschichte von Miss Frumkin kannten, waren betrübt gewesen, als sie feststellen mußten, wie sehr sich ihr Zustand bis 1977 verschlimmert hatte. Nach ihrem ersten Aufenthalt im Psychiatriezentrum Creedmoor, der vier Monate dauerte, war Miss Frumkin in der Lage gewesen, die High-School zu beenden. Nach ihrem dritten Klinikaufenthalt im Jahr 1972 war sie fähig gewesen, einen Kurs an einer Arztsekretärinnenschule abzuschließen. Von da an war es mit Miss Frumkins Leben stets weiter abwärts gegangen. Ihre akuten psychotischen Episoden dauerten länger, sie funktionierte während jeder Remission weniger gut, und die Intervalle zwischen den einzelnen Klinikaufenthalten wurden kürzer. Auch wenn sie sich im Creedmoor befand – zum Beispiel während der sechzehn

Monate von Anfang 1976 bis Mitte 1977 –, schwang ihr geistiger Zustand auf und ab wie eine Wippe. Ihr Gewicht ebenfalls. Manchmal wog sie 57, manchmal 79 Kilo.

Miss Frumkins Gewicht war das erste, was Mrs. Plotnick auffiel, als sie am 16. Juni 1978, um 9.45 Uhr der Therapiehelferin der Queens-Village-Einheit mit Miss Frumkin im Schlepptau im Büro der Sekretärinnen der Clearview-Einheit begegnete. Als Miss Frumkin vor zwei Wochen entlassen worden war, hatte sie bereits Übergewicht gehabt – einige Patientinnen hatten sie Nilpferd genannt –, und nun schienen ihre Hüften noch ausladender geworden zu sein. Der Reißverschluß ihres Rocks war dem Druck nicht gewachsen; er war halb offen.

Als Miss Frumkin Hermine Plotnick sah, umarmte sie sie. Sie stieß einen maschinengewehrfeuerartigen Bericht ihres Sturzes hervor und erzählte rasch und wütend, wie man sie im Hillside hatte warten lassen. Sie wurde ins Aufnahmebuch von Clearview eingetragen. Mrs. Plotnick sagte, sie würde Miss Frumkin zur Aufnahme bringen. Die Therapiehelferin von Queens Village ging, nachdem sie die Akten, die sie mitgebracht hatte, einer Sekretärin ausgehändigt hatte. Mrs. Plotnick nahm die Papiere mit der freien Hand, in der andern Hand hielt sie ihren Schlüsselring: Die Angestellten vom Creedmoor trennen sich selten von ihrem Schlüsselbund, und die meisten Angestellten rasseln damit, wenn sie herumgehen. Sie benutzte den größten der siebzehn Schlüssel – einen Hauptschlüssel, mit dem fast alle Türen in der Klinik geöffnet werden konnten –, um fünf verschlossene Türen zu öffnen, denen sie und Miss Frumkin auf ihrem Weg zu einem Raum begegneten, der Aufnahme genannt wurde und wo alle Aufnahmegespräche für die Clearview-Einheit durchgeführt wurden.

Es war zehn Uhr dreißig geworden, bis ein Psychiater, eine Krankenschwester und eine Sozialarbeiterin – das Team, das Miss Frumkin interviewen sollte – sich schließlich um einen langen Tisch in der Mitte des Raumes niedergelassen hatten. Miss Frumkin saß bereits am Tisch, rutschte unruhig auf ihrem Plastikstuhl hin und her, schlug die Beine übereinander und stellte sie dann wieder nebeneinander, redete mit sich selbst und lachte gelegentlich, als hätte jemand, den sonst niemand sehen konnte, etwas zu

31

ihr gesagt. Sie nahm keine Notiz von zwei andern Personen, die sich auch noch im Raum befanden: ein zweiter Psychiater, der mit einer Patientin scherzte, und eine Therapiehelferin, die sich am Telefon mit dem Ehemann einer Patientin unterhielt.

1978 wechselten sich zwei Psychiater bei den Aufnahmegesprächen für die Clearview-Einheit ab – Dr. Shamaldaree Batra (der Mann, der mit der Patientin scherzte) und Dr. Sun Ming Wong, der Psychiater, der Miss Frumkin am 31. Mai entlassen hatte. Für das nun folgende Aufnahmegespräch war Dr. Sun an der Reihe. Während Miss Frumkin unruhig hin- und herrutschte und sich an unsichtbare Wesen wandte, warf Dr. Sun einen flüchtigen Blick in die Akte, die Mrs. Plotnick ihm überreicht hatte: zehn oder zwölf Seiten über Miss Frumkins Erfahrungen auf der Notfallstation des L.I.J.-Hillside, ihre Überweisung ins Creedmoor, Dr. Khannas Aufnahmenotizen und ihre Aufnahme in die Queens-Village-Einheit. Dr. Sun war ein fünfunddreißigjähriger gebürtiger Taiwaner, hatte in Taipeh doktoriert und war 1973 in die Vereinigten Staaten gekommen. Im Sommer 1977, als Miss Frumkin sich zum ersten Mal im Übergangswohnheim aufhielt, war er ins Creedmoor und in die Clearview-Einheit eingetreten. Er war mit ihrem Fall nicht vertraut. Er hatte im Mai ihren Entlassungsschein lediglich deshalb ausgestellt, weil der Psychiater, der sie regelmäßig betreut hatte, gerade Patienten einer anderen Abteilung behandelte. Während Dr. Sun das von Dr. Aaronson ausgefüllte Krankenblatt überflog, redete Miss Frumkin immer noch laut, aber mit niemandem im besonderen. »Ich bin nicht meschugge«, sagte sie. »Mit meinem Hirn stimmt etwas nicht. Die Angestellten hier sind in Ordnung, aber manchmal sind sie überarbeitet und lassen es an den Patienten aus. Im Hillside-Krankenhaus waren wir den ganzen Tag mit irgendwas beschäftigt. Wir hatten eine Patientenzeitung, die *Reha-Klatsch*. Für Geld bekommt man eben was.« Miss Frumkin stand auf, setzte sich wieder hin, schlug die Beine wieder übereinander, wühlte in ihrer Handtasche, warf einen Blick auf eine elektrische Uhr an der Wand, summte ein paar Takte aus dem Musical *Annie* und redete weiterhin drauflos. »Jeder Mensch braucht Sex«, sagte sie. »Ich habe seit fünf Jahren keinen Sex mehr gehabt. Die Uhr befindet sich in diesem Raum, weil sie wollen, daß die Patienten lernen, wie man die Uhr liest. Ich kenne Mary Poppins, sie lebt in Massachusetts. Der Film *Mary Poppins* hat mir nicht gefallen. Sie haben das Buch verpfuscht, weil sie einen Oscar gewinnen wollten. Filme ergeben sich aus dem wirklichen Leben. Als ich heute morgen im Hillside war, hab' ich einen Film gemacht. Ich war von Filmschauspielern umgeben. Der Röntgenassistent war Peter Lawford. Der Sicherheitsbeamte war Don Knotts. Der indische Arzt im Gebäude 40 war Lou Costello. Ich bin Mary Poppins. Ist dieses Zimmer blau gestrichen, damit ich mich aufrege? Meine Großmutter starb vier Wochen nach meinem achtzehnten Geburtstag.« Miss Frumkin lachte.

Als Miss Frumkin mit Reden und Lachen aufgehört hatte, versuchte Dr. Sun, etwas über ihren Sturz in Erfahrung zu bringen und ihr ein paar Fragen zu stellen ähnlich denen, die Dr. Aaronson und Dr. Khanna ihr bereits gestellt hatten: nach ihrem Namen, dem Datum, dem Ort. Nachdem sie ihm gereizt mitgeteilt hatte, sie heiße Sylvia Frumkin, ihre Freunde würden sie manchmal Sylvie und ihre Feinde manchmal Silly [dumm] nennen, ihre Feinde hätten sie, als sie noch ein Kind war, mit Pumpkin Frumkin [Tolpatsch] betitelt, heute sei der 16. Juni und sie befinde sich im Staatskrankenhaus Creedmoor, lehnte sie es ab, einige der weiteren Fragen zu beantworten. Statt zu sagen, ja, sie habe vor kurzem die Absicht gehabt, Selbstmord zu begehen, oder nein, sie habe nicht die Absicht gehabt, kramte sie in ihrer Handtasche, entnahm ihr den Prospekt über Creedmoor, den man ihr im Gebäude 40 ausgehändigt hatte, und begann, auszugsweise laut vorzulesen, wobei sie zwischen den einzelnen Sätzen ihren persönlichen Kommentar einflocht.

»Philosophie der Behandlung‹«, las sie vor. »Für den Menschen, der Probleme hat, ist es am besten, wenn man ihn nicht aus seiner Umwelt herausreißt.‹ Ich bin gegen Umweltverschmutzung, bin schon seit jeher dagegen gewesen. ›Dies ist die grundlegende Philosophie des New York State Department of Mental Hygiene und des Psych. Zentrums Creedmoor.‹ Sie sollten keine Abkürzungen verwenden. Abkürzungen können Psychiatriepatienten wahnsinnig machen, weil sie nicht wissen, was die Abkürzungen bedeuten. ›Wenn ein Mensch sein Heim verläßt, um hospitalisiert zu werden, fällt es ihm anschließend schwer, sein früheres Leben wiederaufzunehmen.‹ Amen. ›Für diejenigen, die jedoch hospitalisiert werden müssen, sind entsprechende Institutionen vorhanden, und es wird alles getan, damit Privatsphäre, Würde und Wohlbehagen des Klienten gewährleistet sind.‹ Privatsphäre? Würde? Wohlbehagen? Mist. Alles Lüge. Sie bringen die Leute hier um.«

Als Miss Frumkin zu lesen aufgehört hatte, unternahm Dr. Sun erneut den Versuch, ihr einige Fragen zu stellen. Sie zeigte sich nicht im mindesten daran interessiert, etwas über ihren Sturz und seine Folgen zu erzählen. »Zum Teufel mit Ihren Fragen; ich erzähle das, was ich erzählen will«, sagte sie und erhob die Stimme. Nachdem sie eine Serie von Flüchen losgelassen hatte, schrie sie Dr. Sun, der Schwester, der Sozialarbeiterin und Mrs. Plotnick eine Reihe rhetorischer Fragen zu: »Wissen Sie, was es heißt, immer wieder hierher zurückkommen zu müssen? Welche Folter es ist, wieder und wieder durch die Drehtür geschickt zu werden? Die Qual, das Leiden, wissen Sie, wie weh das tut?« Hermine Plotnick überlegte, daß Miss Frumkin seit Januar 1978 vom Übergangswohnheim ins Hillside, dann ins Creedmoor, dann ins Übergangsheim und dann wieder ins Creedmoor geschickt worden war – die Tür hatte sich 1978 also bereits vier- und fünfmal gedreht, und das Jahr hatte noch mehr als sechs Monate. Mrs. Plotnick sagte Miss Frumkin mit sanfter Stimme, sie verstehe sie und nehme Anteil an ihrem Leiden. Je sanfter sie redete, desto wütender wurde Miss Frumkin. »Warum reden Sie so leise?« schrie sie. »Ich kann Sie nicht hören! Lassen Sie mich reden!« Und sie redete und beschimpfte Mrs. Plotnick, Dr. Sun, die Schwester und die Sozialarbeiterin mit einer weiteren Tirade von Schmähungen. Die Sozialarbeiterin versuchte, Miss Frumkin zu besänftigen, erreichte damit jedoch nichts anderes als Mrs. Plotnick. »Ich hab' noch nie ein T-Shirt besessen, und ich hab' schon immer eins haben wollen, verdammt nochmal«, schrie Miss Frumkin. »Ein rosarotes oder ein weißes. Größe Medium. Dwight Miller arbeitet für den KGB. Mein Vater auch.« Miss Frumkins Schreien ging in ein Murmeln über.

Mrs. Plotnick bemerkte, daß Dr. Sun bereits die nötigen Formulare ausfüllte, damit Miss Frumkin in die Clearview-Einheit aufgenommen werden konnte. Ein kleiner Prozentsatz der Menschen, die nachts ins Creedmoor eingeliefert werden, werden am nächsten Tag nach dem Aufnahmegespräch wieder entlassen. Es kann vorkommen, daß jemand, der am Abend so wütend war, daß er seinem Wohnungsnachbarn einen Schlag versetzte, sich, nachdem er die Nacht im Gebäude 40 verbracht hat, wieder beruhigt. Ein Sozialarbeiter kann Tagesbehandlungszentren, Tageskliniken und Ambulanzen, die nachts geschlossen sind, anrufen und, nachdem er sich mit der Familie des Patienten verständigt hat, dafür sorgen, daß der Patient zu Hause lebt und von der einen oder andern Institution des entsprechenden Bezirks betreut wird. Miss Frumkin konnte jedoch in Anbetracht ihres damaligen Zustandes nicht nach einer Nacht wieder entlassen werden. Im Bericht, den Dr. Sun über den geistigen Zustand von Miss Frumkin ausstellte, gab er zuerst eine kurze Zusammenfassung der Ereignisse vom 16. Juni. Dann schrieb er: »Pat. wirkt sehr agitiert und ruhelos, so daß gegenwärtig kein normales Interview durchgeführt werden kann. Ihr Redefluß weist eine markante Steigerung durch Ideenflucht auf [»Ideenflucht« wird in einem Standardwörterbuch der Psychiatrie als »Springen von einem Gedanken zum andern« definiert; »die Gedanken werden ununterbrochen produziert, sind jedoch fragmentarisch und zufallsbedingt«] sowie eine ausgeprägte Lockerung der Assoziationen. Ihre Motorik ist ebenfalls gesteigert. Stimmung labil. Affekte inadäquat. [In der Psychiatrie werden die Begriffe »Affekte« und »Emotionen« üblicherweise synonym verwendet. Ein »inadäquater« Affekt ist ein Affekt, der offensichtlich mit dem Inhalt dessen, was der betreffende Mensch sagt, in einem Widerspruch steht, wie zum Beispiel Lachen, nachdem man den Tod der eigenen Großmutter erwähnt hat.] Denkinhalte äußerst fragmentarisch und unlogisch. Sensorium intakt. [Miss Frumkin war sich ihrer Umgebung offensichtlich bewußt. In der Psychiatrie werden nie einfache Begriffe verwendet, wenn man mit komplizierten auskommen kann.] Es konnten keine Wahnideen oder Halluzinationen ermittelt werden, und die Fremd- und Selbstgefährdungsabsichten konnten nicht geprüft werden.« Dr. Sun diagnostizierte Miss Frumkin als manisch-depressiv, manischer Typ. Obwohl Denk- und Stimmungsstörungen sowohl zum Krankheitsbild der Schizophrenie als auch zu dem des manisch-depressiven

35

Krankseins gehören, wird Schizophrenie als eine Psychose definiert, bei der Denkstörungen als Symptom im Vordergrund stehen, und das manisch-depressive Krankseins als Psychose, bei der Stimmungsstörungen im Vordergrund stehen.

Mehr als eine der Personen, die sich während des Aufnahmegesprächs mit Miss Frumkin in der Aufnahme befand und später zufällig Dr. Suns Bericht las, war überrascht, daß er bei Miss Frumkin keine Wahnideen oder Halluzinationen hatte feststellen können, doch wie Dr. Sun später zugab, kannte er die Namen Mary Poppins, Don Knotts, Peter Lawford und Lou Costello nicht und hatte nicht verstanden, daß Miss Frumkin gesagt hatte, sie würde mit diesen Personen, wer auch immer sie waren, einen Film machen. Diejenigen, die Dr. Suns Bericht lasen, staunten noch mehr über seine Diagnose und stellten ihm später Fragen. Er sagte, er habe seine Diagnose auf drei der Hauptsymptome, die er beobachtet hatte, gestützt: gesteigerte Motorik, Rededrang (rasches, beschleunigtes, überstürztes Reden, bei dem manchmal die Artikulationsfähigkeit des Sprechapparats und manchmal die Aufnahmefähigkeit des Zuhörers überschritten wird) und Ideenflucht. Diese drei psychotischen Symptome werden in den Standardwerken der Psychiatrie aufgeführt und in der dritten und jüngsten Ausgabe des *American Psychiatric Association's Diagnostic and Statistical Manual of Mental Disorders (DSM-III)*, dem Diagnostischen und Statistischen Handbuch der psychischen Störungen der American Psychiatric Association, als drei der Primärsymptome einer manischen Episode bezeichnet. Zwei der andern psychotischen Symptome, die Dr. Sun beobachtet und in seinem Bericht aufgeführt hatte – inadäquater Affekt und Lockerung der Assoziationen –, werden in den Handbüchern der Psychiatrie als einige der Grundsymptome der Schizophrenie genannt.

Es ist auf dem Gebiet der Psychiatrie keineswegs ungewöhnlich, daß ein Patient innerhalb von sieben Stunden von drei verschiedenen Psychiatern untersucht wird – wie Dr. Aaronson, Dr. Khanna und Dr. Sun im Fall von Miss Frumkin – und daß dabei aufgrund eines einstündigen oder kürzeren Interviews drei verschiedene Eindrücke oder Diagnosen abgegeben werden. Ist die praktische Medizin eine Kunst, bei der wissenschaftlich gearbeitet wird, so ist die Psychiatrie vielleicht jener Zweig der

Medizin, der die größte Kunst verlangt und deshalb am meisten Spielraum für Meinungsverschiedenheiten läßt. Für die Diagnose einer Schizophrenie gibt es keine eindeutigen Testverfahren wie beispielsweise für eine Schwangerschaft oder für Syphilis. In der Psychiatrie beruhen die Diagnosen auf einer Interpretation von Symptomen, aber die Symptome sind nicht immer für dieselbe Grundstörung symptomatisch. So ist es unter Umständen nicht möglich, zwischen einer akuten, durch Amphetaminmißbrauch bedingten Psychose und einer akuten schizophreniebedingten Psychose zu unterscheiden: Die Symptome scheinen oft identisch zu sein. Was dem einen Psychiater als »Lockerung der Assoziationen« erscheinen mag, kann von dem andern als »Ideenflucht« betrachtet werden. Zudem können mentalitätsbedingte Unterschiede zu einander widersprechenden Diagnosen führen. Von 1967 bis 1970 haben Dr. Barry Gurland und Dr. Joseph Zubin, beide vom New York State Psychiatric Institute, Manhattan, die Supervision einer Studie übernommen, um festzustellen, weshalb ein so hoher Prozentsatz der Psychiatriepatienten in den Vereinigten Staaten als schizophren diagnostiziert wurde, während die Statistiken in Großbritannien einen höheren Prozentsatz an manisch-depressiven Störungen aufwiesen. Es stellte sich die Frage, ob dieser Unterschied auf ethnische oder soziale Faktoren zurückzuführen oder lediglich diagnosebedingt sei. Bei dieser Studie wurden Videoaufnahmen von amerikanischen Patienten in amerikanischen Krankenhäusern und englischen Patienten in englischen Krankenhäusern verwendet, damit die Ärzte beider Länder die Krankheiten derselben Patienten diagnostizieren konnten. Nach drei Jahren gelangte man zur Schlußfolgerung, daß der Unterschied in der Diagnose begründet war. Europäische Psychiater vertreten die Meinung, daß ihre amerikanischen Kollegen zu häufig Schizophrenie diagnostizieren, und werfen den Amerikanern »Schizophrenomanie« vor.

Seit es verschiedene Berichte von Journalisten gibt, die Psychosen vorgetäuscht haben, um sich Zugang zu einer psychiatrischen Anstalt zu verschaffen und einen »Insider«-Bericht schreiben zu können, sind sämtliche psychiatrischen Diagnosen fragwürdig geworden. Einige Journalisten hatten, nachdem sie in eine Anstalt aufgenommen worden waren und genügend Material für ihren

Bericht zusammengetragen hatten, erhebliche Schwierigkeiten, ihre geistige Gesundheit zu beweisen, als sie wieder entlassen werden wollten, um über die Leiden, die sie erfahren hatten, zu berichten. Weitere Zweifel in bezug auf psychiatrische Diagnosen sind aufgekommen, weil es in der Gerichtspsychiatrie häufig zu Meinungsverschiedenheiten kommt. Im Staat New York wie auch in andern Staaten können Personen, die des Mordes oder anderer Verbrechen angeklagt wurden, Gefängnisstrafen umgehen, wenn sie »aufgrund einer Geisteskrankheit oder einer Geistesstörung« – das heißt Unzurechnungsfähigkeit – zum Zeitpunkt der Tat mit Erfolg einen Freispruch beantragen. Normalerweise wird das Argument der Unzurechnungsfähigkeit nur als letzter Ausweg von der Verteidigung benutzt und kommt in nur etwa zwei Prozent der Straffälle vor, die von einem Geschworenengericht behandelt werden, weil die Strafverteidiger einmütig der Meinung sind, daß die Geschworenen eine Unzurechnungsfähigkeit nur selten glauben wollen. Deshalb wird der Antrag auf Freispruch wegen Unzurechnungsfähigkeit meistens bei Mordfällen eingesetzt, wo genügend Beweise dafür vorliegen, daß der Angeklagte den Mord tatsächlich verübt hat. Wird dieser Antrag jedoch gestellt, so scheint der Verteidiger nie Schwierigkeiten zu haben, einen Gerichtspsychiater aufzutreiben, der bescheinigt, daß der mutmaßliche Mörder zum Zeitpunkt der Tat geistesgestört war, ungeachtet der Tatsache, wie sehr er im Gerichtssaal im Besitz all seiner geistigen Fähigkeiten zu sein scheint. Und dem Staatsanwalt fällt es nicht minder leicht, einen Gerichtspsychiater aufzutreiben, der darlegt, daß der Angeklagte geistig gesund war und ist. Kann der Antrag auf Freispruch wegen Unzurechnungsfähigkeit durchgesetzt werden, so führt dies in den meisten Fällen zu Kontroversen.

Eines der Ziele des *DSM-III* besteht darin, diagnostische Kontroversen zu verhindern, indem Schizophrenie, manisch-depressive Störungen und die meisten andern geistigen Störungen klarer definiert werden. Mit diesem Handbuch ist der Versuch unternommen worden, die für eine Diagnose notwendigen Kriterien besser zu spezifizieren, denn eine Diagnose kann gewisse Folgen für die Behandlung haben. In den Standardwerken der Psychiatrie wird betont, wie wichtig es ist, die Vorgeschichte eines Patienten zu kennen, damit eine korrekte Diagnose möglich ist. Am 16. Juni 1978 verfügte Dr. Sun nicht über die schriftliche Krankengeschichte von Sylvia Frumkin; die Berichte über all ihre Einweisungen ins Psychiatriezentrum Creedmoor sowie zusammenfassende Berichte über ihre Aufenthalte in anderen psychiatrischen Kliniken befanden sich in der Zentralablage der Clearview-Einheit und waren für das Aufnahmegespräch nicht rechtzeitig in die Aufnahme gebracht worden. Hätte Dr. Sun die Krankengeschichte von Miss Frumkin gelesen, hätte er sich vielleicht, genau wie Dr. Werner und beinahe alle andern Psychiater, die Miss Frumkin im Lauf der Jahre behandelt hatten, dafür entschieden, daß es sich in ihrem Fall um eine Schizophrenie handelte, wie sie im Handbuch definiert wird. Miss Frumkin war zum ersten Mal im Alter von fünfzehn Jahren hospitalisiert worden. Bei den meisten Schizophreniepatienten setzt die Krankheit während der Adoleszenz ein, bei den Manisch-Depressiven manifestiert sie sich gewöhnlich zum ersten Mal in den frühen Erwachsenenjahren oder später. Die Schizophrenie verläuft meistens so, daß es zu einem Abbau der geistigen Fähigkeiten kommt, zu jenem Abwärtstrend, den Dr. Werner 1977 festgestellt hatte. Bei manisch-depressiven Kranken kommt es zwischen den einzelnen psychotischen Episoden zu einer Remission, sie wirken auf Fremde oft normal, sind in der Lage, sich in einer guten beruflichen Stellung zu behaupten, und entwickeln kein Abbausyndrom. Auch wenn Miss Frumkin sich von ihrer besten Seite zeigte, wie zum Beispiel 1977 während eines Teils ihres ersten Aufenthalts im Übergangswohnheim, merkten Fremde, daß irgend etwas an ihr merkwürdig war, und sie waren nicht einmal bereit, sie für niedrige Arbeiten einzustellen; Miss Frumkin hatte sich 1977 verschiedentlich als Kellnerin beworben und war abgewiesen worden.

Bevor in den Vereinigten Staaten Lithiumkarbonat bei psychiatrischen Behandlungen eingesetzt werden konnte, stellte sich das Problem von einander widersprechenden Diagnosen nicht mit derselben Dringlichkeit. Lithium, ein einfaches Metallion, das zum ersten Mal 1948 in Australien bei der Behandlung von Manien eingesetzt wurde, ist das älteste der modernen Medikamente mit antipsychotischer Wirkung. Es wurde erst 1970 in den

Vereinigten Staaten kommerziell hergestellt. Vor 1970 wurden sowohl schizophrene als auch manische Störungen mit denselben Neuroleptika behandelt. Lithiumkarbonat machte differenzierte Diagnosen erforderlich, da es für die Behandlung der Manie die bevorzugte Arznei ist und auch präventiv bei der Behandlung von immer wieder auftretenden Manien und Depressionen eingesetzt wird; es ist zu etwa achtzig Prozent wirksam. Am 16. Juni 1978 fiel es weiter nicht ins Gewicht, daß Dr. Sun Miss Frumkin als manisch-depressiv diagnostizierte, weil er zu diesem Zeitpunkt nicht die Absicht hegte, ihr Lithium zu verabreichen. Was ihm an jenem Tag am meisten Sorgen bereitete, war ihre extreme Agitiertheit und Erregung. Den von Dr. Khanna bereits angefangenen Behandlungsplan ergänzte Dr. Sun mit Anweisungen für Thorazin-Injektionen, um Miss Frumkins Agitiertheit unter Kontrolle zu bringen. Sie sollte unverzüglich eine 50-mg-Injektion erhalten und dann alle vier Stunden pro re nata (falls nötig) weitere 50 mg Thorazin, das erste der Wundermedikamente, gehört immer noch zu den zwei oder drei Neuroleptika mit der größten sedierenden, also dämpfenden Wirkung und wird von einigen Autoritäten auf dem Gebiet der Psychopharmakologie als das bevorzugte Medikament bei der Behandlung von akuter Schizophrenie, aber auch bei der Behandlung einer akuten Manie betrachtet, weil es rascher wirkt als Lithium. Dr. Sun überprüfte und änderte Dr. Khannas Anweisung, wonach Miss Frumkin täglich 200 Milligramm Moban oral in vier Dosen zu je 50 mg verabreicht werden sollten, nicht. Dr. Sun hatte am Nachmittag frei und mußte, bevor er die Abteilung fürs Wochenende verließ, noch einige andere Patienten betreuen.

Nachdem Dr. Sun Miss Frumkin in die Clearview-Einheit eingewiesen hatte, verließ Hermine Plotnick die Aufnahme und kehrte in ihr Büro zurück, und die Sozialarbeiterin und die Schwester nahmen die Arbeit wieder auf, der sie sich vor dem Aufnahmegespräch mit Miss Frumkin gewidmet hatten. Eine Therapiehelferin stellte eine Krankengeschichte für Miss Frumkin zusammen. Sie steckte die Unterlagen vom Hillside, vom Gebäude 40 und von der Queens-Village-Einheit zusammen mit den Anweisungen von Dr. Khanna und Dr. Sun in einen metallenen Hängeordner. Sie steckte auch einige Blankovordrucke für den künftigen Gebrauch hinein: einige Formulare mit dem Titel »Fortschritte«, die hauptsächlich von den Therapiehelferinnen der drei Schichten, die Miss Frumkin beobachten würden, ausgefüllt werden sollten, sowie einige Formulare mit dem Titel »Behandlungs- und Medikationsbericht«, welche die Schwestern und die zur Austeilung der Medikamente berechtigten Therapiehelferinnen jedesmal, wenn sie Miss Frumkin ein Medikament verabreichten, mit ihren Initialen versehen mußten. In den kommenden Monaten sollten noch weitere Papiere die Krankengeschichte von Miss Frumkin aufblähen: ein Blatt, auf dem ihre Gewichtsveränderungen festgehalten wurden, ein von Dwight Miller vom Übergangswohnheim verfaßter Bericht über ihren Sturz im Badezimmer, die Ergebnisse der regelmäßig durchgeführten Laboruntersuchungen. Nachdem die Krankengeschichte von Miss Frumkin eingeordnet war, begleitete die Therapiehelferin Miss Frumkin in den Ankleideraum des Zentrums, wo die vom Staat zur Verfügung gestellten Kleider aufbewahrt wurden.

Viele Patienten, die in die Clearview-Einheit aufgenommen wurden, konnten die Kleider, die sie bei ihrer Ankunft trugen, und auch alle Gegenstände, die sie bei ihrer Ankunft bei sich gehabt hatten, behalten. Wenn neu aufgenommene Patienten jedoch hübsche Kleider trugen, wie dies an jenem Morgen des 16. Juni 1978 für Miss Frumkin zutraf, und es den Anschein machte, daß sich die Patienten wahrscheinlich nicht um ihre Kleider kümmern und ihre Habe nicht vor Diebstahl schützen würden, verschlossen die Therapiehelferinnen Kleider und Gegenstände im privaten Ankleideraum der Abteilung. In diesem Fall konnten die neuen Patienten sich im staatlichen Ankleideraum Kleider aussuchen, die sie auf der Abteilung trugen, bis sich ihr Zustand besserte. Unter diesen Kleidern befanden sich nicht nur Unterwäsche und andere Kleidungsstücke, die der Staat in größeren Mengen einkaufte und auf die einzelnen Abteilungen verteilen ließ, sondern auch Kleider, die ehemalige Patienten zurückgelassen hatten, wie zum Beispiel Kleidungsstücke, die die Patienten in der Creedmoor-Boutique erstanden hatten, einem Laden auf dem Areal der Klinik, wo die Patienten in regelmäßigen Abständen ihre Garderobe unentgeltlich aufstocken durften. Das Angebot der Boutique bestand aus den neuesten vom Staat gekauften Kleidern und aus Kleiderspenden. Am 16. Juni wählte Miss Frumkin im staatlichen Ankleideraum ein grünes T-Shirt und eine grüne Polyesterhose, Größe 46, für sich aus. Sie erinnerte sich daran, daß sie genau diese Kleider während ihres Mai-Aufenthalts in der Clearview-Einheit getragen hatte. Der rosarote Rock und die rosarote Bluse, die sie bei ihrer Ankunft angehabt hatte (und die eine Therapiehelferin am Tag ihrer letzten Entlassung extra für sie in der Boutique ausgesucht hatte), ihr Poncho, ihre achteckige Brille und die Timex-Uhr ihrer Mutter wurden sorgfältig weggeschlossen. Miss Frumkin behielt ihre Handtasche. Nachdem sie sich umgezogen hatte, ging sie mit der Therapiehelferin in den Tagesraum der Frauen, wo sie sich in einen Sessel setzte. Die Therapiehelferin überließ sie sich selbst, und bald führte Miss Frumkin ein angeregtes Gespräch; entweder redete sie mit sich selbst oder mit ihren Phantomstimmen.

Paulette Finestone, eine häßliche junge Frau, die Miss Frumkin vor vielen Jahren im Creedmoor kennengelernt hatte und die ab und zu, wenn sich beide zur gleichen Zeit draußen befanden, mit ihr einen Lunch einnahm, näherte sich Miss Frumkin. Sie hörte ihr einige Minuten lang zu. Als das Geplauder und Gelächter von Miss Frumkin einmal stockte, begrüßte Miss Finestone ihre alte Bekannte.

»Hi, Sylvia«, sagte sie. »Willkommen zu Hause.«

»Hau ab«, erwiderte Miss Frumkin.

DREI

Am 16. Juni 1978 umfaßte die Clearview-Einheit, die für
den größten Teil der verbleibenden Monate des Jahres
Miss Frumkins Zuhause sein sollte, das erste Stockwerk eines
dreistöckigen Gebäudes aus senfgelben Ziegelsteinen, das unter
dem Namen N/4 bekannt war. Das Gebäude N/4 war 1932 eröffnet worden. Es handelt sich um ein schmutziges Gebäude, das
auf den ersten Blick so aussieht, als hätte es den Alterungsprozeß
nur schlecht überstanden, ein Gebäude, von dem man sagen
könnte, daß es schon bessere Tage gesehen habe – es sei denn, man
stößt zufällig auf eine Fotografie von N/4, die im Eröffnungsjahr
gemacht wurde. Dann muß man allerdings sagen, daß das Gebäude nie bessere Tage gekannt hat. Das schmierige Äußere von
N/4 wird zwar durch einige Türmchen und korinthische Säulen
etwas aufpoliert, doch sind es die gelbbraunen Ziegel, die ge-
drungene Masse und die riesigen vergitterten und verdrahteten
Fenster sowie die vergitterten Veranden, welche die vorherr-
schenden architektonischen Merkmale bilden, so daß man die
verspielten maurischen und griechischen Elemente leicht über-
sieht. Manche Menschen, die seit Jahren täglich an N/4 vorbeige-
hen, lassen sich dermaßen durch das Schreien, Rufen und Lachen,
das aus dem Gebäude dringt, ablenken, daß ihnen die architektonischen Reize noch nie aufgefallen sind.

N/4 ist wie zwei U gestaltet, die an der Basis durch kurze
Flure, die in einen etwas längeren I-förmigen Zentralkorridor
münden, miteinander verbunden sind. 1978 umfaßte jedes U
zwei der vier Abteilungen der Clearview-Einheit. Die Abteilungen 041 und 042 befanden sich im einen U und die Abteilungen 043 und 044 im andern. Zu beiden Seiten des Zentralkorri-
dors befanden sich die Büros von einigen Angestellten Clearviews, deren Arbeit etwas mit der ganzen Einheit zu tun hatte.
Die Büros waren mit staatlichen Metallschreibtischen spartanisch
eingerichtet, und bürokratische Reminiszenzen wie beispielsweise ein »5 74«, das in Schwarz auf die hellblaue Wand gemalt
war, die in das Sekretärinnen-Büro führte, zeigten, wann das

Gebäude zum letzten Mal den Pinseln und Rollern der Maler mit staatlicher Lohntüte ausgesetzt gewesen war. Manchmal versuchten die Angestellten ihre Büros mit Grünpflanzen, die sie von zu Hause mitbrachten, zu verschönern – vergebens, denn die Pflanzen wurden in kürzester Zeit gestohlen. Auch die elektrische Uhr an der Wand des Sekretärinnen-Büros wurde in regelmäßigen Abständen gestohlen.

Nicht weit von diesen Büros führten links und rechts zwei verschlossene Metalltüren zu den einzelnen Abteilungen; die Tür auf der rechten Seite führte zu den Abteilungen 041 und 042, die Tür auf der linken zu den Abteilungen 043 und 044. Wenn man an diesen Metalltüren vorbeiging, den Zentralkorridor hinunter, gelangte man zu andern Räumen – einer Zahnklinik, einem Konferenzzimmer, dem Büro des Hauswirtschaftspersonals, dem Büro der Krankenschwestern Clearviews – und schließlich zur Ambulanzeinfahrt von N/4. Im Juni 1978 verfügte das Psychiatriezentrum Creedmoor über zwei Ambulanzen, die angefordert wurden, wenn Patienten sich verletzten, krank wurden oder (was selten vorkam) starben und ins Gebäude 40 oder ins Queens Hospital Center, eines der beiden städtischen Krankenhäuser in Queens, überwiesen werden mußten. Die Patienten vom Creedmoor werden ins Queens Hospital Center oder in andere Kliniken geschickt, falls sie irgendwelche körperlichen Probleme haben, die das Personal vom Gebäude 40 nicht behandeln kann, wie zum Beispiel Abtreibungen, die von Patientinnen gewünscht werden, oder Operationen verschiedener Art. Die Ambulanzen vom Creedmoor sind dafür berüchtigt, mit welcher Geschwindigkeit sie auf Anrufe reagieren – besonders auf Anrufe, die um die Zeit des Schichtwechsels herum erfolgen. Am 13. Oktober 1978 um vier Uhr nachmittags wurde ein streitsüchtiger Clearview-Patient namens Alexander Morton von einem andern Clearview-Patienten angegriffen. Morton brach auf dem Boden des 044-Tagesraums zusammen. Eine Therapiehelferin, die sich gerade in der Nähe befand, telefonierte um 16.02 Uhr, um einen Krankenwagen anzufordern. Während man auf diesen wartete, machte Dr. Sun bei Morton, der bewußtlos war und aus dem Mund blutete, Mund-zu-Mund-Beatmung. Als Temperatur, Puls- und Atemfrequenz weiter sanken, verabreichte Dr. Sun ihm eine Epinephrin-Injektion, ein Herzstimulans. Die Ambulanz traf um 16.30 Uhr ein. Dr. Sun, eine Krankenschwester und ein Sauerstoffgerät begleiteten Morton in der Ambulanz auf der Fahrt zum Gebäude 40, wo bei seiner Ankunft sein Tod festgestellt wurde. Wahrscheinlich war er auf dem Boden der Abteilung liegend gestorben.

Die Abteilungen 041 (Männer) und 042 (Frauen) beherbergten die chronischen Patienten; diese Abteilungen wurden beschönigend als Rehabilitationsstationen bezeichnet. In den Abteilungen 043 (Frauen) und 044 (Männer) befanden sich die neu eingewiesenen und die wiedereingetretenen Patienten; diese Abteilungen waren als Aufnahmestationen bekannt. Auf jeder Station befanden sich etwa ein Dutzend geistig zurückgebliebene und mehrfach behinderte Patienten. Diese Patienten gehörten eigentlich in keine Abteilung Clearviews oder Creedmoors, doch gab es im Juni 1978 nur wenige Alternativen für sie. Einige dieser Patienten waren ruhig, und da sie keine Schwierigkeiten machten, waren sie die in Clearview am häufigsten vergessenen Patienten. Andere, die aggressiv waren, konnten nicht ignoriert werden und richteten eine Menge Unheil und manchmal ernsthaften Schaden an. Einer der Patienten der Abteilung 044 war ein magerer, störrischer, schwer zurückgebliebener, aggressiver junger Mann namens Kevin Kiernan. Er hatte einen deformierten Kopf, konnte sich kaum verständigen und neigte dazu, andere zu beißen. Er weigerte sich, irgend etwas anderes als eine Pyjamahose zu tragen, ausgenommen an dem einen Tag, an dem ihn seine Mutter jeden Monat oder jeden zweiten Monat besuchte und er es ihr gestattete, ihn anzukleiden. Gewöhnlich lag er im Tagesraum auf dem Boden und hielt eine Zeitschrift in den Händen. Vor einigen Jahren hatte er einen psychotischen Patienten immer wieder ins Ohr gebissen. Das Ohr war nur schlecht verheilt.

Albert Rosenthal, ein anderer schwer zurückgebliebener Clearview-Patient, dessen Vokabular aus nur wenigen Worten bestand, war vielleicht das traurigste Beispiel dafür, wie unfähig man im Creedmoor war, Leidende seiner Art zu betreuen. Zu seinem eigenen Schutz mußte Albert Rosenthal sich stets in einer glasfreien Umgebung aufhalten, denn sobald er irgendwo Glas sah, zertrümmerte er es und verletzte sich dabei. Als er einmal im

Speisesaal vom Creedmoor gewesen war, hatte er sich mit einem gläsernen Salzstreuer geschnitten. Seit 1974 lebte er in einem 2,1 auf 2,7 Meter großen Zimmer in der Nähe der Aufnahme der Clearview-Einheit. Seine zellenähnliche Unterkunft umfaßte ein Bett und eine Kommode. Den größten Teil des Tages verbrachte er damit, stumm auf dem Bett oder dem Fußboden zu sitzen und den Oberkörper vorwärts und rückwärts zu wiegen. War er erregt, so hämmerte er stundenlang an die verschlossene Tür des Zimmers. Den Psychiatern vom Creedmoor wurde in regelmäßigen Abständen die Anweisung erteilt, die Medikamente sämtlicher Patienten, die bereits fünf Jahre oder länger hospitalisiert waren, allmählich abzusetzen; man hatte festgestellt, daß sich bei einigen Patienten der Zustand besserte, wenn man die Dosis herabsetzte oder ganz mit der Medikation aufhörte. Andern Patienten ging es daraufhin jedoch schlechter. Als 1978 die Dosis für Albert Rosenthal herabgesetzt wurde, riß er sich sämtliche Finger- und Zehennägel aus. Am 16. Juni 1978, als Dr. Sun das Aufnahmegespräch mit Miss Frumkin führte, befand sich die Mutter von Albert Rosenthal mit ihrer Tochter Gail – ebenfalls eine Patientin Clearviews – im Zimmer ihres Sohnes. Gail, die wie ihr Bruder kaum redete, war als Kind als autistisch und schwer zurückgeblieben diagnostiziert worden (bei Patienten, die nicht reden, ist es noch schwieriger, die richtige Diagnose zu stellen, als bei Patienten, die reden), aber da sie kein Glas zerbrach, verbrachte sie ihre Tage auf der Abteilung und wiegte sich auf einem Stuhl sitzend vorwärts und rückwärts. An den Mittwochnachmittagen ging Mrs. Rosenthal mit ihren Kindern auf dem Klinikareal spazieren. Sie kam jeden Freitag vormittag in die Klinik, um die Kinder fürs Wochenende mit nach Hause zu nehmen, und brachte sie am Montag vormittag wieder ins Creedmoor zurück. Wenn ihre Kinder zu Hause waren, brachte man sie im glasfreien Kellergeschoß unter; Mrs. Rosenthal und ihr Mann lösten sich oft ab, um nachts bei den Kindern zu wachen. Einige Angestellte nannten die Dienstage und Donnerstage die »freien Tage« von Mrs. Rosenthal. Mrs. Rosenthal sagte Mrs. Plotnick oft, sie mache sich Sorgen darüber, was mit ihren Kindern nach ihrem Tod geschehen werde. Mrs. Plotnick fragte sich besorgt, was wohl mit Mrs. Rosenthal geschähe, falls Albert und Gail vor ihr stürben. Einige Angestellte hatten Mrs. Rosenthal oft geraten, doch mehr an sich selbst zu denken. »Sie scheinen nicht zu verstehen«, hatte sie ihnen geantwortet. »Dies hier ist mein Leben.«

Der Tagesraum für Frauen, in den die Therapiehelferin Miss Frumkin geführt hatte – der Tagesraum der Abteilung 043 –, war ein geräumiger Saal mit hoher Decke, etwa zwanzig Meter lang und sieben Meter breit. Er hatte neun große vergitterte Fenster und einen schachbrettartigen schwarz-grauen Linoleumboden. Die Neonlampen an der Decke flackerten häufig; sie schienen eher die Trostlosigkeit des Tagesraums zur Geltung zu bringen als den Saal zu erhellen. Die weiße Tünche an der Decke des Saals blätterte ab. Die in einem fröhlichen Gelb gestrichenen Wände waren verschmiert.

1976 hatte eine der Laienhelferinnen des Psychiatriezentrums Creedmoor einen Teil der langen inneren Wand mit einem Wandgemälde versehen, das als Illustration eines Märchens gedacht war. Wie die Künstlerin sagte, sollte die Hauptfigur dieser Märchenlandschaft, eine Frau mit einem rotgoldenen Gewand und einem mittelalterlichen Kopfschmuck, eine Prinzessin darstellen. Für eine Anzahl der Patientinnen der Abteilung 043, die an religiösen Wahnvorstellungen litten, war die Hauptfigur die Jungfrau Maria. Auf dem Wandgemälde befanden sich auch ein weißes Einhorn, das eine Girlande um den Hals trug, und eine bunte Schlange, die sich um einen tropischen Baum wand. Die Künstlerin hatte gehofft, die Wandmalerei würde die Patientinnen beruhigen. Das Gemälde übte jedoch oft eine gegenteilige Wirkung aus. Am 16. Juni 1978 war eine der gestörtesten Patientinnen der Abteilung 043 eine junge Frau namens Barbara Herbert. Wie Kevin Kiernan neigte auch Mrs. Herbert dazu, andere zu beißen. Sie hatte im Lauf ihrer zahlreichen Aufenthalte im Creedmoor den Abdruck ihrer Zähne schon bei einer beträchtlichen Anzahl von Patientinnen hinterlassen. Mrs. Herbert war eine kleine, attraktive jüdische Frau anfangs dreißig mit wasserstoffblondem Haar; sie hatte eine Tochter, die von Pflegeeltern betreut wurde, und einen Ehemann, der ihr oft vor, während und nach ihrem Aufenthalt damit drohte, er werde sich scheiden lassen. Am 16. Juni ging Mrs. Herbert unruhig vor der Wandmalerei auf und ab und drohte der Prinzessin, die sie mit Maria ansprach, mit der Faust. »Jesus ist *mein* Kind«, schrie sie der Prinzessin zu und ließ ihre Fäuste auf deren rotgoldenes Gewand niedersausen. Dann deutete sie auf die Prinzessin und wandte sich mit wütendem Blick an die Schlange: »Sag ihr, sie soll den Garten Eden verlassen!« schrie sie.

Abgesehen vom Wandgemälde waren die Wände des Tagesraums fast nackt. Sie waren lediglich mit einer kleinen, hölzernen Tafel, auf der »Dies ist das Psychiatriezentrum Creedmoor« zu lesen war, mit zwei Anschlägen über den Mental-Health-Informationsdienst, einer Uhr, zwei Rauchverbotstafeln (die Verfügung wurde nie in Kraft gesetzt) und zwei Ventilatoren ausgestattet. Die Ventilatoren surrten an Sommertagen, falls ihre Kabel von der Wartungsabteilung des Psychiatriezentrums repariert worden waren, nachdem ein verwirrter Patient sie wieder einmal durchgeschnitten hatte. Am 16. Juni wirbelte ein Ventilator die heiße, abgestandene, rauchige Luft herum. Die einzige Klimaanlage der Clearview-Einheit befand sich im Büro von Mrs. Plotnick.

In eine der beiden kurzen Wände des Tagesraums war ein Fernsehgerät eingelassen, das durch eine mit einem Schloß versehene Plexiglasscheibe geschützt war. Der Fernseher lief die meiste Zeit über, außer wenn Kevin Kiernan oder ein anderer agitierter Patient sich hinter einer Therapiehelferin, die die Kunststoffscheibe aufschloß, um den Fernseher zu regeln, den Sender zu wechseln, oder um das Gerät ein- oder auszuschalten, in den Saal geschlichen und die Knöpfe abgerissen hatte, so daß die Patienten ein bis zwei Wochen lang, je nachdem, wie lange die Reparatur dauerte, ohne Fernseher auskommen mußten. Der Tagesraum war mit einem Springbrunnen, einem Teppich, zwei Plastikpflanzen, zwei großen Aschenbechern, mehreren Fußschemeln und Papierkörben, einigen Kaffeetischen, drei oder vier kleineren Tischen und vier Trennwänden ausgestattet, die zu klein waren, als daß sie das große Rechteck des Tagesraums hätten unterteilen können, und so standen sie denn ziemlich verloren herum. Es gab zudem etwa ein Dutzend Stühle, etwa ein halbes Dutzend Zweiersofas und mehrere größere Sofas – eine Kombination von Polstermöbeln mit Kunststoff und Metall in den verschiedensten Farben und Formen, die außer zahlreichen Zigarettenbrandlöchern nicht viel gemeinsam hatten. Es gab nicht genügend Stühle und Sofas. Die für die Abteilungen 043 und 044 zuständige Raumpflegerin, die die Patienten freundlich behandelte, weshalb sie bei ihnen auch beliebt war, scheuerte jeden Tag gewissenhaft den Fußboden des Tagesraums. Doch sie mühte sich vergebens ab. Zehn Minuten, nachdem die Frau den Boden feucht aufgewischt hatte, war er bereits wieder klebrig von verschüttetem Mineralwasser und Kaffee und staubig von der Zigarettenasche. Die ganze Abteilung roch nach Kaffee, abgestandenem Zigarettenrauch, nach ungewaschenen Patienten und nach Urin.

Eine Tür an der Außenwand des Tagesraums führte zu einer vergitterten Veranda. Tagsüber, wenn das Wetter schön war, stand die Tür fast immer offen. Auf der Veranda befanden sich ein weiteres Dutzend schlecht zusammenpassender und abgenutzter Plastikstühle sowie ein langer Tisch. Die Patienten, die sich auf der Veranda aufhielten – wie die Patienten auf der darüberliegenden Veranda der Jamaica-Einheit –, warfen Zigarettenkippen, leere Mineralwasserbüchsen, Flaschen, Kleider, Papier und weiteren Plunder zwischen den in großen Abständen angebrachten Gittern hindurch. Das mit Abfall übersäte Gras in Wurfweite der Veranden glich dem unbewohnten Stück Land eines Elendsviertels. Blickten die Patienten auf der Veranda nach Süden, über den unansehnlichen Müll, die Glasscherben, den früher gut gepflegten und nun ungemähten Rasen des Psychiatriezentrums Creedmoor hinweg und durch die absterbenden Äste der nicht gestutzten Bäume, so konnten sie die Autos und Busse der Welt draußen sehen und hören, wie sie die etwa siebzig Meter entfernt gelegene Hillside Avenue hinauf und hinunter fuhren. An heißen Sommertagen konnten die Patienten nicht bloß den Verkehrslärm hören. Sie hörten auch das Kreischen der Möwen, die den unordentlichen Rasen gründlich nach Nahrung absuchten; und vielleicht spürten sie auch eine leichte Brise vom einige Meilen entfernten Long Island Sound herwehen, während die Möwen herumflogen.

Ging man der langen inneren Tagesraumwand, wo die diensthabenden Therapiehelferinnen gewöhnlich an einem kleinen Tisch saßen, ein kurzes Stück entlang, so stieß man auf einen Bogengang. Auf der linken Seite des Bogengangs befand sich ein großer Waschraum, der für die Patientinnen von 043 bestimmt war. Er war mit acht Waschbecken (mit tropfenden Wasserhähnen), sechs Toiletten, zwei Duschen (deren Vorhänge, genau wie die Uhr und die Pflanzen im Büro der Sekretärinnen verschwanden und wieder durch neue ersetzt wurden) und mehreren Spiegeln ausgestattet. Der Waschraum sah aus und roch wie ein großes WC eines viel besuchten Autobahn-Restaurants am dritten von vier aufeinanderfolgenden Feiertagen: nicht besser und nicht schlechter. Toilettenpapier und Seife waren oft Mangelware, und es gab auch nicht genügend Handtücher und Binden. Miss Frumkin hatte sich im Lauf der Jahre daran gewöhnt, sich im Creedmoor nach dem Duschen mit einem Bettuch abzutrocknen. Im Juni 1978 stellte Mrs. Plotnick bei ihren täglichen Inspektionsrunden fest, daß von sechs Toiletten drei Türen und drei Vorhänge hatten, aber alle mit einer Brille ausgestattet waren. In den Jahren vor 1978 hatten die Klobrillen im Creedmoor oft gefehlt. Es wurde vermutet, daß sie von den Angestellten gestohlen wurden, und zwar aus dem einfachen Grund, weil die meisten Patienten nicht über das Talent verfügten, sie zu verstecken. 1978 war eine Stereoanlage in der Clearview-Einheit abhanden gekommen, und ein Getränkeautomat verschwand am ersten Tag, an dem er benutzt wurde.

Die Tatsache, daß Angestellte Diebstahl begingen – ein im Creedmoor immer wieder auftretendes Problem –, wurde vor einigen Jahren auf ziemlich dramatische Weise offenkundig: Eine Pflegerin des Psychiatriezentrums Creedmoor und ihr kleines Kind wurden nämlich in ihrer Wohnung von ihrem Freund mit einer Schußwaffe bedroht. Als der Freund ermüdete, band die Pflegerin mehrere Bettücher zusammen, befestigte sie an einem Heizkörper, warf die Bettücher zum Fenster hinaus, kletterte mit ihrem Kind hinaus und glitt sicher zu Boden. Sowohl die Polizei als auch mehrere Fernsehteams befanden sich auf dem Schauplatz. Tags darauf wurde die Flucht der Pflegerin während der Abendnachrichten im Fernsehen gezeigt. Die Worte *Creedmoor State Hospital* waren auf ihrem behelfsmäßigen Seil, das aus dem Fenster hing, leicht zu entziffern.

Im November vor einigen Jahren war die Hälfte der Trut-
hähne, die für die Patienten zum Thanksgiving zubereitet werden
sollten, gestohlen worden, und es mußten in aller Eile Ersatztrut-
hähne aufgetrieben und gebraten werden.

Im Juni 1978 setzte sich der Sicherheitsdienst des Psychiatriezentrums Creedmoor, der im Prinzip für die Ermittlungen in
Sachen Diebstahl verantwortlich war, aus einem Chef, drei Ser-
geants und vierundzwanzig Sicherheitsbeamten zusammen. Zu
ihren Pflichten zählte unter anderem auch, daß sie Patrouillen auf
dem Klinikareal durchführten, um sich nach Patienten umzusehen, die aus ihrer Abteilung entwichen waren, um Pflegern und
Pflegerinnen dabei zu helfen, aggressive Patienten unter Kontrolle zu bringen, um die Schließanlagen verschiedener Gebäude
zu überprüfen, in denen Nahrungsmittel und andere wertvolle
Güter gelagert wurden, und um für Ruhe in zwei Personalwohn-
heimen zu sorgen, wo etwa siebzig Angestellte in kleinen Zim-
mern lebten und nur über Gemeinschaftswaschräume verfügten.
Der Sicherheitsdienst führte über die täglichen Kontrollgänge
und über ungewöhnliche Ereignisse Buch. Das »Logbuch« von
1978 ergab, daß die Zahl der Diebstähle unter den Angestellten
nicht im selben Maß zurückgegangen war wie die Zahl der
Patienten. Am 31. Januar wurden bei einem Einbruch in eine
Küche 130 Kilo Huhn, 50 Kilo gehacktes Rindfleisch, 18 Kilo
Truthahn und 14 Kilo Kaffee und Zucker entwendet. Am 5. Februar wurden aus einer andern Küche sechs Behälter mit gekoch-
tem Rindfleisch, 27 Kilo gewürfeltes Rindfleisch, 20 Kilo gehacktes Rindfleisch sowie eine Fleischschneidemaschine gestohlen. Im darauffolgenden Monat kamen in derselben Küche
52 Kilo geschnittener Schinken abhanden. Fünf Tage später ver-
schwanden 45 Kilo Schinken, 54 Kilo Frankfurter und 10 Kilo
Truthahn und Kalbfleisch aus einer dritten Küche. Einer der
Sicherheitsbeamten antwortete auf die Frage, ob ein Teil des
Fleischs wieder aufgetrieben werden konnte: »Kein Diebstahl im
Creedmoor ist jemals aufgedeckt worden.«

Vom Tagesraum der Frauen führte ein Flur zum Schlafsaal der
Frauen. Angrenzend an diesen Flur befanden sich die Büros eini-
ger Angestellten der Abteilungen 043 und 044 der Clearview-
Einheit. Einer der Räume neben diesem Flur – ein zwei auf drei

Meter großes Zimmer – hatte eine Metalltür mit einem kleinen Sichtfenster aus Plastik; auf dem Fußboden lag eine Matratze, und am andern Ende des Zimmers befand sich ein großes Fenster, das auf der Innenseite mit einem Drahtgitter und auf der Außenseite mit Gitterstäben versehen war. Dies war die »Absonderungszelle«, in die schwer erregte Patienten eingeschlossen werden konnten. Ab und zu kam es vor, daß ein Patient, den man in die Absonderungszelle gesteckt hatte, so erregt war, daß er ständig mit dem Kopf gegen die Wand schlug und sich verletzte. In der Clearview-Einheit gab es vier Absonderungszellen, eine pro Abteilung. Mrs. Plotnick hatte wiederholt beantragt, daß eine der Zellen mit einem Schutzpolster versehen werden sollte. (Bis 1978 verfügten einige der andern Einheiten vom Creedmoor über Gummizellen.) Man schenkte den Anträgen von Mrs. Plotnick keine Aufmerksamkeit, und sie ärgerte sich über die Gleichgültigkeit, die die Verwaltung den Patienten gegenüber an den Tag legte. 1978 gab es im Creedmoor keine Evelyn Deacons mehr, die die Befugnisse hatten, eine Sylvia Frumkin einzusperren oder für sechs Wochen in eine Zwangsjacke zu stecken. (1978 wurden Zwangsjacken im Creedmoor nur selten verwendet.) Nur ein Arzt konnte einem Patienten die Absonderungszelle verordnen und das für höchstens zwei Stunden; der Arzt konnte die Verordnung alle zwei Stunden erneuern, falls er der Meinung war, eine Absonderung des Patienten sei weiterhin erforderlich. Mußte ein Patient in die Absonderungszelle, so wurde die Tür hinter ihm abgeschlossen. Wenn ein Patient unruhig war und darum bat, in den Absonderungsraum gehen zu dürfen, so wurde die Tür nicht abgeschlossen, und der Raum wurde dann »Ruhezimmer« oder Isolationsraum genannt.

Der Schlafsaal der Frauen am Ende des Flurs war ein rechteckiger Saal und beinahe gleich groß wie der Tagesraum. Der Schlafsaal war durch Bogengänge in vier mit vielen Fenstern ausgestattete Bereiche, die sogenannten Schlafabteile, unterteilt. In jedem Schlafabteil standen drei bis acht Betten und mehrere Kleiderschränke. Meistens waren genügend freie Betten vorhanden; falls nicht, schliefen die Patientinnen auf dem Fußboden. Die Tür zum Schlafsaal wurde nachts nicht abgeschlossen, so daß die Patientinnen sich auf die Nachttoilette begeben konnten, doch tagsüber blieb die Tür gewöhnlich verschlossen. Beinahe alle Patienten des Creedmoor mußten Psychopharmaka einnehmen, und die Mittel bewirkten bei vielen Patienten Schläfrigkeit – besonders in den ersten Tagen. Hätte man ihnen die Wahl gelassen, so hätten die Patienten wohl einen großen Teil des Tages im Bett verbracht. Man ließ ihnen keine Wahl. Die Patienten mußten um sechs Uhr morgens aufstehen, außer wenn ein Arzt eine Ausnahme verordnete, so daß die Angestellten der Nachtschicht noch vor Dienstschluß den Patienten halfen, das Bett zu machen, sich anzukleiden und für das Frühstück fertigzumachen. Abends durften die Patienten nicht vor zwanzig Uhr ins Bett gehen, ausgenommen in jenen seltenen Fällen, wo ein Arzt einem Patienten tagsüber Bettruhe verordnet hatte. Wenn man es den Patienten gestattete, tagsüber zu schlafen, so würden sie nachts lang wach liegen. Einige waren nachts ohnehin wach, nämlich die, die tagsüber auf den Stühlen und auf dem Fußboden im Tagesraum schliefen und auf der Veranda und in den Fluren, und die, die äußerst unruhig waren. Die Patienten, die nachts wach waren, störten nicht nur die Mehrheit der Patienten, die nachts schlafen wollten, sondern auch manche Angestellte der Nachtschicht, die von Mitternacht bis halb neun Uhr morgens Dienst hatten und in dieser Zeit schlafen wollten.

Ein zwanzig Meter langer Flur trennte den Tagesraum der Frauen vom Tagesraum der Männer. Links neben dem Flur befand sich ein geräumiger Speisesaal. Tagsüber standen die Türen der beiden Tagesräume an den beiden Enden des Flurs meistens offen, so daß die Männer der Abteilung 044 sich nach Belieben unter die Frauen der Abteilung 043 mischen konnten. Mit der Aufteilung des Psychiatriezentrums in Einheiten im Jahr 1969 waren auch die gemischten Tagesräume eingeführt worden. Der damalige Direktor vom Creedmoor, Dr. Greenberg, vertrat die Ansicht, daß die Patienten aus einer heterosexuellen Welt kamen und auch wieder in eine heterosexuelle Welt zurückkehrten und folglich die Tagesräume so stark wie möglich an die in der Außenwelt herrschenden Bedingungen angepaßt werden sollten. Beinahe jede heterosexuelle Handlung, die 1978 in der Außenwelt stattfand, fand 1978 auch in den Tagesräumen, auf den Veranden, in den Waschräumen, Schlafsälen, Büros und Fluren der Clearview-Einheit statt; im übrigen galt dies auch für beinahe alle homosexuellen Handlungen.

Der Tagesraum der Männer war in bezug auf Größe und Ausstattung dem Tagesraum der Frauen ähnlich. Ein weiterer Flur verband den Tagesraum der Männer mit dem Schlafsaal der Männer, und auch entlang diesem Flur befanden sich Büros – unter anderem das Büro von Dr. Sun und das von Dr. Batra, die Aufnahme, wo Sylvia Frumkin interviewt worden war, ein Behandlungsraum (wo Medikamente aufbewahrt und ausgegeben wurden, wenn sie nicht in den Tagesräumen in der Nähe der Springbrunnen verteilt wurden) und zwei etwa drei auf zwei Meter große Zimmer ohne Schutzpolster. Eines dieser Zimmer war ständig von Albert Rosenthal besetzt; das andere Zimmer wurde als Absonderungsraum verwendet. Der Männerschlafsaal der Abteilung 044 ähnelte stark dem Frauenschlafsaal der Abteilung 043. Die Gitter vor den Fenstern der beiden Schlafsäle reichten bis in die Hälfte; die obere Hälfte der Fenster war nur mit einem Drahtgitter versehen. Die Männer neigten eher als die Frauen dazu, hinaufzuklettern und die Drahtgitter wegzuzerren, und taten dies in regelmäßigen Abständen. Am 3. Juni 1978, kurz vor Tagesanbruch, entwich ein Patient durch ein Fenster des Männerschlafsaals. Am selben Tag wurde dem Wartungsdienst das kaputte Gitter gemeldet. Am 4. Juni war es nicht geflickt. Am Abend des 5. Juni entkam ein weiterer Patient durch das kaputte Gitter. Am 6. Juni wurde der Wartungsdienst erneut auf die Situation aufmerksam gemacht, aber das Fenster wurde trotzdem nicht am selben Tag repariert, angeblich wegen mangelnder Arbeitskräfte.

Die Abteilungen 041 und 042, wo sich die chronischen Patienten aufhielten, glichen den Abteilungen 043 und 044 bis hinunter zu den in regelmäßigen Abständen demolierten Drahtgittern, durch die einige der Männer der Abteilung 041 im Jahr 1978 ebenfalls entfliehen konnten.

Am 16. Juni 1978, am Tag der Wiederaufnahme von Miss Frumkin, waren der Aufnahmestation der Clearview-Einheit theoretisch vierunddreißig Angestellte zugeteilt, die dreiundzwanzig akut kranke Frauen und fünfunddreißig akut kranke

Männer zu betreuen hatten. Nicht nur Miss Frumkin, Kevin Kiernan, Albert und Gail Rosenthal, Barbara Herbert und Paulette Finestone (die eines Tages Ende März von der Clearview-Ambulanz auf die Abteilung gebracht worden war, nachdem sie eine von drei Verwandten, die sie bis zur Klinik begleitet hatten, gebissen, einer Krankenschwester einen Schlag auf den Kopf versetzt und einen Tisch umgeworfen hatte, der dem Psychiater der Klinik auf dem Fuß gelandet war), sondern auch die andern Patienten der Abteilungen 043 und 044 wiesen schwere Störungen auf. Da war zum Beispiel Hiroku Izutsu, eine wunderschöne junge Japanerin, die einmal die Kinder-Psychiatrieabteilung einer der bekanntesten Privatkliniken Manhattans in Brand gesteckt hatte. Miss Izutsu war von der ausgebrannten Abteilung in die Jugendabteilung des Psychiatriezentrums Creedmoor überwiesen worden, war zur Clearview-Einheit aufgestiegen und ging am 16. Juni 1978 herum und stellte Fragen wie beispielweise: »Ist das Lächerliche noch normal?« Da war Isabelle Holzman, eine attraktive alleinstehende Frau, im achten Monat schwanger und beinahe kataton. (Sie bekam ihr Baby im Juli und kehrte im Oktober in einem Zustand agitierter Psychose in die Clearview-Einheit zurück.) Da war Deirdre Gerrity, eine äußerst fettleibige neunundfünfzigjährige Frau (sie war 1,69 m groß und wog 100 kg), die Ende April ins Creedmoor gekommen war. Miss Gerrity war Krankenschwester im Ruhestand und nie zuvor in einer psychiatrischen Klinik gewesen; ihre Schwester hatte sie nur widerstrebend ins Creedmoor gebracht, weil sie sie nicht länger zu Hause betreuen konnte. Ihre Diagnose lautete Psychose mit Arteriosklerose. Die ärztliche Untersuchung bei der Einweisung ergab einen hohen Blutdruck, variköse Venen, Ödeme in beiden Füßen, schwere degenerative Arthritis der Lendenwirbelsäule, Anämie, schwere Dermatitis und Herzstörungen. In Anbetracht all dieser körperlichen Beschwerden hatte Miss Gerrity Schmerzen, sobald sie eine Bewegung machte. Sie wollte nicht essen. Es waren jeweils zwei oder drei Therapiehelferinnen nötig, um sie aus dem Bett oder von einem Stuhl zu heben, damit man sie zur Toilette, zur Dusche oder in den Eßsaal bringen konnte. Manchmal verstrichen acht Stunden der Tagesschicht, ohne daß jemand sie bewegte. Die Angestellten der Abendschicht beklagten sich oft über den Zustand, in dem die Tagesschicht Miss Gerrity hinterlassen hatte. Die Angestellten der Nachtschicht klagten, daß Miss Gerrity frech sei, daß sie sich weigere, sich selbst zu helfen, und daß sie sage, sie wolle in ein Privatkrankenhaus gehen, denn dort gehöre sie hin. Miss Gerrity erweckte bei den Angestellten sämtlicher drei Schichten den Eindruck, daß sie ihren Lebenswillen verloren hatte. Ihr körperlicher Zustand verschlechterte sich weiterhin. Ende Juli wurde sie ins Gebäude 40 verlegt; Anfang Oktober starb sie an Herzversagen.

Es gab einen geistig zurückgebliebenen Mann in den mittleren Lebensjahren namens Richard Moscow, der mindestens zwanzigmal pro Tag denselben Dialog mit den Pflegern der Clearview-Einheit und den Patienten und Besuchern, die seine Geschichte kannten, führte:

Moscow: Wann kommt mein Daddy?

Pfleger: Dein Vater ist vor ein paar Jahren gestorben.

Moscow: Wann kommt meine Mommy?

Pfleger: Richard, du weißt, daß deine Mutter vor ein paar Jahren gestorben ist, in derselben Woche wie dein Vater.

Moscow: Wann kommt mein Bruder?

Pfleger: Ich hoffe bald, Richard, bald.

Es gab einen Mann, dessen Eltern New York verlassen hatten und in einen andern Staat gezogen waren, ohne eine Adresse zu hinterlassen. Etwa zwei Drittel der Patienten auf der Station für chronisch Kranke und viele der geistig zurückgebliebenen Patienten auf der Aufnahmestation wurden von keinem Menschen besucht und hörten nie auf, darunter zu leiden. Die Patientinnen und Patienten der Abteilungen 043 und 044 waren jung und in mittleren Jahren, geistig wach und verwirrt, gebildet und ungebildet. Ihr einziger gemeinsamer Nenner war die Tatsache, daß sie ein statistisches Unglück miteinander teilten: Jedes Jahr werden in den Vereinigten Staaten mehr als anderthalb Millionen Menschen in psychiatrische Kliniken eingewiesen.

Wenn es auf dem Papier so aussah, als seien vierunddreißig Angestellte nicht ausreichend, um sich während der vierundzwanzig Stunden des 16. Juni in adäquater Weise um die Bedürfnisse von achtundfünfzig Patienten auf den Abteilungen 043 und 044 zu kümmern, so sah das Personal-Patienten-Verhältnis auf dem Papier immer noch weitaus besser aus als die Wirklichkeit. Der Tagesschicht waren zwanzig Personen zugeteilt (elf Therapiehelferinnen und neun andere Angestellte), der Abendschicht sieben (sechs Therapiehelferinnen und eine ausgebildete, aber nicht staatlich geprüfte Krankenschwester) und der Nachtschicht ebenfalls sieben (alles Therapiehelferinnen). Fünf der fachlich geschulten Angestellten der Tagesschicht – zwei Psychiater (bis Dr. Sun sich mittags zurückzog), ein Behandlungsteam-Leiter, eine Krankenschwester und ein Sozialarbeiter – waren am 16. Juni auf der Lohnliste und an Ort und Stelle. Auch eine Schreibkraft war anwesend. Die drei andern der Einheit zugeteilten Fachkräfte – eine ausgebildete, aber nicht staatlich geprüfte Krankenschwester, eine Psychologin und ein Fachmann für Rehabilitation – waren nicht da, weil es sie bloß auf dem Papier gab. Die drei Menschen, die für diese Posten verantwortlich gewesen waren, hatten ihre Stelle im Frühjahr aufgegeben und waren bis jetzt noch nicht ersetzt worden.

Von den elf der Tagesschicht zugeteilten Therapiehelferinnen waren am 16. Juni bloß vier im Haus, wobei eine Therapiehelferin anderthalb Stunden zu spät zur Arbeit erschienen war. Drei hatten nach Dienstplan frei, zwei waren in den Ferien, eine hatte aus privaten Gründen einen Tag Urlaub genommen, und eine Therapiehelferin war am 30. Mai wegen Mißhandlung einer Patientin zeitweise ihres Dienstes enthoben worden. (Sie blieb während fast zwei Monaten der Arbeit fern, bis der Fall geregelt war.)

Von neun Uhr dreißig morgens bis vier Uhr nachmittags mußten die vier Therapiehelferinnen die Tagesräume und Veranden der Abteilungen 043 und 044 beaufsichtigen. Das bedeutete, daß im besten Fall eine Therapiehelferin den Tagesraum und die Veranda der Abteilung 043 und eine andere den Tagesraum und die Veranda der Abteilung 044 zu beaufsichtigen versuchte. Die andern beiden machten Kaffeepause, kümmerten sich um ihren Lunch oder widmeten sich andern Beschäftigungen. Die vier Therapiehelferinnen wechselten einander ab, wenn sie Patienten zum Gebäude 40 für Röntgenaufnahmen, in die Haut- oder in die Augenklinik begleiten mußten. Sie mußten auch ins Gebäude 40, um dem Labor Proben zu bringen oder um in der

Apotheke Arzneimittel abzuholen. Auch wenn sich alle vier im Gebäude N/4 aufhielten, waren sie doch meistens entweder in der Aufnahme, um Berichte zu schreiben, im Behandlungsraum, um Medikamente auszugeben, oder im Büro der Abteilung, um Telefonanrufe zu beantworten – und nur selten im Tagesraum.

Am 16. Juni 1978 bestanden die Folgen des Personalmangels darin, daß die Patienten stärker als gewöhnlich vernachlässigt wurden und das Personal einer größeren Belastung als üblich ausgesetzt war. Am 1. Februar 1979 zeitigte der Personalmangel düstere Folgen. Von den sieben der Abendschicht (von 16.00 Uhr bis 0.30 Uhr) zugeteilten Therapiehelferinnen meldeten sich fünf krank. Die Leiterin der Abendschicht bat eine junge Frau der Tagesschicht darum, Überstunden zu machen. Während die drei Therapiehelferinnen die Patienten in den Speisesaal brachten und dort wieder abholten, die für die beiden Abteilungen übliche Telefonstunde von sechs bis sieben Uhr abends übernahmen und die Abendmedikamente vorbereiteten, begab sich ein junger Mann namens Lloyd Colvin auf die Veranda der Abteilung 043. Die Tür zur Veranda stand offen. Colvin war am 31. Januar mit seiner Mutter ins Creedmoor gekommen. Als Dr. Sun das Aufnahmegespräch mit Colvin geführt hatte, hatte er ihn nach Selbstmordversuchen, Drogen- oder Alkoholmißbrauch gefragt. Sowohl Colvin als auch seine Mutter hatten bestätigt, daß Colvin nie einen Selbstmordversuch unternommen habe und daß er weder alkohol- noch drogenabhängig sei. Dr. Sun hatte Colvin beinahe nicht in die Klinik aufnehmen wollen – er hatte geglaubt, der junge Mann könne weiterhin zu Hause leben und ambulant behandelt werden –, doch die Mutter hatte ihn überreden können, ihren Sohn für einen kurzen Aufenthalt aufzunehmen. Als Colvin am Abend des 1. Februar auf die Veranda ging, kletterte er auf einen Stuhl, zog die schweren Stiefel aus, die er trug, knüpfte die starken Schnürsenkel zusammen, schlang sich die Schlinge um den Hals, befestigte sie an den Gitterstäben der Veranda, stieg vom Stuhl und erhängte sich. Er war zum letzten Mal um halb sechs von einer Therapiehelferin im Speisesaal und von der Leiterin der Abendschicht gegen Viertel nach sechs gesehen worden. Als zwei Patienten fünf Minuten nach sieben auf die Veranda traten und ihn dort vorfanden, war er tot; sie benachrichtigten die einzige Therapiehelferin, die sich im Tagesraum aufhielt, die junge Frau, die Überstunden machte. Die Schichtleiterin und sie befreiten Colvin aus seiner Schlinge.

Hermine Plotnick vertritt die Ansicht, daß Menschen, die entschlossen sind, Selbstmord zu begehen, früher oder später mit ihrem Vorhaben erfolgreich sind. Sie glaubt aber, daß Colvin früher entdeckt worden wäre und eventuell doch überlebt hätte, wenn die Abendschicht der Abteilungen 043 und 044 am 1. Februar 1979 nicht unterbesetzt gewesen wäre. Am Tag nach Colvins Tod traf seine Krankengeschichte aus der Zentralablage des Krankenhauses in der Clearview-Einheit ein. Aus ihr ging hervor, daß er mehrere Selbstmordversuche unternommen hatte und auch drogen- und alkoholabhängig gewesen war. Mrs. Plotnick sagt, man hätte ihn in der Clearview-Einheit unter Umständen sorgfältiger beobachtet, wären diese Tatsachen bekannt gewesen. Nach Colvins Tod wurden die Türen der Veranden der Clearview-Einheit bei Einbruch der Dämmerung abgeschlossen.

VIER

Es war nach elf Uhr am Freitagmorgen, dem 16. Juni, als Miss Frumkin nach dem Aufnahmegespräch mit Dr. Sun die vom Staat zur Verfügung gestellten Kleider übergezogen und sich im Tagesraum der Frauen auf einen Stuhl gesetzt hatte. Nachdem sie Paulette Finestone weggescheucht hatte, blieb sie eine Weile sitzen und beachtete anscheinend nichts und niemanden um sie herum. Doch nicht lange. Bald war sie aufgestanden und eilte zur diensthabenden Schwester hinüber. Sie bat darum, das Telefon benutzen zu dürfen. Als die Schwester ihr sagte, sie müsse warten, bis eine andere Patientin ihr Gespräch beendet habe, schrie Miss Frumkin die Schwester an. Einige Minuten später begleitete die Schwester Miss Frumkin zum Telefon. Miss Frumkin wählte die interne Rufnummer von Dr. Werner, dem Direktor des Psychiatriezentrums Creedmoor. Sie versuchte, der Sekretärin von Dr. Werner ihre Sorgen mitzuteilen, konnte sich aber nicht mehr klar ausdrücken. Es gab einen Kampf mit der Schwester und einer Therapiehelferin, bis sie den Telefonhörer auflegte. Die Schwester, die beim Aufnahmegespräch dabeigewesen war, führte Miss Frumkin dann in den Behandlungsraum und versuchte, ihr die Thorazinspritze zu geben, die Dr. Sun für den Fall, daß Miss Frumkin in einen Erregungszustand geraten sollte, verordnet hatte. Miss Frumkin weigerte sich. Sie sagte, sie würde statt dessen das Thorazin oral nehmen. Die Schwester goß das Thorazin in einen Pappbecher, den sie Miss Frumkin reichte, und verstieß damit gegen eine Regel, wonach sie die schriftliche Einwilligung eines Arztes hätte einholen müssen, weil sie die Anwendungsform eines Medikaments durch eine andere ersetzte. In der Clearview-Einheit wurde Hunderte von Malen pro Woche gegen irgendwelche Regeln verstoßen. Dieses Wissen ließ Mrs. Plotnick, die eine Perfektionistin ist, keineswegs kalt, aber außer daß sie sich in regelmäßigen Abständen beschwerte, die Dinge im Creedmoor seien nicht so, wie sie sein sollten, konnte sie nicht viel dagegen unternehmen. Zwischen den einzelnen Schlucken des übelschmeckenden Thorazins nannte Miss Frumkin die Schwester ein Ekel, eine Hure und eine dumme Kuh. Als Miss Frumkins Schimpfworte in Drohungen übergingen und sie auf die Schwester einzuschlagen begann, ging die Schwester zu Dr. Sun, erwischte ihn gerade noch, bevor er nach Hause gehen wollte, und brachte ihn dazu, daß er Miss Frumkin die Absonderungszelle verordnete, eine Anweisung, die um Viertel nach zwölf in Kraft trat. Als Miss Frumkin sich in der Absonderungszelle befand, ließ sie sich auf die Matratze plumpsen, als wäre sie erleichtert, dort zu sein. Einige Minuten später brachte eine Therapiehelferin ihr das Mittagessen auf einem Tablett. Miss Frumkin, die Unverständliches vor sich hingemurmelt hatte, nahm das Tablett, schlang das Essen hinunter und gab das Tablett zurück. Kurz darauf legte sie sich hin und döste ein. Als die Absonderungszeit um Viertel nach zwei abgelaufen war, wurde die Tür geöffnet. Miss Frumkin war eingeschlafen. Man ließ sie bei geöffneter Tür weiterschlafen.

Miss Frumkin wachte kurz vor vier auf, doch schien sie damit zufrieden zu sein, weiterhin im »Ruhezimmer« zu bleiben. Gegen fünf Uhr nachmittags verspürte sie Hunger, stand auf und ging in den Tagesraum. Als die Tür zum Eßsaal geöffnet wurde, ging sie in den Flur, stellte sich mit den andern Patienten in die Warteschlange und redete flüsternd mit sich selbst. In der Clearview-Einheit wurde das Abendessen gewöhnlich um zwanzig nach fünf eingenommen. Wie das Frühstück und das Mittagessen wurde auch das Abendessen im Kantinen-Stil serviert. Jeder Patient nahm ein Tablett, einen Teller und Besteck und ging an einer Theke vorbei. Das Bedienungspersonal hinter der Theke verteilte bestimmte Eßwaren portionenweise; andere konnten die Patienten selbst nehmen.

Der Speisesaal für die Patienten der Aufnahmestation der Clearview-Einheit war ein heller, ledergelber Raum mit Vierertischen. Auf den Tischchen standen Vasen mit Plastikblumen. Der Eßsaal war mäßig reizvoll, wenn er leer war. Zu Essenszeiten war er nicht attraktiv. Viele der Patienten – Miss Frumkin gehörte dazu – aßen schlampig und hastig. Einige Patienten waren niedergeschlagen und aßen wenig bis gar nichts. Die Therapiehelferinnen halfen denen, die nicht selbständig essen konnten. Manchmal gab es im Speisesaal Gabeln, Messer und Löffel, manchmal (nachdem ein Patient Gabeln und Messer als Waffen benutzt hatte) gab es bloß Löffel. Das Essen entsprach dem, was man bei einer staatlichen Institution mit einem vom Computer ausgearbeiteten Speiseplan (Schmorbraten stand zweiundfünfzigmal pro Jahr und nicht einundfünfzig- oder dreiundfünfzigmal pro Jahr auf dem Speiseplan) und mit einem Nahrungsmittelbudget von einem Dollar und siebenundsechzig Cents pro Patient und Tag erwarten durfte. Gemüse, das als »teuer und exotisch« betrachtet wurde – Spargel, Blumenkohl, Rosenkohl, Brokkoli –, kam nie auf den Tisch. »Gestreckte« Gerichte (zum Beispiel Schmorgerichte) wurden oft serviert; sie waren billig und sättigten. Die Speisen waren nahrhaft, stärkehaltig, eintönig und machten leicht dick. Diabetiker konnten Tee und Kaffee ohne Zucker bekommen, doch durfte kein Patient Kaffee ohne Milch nehmen, wie sehnlichst er sich einen schwarzen Kaffee auch wünschen mochte. Für jede Mahlzeit war eine halbe Stunde vorgesehen. Die meisten Patienten verbrachten zehn Minuten im Speisesaal. Vor einigen Jahren war der Versuch unternommen worden, die Essenszeiten zu verlängern, das heißt sie von einer halben auf eine ganze Stunde heraufzusetzen, so daß die Patienten sich hätten entspannen und mehr miteinander reden können. Der Versuch war gescheitert. Statt mehr miteinander zu reden, hatten die Patienten, da sie nun länger beieinandersitzen mußten, mehr miteinander gestritten. Die Patienten der Clearview-Einheit schienen froh zu sein, essen und davoneilen zu können, und das Personal des Eßsaals, das mehrheitlich mürrisch war, schien sich zu freuen, daß die Patienten sich so beeilten – besonders beim Abendessen –, so daß es früher nach Hause gehen konnte.

Nachdem Miss Frumkin am 16. Juni beim Abendessen von allem drei Portionen in den Mund geschaufelt hatte, kehrte sie in den Tagesraum zurück, ließ sich in einem Sessel nieder und sah ruhig fern. Um neun nahm sie die fünfzig Milligramm Moban, die Dr. Khanna ihr verschrieben hatte. Eine Therapiehelferin der Abendschicht ließ sie bis zehn Uhr dreißig fernsehen, bevor sie sie in den Schlafsaal führte, wo die andern Frauen bereits schliefen. Sie wies Miss Frumkin ein Bett neben einem Fenster zu. Die Betten der Clearview-Einheit waren mit Schaumgummimatratzen ausgestattet. Zwei Drittel der Matratze ruhten auf einem

Sprungfederrahmen mit unelastischen Sprungfedern, das übrige Drittel auf zwei am Fußende des Betts eingebauten großen Schubladen. Weder die Schubladen noch die Kleiderschränke der Schlafabteile waren mit Schlössern versehen; viele Patienten hielten im Schlaf ihre Brieftasche umklammert. Die Kissen waren mit wasserabstoßendem Stoff überzogen und unangenehm hart. Obwohl Miss Frumkin in den letzten sechsunddreißig Stunden kaum geschlafen hatte, war sie nicht müde. Sie legte sich, ohne die Kleider auszuziehen, ins Bett und lag ganz ruhig unter dem Laken und dem Bettüberwurf, den die Therapiehelferin zu entfernen vergessen hatte.

Einige Minuten, nachdem der Dienst für die Nachtschicht angefangen hatte, stieg Miss Frumkin aus dem Bett. Sie ging eilends durch den langen Flur vom Schlafsaal in den Tagesraum. Dann steuerte sie wieder auf den Schlafsaal zu, blieb jedoch vor dem Speisesaal der Angestellten stehen, als sie eine kleine, pummelige schwarze Frau namens Bernice Parrott dort sitzen sah. Mrs. Parrott war eine der 0.00−8.30-Uhr-Therapiehelferinnen, die den Abteilungen 043 und 044 zugeteilt war. Miss Frumkin sagte, auf dem Fußboden des Tagesraums sei eine Wasserlache, und fragte sie, ob sie einen Mop habe. Als Mrs. Parrott dies verneinte, sagte Miss Frumkin warnend, sie werde es der Nachtschicht-Leiterin melden, falls sie den Fußboden nicht aufwische. Mrs. Parrott forderte Miss Frumkin auf, wieder ins Bett zu gehen, und sagte, sie werde sich schon um die Lache kümmern. Mrs. Parrott ging in den Tagesraum, entdeckte eine Urinpfütze auf dem Boden und ging in die Besenkammer, um sich einen Mop zu holen. Als sie mit dem Mop in der Hand in den Tagesraum zurückkehrte, sah sie Miss Frumkin in der Nähe der Pfütze stehen. Miss Frumkin befahl Mrs. Parrott mit ihrer lautesten Stimme, den Tagesraum aufzuwischen. Bevor Mrs. Parrott Zeit hatte, irgend etwas zu säubern, rannte Miss Frumkin zu ihr und verlangte den Mop. Mrs. Parrott klammerte sich mit all ihrer Kraft an den Mop, aus Angst davor, was Miss Frumkin damit anrichten könnte, falls er in ihre Hände geriet. Miss Frumkin packte Mrs. Parrott am Kleid, schlug ihr mehrmals mit der Faust auf den Kopf, versetzte ihr Fußtritte, versuchte sie zu beißen und schrie »Niggerhure, dir werd ich's zeigen!«, während sie versuchte, den Mop an sich zu reißen. Mrs. Parrott wirbelte herum, drängte Miss Frumkin gegen eine Wand, entwand sich ihrem Griff und rannte zum nächsten Telefon, das sich im Büro der Abteilung befand. Sie warf den Mop durch eine offene Tür, die am andern Ende des Büroraums zur Toilette für die Angestellten führte, ergriff den Telefonhörer und rief die Leiterin der Nachtschicht an. Unterdessen wehrte sie weiterhin mit der freien Hand Miss Frumkin ab, die ihr ins Büro gefolgt war und immer noch den Mop haben wollte. Mrs. Parrott und Miss Frumkin kämpften miteinander; es gelang Mrs. Parrott, Miss Frumkin zu Fall zu bringen und sie auf dem Boden festzuhalten, bis ihr die Leiterin der Nachtschicht zu Hilfe kam.

Weil während der Abend- und Nachtschicht keine staatlich geprüften Krankenschwestern im Creedmoor Dienst hatten, antwortete die eine oder andere Schwester, die zur »Pflegedienstleitung« vom Creedmoor gehörte, auf Hilferufe, die zwischen sechzehn Uhr und acht Uhr morgens von den einzelnen Einheiten kamen. Als die Leiterin der Nachtschicht sah, daß Mrs. Parrott und Miss Frumkin miteinander kämpften, rief sie das Büro der Leitung des Pflegedienstes an. Während sie telefonierte, gelang es Miss Frumkin aufzustehen. Sie versuchte vergeblich, der Leiterin der Nachtschicht den Telefonhörer zu entreißen. Als die Krankenschwester wenige Minuten nach dem Anruf eintraf, hatten Mrs. Parrott und die Leiterin der Nachtschicht Miss Frumkin in eine leere Absonderungszelle gebracht. Miss Frumkin hämmerte voller Wut an die Tür der Absonderungszelle. Die Schwester rief den diensthabenden Nachtarzt an (der Psychiater, der sich um die Nachtaufnahmen kümmerte, war der einzige Arzt, der von halb fünf Uhr nachmittags bis acht Uhr morgens für sämtliche geographische Einheiten Creedmoors Bereitschaftsdienst hatte), und er erteilte ihr mündlich die Anweisung, Miss Frumkin für zwei Stunden in die Absonderungszelle zu bringen. Mrs. Parrott und die Leiterin der Nachtschicht halfen der Schwester, Miss Frumkin festzuhalten, damit die Schwester ihr die von Dr. Sun verschriebene Thorazin-Spritze gegen Erregungszustände verabreichen konnte. Die Schwester war verpflichtet, Miss Frumkins Blutdruck zu messen, bevor sie ihr die Injektion verabreichte, denn wenn ein Patient einen niedrigen Blutdruck hat, kann eine

Injektion einen hypotonischen Schock verursachen; doch war Miss Frumkin derart erregt, daß die Schwester ihre vitalen Zeichen nicht überprüfen konnte. Miss Frumkin blieb die ganze Nacht über in einem Zustand der Erregung. Der Arzt erneuerte die Absonderungsanweisung dreimal. Als sich die Tagesschicht zum Dienst meldete, war Miss Frumkin immer noch erregt und bekam eine weitere Thorazin-Injektion.

Miss Frumkin durfte die Absonderungszelle am Morgen um acht Uhr fünfundvierzig, nachdem sie ihre Thorazin-Spritze erhalten hatte, verlassen. Am Samstag, dem 17. Juni, verbrachte sie den größten Teil ihrer Zeit im Tagesraum, wobei sie ab und zu ein Nickerchen machte und ab und zu die Therapiehelferinnen und die Patientinnen anschrie. Sie nahm die Moban-Tabletten, die man ihr gab, ohne zu protestieren. Die Tabletten schienen keinerlei Wirkung zu haben. Am Samstagabend wurde sie wieder erregt. Sie zog ihre Kleider aus, weigerte sich, ins Bett zu gehen, hämmerte gegen viele Türen auf der Abteilung, hinderte die andern Patientinnen am Einschlafen und beharrte darauf, sie müsse eine Blutuntersuchung machen lassen, weil sie vielleicht schwanger sei. Um dreiundzwanzig Uhr erhielt sie eine Thorazin-Spritze und kam in die Absonderungszelle. Zweimal wurde die Leitung des Pflegedienstes angerufen und um Hilfe gebeten; der diensthabende Arzt verlängerte die Absonderung zweimal. Miss Frumkin verbrachte die Nacht singend, lachend und im Selbstgespräch.

Am Sonntagmorgen durfte Miss Frumkin wieder in den Tagesraum. Einige Stunden blieb sie ruhig, dann geriet sie wieder in einen Erregungszustand. Irving Frumkin besuchte sie, ging aber schon bald wieder, weil seine Tochter sich weigerte, ihn zur Kenntnis zu nehmen. Um fünf Uhr nachmittags und um dreiundzwanzig Uhr fünfzehn verlangte sie eine Thorazin-Injektion; sie verbrachte eine weitere geräuschvolle Nacht in der Absonderungszelle und hämmerte gegen die verschlossene Tür.

Nachdem Miss Frumkin am Montagmorgen, dem 19. Juni, die Absonderungszelle verlassen hatte, nahm sie ein nahrhaftes Frühstück ein, schluckte selbstgefällig ihre morgendliche Dosis an Moban-Tabletten und hüpfte in den Tagesraum. Sie trug das grüne T-Shirt und die grüne Hose, die sie seit Freitagmorgen anhatte, aber weder Schuhe noch Büstenhalter. Ihre Fußsohlen waren schwarz. Wenige Minuten, nachdem sie den Tagesraum betreten hatte, hatte sie vier Lockenwickler und einen knallig roten Lippenstift von zwei Mitpatientinnen geborgt. Sie brachte lange Zeit damit zu, einige Haarsträhnen auf die vier Lockenwickler zu wickeln. Sie beschmierte ihr Gesicht mit dem Lippenstift, bis jeder Zentimeter, mit Ausnahme der Augen, mit Farbe bedeckt war. Einige Patientinnen starrten sie an und lachten über sie; andere starrten und gaben keinerlei Anzeichen von sich, daß sie einer außergewöhnlichen Szene beigewohnt hatten. Dann redete Miss Frumkin eine Stunde lang ununterbrochen – mit einigen Patientinnen, mit einigen Besuchern, mit den Therapiehelferinnen, der Putzfrau, den Angestellten der Wäscherei und des Speisesaals und andern Menschen, die auf der Abteilung vorbeikamen, und mit sich selbst. Eines ihrer Selbstgespräche, das sie mit der Geschwindigkeit eines Formel-I-Rennwagens führte, war mit Namen von Schauspielern, Fernsehstars, Pop- und Rocksängern, mit Namen von historischen Gestalten und Politikern der Vergangenheit und der Gegenwart und mit Markennamen gespickt. Es fing folgendermaßen an: »Hitler hat gute Arbeit geleistet. Er hat die Straßen gesäubert. Er erfand den Volkswagen. Ich liebe Darth Vader. Ich bin Darth Vader. Ich habe herausgefunden, daß Bürgermeister Koch eigentlich Charles Nelson Reilly ist. Man hat Adolf Hitler verziehen. Er erfand das Methadon und den Mercedes-Benz. Das ganze war ein Preiskrieg. Ich bin Tania, und ich habe das größte Haus im ganzen Land. Bess Myerson war ursprünglich die Freiheitsstatue. Ich habe Neil Diamond vor langer Zeit geheiratet.« Sie packte zwei Männer, die in ihrer Nähe standen, am Hemd. »Elvis Presley, das hier ist John Travolta. Ich war fünfzehn Jahre mit Geraldo Rivera verheiratet. Roald Dahl ist die größte Puppe. Dahl. Dahl. Dahl.« Manchmal blieb Miss Frumkin an einem Wort oder einer Wortreihe hängen wie die Nadel auf einer zerkratzten Schallplatte. »Wie ich bereits sagte, wie ich bereits sagte, Dahl, Dahl, Dahl«, wiederholte sie, bis sie in die nächste Rille hüpfte. Diesmal pickte sie das Wort *größte* heraus. Und sie fuhr erneut im dritten Gang los: »Ich hab' die größte Frage: Werden wir den Edsel [alte Automarke] zurückbringen?« Sie ging zum Fernseher hinüber, wo eine Quiz-Sendung lief. Sie stand vor einer Frau, die fernsah, und versperrte ihr den Blick auf den Bildschirm. »Tragen Sie das Ultima-Make-up von Revlon? Der Mann, der mir diesen wunderbaren Haarschnitt gemacht hat, heißt Jason. Er ist der größte Friseur, das können Sie mir glauben. Dahl war der größte Fernsehgast.« Miss Frumkin ging zu einer Therapiehelferin. »Wie gefällt Ihnen meine neue Frisur?« fragte sie.

Die Therapiehelferin schüttelte bestürzt den Kopf, während sie die vier Lockenwickler und die Kriegsbemalung mit dem roten Lippenstift betrachtete. »Warum haben Sie sich das Zeug ins Gesicht geschmiert, Schätzchen?« fragte sie. »Weil ich aussehen wollte wie Sie«, lautete Miss Frumkins Antwort. Die Therapiehelferin verließ den Raum und kam mit Hautcreme und Watte zurück. Sie stellte sich neben Miss Frumkin und entfernte etwas Lippenstift von einer Wange. »Ich habe mit Ihnen die High-School besucht, aber damals wußte ich das nicht«, sagte Miss Frumkin und entzog sich mit bemerkenswerter Behendigkeit der Reichweite der Therapiehelferin. Sie sagte ein Gedicht auf:

Mary hatte eine Uhr.
Sie verschluckte sie, da war sie fort.
Und wohin auch Mary geht –
die Zeit geht mit, bleibt bei ihr dort.

Die Therapiehelferin, die sie vergebens mit der Watte und der Gesichtscreme verfolgte, sagte: »Sylvia, haben Sie das erfunden?« Miss Frumkin setzte eine spöttische Miene auf. »Ich weiß nicht, ob ich's erfunden hab', oder ob ich's auf einer Grußkarte gelesen hab'«, sagte sie und trippelte davon; ihre hübschen grauen Augen waren immer noch von reichlich Lippenstift umrandet.

Während der folgenden fünf Minuten war Miss Frumkin ein Perpetuum mobile, ging, lief, rannte, joggte und trottete durch die ganze Abteilung. Sie rannte den langen Flur vom Tagesraum der Frauen zum Tagesraum der Männer entlang und wieder zurück. Ab und zu blieb sie stehen und fragte einen Patienten oder eine Patientin, ob sie heute wie er oder wie sie aussehe. Die meisten Patienten – unter anderem Travolta und Presley – ignorierten sie oder gingen weg, sobald Miss Frumkin auf sie zukam.

Manchmal schrie ein Patient: »Hör auf, mich anzustarren!« oder: »Sieh mich nicht so an!« Eine Patientin sagte zu Miss Frumkin, sie sei die größte Show auf der ganzen Welt. Eine Frau, die eine Patientin besuchte, sagte: »Du magst zwar krank sein, aber du bist nicht krank genug, um mit solchen Leuten zusammen eingesperrt zu werden. Reiß' dich zusammen, damit du diese Schlangengrube verlassen kannst.« Miss Frumkin packte eine Patientin am Arm und sagte: »Ich habe Angst.« Die Hand der Patientin hing schlaff herunter, bis Miss Frumkin ihren Arm losließ. Sie küßte einen Patienten auf den Mund und bewirkte damit keinerlei Reaktion. Sie zog ihr T-Shirt aus und enthüllte schwere Brüste. Sie rief die Therapiehelferin, die schließlich herbeikam, um »Miss Prüde« das T-Shirt wieder überzuziehen. Miss Frumkin rannte auf die Veranda hinaus, wo eine Patientin etwas in ihr Tagebuch schrieb und zwei Besucherinnen mit einer andern Patientin plauderten. Sie grapschte den Füller der Tagebuchschreiberin und machte dabei einen Tintenklecks auf das Kleid der einen Besucherin. Sie entschuldigte sich nicht bei der Frau für den Klecks, sie schien ihn nicht einmal bemerkt zu haben. Sie bat die andere Besucherin um einen Bleistift, nahm ihn ohne Dankeswort und warf Füller und Bleistift zwischen den Gitterstäben der Veranda hinaus. »So«, sagte sie zufrieden. »Ich hab' einen Füller- und Bleistiftbaum gepflanzt.« Sie ging in den Tagesraum zurück, schnorrte eine Zigarette von einer Patientin, die nicht den Mut hatte, sie ihr zu verweigern, zündete sie mit der brennenden Zigarette an, die sie einer andern Patientin aus dem Mund genommen hatte, und fing an zu rauchen. »Der Mond ist aus Zigaretten gemacht«, sagte sie. »Ein Tabakblatt ist eben meinem Haar entsprungen.« Sie zog viermal an der Zigarette und warf sie auf den Fußboden des Tagesraums. Zwei andere Patientinnen bückten sich blitzschnell, um sie aufzuheben, und gerieten deswegen aneinander. Miss Frumkin ging quer durch den Tagesraum, schlang ihre Arme um einen Rabbiner, der gerade eine Patientin besuchte, und nahm einer andern Patientin einen halbleeren Pappbecher Cola weg. Während sie die Cola schlürfte, sagte sie, es sei eine Eiercreme. Sie wanderte auf der Veranda und im Tagesraum herum und sammelte Zigarettenkippen ein. Sie ließ die Stummel in den Cola-Rest fallen. »Dies ist das größte Getränk«, sagte sie. »Es ist Wodka. Es ist Schnaps. Zigarettenwasser ist Hühnerbrühe.« Sie trank den Rest in einem Schluck. Barbara Herbert, die Miss Frumkin zugeschaut hatte, fand, sie sei widerlich. Die beiden Frauen tauschten Beleidigungen aus. »Ich bin Brigitte Bardot!« schrie Mrs. Herbert Miss Frumkin zu, nachdem ihr offenbar alle Kraftausdrücke, die sie kannte, ausgegangen waren. »Nein, das bist du nicht!« schrie Miss Frumkin zurück. »Gott ist mein Vater!« brüllte Mrs. Herbert. »Ich bin meine Mutter!« kreischte Miss Frumkin und marschierte steif wie ein Spielzeugsoldat, den man eben aufgezogen hat, davon. Nachdem sie kurz herumparadiert hatte, steuerte Miss Frumkin auf einen wasserblauen Stuhl zu, auf dem eine ängstlich aussehende ältere Dame saß. »Entschuldigen Sie«, sagte Miss Frumkin, hob die zerbrechliche alte Dame aus dem Stuhl und setzte sie einem Patienten, der in der Nähe auf einem Sofa saß, auf den Schoß. Dann machte sie es sich auf dem wasserblauen Stuhl bequem.

Um dreizehn Uhr, nach dem Mittagessen, gab eine Therapiehelferin Miss Frumkin zwei fünfundzwanzig-Milligramm-Moban-Tabletten. Sie schluckte die Tabletten, sagte, es seien Augentropfen, und erklärte dann: »Ich war Buddhistin und wiedergeborene Christin, und nun versuche ich, zu meiner eigenen Religion zurückzufinden.« Paulette Finestone, die auf einem orangefarbenen Stuhl neben ihr saß, sagte: »Sylvia, du bist Jüdin, genau wie ich.« Miss Frumkin zuckte die Achseln, gab Miss Finestone auf Jiddisch ein Rezept für eine Mayonnaise und sagte, JE 333 sei die Telefonnummer von Gott. Dann sang sie mit kräftiger, klarer Stimme: »Wir sind die drei Könige aus dem Morgenland* und erhöhen die Benzinpreise für das Abendland.« Dann sagte sie: »Lobet den Herrn«, und lümmelte sich, vorübergehend erschöpft, quer über den wasserblauen Stuhl. Etwas später sang sie die Worte, von denen sie behauptete, es sei der Text des siebenunddreißigsten Psalms. Die Worte stammten zu einem Viertel aus dem dreiunddreißigsten Psalm und waren zu drei Viertel Kauderwelsch. Dann ließ sie sich auf etwas ein, das sich wie eine autobiographische Odyssee anhörte. »Ich kam in Brooklyn zur Welt, wo der Baum wächst. Jeder, der jemand ist,

* Anfang eines Weihnachtsliedes

wurde in Brooklyn geboren. Ein Baum wächst in Brooklyn, so spricht Bugs Bunny. Wenn Sie mir nicht glauben, fragen Sie, fragen Sie, fragen Sie… Das Problem ist, daß wir alle von Brooklyn nach Queens gezogen sind, als ich neun Jahre alt war. Es mag sein, daß meine Großmutter die Kartoffel-Pancakes erfunden hat, aber ich hab' die Eiercreme erfunden. Ich hab' die High School für Kunst und Musik besucht. Sie wurde ein Möbelkaufhaus, also ging ich auf eine Privatschule. Meine Schwester Joyce ist älter als ich, und zwar − also, wenn ich am 5. Mai 1948 geboren wurde und sie am 29. September 1942, dann müssen es sechs Jahre und acht Monate sein, nein, fünf Jahre und acht Monate. Na, wie auch immer, fünf Jahre, sechs Jahre, acht Jahre, acht Monate. Ich hab' einmal eine Acht bei einer Mathe-Prüfung bekommen. Ich mußte sogar die alten Turnsachen von Joyce auftragen, wie tief man doch sinken kann. Joyce hat ein College besucht, das beinahe ein Ivy League College ist*. Sie ist ein hohes Tier. Jimmy und Rosalyn Carter laden sie immer wieder ins Weiße Haus ein. Ich hab' bei den Weight Watchers ziemlich viel abgenommen. Ich möchte ein lebenslanges Abo des *Weight-Watchers-Magazins*. Oma kam zu uns und wohnte bei uns. Als Oma starb, vier Wochen nach meinem achtzehnten Geburtstag, kam Tante Lottie und wohnte bei uns. Ich hatte auch eine Tante Goldie. Gibt es nicht in jeder jüdischen Familie eine Tante Goldie? Onkel Simon hat mich auf dem University Settlement Camp** ins Wasser gestoßen. Das erste, was ich sagte, als ich reden konnte, war: ›Seht mal her, was für spindeldürre Knochen ich habe‹, weil ich Claude Kirchner war. Wissen Sie, was das Problem war? Unsere Katze Gingersnap starb. Ich habe Gingersnap gequält. Ich habe die Katze getötet. Gingersnap war ein nicht mehr ganz junges Einhorn.« Als Miss Frumkin das Wort *Einhorn* sagte, hielt sie inne, stand auf, ging auf das Wandgemälde im Tagesraum zu und blieb einige Zentimeter davor stehen − aus dieser Entfernung konnte sie das Bild noch ohne Brille sehen. »Ist dies hier eine Klaps-

---

* Ein Verband von acht Colleges im Nordosten der USA, der Brown, Columbia, Cornell, Dartmouth, Harvard, Princeton, die University of Yale und University of Pennsylvania umfaßt.
** Sozialwohnungen auf einem Hochschulgelände

mühle?« fragte sie das Einhorn auf dem Bild. »Mögen Elefanten Erdnüßchen? Ich bin in die Grube gefallen. Ich will nicht raus. Ich war fünfmal verheiratet. Du möchtest Ringo, ich möchte Paul, und der Prinz will mich. Elton John ist John Yarrow. Etwas gibt es zum Creedmoor zu sagen, es ist wie ein Regenbogen. Wenn ich hier weggehe, werde ich einen langen Urlaub machen. Das Übergangsheim mag mich ausleihen, aber ich komme immer wieder zurück. Mir gehört das Ganze. Mein Vater hat es gebaut.« Sie machte einen Schritt über eine Frau, die auf dem Boden lag und schlief, setzte sich auf einen freien Stuhl und sagte: »Ich bin die größte Versagerin.«

Während Miss Frumkin ihre Version von »Wir sind die drei Könige aus dem Morgenland« sang, hörten ihr der Klinik-Koordinator des Übergangsheims, Peter Orenstein, und eine Schwester des Übergangsheims zu. Sie waren auf die Abteilung gekommen, um Miss Frumkin zu besuchen. Miss Frumkin hatte sie ignoriert. Nachdem sie einen Teil ihrer Darbietung im Tagesraum miterlebt hatten, machten sie sich Sorgen und fragten Stephanie Fulton, die für die Abteilungen 043 und 044 zuständige Leiterin des Behandlungsteams, ob sie Miss Frumkins Krankengeschichte lesen könnten. Als sie die Ereignisse der letzten Tage nachgelesen hatte, sagte die Krankenschwester mit trauriger Stimme zu Dr. Sun, der ebenfalls in der Aufnahme war: »Sie hat dermaßen den Kontakt zu sich selbst verloren! Sie hat dermaßen die Kontrolle verloren! Wie kommt es, daß wir in drei Tagen so sehr an Boden verloren haben?« Orenstein bat Miss Fulton, sie solle ihn doch bitte über die Fortschritte von Miss Frumkin auf dem laufenden halten. Man wolle im Übergangsheim ihren Platz für eine Weile freihalten in der Hoffnung, daß sie ihre Krise bald überwinde.

An jenem Nachmittag schrieb Dr. Sun eine weitere Anweisung, wonach die Moban-Tabletten abgesetzt werden sollten. Moban habe keinerlei Wirkung bei einem Patienten, der so agitiert sei wie Miss Frumkin, sagte er später. Er verschrieb 400 Milligramm Thorazin flüssig für Miss Frumkin, die sie zweimal täglich in einer 200-Milligramm-Dosis nehmen sollte. Er erhöhte die Dosis der Thorazin-Injektionen, die ihr, falls nötig, bei Zuständen schwerer Agitiertheit verabreicht werden sollten, von

50 Milligramm alle vier Stunden auf 75 Milligramm alle zwei Stunden. Und er vermerkte in ihrer Krankengeschichte, daß ihr Kopf nochmals geröntgt werden und ein Elektroenzephalogramm und eine neurologische Untersuchung im Gebäude 40 durchgeführt werden sollten. Diese Anweisung wurde offensichtlich übersehen: Monate verstrichen, und Miss Frumkin ging nicht ins Gebäude 40, weder für die Röntgenaufnahme noch für das EEG oder die neurologische Untersuchung.

Etwas später am Nachmittag kam es zwischen Miss Frumkin und Barbara Herbert zu einem weiteren verbalen Schlagabtausch und zwischen Miss Frumkin und Paulette Finestone zu einem Kampf, nachdem Miss Frumkin eine Bibel an sich gerissen hatte, in der Paulette Finestone ruhig gelesen hatte. Miss Frumkin sang »Big Wide Wonderful World« mit lauter Stimme und redete alle anderen auf der Abteilung in Grund und Boden. »Ich habe die Muppets erfunden«, sagte sie kurz vor dem Abendessen. »Ich bin die erste Bürgermeisterin von Hollywood. Ich habe bei den Weight Watchers mehr abgenommen als sonst jemand. Der Name meines Wagens war Strawberry Butterscotch McLean. Erdbeer ist mein Lieblingsaroma. Ich mag Erdbeereis, Erdbeerkuchen, Erdbeerirgendwas. Der Seniorentag geht dem Ende zu. Ich werde John Travolta heiraten.« Miss Frumkin verschüttete einen beträchtlichen Teil ihres Abendessens auf ihre bereits bekleckerten Kleider. Sie war am frühen Abend stark erregt, für ein paar Stunden jedoch ruhig, nachdem sie ihre 200 Milligramm Thorazin geschluckt hatte und zu Bett gegangen war. Sie schlief schlecht. In der Nacht auf den neunzehnten wurde die Leitung des Pflegedienstes zweimal angerufen, Miss Frumkin wurden zwei Thorazin-Injektionen verabreicht, und sie verbrachte einen großen Teil der Nacht im Absonderungsraum, wo sie an die Tür hämmerte und schrie und die Patientinnen im Schlafsaal am Schlafen hinderte.

Kurz nachdem man Miss Frumkin am Vormittag des 20. Juni aus dem Absonderungsraum herausgelassen hatte, schlug sie eine andere Frau. Sie verbrachte den größten Teil des Tages erneut in der Absonderungszelle, in die man ihr das Mittag- und das Abendessen brachte. Am Abend schloß eine Therapiehelferin die Tür auf, um Miss Frumkin die Medikamente zu geben. Sie nahm den Pappbecher mit dem Thorazin und setzte ihn an die Lippen. Doch im selben Augenblick, wo sie das Medikament zu schluk- ken schien, warf sie der Therapiehelferin den Becher ins Gesicht. Das Thorazin spritzte der Helferin ins rechte Auge, so daß sie einen Moment lang nichts sehen konnte. Eine zweite Therapie- helferin, die im Flur hinter ihr stand, rannte mit ihr zu einem Waschbecken und hielt ihr eine Kaltwasserkompresse auf das Auge. Der Zwischenfall wurde dem diensthabenden Arzt gemel- det. Jedesmal, wenn die zwei Stunden Absonderung um waren und die Therapiehelferin Miss Frumkin aus der Absonderungs- zelle herausließ, griff diese die Therapiehelferin an und mußte wieder in die Absonderung.

Am frühen Morgen des 21. Juni waren sowohl Miss Frumkin als auch die Absonderungszelle schmutzig. Miss Frumkin wei- gerte sich, eine Dusche zu nehmen. Eine Schwester und mehrere Therapiehelferinnen stellten Miss Frumkin unter die Brause, zogen ihr frische Unterwäsche an, eine frische Bluse, eine frische schwarze Hose und reinigten den Absonderungsraum. Bevor sie mit dem Saubermachen fertig waren, hatte Miss Frumkin meh- rere andere Angestellte angegriffen und kam wieder in die Ab- sonderung. An jenem Morgen erhöhte Dr. Sun ihre tägliche Dosis Thorazin auf 600 Milligramm – 200 Milligramm am Morgen, 400 Milligramm vor dem Schlafengehen. Mittags wurde Miss Frumkin aus der Absonderungszelle herausgelassen. Sie nahm das Mittagessen im Speisesaal ein und redete ihre drei Tischgenossinnen mit den Namen Mary Tyler Moore, Jesus Christus und Barbara Walters an. Als sie in den Tagesraum zu- rückkehrte, zog sie die Hose aus und versuchte, auf mehrere Patientinnen einzuschlagen, die ihr jedoch ausweichen konnten. Sie kam für zwei Stunden in die Absonderung. Als man sie am Abend herausließ, schlug sie Paulette Finestone die Brille von der Nase; Miss Finestones Brille brach entzwei. Miss Frumkin ver- brachte den größten Teil der Nacht des 21. Juni in der Absonde- rungszelle und auch einen großen Teil des folgenden Tages. Sollte sie eine Thorazin-Spritze bekommen, mußten oft mehrere The- rapiehelferinnen sie festhalten. In der Nacht des 22. Juni schlief sie bei unverschlossener Tür in der Absonderungszelle. Am 23. Juni um halb fünf Uhr morgens ging sie in den Schlafsaal und griff mehrere der dort schlafenden Patientinnen an. Die Frauen fingen an zu schreien und rannten vor ihr davon. Zwei Angestellte des Pflegepersonals waren nötig, um Miss Frumkin in die Absonderungszelle zurückzubringen.

Später am Morgen teilte die Schwester des Behandlungsteams Dr. Sun mit, Miss Frumkin sei immer noch äußerst agitiert. Die Schwester berichtete, Miss Frumkin weigere sich, ihr flüssiges Medikament zu nehmen, versuche diejenigen, die ihr die Spritzen verabreichten, zu schlagen und setze ihnen derart zu, daß es ihnen unmöglich sei, auch nur ihren Blutdruck zu messen. Die Schwester führte Miss Frumkin in Dr. Suns Büro. Dr. Suns Stimme war sanft, als er mit Miss Frumkin redete, und sie ließ es ruhig zu, daß er ihr die drei Fäden aus ihrer Kopfwunde entfernte. Sie verhielt sich noch weitere fünfzehn Minuten ruhig, fing dann an zu lärmen und zu toben und kam wieder in die Absonderungszelle. Im Lauf des Tages und der Nacht wechselte sie ständig hinein und hinaus aus der Zelle. Der diensthabende Nachtarzt, der am Morgen des 24. Juni kam, um eine weitere Anweisung für die Absonderungszelle auf ihre Krankengeschichte zu schreiben, nachdem er von der Pflegedienstleitung darum gebeten worden war, traf ein, als Miss Frumkin gerade aufwachte. Sie sagte ihm, sie fühle sich elend, weil sie nichts sehen könne, und fragte ihn, ob sie ihre Brille wiederhaben könne. Da eine schwache Chance bestand, daß sie sich vielleicht beruhigen würde, wenn man ihr die Brille gäbe, bat der Arzt eine Therapiehelferin, die Brille für Miss Frumkin aus dem privaten Ankleideraum der Abteilung zu holen. Miss Frumkin setzte die Brille auf. Einige Minuten später warf sie sie auf den Boden, rannte den Flur entlang, hämmerte gegen die Türen, grapschte Dinge auf den Schreibtischen, warf sie auf den Boden und schlug auf Patienten und Angestellte ein. Sie wurde wieder in die Absonderungszelle gebracht. Der Arzt, der ihr die Brille zurückgegeben hatte, schlug vor, Dr. Sun solle Miss Frumkins Medikation überprüfen, wenn er am Montag wieder zur Arbeit komme.

An den folgenden zwei Tagen besserte sich Miss Frumkins Verhalten nicht. Sie weigerte sich, einen großen Teil ihrer oral zu nehmenden Medikamente zu schlucken, eignete sich Gegenstände anderer Patienten an und versuchte, Angestellte, die sie davon abhalten wollten oder ihr Injektionen verabreichten, zu treten und zu beißen. Am 26. Juni setzte Dr. Sun ihre Thorazindosis auf 900 Milligramm herauf. Am Tag darauf versuchte Miss Frumkin, Barbara Herbert die Handtasche wegzunehmen. Mrs. Herbert biß sie in die rechte Wange und in den Rücken. Die Bißwunden wurden mit Wasserstoffsuperoxid desinfiziert, und Miss Frumkin erhielt eine Tetanusimpfung. Am selben Tag erhöhte Dr. Sun das Thorazin auf 1200 Milligramm pro Tag, zwei Tage später auf 1500 Milligramm pro Tag – dreimal täglich 500 Milligramm. Miss Frumkin war immer noch hyperaktiv, beschimpfte immer noch die Patienten und Angestellten und verbrachte immer noch einen großen Teil ihrer Zeit in der Absonderungszelle. Am Abend des 29. Juni kam eine Krankenschwester in die Absonderungszelle, um Miss Frumkin die 500 Milligramm Thorazin oral zu geben. Die Krankenschwester war eine attraktive Westinderin. Miss Frumkin nannte sie Diahann Carroll, sagte ihr, sie möge die Art und Weise nicht, wie sie singe, befahl ihr »zu verduften«, packte das Medikament und warf es nach ihr, wobei sie es ihr über die ganze Bluse schüttete. Sie kam wieder in die Absonderung. Bis zum 29. Juni waren auf ihrer Krankengeschichte fünfzig Anweisungen für die Absonderungszelle vermerkt.

Freitag, der 30. Juni, war seit der Einweisung von Miss Frumkin ins Creedmoor vor zwei Wochen der erste Tag, an dem sie vierundzwanzig Stunden hintereinander nicht in die Absonderungszelle mußte. Am Vormittag trug sie eine schmutzige weiße Bluse, eine violette Hose Größe 48 (sie beharrte darauf, daß es sich um Größe 41 handle), eine blau-weiße Sandale am rechten und einen braunen Pumps am linken Fuß. Sie hatte zwei Handtaschen bei sich – ihre eigene und eine, die ihr Barbara Herbert gegeben hatte. Sie schenkte der ersten Person, die danach fragte, die Handtasche von Mrs. Herbert. Sie trug zudem Mrs. Herberts Trauring. Sie sagte, Mrs. Herbert habe ihr die Handtasche und den Trauring geschenkt, weil es ihr leid täte, daß sie Miss Frumkin vor drei Tagen so arg gebissen habe. Die Fingernägel von Miss Frumkin waren silberblau lackiert. Es war heiß an jenem Tag. Um zehn Uhr morgens saß Miss Frumkin auf einem Sofa zusammen mit einer hübschen jungen Frau namens Eileen O'Reilly, die drei Tage nach Miss Frumkin ins Creedmoor eingewiesen worden war, und zwar, wie es schien, mit einer durch Drogen hervorgerufenen Psychose. Miss O'Reilly war College-Studentin. Im April war sie ins Creedmoor eingeliefert und nach einer Woche entlassen worden. Im Mai war sie erneut eingewiesen und nach einer Woche entlassen worden. Als sie im Juni wieder ins Creedmoor zurückkam, hatten sich ihre Wahnvorstellungen nach der Einnahme der antipsychotischen Medikamente rasch aufgelöst. Die meisten Drogensüchtigen, die ins Psychiatriezentrum Creedmoor eingewiesen werden, sind nach wenigen Tagen der Behandlung symptomfrei. Miss O'Reilly, die vor 1978 nie hatte hospitalisiert werden müssen, beschloß, eine Weile im Krankenhaus zu bleiben, um einige der Probleme, die sie innerhalb von drei Monaten dreimal ins Creedmoor gebracht hatten, aufzuarbeiten. Eine für die Abteilungen 043 und 044 neu eingestellte Psychologin hatte versprochen, mehrere Stunden pro Woche mit ihr zu arbeiten. Unterdessen war Miss O'Reilly zur Ansicht gelangt, die Clearview-Einheit sei langweilig und deprimierend. Sie war eine intelligente junge Frau, die gut zuhören konnte. Es dauerte nicht lange, bis sie herausgefunden hatte, daß Miss Frumkin die am wenigsten langweilige Patientin der Clearview-Einheit war (es war Miss O'Reilly gewesen, die Miss Frumkin »die größte Show auf der ganzen Welt« genannt hatte); außerdem machte es am meisten Spaß, ihr zuzuhören und sie zu beobachten, vielleicht deshalb, weil Miss Frumkin stets alles auf die Spitze trieb: Sie redete zuviel, sie redete zu schnell, sie bewegte sich wie ein tanzender Derwisch, und man konnte sich stets darauf verlassen, daß sie irgend etwas Ausgefallenes tat. Als einer der Patienten Miss Frumkin gebeten hatte, ihm einen Schluck vom Wasser, das sie gerade aus einem Pappbecher trank, zu geben, hatte sie ihm den Rest Wasser über den Kopf geleert. »Du wolltest Wasser haben, da hast du dein Wasser«, hatte sie ihm dabei gesagt.

Miss O'Reilly warf einen Blick auf Miss Frumkins Handtasche und bemerkte, daß sie fast aus allen Nähten platzte, so voll war sie. Da es auf der Abteilung nichts Besseres zu tun gab, bot sie ihr an, die Tasche ausmisten zu helfen. Miss Frumkins Miene drückte Skepsis aus, doch als Miss O'Reilly aufstand und mit einem

Papierkorb, den sie in einer Ecke des Tagesraums aufgetrieben hatte, zurückkehrte, gestattete Miss Frumkin ihr, die Handtasche zu öffnen, auf den Kopf zu stellen und den Inhalt auf das Sofa zu leeren. Die beiden Frauen begutachteten alles, was sich in der Handtasche befunden hatte. Miss O'Reilly durfte eine rostige Büroklammer, altes Schokoladepapier, eine verbogene Haarklemme, einen Strohhalm, der an beiden Enden mit Lippenstift verschmiert war, und ein verknotetes weißes Satinband in den Papierkorb werfen. Miss Frumkin sah ihr schweigend zu. Als Miss O'Reilly zwei Dutzend Zigarettenstummel in den Papierkorb warf, sagte Miss Frumkin: »Ich rauche nur, wenn es mir schlechtgeht. Wenn es mir gutgeht, bin ich allergisch auf Zigarettenrauch und hasse Zigaretten.« Während Miss O'Reilly eine Anzahl herausgerissener Zeitschriftenseiten durchblätterte und sich anschickte, sie zu zerknüllen und in den Papierkorb zu werfen, betrachtete Miss Frumkin eine Shampooreklame, die eine wunderschöne Frau zeigte. Sie sagte, die Frau ähnele ihrer Schwester Joyce. Als Miss O'Reilly einen abgebrochenen Bleistift in den Papierkorb warf, sagte Miss Frumkin, sie habe eine scheußliche Handschrift, wenn es ihr schlechtgehe, aber wenn es ihr gutgehe, schreibe sie fast leserlich. Ein Ohrring mit einem kaputten Verschluß, ein Ring, bei dem von sieben falschen Steinen sechs fehlten, und zwölf Kirschkerne wurden dem Papierkorb übergeben. Als Miss O'Reilly versuchte, einen Haufen Warengutscheine, die aus Zeitungen und Zeitschriften herausgeschnitten worden waren, wegzuwerfen, gebot Miss Frumkin der Säuberungsaktion Einhalt. »Meine Mutter sammelt Gutscheine«, sagte sie und stopfte einen Zigarettenbon im Wert von einem Dollar, einen Hundefutterbon im Wert von zehn Cents und einen Thunfischbon im Wert von sieben Cents in die Handtasche zurück. »Meine Eltern sind sehr geizig«, sagte sie. Ein zerfleddertes Gebetbuch, ein Liegenschaftenanzeiger, ein kleines Notizbuch, eine zerzauste Zahnbürste, ein Kugelschreiber, eine Kalorientafel, drei Taschenbücher, ein Sparbuch, vier leere Lippenstifthülsen und ein zerbrochener Spiegel wanderten ebenfalls in die Handtasche zurück.

Miss O'Reilly hatte Ausgangserlaubnis und besaß etwas Geld. Sie sagte zu Miss Frumkin, sie gehe jetzt zu dem Feinkostgeschäft in der Hillside Avenue und kaufe sich ein Sandwich und ein Sodawasser. Miss Frumkin hatte kein Geld, aber sie bat Miss O'Reilly, ihr einen Becher Joghurt mit Honigaroma mitzubringen. Sie versprach Miss O'Reilly, den ausgelegten Betrag zurückzuerstatten. Als Miss O'Reilly mit dem Joghurt zurückkam, durchwühlte Miss Frumkin ihre Handtasche, um einen Löffel aufzutreiben. Sie schien zu merken, daß sich kein Löffel in der Handtasche befand, aber sie wollte unbedingt weiterwühlen. Da sie keinen Löffel fand, nahm sie ihre Zahnbürste heraus und begann, das Joghurt mit der Zahnbürste zu essen. Miss O'Reilly lachte sie aus. Miss Frumkin schien das nichts auszumachen. »Man hat Bell und man hat Edison ausgelacht«, sagte sie und warf die Zahnbürste in den Papierkorb. Sie aß das Joghurt mit den Fingern weiter.

»Ich bin Ärztin«, sagte sie zu Miss O'Reilly. »Ich habe zwar kein Diplom, aber ich bin Ärztin. Ich bin froh, daß ich eine Psychiatriepatientin bin, denn dadurch habe ich Demut gelernt. Ich verwende das Natural-Cream-Make-up von Cover Girl. Meine Schwester heißt Joyce Frumkin, und ich mag sie. Mein Vater ist einssiebenundfünfzig groß, meine Mutter ist einssechzig groß. Sie sind wie Napoleon und Josephine, und sie schrumpfen. Joyce ist einssiebenundfünfzig. Ich bin bloß einsdreiundsechzig und die Größte in der Familie. Dies hier ist der Ort, wo die Zeitschrift *Mad* herausgegeben wird. Die Nixons stellen Noxon-Poliermittel her. Als ich klein war, saß ich oft irgendwo und erzählte mir selbst Geschichten. Als ich älter wurde, stellte ich den Ton vom Fernsehgerät ab und erfand zu den Sendungen, die ich mir ansah, den passenden Dialog. Die Menschen im Creedmoor sind Hobbits. Ich habe Tolkien die Hobbits-Geschichten diktiert, und er hat sie alle aufgeschrieben. Ich bin der Hobbit. Frag John Denver. Er bestätigte es mir. Ich bin der einzige Mensch, der Ringo Starr jemals in Wut versetzen konnte. Die ganzen Probleme fingen damit an, daß mein Vater beschloß, von Brooklyn nach Queens umzuziehen, als ich sieben Jahre alt war. Ich habe die elfte Klasse zweimal besucht – einmal auf der High School für Kunst und Musik, einer öffentlichen Schule für begabte Musiker und Künstler, und einmal auf einer privaten Schule. Jesus sagte mir, er sei vor neunzehnhundertunddreiundsiebzig Jahren geboren worden. Er ist mein bester Freund. Ich nenne ihn J.C. Ich war in der Schule unglücklich, weil ich im Turnen schlecht war. Ich war in der Schule unglücklich, weil ich nur mit den Zu-kurz-Gekommenen befreundet war. Als ich fünfzehn war, hatte ich einen Autounfall. Danach sagte meine Mutter, meine Augen seien nicht mehr dieselben. Meine Mutter ist der wahre Diktator. Meine Großmutter hat mir all ihr Geld hinterlassen. Ich wurde nach meinem Großvater Saul benannt, der fünf Jahre vor meiner Geburt starb. Er kam am Ostersonntag zur Welt. Ich bin seit einer Woche schwanger. Ich bin schizophren – ich habe Nervenkrebs. Mein Körper hat zuviele Nerven. Dafür werde ich den Nobelpreis für Medizin bekommen. Ich selbst betrachte mich nicht mehr als schizophren. Sowas wie Schizophrenie gibt es nicht, es gibt bloß geistige Telepathie. Ich hatte einmal eine Freundin, die hieß Camilla Costello. Sie war die Tochter von Abbott und Costello. Sie sagte zu mir: ›Weißt du, Sylvia, ich habe viele Freunde, aber du bist meine beste Freundin.‹ Ich arbeite hier. Ich bin eine Insassin des Creedmoor. Ich bin Mitglied der Pfingstbewegung, aber ich spiele mit dem Gedanken, zu einer andern Religion überzutreten. Zu Hause habe ich einen Hund. Ich mag Instant-Haferflocken. Wenn man Jesus hat, braucht man keine Diät. Mick Jagger möchte mich heiraten. Ich will keine Drehtür-Patientin mehr sein. Mit Jesus Christus ist alles möglich. Ich habe früher meine Mutter geschlagen. Das war infolge der Hyperaktivität, wegen all der Plätzchen, die ich aß. Als ich klein war, bin ich oft auf die Straße gegangen und hab' die andern Kinder gebeten, meine Freunde und Freundinnen zu werden. Kalifornien ist der schönste Staat von Amerika. Ich bin einmal dort gewesen, mit dem Fernsehen. Mein Name ist Jack Warden und ich bin Schauspielerin.«

Miss Frumkin, die abwechselnd an ihrem Pony herumgezupft und mit dem Riemen ihrer Sandale gespielt hatte, ereiferte sich über zwei Patientinnen, die sich dem Sofa näherten, auf dem sie und Miss O'Reilly saßen, und die ihr Gespräch heimlich belauschten. Sie zog ihren braunen Pumps aus und warf ihn nach einer der Frauen. Sie stand vom Sofa auf, versuchte, der zweiten Patientin den Gürtel vom Kleid zu reißen, und sagte, sie benötige ihn als Haarband. Die beiden Störenfriede verzogen sich in eine andere Ecke. Miss Frumkin holte sich ihren Pumps wieder, setzte sich und bat Miss O'Reilly, einen Brief für sie zu schreiben. Sie langte in ihre Handtasche und gab Miss O'Reilly ihr Notizbuch und ihren Kugelschreiber. »Schreiben Sie einen Brief«, sagte sie, als wäre sie es gewohnt, jeden Tag ihre Korrespondenz zu diktieren. »An Dr. Sun von Sylvia Frumkin«, fing sie an. »Sehr geehrter Herr Dr. Sun, die obengenannte Patientin, die volljährig sowie geistig und körperlich gesund ist, beantragt hiermit ihre Entlassung innerhalb von drei Tagen nach obigem Datum. Werden in dieser Angelegenheit keine geeigneten Maßnahmen getroffen, so wird die Obengenannte Klage gegen diese Klinik einreichen. Hochachtungsvoll, mit herzlichen Grüßen, Sylvia.« Sie bat Miss O'Reilly, den Brief mit dem Datum des 29. Juni zu versehen, obwohl sie, wie sie sagte, wisse, daß es der 30. Juni sei. Sie sagte Miss O'Reilly, sie tue dies, weil das Psychiatriezentrum zweiundsiebzig Stunden Zeit habe, um auf ihren Brief zu reagieren, und sie keine Lust habe, länger als achtundvierzig Stunden zu warten. Wenige Sekunden später verlangte sie, Miss O'Reilly solle den Brief zerreißen. »Ich glaube, zwei Ärzte würden ein Gutachten über mich schreiben, und ich möchte es eigentlich lieber nicht darauf ankommen lassen«, erklärte sie. »Als freiwillige Patientin bin ich besser dran. Abgesehen davon ist es hier gemütlich. Wir müssen kaum etwas machen, was wir nicht wollen, und Dr. Sun schützt mich vor den Kräften des Bösen. Schreiben Sie einen andern Brief. Er ist für Keith Amerigo, Esquire, Pfleger, von Sylvia Frumkin. Thema: Liebe und Ehe. Sehr geehrter Herr, wenn eine Frau wie ich in bezug auf einen Mann wie Sie gewisse Gefühle hegt, kann dies nicht anders als mit den Worten ausgedrückt werden, daß sie ihre Liebe zu Ihnen tief bedauert und alle andern aufgegeben hat, weil sie Ihre Liebste ist und Sie ihr Liebster sind. In Liebe, Zukunft.«

»Sylvia, Amerigo ist stockschwul«, sagte Miss O'Reilly. Miss Frumkin warf Miss O'Reilly einen skeptischen Blick zu.

Eine Patientin, die in ihrer Nähe saß, gab einen sarkastischen Kommentar zu Miss Frumkins ungleichen Schuhen ab. »Das ist ein neuer Modestil, den ich erfunden hab'«, sagte Miss Frumkin. »Eines Tages werde ich deswegen berühmt sein.« Sie hüllte sich kurz in Schweigen. »Ich schätze, es ist des Guten zuviel, wenn man zwei verschiedene Schuhe trägt«, sagte sie dann zu Miss O'Reilly. »Ich habe es bloß gemacht, um einige Leute hier zu amüsieren.« Sie sagte, sie wolle in den Ankleideraum gehen, um entweder eine zweite blau-weiße Sandale oder einen zweiten braunen Pumps zu suchen. Zehn Minuten später kehrte sie zurück, barfuß; sie trug ein Paar goldene Sandalen in der Hand und setzte sich neben Miss O'Reilly. Es war an der Zeit, daß sie ihre mittägliche Thorazindosis oral einnahm. Als eine Schwester ihr die 500 Milligramm in einem Pappbecher reichte, sagte sie, sie wolle sie nicht schlucken. Miss O'Reilly drängte sie, das Medikament zu nehmen. Miss Frumkin nahm es. Dann wurde sie auf Miss O'Reilly wütend, weil die sie dazu gedrängt hatte, das Medikament zu nehmen, und redete für den Rest des Tages nicht mehr mit ihr.

1978 wurden 2759 Personen ins Psychiatriezentrum Creedmoor eingewiesen. Die durchschnittliche Aufenthaltsdauer der Patienten betrug achtunddreißig Tage. 1853 dieser Patienten – siebenundsechzig Prozent – waren genau wie Sylvia Frumkin bereits früher einmal im Creedmoor gewesen. Obwohl dank Thorazin und anderer Neuroleptika die Zahl der Insassen der psychiatrischen Kliniken des Staates New York um schätzungsweise dreiundsiebzig Prozent zurückgegangen ist, seitdem diese Medikamente zum ersten Mal im Jahr 1954 im großen Maßstab erprobt wurden, gibt es einen Kern von chronisch Geisteskranken, denen mit diesen Medikamenten nicht auf die Dauer geholfen werden kann. Viele der Patienten, die in den fünfziger, sechziger und siebziger Jahren entlassen wurden, mußten erneut eingeliefert werden. Einige dieser Patienten kehren alle fünf oder zehn Jahre in die Klinik zurück. Das vor der Einführung von Thorazin bestehende Muster der Ersteinweisungen, die sich in Letzteinweisungen verwandelten, weil die Patienten in den Krankenhäusern blieben, bis sie starben, hat weitgehend einem Muster der Mehrfacheinweisungen Platz gemacht. 1976 ging Hermine Plotnick die Aufnahmegeschichten von einundvierzig Patienten durch, die innerhalb eines Monats in die Clearview-Einheit eingewiesen worden waren. Dabei stellte sie fest, daß es sich bei achtunddreißig der einundvierzig eingewiesenen Patienten um Wiedereinweisungen handelte und daß zwei der verbleibenden drei Patienten vom Hillside gekommen waren. Nur ein Patient schien, wie aus der Krankengeschichte hervorging, vorher noch nie in psychiatrischer Behandlung gewesen zu sein. Viele Familien der oberen und mittleren Einkommensklassen im Einzugsbereich von Clearview, der im New Yorker Stadtteil Queens der wohlhabendste Einzugsbereich des Psychiatriezentrums Creedmoor ist, wandten sich erst dann an die staatlichen Krankenhäuser, wenn sie für ihre Verwandten bereits Zehntausende von Dollars an Privatpsychiater und Privatkliniken bezahlt hatten, und aus diesem Grund wurden die Clearview-Patienten oft in einem fortgeschritteneren Zustand der geistigen Erkrankung eingeliefert als die Patienten der andern Einheiten.

Trotzdem wurden nur wenige Patienten in einem solch gestörten Zustand eingewiesen, wie dies am 16. Juni 1978 bei Sylvia Frumkin der Fall war, und die meisten Patienten beruhigten sich, unabhängig von dem Zustand, in dem sie eingeliefert worden waren, innerhalb von achtundvierzig Stunden nach Einnahme von Medikamenten in oraler Form und wurden entlassen, ohne daß sie jemals eine Injektion erhielten, in die Absonderungszelle mußten oder ein Mitglied der Pflegedienstleitung zu Gesicht bekamen. Am 16. Juni 1978 wurden zwei Personen in die Clearview-Einheit eingeliefert – Miss Frumkin und ein Mann namens Stephen Lawton. Mr. Lawton wurde drei Tage später entlassen.

Während der ersten zwei Wochen nach ihrer Einweisung war Miss Frumkin die problematischste aller Patienten der Abteilungen 043 und 044. Die Tatsache, daß sie das schwierigste »Pflegeproblem« der Clearview-Einheit war, spiegelte sich in den zahlreichen Anweisungen für die Absonderungszelle, die in ihrer Krankengeschichte vermerkt waren, in ihrem Medikationsblatt, in den Notizen über ihren Fortschritt, die die Therapiehelferinnen jeder Schicht täglich während der ersten Tage des Aufenthalts eines Patienten und in den folgenden Wochen mindestens einmal pro Woche (falls nötig häufiger) machen mußten, sowie in den Eintragungen im Kommunikationsbuch der Abteilung. Das Kommunikationsbuch war ein gebundenes Notizbuch, das stets auf dem langen Tisch in der Aufnahme lag und in das das Pflegepersonal einschlägige Ereignisse der Abteilung eintragen mußte, und zwar in erster Linie zwecks Information des Pflegepersonals der nachfolgenden Schicht wie auch für die Mitglieder des Personals, die die Arbeit nach ihren dienstfreien Tagen oder ihrem Urlaub wiederaufnahmen. Mußte zum Beispiel an einem Mittwochmorgen um neun Uhr bei einem Patienten eine Blutzukkermessung bei nüchternem Magen vorgenommen werden, so machte eine Therapiehelferin der Dienstag-Tagesschicht eine entsprechende Eintragung im Kommunikationsbuch, damit die Mittwoch-Morgenschicht sicherstellte, daß der Patient kein Frühstück bekam. Wenn Angestellte der Abend- und der Nachtschicht feststellten, daß gewisse Dinge auf der Abteilung fehlten, so führten sie die entsprechenden Gegenstände im Kommunikationsbuch auf, und die Tagesschicht konnte dann die fehlenden Decken, Mops und anderen Gegenstände bestellen; das Lager war nur tagsüber geöffnet.

Eine Clearview-Patientin, die Ausgang hatte, war am 14. Juni 1978 vom Creedmoor davonspaziert. Als am 20. Juni in der Klinik die Nachricht eintraf, daß ihre Leiche im Hudson River gefunden worden war, schrieb Stephanie Fulton folgendes in das Kommunikationsbuch: »Heute haben wir die Nachricht erhalten, daß Jeanne Knight heute morgen gestorben ist. Einige Pat. scheinen dies zu wissen. Bitte lassen Sie sie darüber reden, falls sie das Bedürfnis haben. Falls Ihnen Pat. wie zum Beispiel Sean Flint auffallen, die der Verstorbenen sehr nahestanden, so versuchen Sie bitte, ihnen etwas Zeit zu widmen, denn sie werden die Nachricht wahrscheinlich schlecht aufnehmen und brauchen Unterstützung. Vielen Dank. Stephanie.« Viele Eintragungen im Kommunikationsbuch bezogen sich auf die Flucht von Patienten – so daß das Pflegepersonal der nachfolgenden Schichten bei der Zählung, die jeweils bei den drei Schichtwechseln stattfand, wußte, daß ein Patient bereits fehlte – wie auf Verhaltensprobleme, damit die nachfolgenden Schichten darüber in Kenntnis gesetzt waren, welche Patienten besonders beobachtet und wem besondere Aufmerksamkeit geschenkt werden mußte. Die Patientin, deren Name zwischen dem 16. Juni und dem 30. Juni am häufigsten im Kommunikationsbuch auftauchte, war Sylvia Frumkin. Zwei typische Eintragungen lauteten wie folgt: »18. 6. 78. Morgenrapport, 0.00–8.00 h. Sylvia Frumkin geriet um

1.00 h in einen Erregungszustand. PDL [Pflegedienstleitung] gerufen. Dr. Mohan Dutt verfügte Absonderung. Pat. redete die ganze Nacht«; und »29. 6. 78. Morgenrapport, 0.00–8.00 h. Frumkin ist immer noch sehr erregt und tobt. Pat. befindet sich in der Absonderungszelle.«

Am 30. Juni vermerkte die Therapiehelferin, die den Rapport für die Nachtschicht schrieb, im Kommunikationsbuch: »Patienten ruhig, anscheinend zufrieden. Sylvia Frumkin hat keine Schwierigkeiten gemacht.« Miss Frumkin hatte nun schon so lange Schwierigkeiten gemacht, daß es offenbar eine Neuigkeit war, daß es nichts Neues von ihr zu berichten gab.

II

Zwischenfälle, die sich in Luft auflösen

In der Zeit vom 30. Juni bis zum 6. Juli schien sich Miss Frumkins Zustand zu bessern – oder es schien zumindest eine Beruhigung eingetreten zu sein. Sie kam nicht in die Absonderungszelle. Sie erhielt keine Thorazin-Injektionen gegen Erregungszustände. Sie schluckte bereitwillig dreimal täglich 500 Milligramm Thorazin flüssig. Dr. Sun war am 3. Juli für zwei Wochen in Urlaub gegangen, ohne die Dosis, die er Miss Frumkin am 29. Juni verschrieben hatte, zu ändern. Während der ersten Juliwoche litt Miss Frumkin immer noch an einigen Wahnvorstellungen: »Ich bin eine jüdische Detektivin für Geisteskranke«, betonte sie am 1. Juli. Sie kleidete sich auch sehr merkwürdig. Am 2. Juli trug sie eine Bluse, die sie um eine Schulter drapiert und mit den Ärmeln um ihren Hals geknüpft hatte, und dazu war sie in eine rosa Decke gehüllt. Als ihr Vater sie am 3. Juli besuchte, schlug sie ihn nicht (wie dies einmal im Juni der Fall gewesen war), und sie ignorierte ihn auch nicht (wie mehrmals im Juni). Er hatte ihr ein paar von den vielen Sachen mitgebracht, um die sie ihn am Vortag telefonisch gebeten hatte – etwas Sensodyne-Zahnpasta und eine Sensodyne-Zahnbürste (sie sagte, sie habe sehr empfindliche Zähne), etwas Cepacol-Mundwasser, ein Stück Ivory-Seife (die einzige Marke, die sie, wie sie sagte, für ihre empfindliche Haut gebrauchen konnte) und eine Ersatzbrille, die ihre Eltern für sie zu Hause aufbewahrten.

Als Mr. Frumkin die Dinge, die er von zu Hause mitgebracht hatte, aus der Einkaufstasche nahm, prüfte seine Tochter sie, schalt ihn wegen der Sachen, die sie verlangt und die er vergessen hatte – eine Dose Aprikosennektar, eine Tüte Popcorn, eine Nagelschere –, und dankte ihm dann auf ihre Weise für die Brille. »Oh, du hast meine Brille mitgebracht«, sagte sie und setzte sie auf. Innerhalb der nächsten vierundzwanzig Stunden verlor sie Zahnpasta, Seife und Mundwasser. Sie behielt die Brille und schien dankbar zu sein, daß sie nach den zweieinhalb Wochen, die sie in einem Nebel der Kurzsichtigkeit verbracht hatte, nun wieder klar sehen konnte.

Am 4. Juli versetzte sie Paulette Finestone einen Schlag mit ihrer Handtasche, doch im allgemeinen war sie weniger aggressiv. Am 5. Juli bat sie um einen Termin bei Dr. Shamaldaree Batra, der während Dr. Suns Abwesenheit dessen Patienten betreute. Sie teilte ihm mit, sie wolle keinerlei Medikamente mehr einnehmen, und drohte ihm, sie werde ihn wegen Mißbrauchs anzeigen, falls er nicht einwillige.

Als Dr. Batra am 6. Juli durch den Tagesraum ging, lief Miss Frumkin zu ihm und sagte: »Liebster Dr. Batra, warum kommen Sie nicht in mein Büro, und wir schlafen miteinander?« Dr. Batra lächelte und ging weiter. Als Hermine Plotnick am 6. Juli ihre tägliche Runde machte, fiel ihr auf, daß Miss Frumkin immer noch »schizophren redete«, wie sie es nannte, doch sie war der Ansicht, daß die Medikamente zu wirken begannen.

Am Freitagmorgen, dem 7. Juli, stand Miss Frumkin auf, zog einen geblümten Unterrock aus Nylon über, einen Büstenhalter, ein langärmliges marineblaues T-Shirt und ein Paar hochhackige goldene Sandalen. Sie setzte ihre Brille auf und band sich ein Taschentuch um den Kopf. Sie frühstückte und weigerte sich, ihre Morgenmedikamente zu nehmen. Sie schien in einer herausfordernderen Stimmung zu sein als in der vergangenen Woche, und die Therapiehelferinnen kritisierten ihren Aufzug lieber nicht. Um acht Uhr dreißig wollte die Putzfrau der Abteilung den Tagesraum der Frauen mit dem Mop reinigen. Es war ein warmer, klarer Tag. Miss Frumkin und den andern Frauen im Tagesraum, die nicht ausgehen durften, wurde gesagt, sie sollten sich auf die Veranda begeben. Einige Minuten später kam eine Krankenschwester auf die Veranda, um Miss Frumkin, die sich geweigert hatte, ihr Medikament zu schlucken, und Barbara Herbert, die den ganzen Morgen getobt hatte, je eine Injektion zu verabreichen. Miss Frumkin hielt ihr widerstrebend den Arm für die Thorazin-Injektion hin. An der Stelle, wo die Nadel hineingestochen worden war, blutete es leicht. »Sie sind auf Blut gestoßen, was beweist, daß ich Jesus Christus bin«, sagte sie und ermunterte die andern auf der Veranda dazu, ihr Blut zu trinken. Mrs. Herbert nannte sie ein Schwein. Während der Boden im Tagesraum trocknete, sang Hiroku Izutsu ein Lied:

Medication, Creedmoor medication,
Medication, the pills we love to pop.
First you take a Stelazine, then you take a Thorazine,
Mellaril, Elavil,
Tofranil, what a thrill!
Oh –
Medication, Creedmoor medication,
Medication, the pills we love to pop.

was etwa heißt:

Medikamente, Creedmoor-Medikamente,
Medikamente, die Pillen, die wir zum Fressen gern haben.
Erst nimmt man ein Stelazin, dann nimmt man ein Thorazin,
Mellaril, Elavil,
Tofranil, ach wie toll!
Oh –
Medikamente, Creedmoor-Medikamente,
Medikamente, die Pillen, die wir zum Fressen gern haben.

Einige der Frauen lachten anerkennend. Miss Frumkin schien
auf Miss Izutsus gescheites Wortspiel und auf die Aufmerksamkeit, die sie mit dem Lied auf sich gelenkt hatte, neidisch zu sein.
Sie entnahm ihrer Handtasche eine Banane, aß sie, benutzte die
Bananenschale, um ihre Brillengläser zu reinigen, schien sich zu
freuen, als jemand sagte: »Sylvia, du bist eine Wucht«, warf die
Bananenschale auf den Fußboden und rezitierte ein Gedicht mit
dem Titel »Höchster Egotismus«, das sie, wie sie sagte, eben
geschrieben habe.

Sie glaubt, sie hat
den farbigsten Verstand
im ganzen sternen-
übersäten Universum,
aber,
im Vertrauen gesagt,
den habe ich.

Nachdem sie das Gedicht aufgesagt hatte, bemerkte sie: »Dieses
Gedicht bedeutet, daß ich die Beste bin«, und setzte sich. Sie

schien mit sich selbst sehr zufrieden zu sein, weil es ihr gelungen war, sich wieder in den Mittelpunkt zu stellen. »Sylvia, warum gönnst du deinem Mund nicht mal eine Pause?« fragte eine der Patientinnen. »Ich muß mit meinen Kindern hierbleiben«, gab Miss Frumkin zur Antwort. »Sie sind meine Kinder. Ich bin schon lange genug hier, um ihre Amme zu sein.«

Gegen neun Uhr war der Fußboden des Tagesraumes trocken, und man sagte den Patientinnen auf der Veranda, sie könnten wieder hineingehen. Miss Frumkin rannte in den Tagesraum, sah, daß die Tür zur Abteilung 044, der Männerabteilung, offenstand, rannte den Flur zur Männerabteilung entlang, sagte im Vorbeirennen zu einem Pfleger von 044: »Ich bin Jack Warden, und ich drehe einen Film, und ich möchte den Arzt sprechen«, und rannte durch eine offenstehende Tür, die vom Tagesraum der Abteilung 044 zur Aufnahme führte. Diana Bancroft, eine Psychologin, die vor einer Woche ihre Arbeit in der Clearview-Einheit aufgenommen hatte, stand in der Tür und hörte, was Miss Frumkin im Vorbeirennen zu dem Pfleger sagte. Miss Bancroft folgte Miss Frumkin in die Aufnahme und bot ihr an, doch in ihr Büro zu kommen, in der Hoffnung, sie beruhigen zu können. Miss Frumkin nahm keine Notiz von Miss Bancroft und schwebte durch den Tagesraum. Dort bemerkte sie Dr. Batra und verlangte unverzüglich von ihm, daß sie zum jüdischen Gottesdienst gehen dürfe. Die Frumkins sind Juden und gehen zwei- bis dreimal pro Jahr zum Gottesdienst in die Synagoge – am Neujahrsfest und am Versöhnungstag. Wenn Miss Frumkin nicht im Creedmoor war, begleitete sie ihre Eltern an diesen hohen Feiertagen in die Synagoge. Wenn sie im Creedmoor war, pflegte sie zum jüdischen Gottesdienst zu gehen, der jeden Freitag morgen im Gemeinschaftssaal in einem Gebäude stattfand, das etwa fünf Gehminuten vom Gebäude N/4 entfernt war. Jeden Freitag hielt ein Rabbiner vor einer Gemeinde von etwa fünfzig bis sechzig weißen, schwarzen und lateinamerikanischen Katholiken, Protestanten und Juden einen Gebetsgottesdienst ab. Er redete von neun Uhr fünfundvierzig bis zehn Uhr. Im Anschluß an die Predigt wurden Erfrischungen herumgereicht, die von verschiedenen kirchlichen und sozialen Organisationen von Queens zur Verfügung gestellt wurden. Wenn Miss Frumkin sich als Jüdin betrachtete, besuchte sie regelmäßig den jüdischen Gottesdienst und machte sich Notizen von der Predigt des Rabbiners. Wenn sie sich als nichtgläubige Jüdin betrachtete, besuchte sie den jüdischen Gottesdienst auch regelmäßig, und zwar hauptsächlich wegen der belegten Brote, des Fruchtpunschs und des Kuchens, aber sie besuchte dann ebenfalls die Kirche. Wenn sie sich in regelmäßigen Abständen als wiedergeborene Christin betrachtete, nahm sie nicht am jüdischen Gottesdienst teil, zerriß ihre Notizen über die Predigten des Rabbiners und ging öfters zur Kirche.

Als Miss Frumkin am 7. Juli in die Aufnahme stürzte, war nur Dr. Batra dort und machte gerade Eintragungen in eine Krankengeschichte. Er fuhr mit dem Schreiben fort, als hätte er Miss Frumkin nicht gehört. »Geisteskranke haben verfassungsmäßig verbürgte Rechte, und ich fordere, daß Sie mich unverzüglich hinausgehen lassen, damit ich den jüdischen Gottesdienst besuchen kann!« schrie Miss Frumkin ihn an.

Dr. Batra klopfte mit dem Füllfederhalter auf den Tisch.

»Dr. Batra, wenn Sie nicht mit dem Klopfen aufhören, werde ich Ihnen den Füller wegnehmen!« schrie Miss Frumkin noch etwas lauter. »Der jüdische Gottesdienst fängt um neun Uhr fünfzehn im Gemeinschaftssaal an, und wegen Ihnen werde ich zu spät kommen.«

Dr. Batra schaute Miss Frumkin an und sagte: »Sie möchten den jüdischen Gottesdienst besuchen? Bitte.« Er beauftragte Miss Bancroft, die im Flur stand, dafür zu sorgen, daß Miss Frumkin die Abteilung verlassen dürfe. Miss Bancroft war völlig verblüfft. Sie wußte, daß Miss Frumkin keine Ausgangserlaubnis hatte, und fand, sie könne den jüdischen Gottesdienst in dem Zustand, in dem sie sich befand, auf keinen Fall allein besuchen. Zwei der Dinge, die ein Behandlungsteam berücksichtigen mußte, bevor ein Patient eine geschlossene Abteilung unbegleitet verlassen durfte, waren der geistige Zustand des Patienten sowie seine Kleidung. Nach Ansicht von Miss Bancroft war der Aufzug, in dem Miss Frumkin an jenem Morgen aufgetaucht war – blaues T-Shirt, geblümter Unterrock und goldene Sandalen mit hohen Absätzen –, vollkommen unangemessen und ihr Verhalten ebenfalls. Dr. Batra, der wie viele andere Psychiater vom Creedmoor in bezug auf das Konzept des Behandlungsteams nur ein

Lippenbekenntnis ablegte, unterließ es oft, die andern Teammitglieder zu konsultieren. Stephanie Fulton, die Leiterin des
Behandlungsteams von Miss Frumkin, war noch nicht zur Arbeit
erschienen (sie kam häufig zu spät), doch waren verschiedene
andere Teammitglieder anwesend. Dr. Batra besprach sich nicht
mit ihnen. Er schrieb auch nicht in die Krankengeschichte von
Miss Frumkin, daß er ihr die Erlaubnis erteilt habe, den jüdischen
Gottesdienst zu besuchen – was er vorschriftsgemäß hätte tun
müssen.

Miss Frumkin begab sich eiligst in den Gemeinschaftssaal. Der
Rabbiner, der sie und ihre Familie schon seit Jahren kannte,
wunderte sich über ihre Kleidung und ihr Verhalten. Sie unterbrach seine Predigt immer wieder, und als die Predigt vorbei war
und er ein Tonband mit »Milk and Honey« und anderer Bühnen-
musik mit jüdischer Thematik laufen ließ, versuchte sie ihn zum
Christentum zu bekehren. Miss Frumkin leerte drei Becher
Punsch und aß zwei Wurstbrote und mehrere Stück Napfku-
chen. Eine Laienhelferin, die beim Herumreichen der Erfrischungen half, eine Frau, die Miss Frumkin und ihre Familie ebenfalls
seit Jahren kannte, schlug ihr vor, sie solle auf die Abteilung
zurückkehren und sich einen Rock anziehen. Miss Frumkin
nahm keine Notiz von ihr. Sie verließ den Gemeinschaftssaal,
und statt ins Gebäude N/4 zurückzukehren, ging sie auf eines der
Häuser des Übergangsheims los und platzte ins Büro von Peter
Orenstein, dem Klinischen Koordinator des Übergangsheims. Sie
sagte ihm, sie wünsche, daß das Übergangsheim sie unverzüglich
wieder aufnehme. Orenstein war bestürzt über die Art und
Weise, wie Miss Frumkin aussah und redete. Er fragte sie, wer sie
aus der Abteilung hinausgelassen habe. Als sie es sagte, rief er
Dr. Batra an, setzte ihn davon in Kenntnis, wo sich Miss Frumkin
befand, und sagte, sie wirke erregt. Dr. Batra rief den Sicherheitsdienst vom Creedmoor an und bat darum, Miss Frumkin im
Übergangsheim abzuholen und in die Clearview-Einheit zurückzubringen.

Mittlerweile war es Viertel nach zehn geworden, und Stephanie Fulton war zur Arbeit erschienen. Kurz nach ihrer Ankunft
erzählte Diana Bancroft, die die ganze Zeit über auf die Uhr
geschaut und sich Sorgen gemacht hatte, Miss Fulton, unter wel-

chen Umständen Miss Frumkin die Abteilung verlassen hatte. Miss Fulton war wütend: Das Team war nicht einmal zusammengekommen, um die Frage zu besprechen, ob Miss Frumkin Ausgang bekommen sollte, weil sie für diesen ersten kleinen Schritt noch nicht bereit war, und nun kam so ein Arzt daher – nicht einmal der reguläre Arzt der Patientin – und setzte sie einer potentiellen Gefahr aus. Während Miss Fulton Mrs. Plotnick anrief, um ihr mitzuteilen, was Dr. Batra getan hatte, beschloß Miss Bancroft, ihrem Ärger Ausdruck zu verleihen, und vermerkte in Miss Frumkins Krankengeschichte, Dr. Batra habe Miss Frumkin gegen sein besseres Wissen aus der Abteilung gelassen und sie sei noch nicht zurückgekehrt. Einige Minuten später tauchte Dr. Batra auf und erklärte, daß Miss Frumkin sich auf dem Weg zurück zur Abteilung befinde. Die beiden Frauen teilten Mrs. Plotnick mit, mit Miss Frumkin sei alles in Ordnung, und gingen dann wieder ihrem Tagwerk nach.

Zwei Sicherheitsbeamte begaben sich zum Übergangsheim und begleiteten Miss Frumkin zum Hauptflur der Clearview-Einheit zurück. Zu ihrer freudigen Überraschung brachten sie sie nicht auf die Abteilung zurück, sondern ließen sie vor der verschlossenen Tür stehen, die zu den Abteilungen 043 und 044 führte. Sie wartete einige Minuten, bis sie sicher war, daß die Sicherheitsbeamten verschwunden waren, und machte sich dann wieder davon. Dieses Mal verließ sie das Areal des Psychiatriezentrums. Sie marschierte durch das dem Gebäude N/4 am nächsten gelegene unverschlossene Tor, trat auf die Hillside Avenue hinaus, machte kurz eine Inventur ihrer Handtasche, fand ihr Sparbuch, ging zu ihrer Bank, die sich einige Blöcke weiter unten auf der Hillside Avenue befand, und ließ sich die Zinsen für das Quartal, das am 30. Juni zu Ende gegangen war, in ihr Sparbuch eintragen. Ihr Kontoguthaben betrug etwa zweihundert Dollar. Dann spazierte sie weiter die Hillside Avenue entlang.

Gegen drei Uhr nachmittags fiel Miss Bancroft auf, daß Miss Frumkin sich nicht auf der Abteilung befand. Sie ging zu Miss Fulton und zu Dr. Batra, um sich nach Miss Frumkins Verbleib zu erkundigen. Miss Fulton hatte Miss Frumkin den ganzen Tag nicht gesehen. Dr. Batra hatte sie nicht mehr gesehen, seitdem er ihr am Vormittag erlaubt hatte, den jüdischen Gottesdienst zu besuchen. Er schien sich wegen ihrer Abwesenheit keine Sorgen zu machen. »Sie wird schon zurückkommen«, meinte er. Um fünfzehn Uhr dreißig rief Dr. Batra den Sicherheitsdienst an, um zu melden, daß man Miss Frumkin vermisse. »Wahrscheinlich ist sie nach Hause gegangen«, sagte er zu Miss Fulton und zu Miss Bancroft und rief dann die Frumkins an, um sich zu erkundigen, ob Miss Frumkin bei ihnen sei. Viele Patienten, die aus dem Creedmoor ausreißen, gehen tatsächlich nach Hause. Miss Frumkin aber war nicht nach Hause gegangen, und ihre Eltern waren zutiefst beunruhigt, als sie erfuhren, daß ein Arzt es einer jungen Frau in ihrem Zustand erlaubt hatte, die Abteilung allein zu verlassen. Miss Fulton und eine Therapiehelferin stiegen in Miss Fultons Wagen und fuhren die Straßen in der näheren Umgebung des Psychiatriezentrums auf der Suche nach Miss Frumkin ab. Sie fanden Miss Frumkin nicht.

Am selben Abend um zwanzig Uhr zehn wurde Miss Frumkin von zwei Polizisten eines Nachbarbezirks gefunden. Sie trug immer noch ein Taschentuch auf dem Kopf, Goldsandalen an den Füßen und einen Unterrock. Sie trug kein T-Shirt mehr, und ihr Büstenhalter war offen. Vier Monate später, im November, erinnerte sie sich, daß sie einen herrlichen Nachmittag verbracht hatte. Sie hatte in einigen Kaufhäusern in der Nähe ihrer Bank herumgestöbert. Sie war zum *Happy Robin* gegangen, einem nicht sehr teuren Restaurant auf der Hillside Avenue, das Mahlzeiten im Cafeteria-Stil servierte. Sie hatte mit ihren Eltern oft im *Happy Robin* gegessen. Sie hatte eine Frau hinter dem Ausschank um ein Glas Wasser gebeten und, als die Frau ihr das Wasser reichte, zu ihr gesagt: »Lächeln Sie. Sie werden von der ›Versteckten Kamera‹ fotografiert.« Da sie wußte, daß es im *Happy Robin* kostenlos rohe Zwiebelringe mit Salz, Pfeffer und andern Gewürzen gab, hatte sie sich an einen Tisch gesetzt und einige Zwiebeln gegessen. »Ich tue verrückte Dinge, wenn ich krank bin, und wenn ich gesund bin, weiß ich nicht mehr warum«, sagte sie in jenem November. Als die Polizisten Miss Frumkin, die nur mit ihrer Unterwäsche bekleidet war, auf der Hillside Avenue auflasen, ging sie friedlich mit ihnen. Sie erinnerte sich auch daran, daß sie einen Wachtraum gehabt hatte, wonach sie an jenem warmen Julitag auf dem Polizeiposten gewesen war. Sie wußte, daß Polizisten manchmal Spitznamen hatten – das hatte sie erfahren, als sie den Film *The Super Cops* am Fernsehen gesehen hatte, in dem zwei Polizisten namens Batman und Robin aufgetreten waren. Sie hatte den Polizisten gesagt, ihr Spitzname sei Pink Streak. »O ja, ich habe von Ihnen gehört«, sagte einer der Polizisten zu ihr, als die beiden sie zur Clearview-Einheit begleitet hatten.

Als die Polizisten Miss Frumkin wieder in der Clearview-Einheit ablieferten, stellte eine Therapiehelferin der Abendschicht fest, daß sie hyperaktiv und äußerst verwirrt war. Sie kam für kurze Zeit in eine abgeschlossene Absonderungszelle, erhielt etwas zu essen und dann ihr Abendmedikament – 500 Milligramm Thorazin. Der diensthabende Nachtarzt, den man herbeigerufen hatte, um Miss Frumkin zu untersuchen, stellte fest, daß sie in guter physischer Verfassung war. Sie schlief gegen zweiundzwanzig Uhr in einem nicht abgeschlossenen Absonderungsraum ein. Unterdessen hatte die Therapiehelferin Mrs. Plotnick und die Frumkins angerufen. Harriet Frumkin schien nicht überrascht zu sein, als sie erfuhr, daß ihre halbnackte Tochter nicht belästigt worden war und sich nun wieder in der Klinik befand. »Dieses Mädchen hat noch mehr Leben als eine Katze«, sagte sie.

SECHS

Verlassen freiwillige Patienten das Psychiatriezentrum Creedmoor, wie Miss Frumkin dies am 7. Juli 1978 getan hatte,
so nennt man dies Urlaub ohne Bewilligung oder UOB. Gelingt
es ihnen, dem Krankenhaus drei Tage fernzubleiben, so werden
sie entlassen. Das Argument, das im Fall einer solchen Entlassung
offiziell geltend gemacht wird, gründet darauf, daß der Staat von
Rechts wegen verpflichtet ist, auf den von einem freiwilligen
Patienten schriftlich eingereichten Antrag auf Entlassung innerhalb von zweiundsiebzig Stunden zu reagieren, und daß der
Weggang eines Patienten als Äquivalent eines solchen Antrags
betrachtet wird. Während der Abwesenheit des Patienten kann
der Staat einen solchen Entlassungsantrag nicht ablehnen, weil für
eine Ablehnung zwei Ärzte je ein Gutachten erstellen müssen –
ein Verfahren, das vom Gesetz vorgeschrieben ist. Deshalb muß
der Patient laut Rechtsvorschrift entlassen werden. Patienten, die
nicht freiwillig ins Psychiatriezentrum Creedmoor gekommen
sind – 1978 traf dies auf weniger als ein Drittel aller Patienten
zu –, werden, wenn sie davonlaufen, offiziell als entwichen betrachtet. Gelingt es ihnen, so lange wegzubleiben, bis ihre Aufenthaltsdauer abgelaufen ist, so werden sie entlassen. Einzige Ausnahme sind die forensischen Patienten, das heißt diejenigen, die
eines Verbrechens angeklagt wurden, aber aufgrund einer Geisteskrankheit oder einer Geistesstörung prozeßunfähig sind, oder
diejenigen, bei denen ein Gerichtsverfahren durchgeführt wurde,
die aber aus demselben Grund freigesprochen wurden.

Jedesmal, wenn 1978 entdeckt wurde, daß ein Creedmoor-
Patient UOB hatte oder entwichen war, mußte der Vordruck 147
des New York State Office of Mental Health – ein Rapport über
den Zwischenfall – in drei Ausfertigungen ausgefüllt werden.
Der Vordruck 147 mußte auch für andere Arten von Zwischenfällen verwendet werden. So zum Beispiel, wenn ein Patient aus
Versehen durch andere verletzt wurde oder sich selbst verletzte,
wenn ein Patient mit einem anderen Patienten kämpfte oder ihn
angriff, wenn ein Patient einen Besucher angriff, wenn ein Pa-

tient einen Angestellten angriff, wenn ein Angestellter der Mißhandlung eines Patienten beschuldigt wurde, wenn ein Patient
einen Selbstmordversuch unternahm, wie dies 1978 fünf Patienten in der Clearview-Einheit taten, oder einem Patienten der
Selbstmord glückte, wie Lloyd Colvin am 1. Februar 1979, und
wenn ein Patient plötzlich starb, wie zum Beispiel Alexander
Morton am 13. Oktober 1978, nachdem er mit einem andern
Patienten gekämpft hatte. (Die Autopsie ergab, daß Morton an
einem Herzanfall gestorben war.)

Der Vordruck 147 mußte ebenfalls ausgefüllt werden, wenn
ein Patient nicht die richtigen Medikamente erhalten hatte oder
ihm eine falsche Dosis verabreicht worden war. Der Beweis für
das potentielle Risiko von Medikationsirrtümern war vor zwei
Jahren erbracht worden. Am Samstag, dem 9. Oktober 1976,
erlitten vier Clearview-Patienten einen Grand-mal-Anfall; einer
der vier, ein älterer Mann, starb am selben Nachmittag.
Mrs. Plotnick und eine der Leiterinnen ihres Behandlungsteams
waren in der Lage, den mutmaßlichen Hergang des Zwischenfalls
zu rekonstruieren. Allen vier Patienten, die den Anfall erlitten
hatten, war eine hohe Dosis Thorazin flüssig verordnet worden.
Das flüssige Thorazin gibt es in zwei Konzentrationen – 30 Milligramm pro Milliliter und 100 Milligramm pro Milliliter. Die
Creedmoor-Apotheke hatte früher nur die leichtere Konzentration geführt und erst vor kurzem die höhere Konzentration ins
Sortiment aufgenommen. Die Herstellerfirma von Thorazin verkauft die verschiedenen Konzentrationen des Medikaments in
Flaschen, die sich nach der Form, der Farbe des Etiketts und der
Farbe des Gummitropfenzählers unterscheiden. Als Mrs. Plot-
nick und die Leiterin des Behandlungsteams die zur Ausgabe von
Medikamenten berechtigten Therapiehelferinnen der Abteilung
einzeln befragten und eine jede darum baten, eine bestimmte
Dosis Thorazin vorzubereiten, mußten sie mit Schrecken feststellen, daß eine Therapiehelferin das Thorazin der falschen Flasche
entnahm, nämlich der Flasche mit der 100 Milligramm-Konzen-
tration. Vermutlich war den vier Patienten eine dreimal höhere
Dosis als die verordnete verabreicht worden. Nach diesem
Zwischenfall entfernte die Creedmoor-Apotheke unverzüglich
die höhere Konzentration aus ihrem Sortiment.

Wie aus den Akten Clearviews hervorging, die von der leitenden Krankenschwester der Einheit geführt wurden, waren 1978
die Clearview-Patienten in 160 Zwischenfälle aller Art verwickelt
gewesen. Mrs. Plotnick schätzt die Zahl der Vorfälle sechsmal
höher ein, nämlich auf rund 900. Einige der Vorfälle wurden nie
auf dem Formular 147 festgehalten, weil die betreffenden Patienten unfähig oder nicht gewillt waren, den Vorfall zu melden, weil
kein Angestellter den Vorfall miterlebt hatte und die Patienten,
die ihn miterlebten, entweder nicht in der Lage waren oder Angst
hatten, ihn zu melden. Am 29. Juli 1978 nötigte Nicholas Taliaferro, ein manisch-depressiver Patient, der immer wieder im
Creedmoor landete, eine spanischsprechende Frau, die mit einer
schweren Post-partum-Depression eingeliefert worden war, im
Tagesraum der Frauen zur Fellatio. Nach dem Sexualangriff
schrie die junge Frau. Anschließend verfiel sie in einen beinahe
katatonischen Zustand, der mehrere Tage andauerte, bis man sie
ihrem Ehemann übergab, der sie und das Neugeborene zu ihrer
Familie nach Nicaragua schickte. Taliaferro vollzog 1978 mit
einer Anzahl Frauen der Clearview-Einheit Geschlechtsverkehr,
wobei einige einwilligten und andere nicht. Nur eine dieser sexuellen Eskapaden war Thema eines Rapports, und dieser eine
Zwischenfall wurde schriftlich festgehalten, weil zwei Angestellte
verletzt wurden, als sie den Männerwaschraum betraten, um
Taliaferro und seine willfährige Partnerin zu trennen. Das Aus-
maß von Taliaferros Geschlechtsleben trat zutage, als im Januar
1979 festgestellt wurde, daß er an Gonorrhoe litt. Die Krankenschwestern Clearviews verabreichten ihm 4 800 000 Einheiten Penicillin. Dieselbe Dosis erhielten zehn Frauen, die die Krankenschwestern im Verdacht hatten, den Gonokokken-Bakterien Taliaferros ausgesetzt gewesen zu sein, und bei denen man sich nicht
darauf verlassen konnte, daß sie verläßliche Auskünfte über ihr
Sexualleben geben würden. Eine Anzahl von Therapiehelferinnen der Clearview-Einheit mißbilligen die zahlreichen Beispiele
»sexuellen Abreagierens«, die sie beobachten müssen, und es
widerstrebt ihnen, einen Vordruck zu einem Thema auszufüllen,
das sie als so abstoßend empfinden.

Viele andere Zwischenfälle wurden ebenfalls nicht festgehalten, entweder, weil die Angestellten – insbesondere die Therapie-

helferinnen, die den Zwischenfall in groben Zügen auf der ersten Seite des Formulars 147 beschreiben mußten – sie als nicht ernsthaft genug erachteten, oder weil sie zu beschäftigt waren, um Formulare auszufüllen, oder weil beides zutraf. Die Anzahl der gemeldeten Angriffe auf Patienten durch andere Patienten (vierunddreißig) sowie der Kämpfe zwischen Patienten (achtzehn) lagen ebenfalls weit unter der tatsächlichen Anzahl. Viele dieser Zwischenfälle wurden nur festgehalten, weil die Patienten sich in ärztliche Behandlung begeben und die Abteilung verlassen mußten.

Gemäß den Akten Clearviews wurden 1978 in dreizehn Fällen Mitarbeiter von Patienten angegriffen. Mrs. Plotnick schätzte die Zahl der Angriffe zwanzigmal höher ein. Es war eine Ausnahme, wenn in der Clearview-Einheit vierundzwanzig Stunden verstrichen, ohne daß mehrere Patienten Therapiehelferinnen schlugen, mit den Füßen traten, kratzten, anrempelten oder bissen oder ihnen Stühle, Mops oder Aschenbecher nachwarfen. (Die Therapiehelferinnen waren die häufigste Zielscheibe, weil sie gegenüber den andern Mitarbeitern in der Überzahl waren und am häufigsten Kontakt mit den Patienten hatten.) Ein weiterer Grund dafür, daß die Therapiehelferinnen die unbedeutenderen Zwischenfälle nicht schriftlich festhielten, bestand darin, daß sie für ihre Angreifer Sympathie hegten; sie waren der Meinung, die Patienten würden sie nicht schlagen, wenn sie nicht geisteskrank wären, und kleinere Vorfälle wurden von ihnen als Berufsrisiko akzeptiert. Nicht alle Vertreter des Pflegepersonals zeigten jedoch so viel Sympathie für die Patienten; Mrs. Plotnick und die Leiter der Behandlungsteams hatten den Eindruck, daß etwa fünf Prozent der Therapiehelferinnen Clearviews die Angriffe der Patienten durch ihre eigene feindselige Haltung provozierten und etwa fünfundneunzig Prozent der kleineren Verletzungen erlitten. Diese Therapiehelferinnen füllten ebenfalls häufig keine Vordrucke aus, weil es in den meisten Fällen nicht vorteilhaft für sie gewesen wäre. Geisteskranke konnten oft aufgrund ihrer Krankheit nicht für ihre Handlungen verantwortlich gemacht werden.

Zweifellos ist die umstrittenste Kategorie von Zwischenfällen im Creedmoor die der Mißhandlung von Patienten durch Angestellte. 1978 gab es zwei gemeldete Fälle in der Clearview-Einheit. Im ersten Fall handelte es sich um einen Pfleger, der einen Patienten mit der Faust schlug, nachdem dieser einen Stuhl nach ihm geworfen hatte. Der zweite Fall liegt Mrs. Plotnick immer noch schwer im Magen. Es ist der einzige Prozeß, den sie jemals vor einem Schiedsgericht verloren hat; dabei handelt es sich um die Therapiehelferin Crystal Chamberlin und die fünfzig Jahre alte, manisch-depressive Patientin Josephine Sandusky. Am 29. Mai 1978 leerte Miss Sandusky laut Aussage einer Krankenschwester, die Zeugin der Szene geworden war, einen Pappbecher mit Wasser über Miss Chamberlins Perücke, nachdem sie sich geweigert hatte, ihre Pillen zu nehmen. Wie die Krankenschwester aussagte, »stieß Miss Chamberlin die Patientin daraufhin mehrere Male gegen die Wand, schlug ihr den Kopf gegen die Wand, stieß sie zu Boden, schlug ihr den Kopf mehrere Male gegen den Boden und trat ihr auf die Arme«. Zum Zeitpunkt, als sich der Zwischenfall ereignete, befanden sich zwei weitere Therapiehelferinnen im selben Raum. Nach dem Vorfall behandelte ein Arzt Miss Sandusky, die eine kleine Prellung und eine Beule auf der linken Seite des Schädels sowie eine kleine Fleischwunde am rechten Ellbogen aufwies. Mrs. Plotnick hegt einen besonderen Abscheu gegen die Mißhandlung von Patienten durch Mitarbeiter. Sie betrachtet die Psychiatriepatienten als die wehrlosesten Menschen, die es gibt, und findet, daß das mindeste, was ein Krankenhaus tun kann, darin bestehen sollte, ihr Los zu erleichtern und dafür zu sorgen, daß sie nicht von Mitarbeitern mißhandelt werden. Nachdem Ermittlungen durchgeführt worden waren, beurlaubte das Krankenhaus Miss Chamberlin, ohne ihr den Lohn weiterzuzahlen, und teilte ihr mit, sie werde entlassen – eine Maßnahme, die konkret bedeutete, daß der Fall vor ein Schiedsgericht gebracht werden würde.

Bei Disziplinarverfahren neigt das Pflegepersonal dazu, gegen die Verwaltung des Krankenhauses eine geschlossene Front zu bilden, und zwar anscheinend aufgrund der Theorie, daß schließlich jeder eines Tages in Schwierigkeiten geraten und Zeugen gebrauchen könnte, die zu seinen Gunsten aussagen, und auch, weil die Angestellten für die Betreuung der Patienten auf der Abteilung voneinander abhängig sind. In diesem Fall war Mrs. Plotnick jedoch der Meinung, daß das Krankenhaus einen

Sieg erringen könnte, weil die beiden Therapiehelferinnen, die man am Tag des Zwischenfalls befragt hatte, genug gesagt hatten, um Mrs. Plotnick im Glauben zu bestärken, sie würden die Aussage der Krankenschwester bestätigen. Bei der Verhandlung vor dem Schiedsgericht leugnete Miss Chamberlin, Miss Sandusky geschlagen oder getreten zu haben. Die Krankenschwester, die Zeugin des Zwischenfalls gewesen war, sagte das Gegenteil aus. Die beiden Therapiehelferinnen, die sich ebenfalls im Raum befunden hatten, bestätigten die Aussage der Krankenschwester gegen Miss Chamberlin nicht. Die eine sagte, sie habe gesehen, wie Miss Chamberlin und Miss Sandusky einander am Arm gepackt hätten, daß es jedoch nicht zu Schlägen gekommen sei und sie auch keine Schreie gehört habe, wobei sie darauf hinwies, daß es im Raum ziemlich laut gewesen sei. Die andere Therapiehelferin erklärte, daß ihr Blickfeld durch ein Sofa ziemlich eingeschränkt gewesen sei. Nachdem sich der Schiedsrichter die einander widersprechenden Zeugenaussagen angehört hatte, verfügte er, die Klinik habe den Beweis, daß Miss Chamberlin schuldig sei, nicht erbringen können, weshalb sie ihre Arbeit wiederaufnehmen dürfe und ihr der volle Lohn nachbezahlt werden müsse; jeglicher Hinweis auf den Zwischenfall sei aus ihrer Personalakte zu streichen.

Obwohl es schwierig ist, den Beweis für eine körperliche Mißhandlung von Patienten zu erbringen, glaubt Mrs. Plotnick nicht, daß solche Mißhandlungen häufig sind. Wahre Sadisten könnten ihr Bedürfnis, Menschen zu verletzen, auf einem weitaus weniger mühsamen Weg befriedigen als auf dem einer schlecht bezahlten Arbeit unter solch belastenden Bedingungen, wie sie im Creedmoor herrschen. Die meisten Fälle von Mißhandlungen seien wohl die Folge von Temperamentsausbrüchen oder resultierten aus der fehlgeleiteten Annahme, eine physische Strafe könne den psychisch Kranken dazu veranlassen, sich normal zu verhalten. Als sich 1976 eine Therapiehelferin gegenüber einer Patientin offenkundig brutal verhielt, gelang es Mrs. Plotnick, die Entlassung durchzusetzen, weil die Helferin die Patientin in bösartigster Weise angegriffen und äußerst schwer verletzt hatte. Die Therapiehelferin hatte die Patientin mit Fäusten traktiert, sie an den Haaren durch den Flur vom Schlafsaal der Frauen in den

Waschraum der Frauen geschleppt, den Patientinnen, die sich im Waschraum befanden, befohlen hinauszugehen und die Patientin dann zusammengeschlagen und ihr die Nase gebrochen. Als die Therapiehelferin und ihr blutüberströmtes Opfer den Waschraum schließlich verließen, hatten sich genügend Zeugen zusammengefunden, die die Schilderung des Tatbestands seitens der Therapiehelferin vor dem Schiedsgericht bestreiten konnten. Es gelang Mrs. Plotnick ebenfalls, Disziplinarmaßnahmen gegen einen betrunkenen Pfleger einzuleiten, der versucht hatte, in einer Besenkammer eine homosexuelle Handlung an einem Patienten zu begehen (der Patient war nüchtern und kräftig und wehrte seinen Angreifer ab). Der Pfleger wurde ein Jahr später entlassen, weil es zwischen ihm und einem weiteren Angestellten auf einem Parkplatz im Creedmoor zu einer blutigen Auseinandersetzung gekommen war. Mrs. Plotnick setzte vor kurzem die Entlassung eines Putzmannes durch, der mit einer Patientin Geschlechtsverkehr gehabt hatte. Sexuelle Beziehungen irgendwelcher Art zwischen Mitarbeitern und Patienten sind verboten.

Bei der größten Kategorie von Zwischenfällen (fünfundfünfzig von hundertsechzig der im Jahr 1978 in der Clearview-Einheit registrierten Zwischenfälle) handelte es sich entweder um einen »Urlaub ohne Bewilligung« oder um eine Flucht, wobei sich die meisten Patienten ganz unauffällig davonmachten. Ein Patient drängte sich an einem Losverkäufer – einem Angestellten vom Creedmoor – vorbei, der ins Gebäude kam, um seine tägliche Runde bei den Mitarbeitern zu machen. Einige Patienten verließen die Klinik mit der Absicht, eine Beziehung einzugehen. (Viele ehemalige Creedmoor-Patienten haben untereinander geheiratet.) Das häufigste Motiv für den Weggang war, daß der Patient einfach des Lebens in der Klinik überdrüssig geworden war. Nur wenige der Patienten, die 1978 Creedmoor ohne Bewilligung verließen, stifteten Unheil, obwohl ein Mann sämtliche Fensterscheiben in der Wohnung seiner Freundin einschlug und eine Frau in der Wohnung ihrer Schwester alles zerstörte. Die meisten Patienten begaben sich auf direktem Weg nach Hause. Die, die nicht nach Hause gingen, taten gewöhnlich nicht mehr, als die Leute, die in der Nähe der Klinik wohnen, dadurch zu ärgern, daß sie ihren Rasen verbotenerweise betraten oder darauf urinierten oder jemanden dadurch erschreckten, daß sie durch eine unverschlossene Tür einfach ins Haus hineinmarschierten. Theoretisch sollte die Abwesenheit eines Patienten innerhalb weniger Stunden entdeckt werden, weil vorschriftsgemäß sechsmal täglich eine Zählung vorgenommen wird – je eine Zählung beim Schichtwechsel und bei den Mahlzeiten – und zudem zusätzliche Zählungen durchgeführt werden. Manchmal sind die Zählungen jedoch ungenau. Die Mitarbeiter wissen nicht immer, wer entlassen worden ist, wer Ausgang hat und wer auf Urlaub nach Hause durfte. Es kommt vor, daß die Angestellten der Clearview-Einheit erst dann das Fehlen eines Patienten bemerken, wenn ein Angehöriger des Patienten anruft, um mitzuteilen, daß der Patient nach Hause gekommen sei.

Die Tatsache, daß die Mitarbeiter der Clearview-Einheit den Vordruck 147 oft nicht ausfüllten oder nicht ausfüllen wollten, war nicht der einzige Grund dafür, daß die meisten Zwischenfälle jeder Art 1978 den höheren Behörden nicht gemeldet wurden. Innerhalb des Krankenhauses und der Staatsbürokratie war noch eine weitere Kraft am Werk – man könnte sie das Syndrom der sich in Luft auflösenden Zwischenfälle nennen. Von den 160 Zwischenfällen, die 1978 gemeldet wurden – Mrs. Plotnick schätzte die Zwischenfälle aller Art, die sich in der Clearview-Einheit ereignet hatten, auf rund 900 –, wurden nur ganz wenige ausführlich beschrieben. Manche dieser 160 Rapporte gelangten nie über den Schreibtisch von Mrs. Plotnick hinaus. Da Mrs. Plotnick Verwaltungsaufgaben effizient und sorgfältig zu erledigen pflegt, hatte sie es während ihres ersten Jahres als Leiterin der Clearview-Einheit mit den Rapporten sehr genau genommen. Das Ergebnis war, daß die Clearview-Einheit die höchste Anzahl der in diesem Jahr in der ganzen Klinik gemeldeten Zwischenfälle zu verzeichnen hatte. Einigen Kollegen von Mrs. Plotnick war es ein Dorn im Auge, daß sie ihre administrativen Fähigkeiten so energisch einsetzte. In Zukunft, meinten sie, könne sie Berichte über unbedeutende Zwischenfälle einfach im Archiv der Einheit ablegen, statt sie an das Verwaltungsgebäude zu schicken, damit sie dem Incident Review Committee, dem Ausschuß zur Überprüfung der Zwischenfälle, vorgelegt würden. Sollte der Zwischenfall zu einem späteren Zeitpunkt doch ernsthaftere Folgen haben, könne sie den Bericht zu diesem Zeitpunkt immer noch weiterleiten. Als Alexander Morton am 13. Oktober 1978 nach seiner Auseinandersetzung mit einem andern Patienten starb, leitete Mrs. Plotnick die Rapporte über die Auseinandersetzungen weiter, an denen er am 6. und am 10. Oktober beteiligt gewesen war.

Von den 160 Rapporten, die 1978 auf ihrem Schreibtisch landeten, leitete Mrs. Plotnick schließlich etwa 120 an die Verwaltung weiter. Dort wurden sie vom Ausschuß zur Überprüfung der Zwischenfälle durchgesehen; der Ausschuß leitete 79 der 120 Rapporte an das nächste Regionalamt des New York State Office of Mental Health in Manhattan weiter. Das Regionalbüro wiederum schickte diese 79 Rapporte – nicht ganz die Hälfte der 160 Zwischenfälle, die Mrs. Plotnick gemeldet worden waren, und weniger als ein Zehntel der 900 Zwischenfälle, die sich ihrer Meinung nach ereignet hatten – an das Zentralbüro in Albany.

Sylvia Frumkins unbewilligter Urlaub vom 7. Juli 1978 gehörte nicht zu den 79 Zwischenfällen, die Albany gemeldet wurden. Und so wie die älteren Verwaltungsangestellten und höheren Beamten der Klinik Selbstbetrug betrieben und nur einen Teil der Wirklichkeit der verschiedenen Abteilungen vom Creedmoor wahrnehmen wollten, indem sie Mrs. Plotnick dazu ermunterten, die Zahl der Rapporte einzuschränken, so bedienten sich diejenigen, die für Sylvia Frumkins Weggang am 7. Juli verantwortlich waren, der Bürokratie, um Miss Frumkins Abwesenheit zu einem unwesentlichen Ereignis herabzumindern, für das sie nicht verantwortlich waren.

Am 7. Juli um fünfzehn Uhr fünfundvierzig ging Mrs. Plotnick in die Aufnahme, um Dr. Batra aufzusuchen. Sie wies ihn an, einen Vordruck 147 über Miss Frumkins Weggang auszufüllen, weil sie in den Akten vermerkt haben wollte, daß er ihr die Erlaubnis gegeben hatte, den jüdischen Gottesdienst zu besuchen. Mit derselben Absicht erteilte sie ihm zudem die Anweisung, eine ähnliche Eintragung in Miss Frumkins Krankengeschichte zu machen. Dr. Batra schrieb folgendes auf den Vordruck:

»16.00 Uhr. – Der Pat. wurde die Erlaubnis erteilt, den jüdischen Gottesdienst zu besuchen; später war sie im Übergangsheim – ziemlich erregt. Ich habe den Sicherheitsdienst angerufen, damit die Pat. wieder auf die Abteilung zurückgebracht werde. Sie wurde bis zum Flur im Gebäude N begleitet. Sie wurde nicht auf die Abteilung, von der sie fortging, gebracht.«

Dann machte er eine Eintragung in die Krankengeschichte:

»*Um 9.30 Uhr habe ich ihr die Erlaubnis erteilt, den jüdischen Gottesdienst zu besuchen. Später wurde mir vom Übergangsheim telefonisch mitgeteilt, daß die Pat. sich dort befinde und sehr erregt sei. Ich habe den Sicherheitsbeamten Mr. Ragland angerufen und gebeten, dafür zu sorgen, daß die Pat. auf die Abteilung zurückgebracht wird. Laut Ragland sollen zwei Sicherheitsbeamte sie zum Hauptflur der Clearview-Einheit begleitet haben. Sie wurde nicht auf die Abteilung gebracht, weshalb die Pat. entfloh. Sicherheitsdienst und Vater wurden benachrichtigt.*«

Auch wenn Mrs. Plotnick ihr Ziel erreichte, indem sie Dr. Batra dazu bewegen konnte zu bestätigen, daß er Miss Frumkin die Erlaubnis erteilt hatte, die Abteilung zu verlassen, so daß niemand sonst vom Team für ihren Weggang verantwortlich gemacht werden konnte, so hätte doch niemand außerhalb der Einheit, dem die Umstände nicht bekannt waren, aufgrund der Eintragungen von Dr. Batra vermuten können, daß er in irgendeiner Weise zu tadeln gewesen wäre. Es wurde nichts über Miss Frumkins Verhalten gesagt, das Aufschluß darüber gegeben hätte, in welchem Geisteszustand sie sich zum Zeitpunkt befand, wo Dr. Batra ihr die Erlaubnis erteilt hatte, und auch nichts davon, in welcher Kleidung er sie zum jüdischen Gottesdienst hatte gehen lassen. Aufgrund von Dr. Batras Eintragungen könnte ein Außenstehender sehr wohl den Eindruck gewinnen, daß alles, was Miss Frumkin zugestoßen war, einzig und allein zu Lasten des Sicherheitsdienstes ging.

Die Sicherheitsbeamten vom Creedmoor waren in bezug auf Aktennotizen oder absichtliche Unterlassungen nicht weniger geschickt als Dr. Batra. In den Akten des Sicherheitsdienstes gab es keinen Hinweis darauf, daß Dr. Batra im Lauf des Vormittags telefonisch darum gebeten hatte, die Sicherheitsbeamten sollten Miss Frumkin im Übergangsheim abholen und in die Clearview-Einheit zurückbringen. Des weiteren ging nicht aus den Akten hervor, daß die Sicherheitsbeamten Miss Frumkin im Flur der Clearview-Einheit hatten stehenlassen, statt sie auf die geschlossene Abteilung zurückzubringen. Die einzige Eintragung in den Akten des Sicherheitsdienstes über Miss Frumkin zum Datum des 7. Juli lautete wie folgt:

»15.30 Uhr – Dr. Batra hat angerufen und mitgeteilt, daß die Patientin Sylvia Frumkin, Gebäude Nr. 4, Abteilung 043, UOB macht.«

Der Weggang von Miss Frumkin am 7. Juli war nicht das erste und auch nicht das letzte Beispiel einer Reihe von Fällen, wo die Version des Sicherheitsdienstes über ein bestimmtes Ereignis von derjenigen der Mitarbeiter einer der Einheiten abwich.

Andere Eintragungen in der Krankengeschichte von Miss Frumkin vom 7. Juli sagten noch mehr darüber aus, wie Creedmoor funktionierte. In der Krankengeschichte stand, daß sie am Morgen ihre Medikamente oral eingenommen hatte. In Tat und Wahrheit hatte sie sich jedoch geweigert, das Medikament zu nehmen, und die Krankenschwester hatte ihr daraufhin auf der Veranda eine Injektion verabreicht. Aus der Krankengeschichte ging nicht hervor, daß Miss Frumkin eine Injektion erhalten hatte. In der Krankengeschichte stand hingegen, sie habe ihr übliches Medikament um dreizehn Uhr oral eingenommen. Miss Frumkin hatte die Abteilung gegen neun Uhr dreißig vormittags verlassen, um sich zum jüdischen Gottesdienst zu begeben, und die Polizei hatte sie abends um acht Uhr zurückgebracht.

Mrs. Plotnick war nicht erstaunt, daß Miss Frumkin zweimal eine orale Einnahme von Medikamenten attestiert worden war, die sie entweder verweigert hatte oder die sie nicht hatte verweigern können, weil sie gar nicht anwesend war, und daß die Spritze, die sie bekommen hatte, nicht in die Krankengeschichte eingetragen worden war. Mrs. Plotnick wurde oft vom Verantwortlichen für die medizinischen Akten der Clearview-Einheit auf Fehler in den Krankengeschichten aufmerksam gemacht, und alle den Mitarbeitern gemachten Vorhaltungen in bezug auf die Bedeutung von korrekt geführten Krankengeschichten vermochten nur kurzfristig etwas an diesem Tatbestand zu ändern. Einige Monate nach Miss Frumkins UOB wurde Mrs. Plotnick auf eine Eintragung aufmerksam gemacht, die von einer Therapiehelferin der Nachtschicht stammte. Sie lautete: »Patientin schlief gut.« Die Patientin mit dem gesunden Schlaf war bereits vor einigen Tagen entlassen worden.

Sieben

Obwohl Miss Frumkins UOB am 7. Juli keine schwerwiegenden Folgen für sie hatte – sie wurde nicht überfahren, sie wurde nicht belästigt –, erlitt sie nach ihrer Rückkehr einen Rückfall. Am 9. Juli verlor sie den Trauring von Barbara Herbert. Mrs. Herbert brachte den größten Teil des 9. und des 10. Juli mit dem Versuch zu, Miss Frumkin zu beißen; am 11. Juli gelang es ihr. Miss Frumkin schien sich mehr Sorgen über die Bißwunde als darüber zu machen, daß sie den Ring von Mrs. Herbert verloren hatte, obwohl sie einige Patienten und Mitarbeiter fragte, ob sie ihr zweihundert Dollar borgen würden, damit sie den Ring ersetzen könne. Sie sagte ihnen, Mrs. Herberts Ehemann habe den goldenen Ring bei Tiffany gekauft. Miss Frumkin nahm am 9. und am 10. Juli ihre 500 Milligramm Thorazin dreimal pro Tag, weigerte sich jedoch am Morgen des elften und des zwölften, das Medikament zu schlucken. Als sie am Morgen des dreizehnten sich erneut weigerte, das Medikament zu nehmen, verordnete Dr. Batra, daß Miss Frumkin an jenem Tag dreimal eine 50-Milligramm-Thorazin-Injektion verabreicht werden solle.

Am Freitagmorgen, dem 14. Juli, rannte Miss Frumkin in die Aufnahme. Diesmal fand sie Stephanie Fulton dort vor. Sie sagte Miss Fulton, sie wolle den jüdischen Gottesdienst besuchen. Miss Fulton fand, Miss Frumkin sei immer noch zu erregt und zu aggressiv, um die Abteilung allein verlassen zu können, und sagte nein. Miss Frumkin wurde daraufhin noch erregter und aggressiver. Miss Fulton bat die für Miss Frumkin zuständige Sozialarbeiterin darum, den Rabbiner vom Creedmoor anzurufen und ihn zu bitten, Miss Frumkin auf der Abteilung zu besuchen, in der Hoffnung, die Aussicht auf einen solchen Besuch werde die Entbehrung für sie etwas mildern. Das war nicht der Fall. An jenem Abend wurde Miss Frumkin in einen Faustkampf mit zwei andern Frauen der Abteilung verwickelt. Am 15. Juli weigerte sie sich, ihr Medikament zu nehmen, trug mit einer Anzahl von Patienten einen Kampf aus, zeigte sich inkohärenter, als sie es seit

106

ihrer Einweisung jemals gewesen war, und wurde von einer Therapiehelferin der Nachtschicht in eine unverschlossene Absonderungszelle gebracht. Dort verbrachte sie die Nacht, wobei sie ein besonders primitives Verhalten an den Tag legte; sie mußte am nächsten Morgen abgeduscht werden.

Dr. Batra hatte Miss Frumkins Medikation am 14. Juli erneut überprüft. Er hatte verfügt, daß ihr von Montag bis Freitag zwischen acht Uhr morgens und fünf Uhr nachmittags je drei 100-Milligramm-Thorazin-Injektionen verabreicht werden sollten. Darüber hinaus sollte sie weiterhin dreimal täglich ihre 500 Milligramm Thorazin oral einnehmen. Am Montag, dem 17. Juli, nahm sie alle ihr verordneten Medikamente – 1800 Milligramm Thorazin. In der Nacht blieben sie und eine weitere Patientin wach, belästigten die andern Frauen im Schlafsaal und hinderten sie bis in den frühen Morgen am Schlafen. Am 18. Juli weigerte Miss Frumkin sich, das Thorazin oral einzunehmen. Am 19. Juli beharrte sie darauf, sich völlig zu entkleiden, damit man ihr den Blutdruck messe, bevor sie die Thorazin-Injektion von einer Krankenschwester der Tagesschicht akzeptierte. Einige Stunden später kämpfte sie mit der Schwester der Abendschicht, weil sie unbedingt in eine Absonderungszelle wollte, in der sich eine ihrer Feindinnen befand. Sie weigerte sich, ihre Abenddosis zu nehmen, und versuchte – vergeblich – die Krankenschwester dazu zu bringen, sie zu schlagen. Am 20. Juli blieb ihr Verhalten unverändert.

Der 21. Juli war Miss Frumkins sechsunddreißigster Tag im Creedmoor. Sie war nicht nur nicht in der Verfassung, um entlassen werden zu können – beinahe die Hälfte der 1978 eingewiesenen Patienten wurden spätestens an ihrem sechsunddreißigsten Tag entlassen –, sondern Miss Fulton fand zudem, sie sei nicht einmal in der Lage, die Abteilung allein zu verlassen. Als Miss Frumkin an jenem Morgen die Aufnahme betrat und wieder einmal verlangte, den jüdischen Gottesdienst besuchen zu dürfen, sagte Miss Fulton erneut nein. Miss Frumkin schlug Miss Fulton ins Gesicht und rannte in den Tagesraum. Es war ein heißer und feuchter Tag. Keiner der beiden Ventilatoren im Tagesraum funktionierte. Miss Frumkin schien das Wetter nicht wahrzunehmen: An jenem Morgen trug sie nämlich eine Bluse, eine Weste,

Bluejeans und eine Steppjacke. Sie hatte sich ein zweites Paar Bluejeans um den Hals geknotet. Darüber hinaus trug sie eine Kette mit einem Anhänger von einer Mineralwasserdose, der einen Popstar darstellte. An den Füßen hatte sie Socken und die hochhackigen Goldsandalen, um den Kopf ein großes Halstuch. In das Halstuch hatte sie einen Löffel geknüpft. »Der Löffel sieht zwar etwas blöd aus, aber er ist gut für die Haltung«, erklärte Miss Frumkin einer Patientin, die sie darauf aufmerksam gemacht hatte, daß man mit einem Löffel eigentlich ißt. Miss Frumkin war sexuell aktiv und verfolgte mit Leidenschaft eine Anzahl von Patienten – insbesondere den geistig stark zurückgebliebenen Kevin Kiernan, der, wie sie betonte, Jesus Christus sei. Zwischendurch benahm sie sich unverschämt. Sie riß die Stühle und persönlichen Gegenstände der andern Patienten an sich und behauptete, sie gehörten ihr. Sie war auch hyperaktiv: Sie tanzte auf den Kaffeetischen der Abteilung, brach dabei häufig in Singen aus, rannte auf der Abteilung herum, bettelte andere Patienten und Besucher um Geld an und redete jedermann auf der Abteilung in Grund und Boden.

»Ich werde Geraldo Rivera heiraten«, sagte sie an jenem Tag zu Eileen O'Reilly. »Ich glaube, wir werden die Trauung im Madison Square Garden vollziehen, genau wie Sly Stone. Mick Jagger möchte mich heiraten. Wenn ich Mick Jagger habe, braucht es mich nicht nach Geraldo Rivera zu gelüsten. Mick Jagger ist der heilige Nikolaus, und der Maharishi ist der Weihnachtsmann. Ich möchte eine Gospel-Rockgruppe gründen mit dem Namen Thorn Oil, aber Geraldo wünscht, daß ich für die *Eyewitness News* Musikrezensionen schreibe. Was soll ich tun? Muß wohl auf meinen Boyfriend hören. Teddy Kennedy hat mich von meiner Häßlichkeit geheilt. Ich bin schwanger mit dem Sohn Gottes. Ich werde David Berkowitz heiraten und es hinter mich bringen. Creedmoor ist das Hauptquartier der Amerikanischen Nazi-Partei. Sie essen die Patienten auf, die hier sind. Archie Bunker möchte, daß ich in seiner Fernsehshow seine Nichte spiele. Ich arbeite für die Epic Records. Ich bin Jeanne d'Arc. Ich bin Florence Nightingale. Die Tür zwischen der Abteilung und der Veranda ist die Trennlinie zwischen New York und Kalifornien. Eine Ehescheidung ist kein Stück Papier, sondern ein Gefühl. Vergiß die Postleitzahlen. Ich brauche Elektroschocks. Der Körper wird durch Elektrizität angetrieben. Meine Drähte sind alle defekt. Eine Fliege ist eine Teenager-Wespe. Ich werde einen Buchhalter heiraten. Ich bin Mitglied der Pfingstbewegung, aber ich glaube, ich werde der Charismatischen Bewegung beitreten.«

Eine Therapiehelferin näherte sich Miss Frumkin. »Absonderung für zwei Stunden – Anordnung von Dr. Sun«, sagte sie. »Es ist nicht klug, herumzurennen und Leiter des Behandlungsteams zu schlagen, nicht wahr?« Sie führte Miss Frumkin in die Absonderungszelle und schloß die Tür hinter ihr ab.

Dr. Sun war am 17. Juli aus den Ferien zurückgekehrt. Bis zum 21. Juli hatte er die Krankengeschichte von Miss Frumkin gelesen. Er war beunruhigt, daß sich ihr Zustand trotz Thorazin nicht gebessert hatte. Nachdem er ihr Verhalten während mehrerer Tage beobachtet hatte, beschloß er, es sei an der Zeit, ihre Medikation zu ändern. Dr. Sun hatte bei vielen agitierten Patienten mit dem Neuroleptikum Haldol Erfolg gehabt. Er fand, es sei klug, es bei Miss Frumkin auszuprobieren, weil sie so fettleibig war. Sie war einsdreiundsechzig groß und über 77 Kilo schwer. Auf dem amerikanischen Pharmamarkt werden zahlreiche Neuroleptika angeboten, wobei die meisten zu einer Gewichtszunahme bei den Patienten führen. Haldol bewirkt im allgemeinen eine geringere Gewichtszunahme. Dr. Sun schrieb in Miss Frumkins Krankengeschichte, daß sie ab 22. Juli um acht Uhr morgens und um acht Uhr abends dreißig Milligramm Haldol flüssig einnehmen müsse. Sie sollte während sieben aufeinanderfolgenden Tagen drei Zehn-Milligramm-Haldol-Injektionen erhalten – um neun und um elf Uhr vormittags und um dreizehn Uhr.

Nachdem Miss Frumkin auf Haldol gesetzt worden war, besserte sich ihr Zustand innerhalb von drei Tagen. Sie wurde etwas ruhiger. Sie rannte weniger herum. Sie redete etwas weniger, und was sie sagte, ergab etwas mehr Sinn. Sie kleidete sich etwas weniger seltsam. Sie sagte nicht mehr, sie sei Mary Poppins oder Jeanne d'Arc oder Florence Nightingale. Sie war einfach Sylvia Frumkin.

Am Freitag, dem 28. Juli, dem letzten Tag der Haldolserie, ging Miss Frumkin in die Aufnahme und fragte Dr. Sun ganz ruhig, ob sie den jüdischen Gottesdienst besuchen dürfe. Sie redete in einem freundlichen Tonfall. Sie trug ein ärmelloses Baumwollkleid und braune Laufschuhe. Sie hatte die ganze Woche ihre Medikamente genommen, ohne sich zu beklagen. Sie hatte sich weder mit andern Patienten noch mit Mitgliedern des Pflegepersonals angelegt. Dr. Sun erteilte Miss Frumkin die Erlaubnis, den jüdischen Gottesdienst zu besuchen. Sie bedankte sich, ging in den Gemeinschaftssaal und beteiligte sich an den Gebeten. Nach dem Gottesdienst unternahm sie einen halbherzigen Versuch, den Rabbiner zum Christentum zu bekehren. Als der ihr erklärte, er sei mit dem jüdischen Glauben eigentlich ganz zufrieden, wechselte sie das Gesprächsthema und sagte, der Gottesdienst habe ihr gut gefallen. Nachdem sie drei Käsebrote sowie zwei Stück Nußkuchen gegessen und vier Tassen Fruchtpunsch getrunken hatte, ging sie auf die Abteilung zurück. Am Nachmittag rief der Rabbiner Harriet und Irving Frumkin an, um ihnen mitzuteilen, daß Sylvia Frumkin seiner Meinung nach den Tiefpunkt ihrer Krankheit überwunden habe.

Eileen O'Reilly fiel die plötzliche Veränderung von Miss Frumkin auf, und sie fragte, was die Änderung bewirkt habe. »Was hat deinen Verstand so plötzlich wieder zum Einrasten gebracht?« fragte sie. »Medikamente und Gebet«, sagte Miss Frumkin. »Es geschieht einfach.«

Ein auf Psychopharmakologie spezialisierter Psychiater sah zu einem späteren Zeitpunkt die Behandlungs- und Medikationsgeschichte von Miss Frumkin durch. Er hatte keinerlei Schwierigkeiten, die plötzliche Besserung ihres Zustands zu erklären. »Endlich wurde ihr die richtige Dosierung gegeben«, sagte er gereizt. »Neunzig Milligramm Haldol entsprechen viertausendfünfhundert Milligramm Thorazin. Die höchste Dosis Thorazin, die ihr jemals verabreicht wurde, waren eintausendachthundert Milligramm, und das war nicht genug. Bei psychotischen Patienten können grundsätzlich zwei Medikationsmethoden angewandt werden. Man kann mit einer sogenannten ausschleichenden Dosis anfangen – einer hohen Dosis – und sie schrittweise vermindern. Eine solche Vorgehensweise ist für den gestörten Patienten sinnvoll, birgt jedoch gewisse Risiken in sich. So kommt es bei dieser Methode häufiger zu Nebenwirkungen, einschließlich zu Anfällen, weshalb ich eine ausschleichende Dosis gewöhnlich vermeide, es sei denn, die Gefahr, die die Krankheit für den Patienten darstellt, ist größer als die Gefahr der Nebenwirkungen. Die zweite Methode, die im allgemeinen zu bevorzugen ist, besteht darin, daß man mit einer tiefen Dosis beginnt, die dann allmählich gesteigert wird. Wenn Sie den Patienten oder die Patientin sorgfältig beobachten und feststellen, daß er oder sie sich weiterhin sehr gestört verhält, sollte Ihnen klarwerden, daß Sie zu langsam vorgehen und die Dosis rascher erhöhen sollten. Hätte man Miss Frumkin zu einem früheren Zeitpunkt Thorazin, Haldol oder eines der andern Neuroleptika in einer genügend hohen Dosis verabreicht, so hätte sich ihr Zustand meiner Meinung nach wesentlich schneller gebessert. Es ist höchst unfair gegenüber den Patienten, wenn man mit der Dosierung nicht aggressiv genug verfährt, und es ist auch höchst unfair gegenüber allen andern auf der Abteilung, die mit einem solchen Patienten leben oder ihn betreuen müssen. Es ist ein Problem, daß viele Psychiater einfach nicht genug über Psychopharmakologie wissen. Außer im Bereich der Allergien gibt es in der ganzen Medizin kein Gebiet, das eine solche Bandbreite verschiedenster Dosierungsmöglichkeiten aufweist. Der Stoffwechsel eines jeden Patienten reagiert anders auf diese Medikamente. Man muß die Dosis ständig neu anpassen. Wenn ich Vorlesungen über Psychopharmakologie halte, höre ich mich oft sagen, daß es sich damit verhält wie mit dem Lenken eines Wagens. Wenn man Auto fahren lernt, glaubt man, man brauche bloß das Lenkrad zu halten, damit der Wagen geradeaus fährt. Man muß aber ständig Korrekturen vornehmen, wenn man den Wagen auf derselben Straßenseite halten will. Im Rahmen der Medikation von Patienten in einem Krankenhaus wie Creedmoor gibt es noch ein weiteres Problem. Die Bürokraten in Albany schicken uns Verordnungen, die den Ärzten sagen, wie hoch die Dosis von einem bestimmten Medikament sein darf, das sie verschreiben. Im Creedmoor darf man höchstens eintausendsechshundert Milligramm Thorazin verschreiben, es sei denn, man holt eine Sondergenehmigung ein, obwohl man in andern Krankenhäusern bis auf viertausendfünfhundert Milligramm gehen darf – und eine solche Dosis ist ungefährlich, wenn man sie langsam steigert. Die für den Staat New York zugelassenen Höchstdosen sind willkürlich und manchmal gefährlich, weil damit der Handlungsspielraum des Arztes oft eingeschränkt wird. Im Creedmoor dürfen die Ärzte bis zu hundert Milligramm Haldol verschreiben, ohne eine Sondergenehmigung einholen zu müssen. Wenn man Thorazin durch Haldol ersetzt, kann man damit eine absolut willkürlich festgesetzte Höchstdosis umgehen. In diesem Fall hätte man jedoch früher wechseln sollen.«

Nachdem Miss Frumkin die sechs Wochen des Tiefpunktes ihrer Krankheit, wie der Rabbiner es genannt hatte, überstanden hatte, zeigte sie sich ab und zu bereit, auf gewisse Ereignisse dieser Zeitspanne zurückzublicken. Ihr Gedächtnis war selektiv. Am 31. Juli saß sie ruhig auf einem Stuhl und blätterte in einer Zeitschrift, als eine Patientin, deren Zustand sich verschlimmerte, während Miss Frumkins Zustand sich besserte, ihr einen Schlag ins Gesicht versetzte. Miss Frumkin war empört und ging auf eine der schwarzen Therapiehelferinnen zu, der sie im Juni einen Schlag versetzt hatte, um sich über die Frau zu beklagen. Als die Therapiehelferin eine Miss Frumkins Meinung nach ungenügende Anteilnahme bekundete, sagte Miss Frumkin: »Sie sollten nach Afrika zurückkehren, wo Sie herkommen.«

»Sylvia, Sie sollten mit keinem von uns so reden«, sagte die Therapiehelferin. »Ich habe Sie betreut, als Sie wirklich krank waren. Als Sie mich beschimpften und mich schlugen, habe ich das akzeptiert, weil Sie nicht anders konnten. Als Sie sich beschmutzten, haben wir Sie geduscht und die Absonderungszelle gereinigt. Sie sollten jetzt vernünftig genug sein, um nicht so zu reden, wie Sie es eben getan haben.«

Miss Frumkin leugnete, die Therapiehelferin jemals geschlagen zu haben. Später sagte sie zu einer andern Patientin: »Wenn ich sie geschlagen haben sollte, dann hat sie es wahrscheinlich verdient.«

Es gab noch andere Dinge, die sich im Laufe jener sechs Wochen ereignet hatten, und Miss Frumkin war durchaus bereit, darüber zu reden, wenn sie gerade in Stimmung dazu war. Genauso wie sie sich lebhaft an ihre Abenteuer auf der Hillside Avenue erinnerte, am Tag als Dr. Batra ihr die Erlaubnis erteilt hatte, den jüdischen Gottesdienst zu besuchen, genauso erinnerte sie sich auch daran, daß sie am 16. Juni im Übergangsheim im

Badezimmer gestürzt war, dann zur Notfallstation des Long Island Jewish-Hillside Medical Center gefahren und von dort in die Clearview-Einheit gebracht worden war. Sie erinnerte sich in allen Einzelheiten an ihren Aufenthalt auf der Notfallstation. Sie erinnerte sich, daß sie, als die Krankenschwester sie untersuchte, nicht gehört hatte, wie diese zu ihr gesagt hatte: »Strecken Sie die Zunge heraus und sagen Sie ›ah‹«, sondern daß sie verstanden hatte: »Strecken Sie die Zunge heraus und sagen Sie ›ha‹«, und sie erinnerte sich, daß sie der Schwester gesagt hatte: »Das ist eine großartige Idee, wahrscheinlich werden Sie damit den nächsten Nobelpreis gewinnen.« Eines Tages im Herbst 1978, als Miss Frumkin sich in einer besonders heiteren Stimmung befand, erinnerte sie sich, wie sie in den frühen Morgenstunden des 16. Juni geglaubt hatte, sie sei Maria Magdalena, Paul McCartney singe speziell für sie, sie drehe einen Film, und Creedmoor sei eine Polizeiakademie. Sie lachte und sagte: »Es ist mir bis auf den heutigen Tag ein Rätsel, wie ich mir das alles auf einmal hab' vorstellen können.«

Es gab auch Dinge, von denen Miss Frumkin behauptete, sie könne sich nicht an sie erinnern. Sie sagte, sie sehe ihre ersten zwei Wochen im Creedmoor nur ganz verschwommen vor sich. Sie wisse, daß sie oft in der Absonderungszelle gewesen sei, aber sie wisse nicht weshalb, und offensichtlich interessierten sie die Gründe auch nicht. Sie hatte Narben von einigen Bißwunden, die ihr Barbara Herbert im Juni und Juli beigebracht hatte. Sie trug sie Anfang August zur Schau, als wäre sie ganz das unschuldige Opfer gewesen. Als Eileen O'Reilly sie daran erinnerte, daß Mrs. Herbert sie einmal gebissen habe, weil sie deren Trauring verloren hatte, sagte Miss Frumkin zu Miss O'Reilly, das sei kein ausreichender Grund, um gebissen zu werden – »und der Trauring war ohnehin bloß ein Zwei-Dollar-Kitsch, nicht der Mühe wert, sich deswegen aufzuregen«.

Miss O'Reilly interessierte sich für all die Dinge, die Miss Frumkin über sich und ihre Familie gesagt hatte. Sie wußte, daß Miss Frumkins Trauungen mit Geraldo Rivera, Paul McCartney und John Travolta Wahnvorstellungen gewesen waren und daß das Schreiben von J.R.R. Tolkiens Büchern in dieselbe Kategorie gehörte. Aber wie stand es wohl mit den andern Äußerungen, die Miss Frumkin wochenlang von sich gegeben hatte? »Erzähl mir, was ich gesagt habe«, schlug Miss Frumkin vor. »Das ist dann so, als spielten wir *This Is Your Life*.«

Miss O'Reilly, die Miss Frumkins Monologen so oft zugehört hatte, daß sie glaubte, sie mitsamt Widersprüchen und allem andern selbst hersagen zu können, stellte Miss Frumkin erst einige Fragen zu ihrer Familie. Es stellte sich heraus, daß Miss Frumkin am 5. Mai 1948 in Brooklyn geboren worden war und daß sie in ihrer kleinwüchsigen Familie die größte war, genau wie sie es gesagt hatte. Sie hatte wirklich eine Schwester namens Joyce, die fünf Jahre und sieben Monate älter war als sie und erfolgreich als leitende Angestellte in der Modebranche arbeitete. Die Frumkins waren von Brooklyn nach Queens umgezogen, als Sylvia vier Jahre und nicht als sie sieben oder neun Jahre alt gewesen war, und manchmal glaubte Sylvia, der Umzug sei an ihrer Geisteskrankheit schuld, weil sie nämlich in Brooklyn einige nette Spielgefährtinnen und -gefährten gehabt hatte. Nachdem die Familie nach Queens umgezogen war, war es ihr nicht gelungen, sich mit andern Kindern anzufreunden außer mit denjenigen, die sie – wie sich selbst – als Versager betrachtete. Ihre Großmutter hatte bei ihnen gewohnt und war vier Wochen nach Miss Frumkins achtzehntem Geburtstag gestorben. Nach Großmutters Tod kam Tante Lottie und wohnte bei den Frumkins; Miss Frumkins Vater hatte Sylvia vor kurzem mitgeteilt, Tante Lottie sei derart senil geworden, daß sie sie schließlich in ein Pflegeheim hätten einweisen müssen. Miss Frumkin sagte, sie fühle sich nun erleichtert, denn sie hasse Tante Lottie. »Ich mag die meisten Menschen nicht«, sagte sie zu Miss O'Reilly. Zur Familie gehörten außerdem eine Großtante Goldie und ein Großonkel Simon. Sie war verblüfft, als Miss O'Reilly sie fragte, weshalb ihr Onkel Simon sie denn auf dem Hochschulareal in den Swimmingpool geworfen habe. »Das hat er nicht getan«, sagte Miss Frumkin. Sie dachte eine Weile nach. »Ich bin nie auf dem Universitätsareal gewesen«, sagte sie. »Joyce schon. Sie hatte dort einen Mentor namens Simon. Joyce behauptete immer wieder, sie könne nicht schwimmen. Eines Tages, als Simon bemerkte, wie sie am Rand des Swimmingpools herumtrottete und ihn nicht sah, hob er sie hoch, warf sie in das Schwimmbecken und sagte zu ihr: Sag' niemals ›Ich kann nicht‹, sag’ immer ›Ich versuch’s‹. Von da an war Joyce eine gute Schwimmerin. Die Geschichte wurde jedesmal in unserer Familie erzählt, wenn jemand sagte, er könne etwas nicht – und das war gewöhnlich ich.«

»Und was ist mit der Katze, Sylvia?« fragte Miss O’Reilly. »Hast du deine Katze wirklich getötet?«

»Wir hatten wirklich eine Katze, die Gingersnap hieß«, sagte Miss Frumkin. »Ich hab’ sie nicht getötet, aber meine Mutter hat mir immer vorgeworfen, ich würde Gingersnap quälen, weil ich zu rabiat mit ihr spiele. Die Katze starb schließlich in einem höchst ehrwürdigen Alter.«

Miss Frumkin schien sich zu freuen, als Miss O’Reilly sich nach all den Schulen erkundigte, die Sylvia besucht hatte. Sie erzählte, sie habe die High School für Kunst und Musik besucht und habe die elfte Klasse ein Jahr später in einer Privatschule wiederholen müssen. Sie blickte Miss O’Reilly mit Verwunderung an, als diese wissen wollte, wann die High School für Kunst und Musik in ein Möbelgeschäft umgewandelt worden sei. »Habe ich das gesagt?« war alles, was sie zu dem Thema sagen wollte. Auf die Frage von Miss O’Reilly nach Camilla Costello sagte sie, Camilla Costello sei die beste Freundin gewesen, die sie jemals gehabt habe – »und da sie nicht Abbotts und Costellos Tochter sein kann, muß sie deren Nichte sein«. Sie wollte nicht glauben, daß sie all diese Dinge, zu denen Miss O’Reilly ihr nun Fragen stellte, wirklich gesagt hatte, sah aber ein, daß es wohl so sein mußte, denn wie hätte Miss O’Reilly sonst den Namen ihrer besten Freundin kennen können? Eine der wenigen Äußerungen, an die sie sich mit Sicherheit noch erinnern konnte, war, daß die Tür zur Veranda die Trennlinie zwischen Kalifornien und New York sei; diese Idee schien sie zu bezaubern. Als Miss O’Reilly bemerkte, daß Miss Frumkin ein ausgezeichnetes Gedächtnis habe, auch wenn ihr die Trennlinie zwischen Phantasie und Wirklichkeit nicht immer bewußt sei, sagte Miss Frumkin: »Ja, das stimmt. Ich habe schon immer gesagt, daß ich eine dumme Gelehrte bin.«

Eines Tages fragte Miss O’Reilly Miss Frumkin, welchen Star sie am ehesten heiraten wolle – Paul McCartney, Mick Jagger, Geraldo Rivera oder John Travolta. Miss Frumkin wurde wütend, als John Travoltas Name fiel. »Es würde mir nie in den Sinn kommen, John Travolta zu heiraten«, sagte sie. »Er ist viel zu jung für mich.« Dann, nachdem ihre Wut verebbt war, sagte sie: »Die andern, ja, Paul McCartney sicher. Ich war mal ein echter Beatles-Fan. Und Geraldo hat mit *Willowbrook* soviel Gutes getan. Und irgendwo hab' ich gelesen, daß Mick Jagger und seine Frau sich getrennt haben, also ist er vielleicht zu haben. Weißt du, es hat Spaß gemacht, dran zu glauben. Ich werde diese Phantasien vermissen. Kranksein hat seinen Charme. Ich halte mich gern in der Dämmerzone der Wirklichkeit auf. Jeden Tag aufstehen und arbeiten gehen, das ist die absolute Wirklichkeit. Einmal, kurz bevor ich die Arztsekretärinnenschule beendete und bevor ich den Nervenzusammenbruch am letzten Schultag hatte, habe ich mir vorgestellt, ich würde einen Schulabschluß machen und eine Stelle bekommen. Ich habe mich darauf gefreut, mein eigenes Geld zu verdienen, eine Kreditkarte zu besitzen, eine erwachsene, selbständige Frau zu sein. Wenn man arbeiten und Geld verdienen kann, kann man Geld ausgeben, um Barbara Herbert einen neuen Ring zu kaufen. Man kann neue Kleider kaufen, statt vom Staat zur Verfügung gestellte Kleider tragen zu müssen. Und man kann sich amüsieren. Aber wenn man von all dem gar nichts haben kann…« Miss Frumkins Stimme verebbte, und als sie wieder zu reden anfing, tat sie dies mit sanfter Stimme und in einem für sie ungewöhnlichen, nachdenklichen Tonfall. »Wenn man weiß, daß es das alles für andere Menschen gibt, aber nicht für einen selbst, dann ist das manchmal sehr schwer…«

Nachdem Miss Frumkin am 28. Juli vom jüdischen Gottesdienst zurückgekommen war, hatte sie sich unverzüglich in die Aufnahme begeben, um mit Dr. Sun zu reden, der an einem langen Tisch saß und sich mit einer Schwester unterhielt. »Sie sehen, Patient, er kehrt zurück, wie versprochen«, sagte Miss Frumkin lächelnd und nutzte die Gelegenheit, um Dr. Suns Grammatik und seinen chinesischen Akzent zu imitieren. Sie plumpste auf einen Stuhl auf der andern Seite des Tisches gegenüber Dr. Sun und fragte ihn, ob sie Ausgang haben könne. Dr. Sun stand auf, ging zum Gestell mit den Krankengeschichten, zog Miss Frumkins Krankengeschichte heraus und setzte sich wieder. Er blätterte die Seiten rasch um und sagte dann zu ihr, sie könne ab Montag, dem 31. Juli, täglich zwei Stunden allein auf dem Klinikareal herumspazieren, und schrieb eine entsprechende Anweisung. Ausgang wurde einem Patienten in der Regel zuerst für ein bis zwei Stunden pro Tag erteilt; mißbrauchte der Patient seine Vorrechte während der ersten Tage nicht, so wurde seine Ausgangszeit allmählich verlängert. Später erhielt der Patient einen Urlaubspaß, mit dem er für einige Stunden nach Hause gehen konnte, dann für einen Tag, dann für zwei oder drei oder mehrere Tage. Nachdem Dr. Sun die Anweisung geschrieben hatte, sagte er zu Miss Frumkin, ihr Zustand habe sich gebessert und er wolle sie auf Lithium setzen – ein Medikament, das Psychiater in der Regel bei Patienten einsetzen, die sie als ma-nisch-depressiv diagnostiziert haben. Während er redete, warf Miss Frumkin einen Blick auf die Krankengeschichte, die direkt vor Dr. Sun lag. Verkehrtherum lesen zu können ist eines der Talente von Miss Frumkin. Im Lauf der Jahre hat ihr dieses Talent zu einer Anzahl von Informationen verholfen, die nicht für ihre Augen bestimmt waren. Bei dieser Gelegenheit nun las sie, daß sie am 16. Juni, als Dr. Sun sie in die Clearview-Einheit aufge-nommen hatte, als manisch-depressiv diagnostiziert worden war. »Das ist falsch«, sagte sie mit fester Stimme zu Dr. Sun. »Ich bin nie manisch-depressiv gewesen. Ich bin schizophren. Ich bin seit jeher schizophren gewesen. Abgesehen davon haben bereits zwei oder drei andere Ärzte mir Lithium gegeben, weil Thorazin, Stelazin, Melleril, Prolixin und Haldol nicht anschlugen. Ich finde Lithium an sich nicht schlecht – es ist ein natürliches Ele-ment, das im Wasser vorkommt –, aber jedesmal, wenn man mir Lithium gab, ging es mir schlechter; darum haben es die Ärzte immer rasch abgesetzt. Im Hillside habe ich im vergangenen April zum ersten Mal Moban genommen. Es machte mich zwar etwas ›high‹, aber ich vertrug es ziemlich gut, bevor ich im Übergangsheim im Badezimmer stürzte. Ich möchte wieder Moban nehmen.«

Dr. Sun widersprach Miss Frumkin nicht, als sie ihm sagte, sie sei schizophren. Einige Monate später erklärten sich auch der Chefpsychiater der Clearview-Einheit und der Chefpsychiater vom Creedmoor nicht mit Dr. Suns Diagnose einverstanden. Der Chefpsychiater der Clearview-Einheit hatte Miss Frumkin verschiedentlich beobachtet. Er war der Ansicht, sie weise eher Denk- als Stimmungsstörungen auf – das heißt, ihre Symptome deuteten eher auf eine Schizophrenie als auf eine manisch-depressive Störung hin. Sie war nie so heiter erregt wie andere Patienten, die er als manisch-depressiv diagnostiziert hatte, und er hielt sie für unfähig, sich so zu verhalten, wie es für manisch-depressive Patienten so bezeichnend ist – auf der Straße stehen und Dollarnoten verteilen, impulsiv einen Cadillac kaufen oder mitten in der Nacht Ferngespräche mit alten Freunden führen. Er konnte sich nicht vorstellen, daß Miss Frumkin in der Lage wäre, einen Wagen zu fahren, und er zweifelte daran, daß sie irgendwelche alten Freunde hatte, die sie anrufen könnte. Der Chefpsychiater vom Creedmoor, dem Miss Frumkins Fall vertraut war, meinte, die allmähliche Verschlimmerung ihres Zustands im Lauf der Jahre sei für Schizophrenie und nicht für eine manisch-depressive Störung charakteristisch. Dr. Sun hatte Miss Frumkins Fallgeschichte nie gelesen, auch nicht, nachdem man die Unterlagen von der Zentralablage der Clearview-Einheit auf die Abteilung geschickt hatte. Er mußte viele Patienten betreuen und ging außerdem noch einer Teilzeitbeschäftigung in einer Privatklinik in der Bronx nach. 1979 gab ein Kollege Dr. Sun einen kurzen Überblick über Miss Frumkins Fallgeschichte. »Ich vermute, meine Diagnose war falsch«, sagte Dr. Sun.

Er meinte, im Fall von Miss Frumkin habe seine Diagnose keinen Einfluß auf die Medikamente gehabt, die er ihr verordnet habe – er habe ihre akuten Symptome im Juni und Juli 1978 durchaus korrekt mit Thorazin und Haldol behandelt. Er wies darauf hin, daß er ihr Ende Juli kein Lithium verschrieben habe, als sie ihn darauf aufmerksam gemacht hatte, daß ihr Lithium in der Vergangenheit nicht bekommen war. Dr. Sun wußte, daß man schizophrenen Patienten, die nicht gut auf Neuroleptika ansprachen, ab und zu Lithium verschrieb – bei einigen dieser Patienten mit Erfolg. Andererseits wurden manisch-depressive Patienten, die nicht gut auf Lithium ansprachen, manchmal mit Neuroleptika behandelt, die normalerweise bei schizophrenen Patienten eingesetzt werden, und er hatte einige Studien gelesen, wonach einzelnen Patienten damit auch geholfen werden konnte. Viele Psychiater machen die Erfahrung, daß die Patienten oft wissen, welches Medikament ihnen hilft und welches nicht. Dr. Sun hatte die Erfahrung gemacht, daß sogar Patienten, die über Medikamente weniger gut Bescheid wußten als Miss Frumkin und weniger gut darüber reden konnten als sie, recht hatten, wenn sie ihm sagten: »Doktor, die roten Pillen helfen mir, die grünen helfen mir nicht.« Dr. Sun hatte noch nie zuvor Moban bei einem Patienten eingesetzt, aber er verordnete nun Miss Frumkin eine niedrige Dosis – hundert Milligramm pro Tag ab 1. August. Viele dienstältere Ärzte vom Creedmoor haben sich, was den scheinbar glücklichen Zufall, der manchmal die Ereignisse in einem Krankenhaus lenkt, anbelangt, einen gewissen Zynismus zu eigen gemacht. Einer von Miss Frumkins ehemaligen Ärzten sagte 1979: »Erst verwandelt man einen schizophrenen Patienten in einen manisch-depressiven Patienten, und dann unterläßt man es, ihm Lithium zu verschreiben. Das beweist bloß, daß das alte Sprichwort ›Zweimal falsch ergibt auch ein falsches Resultat‹ im Creedmoor nicht stimmt; hier müssen manchmal erst zwei Fehler gemacht werden, damit das Richtige herauskommt.«

Der Psychopharmakologe, der die Miss Frumkin verordnete zu niedrige Thorazin-Dosis mißbilligt hatte, schüttelte ungläubig den Kopf, als er erfuhr, daß sie nun ein neues Medikament erhielt. »Es ist unvernünftig, von neunzig Milligramm Haldol auf hundert Milligramm Moban umzusteigen«, sagte er, »denn neunzig Milligramm Haldol entsprechen grob geschätzt vierhundertfünfzig Milligramm Moban. Im Creedmoor ist es nicht zulässig, eine Tagesdosis von vierhundertfünfzig Milligramm Moban zu verschreiben, und die Herstellerfirma von Moban – es handelt sich um eines der neueren Arzneimittel, das 1974 auf den Markt kam – wies in ihrer Werbung denn auch ausdrücklich darauf hin, daß nicht erwiesen sei, ob die Einnahme von vierhundert Milligramm Moban pro Tag über eine längere Zeit hinweg völlig risikofrei sei. Aber im Creedmoor werden bis zu zweihundertfünfundzwanzig Milligramm Moban pro Tag toleriert, und die Herstellerfirma sagt, diese Dosis könne bei Patienten mit schweren Symptomen erforderlich sein. Auf jeden Fall ist eine Dosisverringerung auf hundert Milligramm Moban pro Tag viel zu schnell. Es wäre nötig, das für die Patientin passende Medikament allmählich auf eine Erhaltungsdosis zu reduzieren, die oft etwa einem Drittel der Höchstdosis entspricht. Ich persönlich hätte der Patientin weiterhin Haldol gegeben und die Dosis allmählich verringert. Haldol hat bei der Patientin keine unangenehmen Nebenwirkungen ausgelöst, und es schien zu wirken. Ich glaube, ich hätte weiterhin Haldol verordnet, weil ich finde, daß es besser ist, einen Kampf, der beinahe schon gewonnen ist, nicht in letzter Sekunde aufzugeben.«

ACHT

Am Montag, dem 31. Juli, verbrachte Miss Frumkin eine Stunde auf dem Klinikareal. Als sie auf die Abteilung zurückkehrte, telefonierte sie als erstes mit ihren Eltern, um ihnen zu sagen, sie habe ihren Ausgang genossen und sie bekomme nun ein neues Medikament. Nachdem die Frumkins mit Sylvia gesprochen hatten, rief Mr. Frumkin Dr. Sun an und bat um eine Unterredung. Dr. Sun räumte den Frumkins am 2. August um vierzehn Uhr einen Termin ein.

Mrs. Frumkin hatte Sylvia zum letzten Mal am Sonntag, dem 11. Juni, gesehen – elf Tage nach ihrem Einzug ins Übergangsheim und fünf Tage vor ihrem Sturz im Badezimmer. Sylvia war an jenem Sonntag nach Hause gekommen, um ein paar ihrer Kleider mit ins Übergangsheim zu nehmen. 1978 fiel der Vatertag auf den folgenden Sonntag, den 18. Juni. Weil Joyce Frumkin an diesem Wochenende eine Dienstreise machen mußte, hatten die Frumkins den Vatertag schon am 11. Juni gefeiert. Joyce Frumkin hatte ihre Eltern und ihre Schwester in ein Fischrestaurant in Hollis, Queens, eingeladen, wo sie gern essen ging. Im Restaurant hatte Joyce bemerkt, wie Sylvia, als der Kellner das Brotkörbchen auf den Tisch stellte, automatisch nach einem Stück Brot langte, und dann erfreut festgestellt, daß Sylvia das Brot schnell wieder zurücklegte und sagte, sie wolle abnehmen. Sylvia hatte ihr Essen wie üblich hastig hinuntergeschlungen, doch hatte sie sich zwischen den einzelnen Bissen ihrer Schwester gegenüber weniger feindselig als üblich benommen. Joyce hatte Sylvia nach dem Abendessen ins Übergangsheim zurückgefahren; unterwegs hatten sich die beiden Schwestern höflich über Politik unterhalten; Sylvia sagte, sie habe sich über die Kandidaten für die Gouverneurswahlen des Staats New York informiert und wolle mit Joyce darüber diskutieren, bevor sie im November stimmen gehe. Mrs. Frumkin hatte in der darauffolgenden Woche mehrere Male mit Sylvia telefoniert. Sylvias Stimme hatte gut geklungen. Am Freitagmorgen, dem 16. Juni, hatte Mrs. Frumkin Mrs. Plotnick wegen einer Angelegenheit angerufen, die die »Interessengemeinschaft der Bürger für Creed-moor« betraf. Die Interessengemeinschaft, der viele Angehörige von Creedmoor-Patienten angehörten, hatte beschlossen, jedes Jahr einer Therapiehelferin eine Auszeichnung für außergewöhnliche Dienste zu verleihen. Mrs. Frumkin, ein aktives Mitglied, hatte Mrs. Plotnick angerufen, um ihr mitzuteilen, die Interessengemeinschaft habe sich dafür entschieden, die Medaille des Jahres 1978 einer Therapiehelferin der Clearview-Einheit zuzusprechen. Mrs. Plotnick hatte angenommen, Mrs. Frumkin rufe wegen Sylvias Rückkehr auf die Abteilung an. Doch als Mrs. Frumkin sie fröhlich begrüßte und über die Auszeichnung zu sprechen begann, wurde Mrs. Plotnick klar, daß noch kein Mitglied des Pflegepersonals Mrs. Frumkin, wie eigentlich vorgeschrieben, informiert hatte und Mrs. Frumkin noch gar nichts von der schlechten Nachricht wußte. Hermine Plotnick fand, es sei am besten, wenn sie Mrs. Frumkin von Sylvias Wiedereinlieferung in Kenntnis setze. Als Mrs. Frumkin zu reden aufhörte, sagte Mrs. Plotnick: »Mrs. Frumkin, es tut mir leid, wenn ich Ihre gute Stimmung etwas dämpfen muß, aber Sylvia befindet sich wieder auf der Abteilung.« Sie schilderte Mrs. Frumkin kurz, was vorgefallen war. Mrs. Frumkin war nicht nur außer Fassung, als sie vernahm, was sich am Vormittag des 16. Juni ereignet hatte und daß Sylvia sich wieder im Creedmoor befand, sondern war auch wütend wegen der Art und Weise, wie sie die Nachricht erfuhr. Mrs. Frumkin war von Menschen angetan, die genausoviel Zeit wie sie selbst am Telefon mit Plaudern verbrachten – sie verließ das Haus nur selten, und das Telefon war ihr wichtigstes Kommunikationsmittel – und die ebenso warmherzig waren wie sie selbst. Mit aktiven und effizienten Führungskräften konnte sie nichts anfangen. Später beklagte sie sich bei einer Freundin: »Es war sehr nachlässig von der Plotnick, mich nicht früher anzurufen. Sie ist kalt wie ein Fisch.«

Kurz nachdem Miss Frumkin wieder in die Clearview-Einheit aufgenommen worden war, rief ein Mitarbeiter des Psychiatriezentrums die Frumkins an und riet ihnen, ihre Tochter nicht zu besuchen, ein Ratschlag, der den Frumkins in der Vergangenheit schon oft erteilt worden war. Die Therapiehelferinnen Clearviews, von denen viele Sylvia schon seit acht Jahren kannten, waren der Ansicht, es täte den Frumkins nicht gut, wenn sie ihre Tochter in einer akuten Phase ihrer Krankheit sähen, wenn sie sich äußerst feindselig und sonderbar verhielt. Harriet Frumkin hatte den Therapiehelferinnen von den vielen Leiden ihres Ehemanns, von ihren eigenen Krankheiten und von Sylvias negativer Auswirkung auf die Geschwüre ihres Mannes und auf ihre Arthritis erzählt. Die Therapiehelferinnen wußten aber auch, daß die Frumkins – besonders Mrs. Frumkin – eine negative Wirkung auf Sylvia ausübten. »Diese zwei Frauen sind allergisch gegeneinander«, hatte einmal eine Therapiehelferin gesagt.

Irving Frumkin, ein Mann, der es nie sonderlich geschätzt hatte, Ratschläge entgegenzunehmen, hatte sich, obwohl er kränklich war, nicht an den Rat des Pflegepersonals der Clearview-Einheit gehalten. Er war während ihrer früheren Hospitalisierungen immer wieder ins Creedmoor gekommen, um Sylvia zu besuchen, und dies auch dann, wenn es ihr sehr schlecht ging. Er hatte sich nie bei jemandem darüber beklagt, daß sie ihn schlug; er gab es nur jenen Menschen gegenüber zu, die gesehen hatten, wie er geschlagen wurde. Irving Frumkin, ein kleiner, dürrer Mann, der seit zwanzig Jahren zehn oder fünfzehn Jahre älter aussah, als er tatsächlich war, hatte große Mühe, mit der Erinnerung daran zu leben, daß er auf Sylvias Schreie nach psychiatrischer Hilfe nicht reagiert hatte, als sie ein Teenager gewesen war. Er war entschlossen, den Fehler, den er vor fünfzehn Jahren begangen hatte, nicht zu wiederholen. Mr. Frumkin litt an einer Gesichtsfeldeinschränkung und war ein schlechter Autofahrer. Er fuhr den Familienwagen, einen Dart 1974, mit einer Geschwindigkeit von ungefähr fünfzehn Stundenkilometern. Joyce Frumkin, die einen schneidigen roten Volvo mit ihren Initialen auf dem Nummernschild hatte, brauchte für die zehn Kilometer zwischen Beechhurst und Creedmoor fünfzehn Minuten; Irving Frumkin benötigte dafür fünfzig Minuten. Andere Autofahrer hupten, wenn sie hinter ihm herfahren mußten, und verfluchten ihn, wenn sie ihn schließlich überholen konnten.

Harriet Frumkin hatte Sylvia nicht besucht. Sie hatte nie einen Führerschein gemacht, benutzte die öffentlichen Verkehrsmittel nur ungern und mochte es nicht, mit ihrem Mann im Schneckentempo mitzufahren. Sie ging auch nicht gern aus dem Haus. Im

Sommer 1978, als Tante Lottie in ein Pflegeheim gekommen war, fühlte sie sich zu Hause besonders wohl. Sie freute sich, seit fünfzehn Jahren die Küche zum ersten Mal für sich allein zu haben. Von September bis Juni gab sie wochentags an den Nachmittagen Kunstunterricht, den Sommer über machte sie frei. Sie schickte ihren Mann zum Einkaufen; er sei schließlich im Ruhestand, rief sie ihm in Erinnerung, und sie nicht, folglich habe er mehr Zeit, um einkaufen zu gehen und Sylvia zu besuchen.

Mrs. Frumkin hielt sich auch vom Creedmoor fern, weil sie nicht gern in die Klinik ging. Sie war aktives Mitglied der Interessengemeinschaft der Bürger, fand die Klinik aber genauso abscheulich wie ihre Tochter. Sie haßte den Gedanken, daß eine ihrer Töchter sich an einem solchen Ort aufhalten mußte, und sie haßte es noch mehr, sie dort zu besuchen. Es war ihr auch klar, daß das Pflegepersonal recht hatte, wenn es ihr sagte, sie solle Sylvia nicht besuchen, weil sie eine schlechte Wirkung auf Sylvia habe. Sylvia hatte auch keine gute Wirkung auf sie. Am 31. Juli antwortete Harriet Frumkin einer Freundin, die sie gefragt hatte, ob sie in all diesen Wochen ihre Tochter nicht vermißt habe: »Um die Wahrheit zu sagen, es waren schöne Ferien.«

Harriet Frumkin war während der ersten sechs Wochen des Aufenthalts ihrer Tochter im Creedmoor nur einmal in der Klinik gewesen. Als sie während eines Telefongesprächs mit einer Therapiehelferin erfahren hatte, daß Sylvia, als sie am 7. Juli ausgerissen war, ihr Sparbuch bei sich gehabt hatte, rief sie Stephanie Fulton an und bat sie, Sylvia das Sparbuch wegzunehmen. Es gelang Miss Fulton, Sylvia davon zu überzeugen, daß ihr Sparbuch zu Hause sicherer aufgehoben sei, und dann rief sie Mrs. Frumkin an, um ihr mitzuteilen, sie könne es bei Gelegenheit abholen. Am 20. Juli hatte Harriet Frumkin ihren Mann in die Klinik begleitet, um das Sparbuch mitzunehmen. Inzwischen hatte Mrs. Frumkin auch erfahren, daß der peruanische Poncho, die rosa Bluse und der rosa Rock, die Sylvia am Tag ihrer Wiederaufnahme ins Clearview getragen hatte, vermißt wurden. Das Pflegepersonal hatte die Abteilung durchsucht, doch Sylvias Kleider blieben verschwunden. Als Mrs. Frumkin in die Clearview-Einheit kam, übergab ihr Miss Fulton das Sparbuch und die Timex-Uhr, die Sylvia am 16. Juni getragen und die man in einer

Schublade weggeschlossen hatte. Sylvia streunte an jenem Tag auf der Männerabteilung herum. Mrs. Frumkin war wegen des fehlenden Ponchos und der verschwundenen rosa Kleider dermaßen erzürnt, daß sie keinen Versuch unternahm, ihre Tochter zu sehen. An jenem Abend hatte sie immer wieder zu einer Freundin am Telefon gesagt: »Nicht genug damit, daß Sylvia den Verstand verloren hat, sie muß auch noch ihre Kleider verlieren.«

Die Frumkins wollten Dr. Sun treffen, um ihn zu fragen, was er nun, da sich Sylvias Zustand gebessert habe, zu tun gedenke, und sie wollten ihm zudem sagen, was sie ihrer Meinung nach nun für sie tun sollte. Die Frumkins sahen Sylvia nicht, als sie auf ihrem Weg zu Dr. Suns kleinem Büro den Tagesraum der Frauen und den Tagesraum der Männer durchquerten. Dr. Sun bot ihnen einen Stuhl an. Mr. Frumkin begann zu reden, bevor er sich gesetzt hatte. Er sagte Dr. Sun, er lese alle Zeitungsartikel über Geisteskrankheiten, deren er habhaft werden könne, und wisse über die vielen Medikamente und Dosierungen Bescheid. Er arbeitete jeweils am Samstagmorgen als Laienhelfer in einer Klinik in Manhattan, wo er dem Apotheker half, Megavitamine nach Rezept zusammenzustellen. Einer der Klinikärzte war ein bekannter Verfechter der Megavitamin-Therapie für Schizophrenie, bei der dem Patienten bis zu hundertmal höhere als die empfohlenen Tagesdosen an Ascorbinsäure und Vitaminen wie zum Beispiel Niazinamid verabreicht werden. Mr. Frumkin sagte zu Dr. Sun, er habe nichts gegen das Moban, das der Arzt Sylvia gab, aber er wolle, daß er ihr auch noch Megavitamine verabreiche.

Dr. Sun hörte Mr. Frumkin höflich zu und entgegnete, in gewissen Kliniken bekämen die Patienten tatsächlich Megavitamine, entweder allein oder in Verbindung mit andern Medikamenten, doch Creedmoor gehöre nicht zu diesen Kliniken. Mr. Frumkin sagte Dr. Sun nicht, daß Sylvia früher schon mehrere Male Megavitamine bekommen hatte – in einer Privatklinik als ambulante Patientin und vor einigen Jahren im Creedmoor –, sie ihr jedoch nicht geholfen hatten. Mr. Frumkin verschwieg Dr. Sun überdies, daß andere Ärzte ihm gesagt hatten, gemäß den jüngsten Untersuchungen hätten sich die Megavitamine bei der Behandlung von Schizophrenie als unwirksam erwiesen. Irving Frumkin hatte nur das gehört, was er hören wollte, und den Rest ausgeblendet. Er war ein hartnäckiger Mensch und weigerte sich zu glauben, daß Sylvias Zustand unheilbar war. Er hatte nur einen einzigen Wunsch in seinem Leben: Er wollte, daß Sylvia gesund würde, bevor er starb, so daß er in Frieden ruhen könnte. Er hatte sich eingeredet, daß es für Sylvia eine wirksame Therapie geben müsse. Wenn er in seiner Morgenzeitung einen Artikel fand, in dem zum Beispiel stand, daß man bei einer kleinen Gruppe von schizophrenen Patienten in Florida die Dialyse ausprobiert habe, versetzte der Gedanke, daß eine Dialyse die Antwort für Sylvia sein könnte, ihn in freudige Erregung. Im Juli 1978 hatte er nichts über irgendeine vielversprechende Behandlung für Schizophrenie gelesen, weshalb er wieder auf die Megavitamine zurückkam.

Mrs. Frumkin unterbrach ihren Ehemann, als er Dr. Sun vorschlug, daß Sylvia Megavitamine verabreicht werden sollten. »Irving, du hast sicher Halsweh, du hast so viel geredet«, sagte sie. »Vielleicht solltest du ein Glas Wasser trinken.« Harriet Frumkin teilte den Optimismus ihres Mannes, daß es für Sylvia eine Heilung geben müsse, nicht mehr. Sie hatte diese Hoffnung in den letzten Jahren begraben. Sie verglich die Krankheit ihrer Tochter mit einer Berg- und Talbahnfahrt und nannte die Bergfahrt Sylvias »gesündere« und die Talfahrt Sylvias »kränkere« Phase; sie hatte sich im Interesse der Genauigkeit auf das Adjektiv »gesünder« festgelegt, denn sie glaubte nicht mehr daran, daß es ihrer Tochter jemals »besser« gehen würde. Mrs. Frumkin fragte Dr. Sun, welches seine Behandlungspläne für Sylvia seien, nun, da sie sich in einer »gesünderen« Phase befinde. Bevor er antworten konnte, sagte sie, sie hoffe, Sylvia sei bald wieder in der Lage, ins Übergangsheim zurückzukehren, doch wolle sie, daß er die Sache nicht zu schnell vorantreibe, so daß Sylvia keinerlei Druck ausgesetzt werde, weil dies, wie Mrs. Frumkin glaubte, so viele ihrer früheren Rückschläge verursacht habe. Dr. Sun erwiderte, er betrachte das Übergangsheim als ein sehr gutes Programm, das Behandlungsteam trete in ein paar Tagen zusammen, um über Sylvia zu sprechen, und auch er vertrete die Ansicht, es sei klug, nichts zu forcieren.

Mr. Frumkin stand unvermittelt auf. »Harriet, Dr. Sun ist ein sehr beschäftigter Mann«, sagte er zu seiner Frau, als diese gerade dabei war, Dr. Sun zu erzählen, wie sie selbst zu Sylvias Diplomfeier an der Arztsekretärinnen-Schule hatte gehen müssen, um das Diplom in Empfang zu nehmen, weil Sylvia an jenem Tag wegen des starken Drucks zusammengebrochen war. Die Frumkins bedankten sich bei Dr. Sun, verließen sein Büro und machten sich durch den Tagesraum der Männer zum Tagesraum der Frauen auf, wo sie Sylvia vorzufinden hofften. Mrs. Frumkin entdeckte Sylvia im selben Augenblick im Tagesraum der Männer wie Sylvia ihre Mutter. Mutter und Tochter begrüßten einander gleichgültig, als hätten sie einander erst vor ein paar Tagen gesehen. Es irritierte Mrs. Frumkin, feststellen zu müssen, wie stark Sylvia in den letzten sieben Wochen zugenommen hatte und wie schlampig sie gekleidet war; ihre Kleider waren voller Flecken und zerrissen. Mrs. Frumkin war deprimiert, als sie bemerkte, wie schlecht Sylvias Haut aussah.

Die Frumkins hatten einen ganz bestimmten Grund, weshalb sie Sylvia an diesem Tag besuchten: Sie wollten eine finanzielle Angelegenheit besprechen. Sie schlugen Sylvia vor, sich alle an einen freien Tisch im Tagesraum der Männer zu setzen, um über diese geschäftliche Frage zu reden. 1973, als Irving Frumkin seine Altersrente zu beziehen begann, bekam Sylvia einen monatlichen Scheck der Sozialversicherung, der auf das Altersrenten-Konto ihres Vaters einbezahlt wurde. Miss Frumkin stand eine Erwerbsunfähigkeitsrente zu, weil sie von einem Arbeiter im Ruhestand abhängig war, der von der Sozialversicherung versichert war, weil sie ledig war und weil sie schwer behindert gewesen war, bevor sie das zweiundzwanzigste Lebensjahr erreicht hatte. Diese Rente wurde von Zeit zu Zeit der Erhöhung der Lebenskosten angepaßt, und dies unabhängig davon, ob sie sich in der Klinik befand oder nicht. Anfang 1978 belief sich ihr monatlicher Scheck auf 149 Dollar.

Wenn Miss Frumkin nicht in der Klinik war, sondern in der Gemeinde lebte (zum Beispiel wenn sie im Übergangsheim wohnte), erhielt sie außerdem einen monatlichen Scheck der Sozialhilfe, für den zum einen Teil die Bundesregierung und zum andern Teil der Staat New York aufkam. Zu Beginn des Jahres 1978 beliefen sich die Schecks der Sozialversicherung und der

Sozialhilfe auf insgesamt 424,70 Dollar. Im Januar, der ihr letzter ganzer Monat in der Gemeinde für das laufende Jahr sein sollte, zog das Übergangsheim 350 Dollar von ihren Schecks ab, um die monatlichen Kosten für Unterkunft, Essen und andere Dienstleistungen zu decken. Das Übergangsheim übergab ihr den restlichen Betrag – 74,70 Dollar –, damit sie für ihre persönlichen Bedürfnisse aufkommen konnte.

Manchmal dauert es eine Weile, bis die Schecks der Sozialhilfe eingestellt werden, wenn jemand nicht mehr in seiner Gemeinde lebt und deshalb keinen Anspruch mehr darauf hat. Miss Frumkins Sozialhilfeschecks trafen noch einige Monate nach ihrer Rückkehr ins Creedmoor am 16. Juni im Übergangsheim ein. Am 1. August war sie auf Anweisung ihrer Eltern ins Übergangsheim gegangen, um die Schecks abzuholen. Mr. und Mrs. Frumkin kamen am 2. August mit der ausdrücklichen Absicht ins Creedmoor, Sylvia die Schecks, die auf ihren Namen ausgestellt waren, unterschreiben zu lassen, so daß Mr. Frumkin sie zur Bank bringen konnte.

Geisteskranke Patienten sowie Ehemänner und Ehefrauen von geisteskranken Patienten sind von Rechts wegen verpflichtet, die Kosten der Hospitalisierung ganz oder soweit es ihnen möglich ist zu übernehmen. Eltern und Kinder von Patienten sind von Gesetzes wegen nicht verpflichtet, für die Pflegekosten aufzukommen. Das Office of Mental Health's Bureau of Patient Resources, das Finanzbüro für Patienten, eine Agentur mit dem zweifachen Zweck der Wiedereintreibung von ausbezahlten Entschädigungen einerseits und des Schutzes der Sozialbezüge der Patienten andererseits, verfügt über Büros in vielen staatlichen Kliniken wie beispielsweise Creedmoor, wo sich eine Anzahl von Angestellten damit befaßt, die finanzielle Situation des Patienten und die der Verwandten zu untersuchen, die von Gesetzes wegen für die Kosten aufkommen müssen. Im Juni 1978 wurden die Pflegesätze für einen Patienten im Creedmoor mit 65,20 Dollar pro Tag veranschlagt. (Bis 1981 waren die Kosten auf 115,70 Dollar pro Tag gestiegen.) Nur wenige Ehemänner, Ehefrauen oder Patienten konnten eine solch hohe Summe aus ihrem eigenen Vermögen bezahlen, doch ein gewisser Prozentsatz von ihnen steuerte einen Teilbetrag bei. Miss Frumkins monatlicher Scheck über 149 Dollar, abzüglich 28,50 Dollar, auf die sie von Gesetzes wegen als Taschengeld Anspruch hatte, wurde vom Finanzbüro der Patienten als die Summe betrachtet, die sie zur Kostendeckung ihrer Hospitalisierung beitragen könne.

Wenn ein Mensch in eine psychiatrische Klinik eintritt, stellt sich die Frage, ob der Patient mit dem eigenen Geld umgehen kann. Wenn die Sozialversicherung verfügt, daß der Patient unfähig ist, das eigene Vermögen zu verwalten, wird jemand anders – meist ein Angehöriger oder ein Freund, manchmal auch der Direktor der Klinik – der »bevollmächtigte Zahlungsempfänger«, und die Schecks werden auf den Namen dieser Person ausgestellt. Die meisten der Angehörigen und Freunde, die 1978 für Creedmoor-Patienten als bevollmächtigte Zahlungsempfänger fungierten, übergaben die Schecks der Sozialversicherung dem Office of Mental Health in Albany. Mr. Frumkin war eine der wenigen Ausnahmen. Seit Sylvias Hospitalisierung im Jahr 1974 hatte er sich geweigert, ihre Schecks von der Sozialversicherung dem Staat zu übergeben. Anfang 1974, als Sylvia Frumkin Patientin im Creedmoor war, hatte Mr. Frumkin mit einem unerfahrenen Angestellten des Finanzbüros gestritten und den Angestellten dazu überredet, ihm den monatlichen Scheck seiner Tochter, abzüglich zwanzig Dollar, die er dem Staat schicken würde, zu überlassen. Miss Frumkin war im Frühling 1974 aus dem Creedmoor entlassen worden. Als sie im Februar 1976 wieder in die Klinik eintrat, belastete der Computer Mr. Frumkin wieder mit zwanzig Dollar pro Monat. Manchmal hatte er die zwanzig Dollar bezahlt, manchmal nicht.

Ende 1976 hatte eine erfahrene Angestellte des Finanzbüros sich mit dem Fall befaßt. Bei der Überprüfung des Kontos hatte sie herausgefunden, daß Zahlungsrückstände entstanden waren, und war außerdem zur Schlußfolgerung gelangt, die monatliche Zahlung von zwanzig Dollar sei ungenügend. Sie wollte den Direktor der Klinik zum bevollmächtigten Zahlungsempfänger machen. Zusammenkünfte mit den Frumkins, Sylvia und ihrer Sozialarbeiterin kamen Ende 1976 und Anfang 1977 zustande. Bei diesen Treffen hatte Mr. Frumkin darauf beharrt, daß er viel mehr als bloß 28,50 Dollar pro Monat für Sylvia auslegen müsse, zum Beispiel für neue Kleider – eine Tatsache, die sowohl von

Sylvia als auch vom Pflegepersonal der Abteilung bestritten wurde. Miss Frumkin hatte darum gebeten, daß der Klinikdirektor als ihr bevollmächtigter Zahlungsempfänger fungieren solle: so würde sie die 28,50 Dollar Taschengeld im Monat tatsächlich bekommen, statt des einen oder der zwei Dollar, die ihr Vater, den sie bei einem Treffen als »Geizkragen« bezeichnet hatte, ihr jeweils zugestand. Die Mitglieder des Pflegepersonals waren sich einig, daß es therapeutisch von Vorteil wäre, wenn Miss Frumkin finanziell weniger stark von ihrem Vater abhängig wäre. Im Januar 1977 hatte Mrs. Frumkin gesagt, sie und ihr Ehemann würden den Klinikdirektor versuchsweise die Aufgabe des bevollmächtigten Zahlungsempfängers übernehmen lassen; mehrere Wochen später hatte Mr. Frumkin die Klinik angerufen, um mitzuteilen, sie hätten es sich anders überlegt. Anfang 1977 hatten die Frumkins mit dem Finanzbüro einen Kompromiß ausgehandelt: Mr. Frumkin würde bevollmächtigter Zahlungsempfänger bleiben, doch würde er dem Staat von Sylvias Scheck der Sozialversicherung siebzig Dollar anstatt zwanzig Dollar überweisen, und er würde Sylvia den Restbetrag des Schecks – neunundsiebzig Dollar – als Taschengeld geben. Trotz dieser Abmachung hatten die Frumkins dem Staat kaum je etwas bezahlt. Mr. Frumkin hatte es vorgezogen, die Schecks der Sozialversicherung zu behalten und seiner Tochter ein kleines monatliches Taschengeld zu geben. Im Sommer 1978 war Mr. Frumkin nicht länger der bevollmächtigte Zahlungsempfänger; die Schecks wurden direkt auf seine Tochter ausgestellt.

Am 2. August 1978 wollte Mr. Frumkin, daß Sylvia die Schecks unterzeichnete, die sie tags zuvor beim Übergangsheim abgeholt hatte. Nun, da sie Ausgangserlaubnis erhalten hatte, die, wie Mr. Frumkin wußte, bald weiter ausgedehnt würde, würde sie Geld haben wollen, das sie selbst ausgeben konnte. Das erste, was er tat, als er sich mit seiner Frau und seiner Tochter an den Tisch im Tagesraum der Männer setzte, war, daß er über Sylvias Taschengeld zu verhandeln begann. Gütlich einigten sie sich auf neun Dollar pro Woche. Dies war der erste Anreiz für Sylvia, die Schecks zu unterzeichnen und sie ihrem Vater zu überlassen. Sie boten ihr noch einen zweiten Anreiz. Irving Frumkin spielte gern ein Spiel, das seine beiden Töchter »Bankpolonaise« nannten.

Jedesmal, wenn eine Bank Geschenke anbot, um Kunden zu werben, die eine gewisse Summe einbezahlen und sich verpflichten sollten, das Geld für eine Mindestdauer auf dem Konto zu belassen, eröffnete Mr. Frumkin ein neues Konto. Harriet und Irving Frumkins Küche und auch die von Joyce Frumkin enthielten viele kleine Geräte, die von vielen Banken aus ganz New York City stammten. Mr. Frumkin hob das Geld an genau dem Tag ab, an dem die Mindestdauer abgelaufen war, und zahlte es bei einer andern Bank wieder ein, die ebenfalls Geschenke für neue Kunden anbot. Am 2. August wollte Mr. Frumkin das Geld seiner Tochter dazu verwenden, um in seinem Namen ein vierzehnmonatiges Bankkonto über tausend Dollar bei einer Bank zu eröffnen, die in jener Woche Geschenke anbot. Mr. Frumkin hatte Sylvia einmal gesagt, sie dürfe nie mehr als einige hundert Dollar auf ihrem eigenen Bankkonto haben, weil der Staat oder die Bundesregierung ihr das Geld eines Tages wegnehmen könne, weshalb er »treuhänderisch« Bankkonti für sie eröffnete. (Sylvia hatte einmal in Abwesenheit ihrer Eltern das Haus durchsucht und alle Zimmer auf den Kopf gestellt, um die Sparbücher zu finden, doch sie hatte sie nicht gefunden. Sie befanden sich in einem Tresorfach.) Mr. Frumkin wollte das Geld nicht nur auf seinen Namen deponieren, um es vor dem Zugriff des Staats und der Bundesregierung zu schützen – Miss Frumkin war von Gesetzes wegen berechtigt, ein Guthaben von fünfzehnhundert Dollar zu besitzen, ohne ihres Anspruchs auf beispielsweise die Sozialhilfe verlustig zu gehen –, sondern auch, weil seine Tochter eine Verschwenderin war. Er wußte, daß sie, sobald sie dazu in der Lage war, nach dem Geld fragen und es verschleudern würde. Wenn er die tausend Dollar jedoch während vierzehn Monaten auf einem unkündbaren Konto hatte, konnte er ihr sagen, es sei nicht möglich, das Geld abzuheben. Mr. Frumkin sagte nun zu Sylvia, sie könne sich eins der Geschenke auswählen, die die Bank den neuen Kunden anbot – der zweite Anreiz, die Schecks zu unterzeichnen.

Mr. Frumkin hatte ein ganzseitiges Inserat, auf dem alle Geschenke abgebildet waren, aus einer Zeitung herausgeschnitten und mitgebracht. Während Sylvia das Inserat studierte, wurden die Frumkins von Patienten belästigt. Ein steter Strom von Männern und Frauen bewegte sich auf ihren Tisch zu, und die Patienten baten um Zigaretten oder Fünfundzwanzig-Cent-Stücke für die Getränke- und Snackautomaten im Hauptflur. Die drei Frumkins beschlossen, ins Freie zu gehen. Mrs. Frumkin bat eine Therapiehelferin, sie aus der Abteilung hinauszulassen. Sie gingen zu ihrem Auto und breiteten die Zeitung auf dem Kofferraumdeckel aus, damit Sylvia die Werbeanzeige durchsehen konnte.

Schnell sonderte sie einige Geschenke aus. Sie wollte keinen automatischen Rauch- und Feuermelder, kein Werkzeugset, keine Messergarnitur und auch keinen Staubsauger; ihre eigene Sicherheit war ihr nie wichtig gewesen, mit Werkzeug und Messern ging sie unbeholfen um, sie putzte nicht gern, und Gebrauchsgegenstände langweilten sie. Das erste Geschenk, von dem sie sich angesprochen fühlte, war ein Rechner mit achtstelliger Digitalanzeige. »Den könnte ich gebrauchen, um meine Kalorien auszurechnen und mein Budget aufzustellen«, sagte sie zu ihren Eltern.

»Wozu brauchst du einen Rechner?« fragte Mrs. Frumkin. »Du hast einen zu Hause.«

»Ich bin im Creedmoor, nicht zu Hause«, entgegnete Sylvia.

»Man wird ihn dir stehlen«, sagte ihre Mutter.

Miss Frumkin machte einen Augenblick lang eine enttäuschte Miene, doch dann sah sie unter den Geschenken einen Digital-Wecker. »Der wäre gut, dann kann ich mich wecken lassen, wenn ich wieder im Übergangsheim bin«, sagte sie.

»Du bist nicht im Übergangsheim, du bist auf der Abteilung«, entgegnete ihre Mutter. »Er würde auf der Abteilung gestohlen werden.«

»Ihr könntet ihn für mich aufbewahren, bis ich ins Übergangsheim zurückkomme«, erwiderte Sylvia.

»Du brauchst keinen Wecker«, sagte Mrs. Frumkin. »Im Übergangsheim wirst du geweckt. Das Problem ist, daß du nicht aus dem Bett kommst, wenn sie dir sagen, du sollst aufstehen.«

Sylvia seufzte. Dann entdeckte sie einen Haartrockner und sagte, den wolle sie haben.

»Du hast schon einen Fön zu Hause«, sagte ihre Mutter.

»Der hier sieht aber schöner aus als der, den ich zu Hause habe«, erwiderte Sylvia.

»Der zu Hause ist gut genug«, sagte Mrs. Frumkin.

Ähnliche Diskussionen entstanden wegen einer großen Handtasche (»Sylvia, du hast mehr als genug Handtaschen«) und wegen eines Kofferradios (»Du hast die letzten zehn Kofferradios, die du gehabt hast, kaputtgemacht«). Verärgert wandte Sylvia sich ihrer Mutter zu und sagte: »Ich hab' gemeint, ihr hättet mir gesagt, ich könne mein Geschenk selbst auswählen.«

Nachdem sie noch eine weitere Viertelstunde herumgezankt hatten, wurde eine Wahl getroffen. Sylvias Geschenk würde eine Leselampe sein. Sie sagte, sie wolle sie für den Augenblick zu Hause lassen und dann ins Übergangsheim mitnehmen. Später schenkte Sylvia die Lampe ihrer Mutter. Als ihr Vater im Oktober 1979 die eintausend Dollar (plus sechseinhalb Prozent Zinsen) von der Bank in Manhattan abhob, hatte Sylvia das Konto anscheinend vergessen und fragte nicht nach dem Geld. Als Miss Frumkin im Jahre 1980 erneut ein Gesuch um Gewährung von Sozialhilfe stellen konnte, wurde ihr von einem Beamten der lokalen Geschäftsstelle ihrer Sozialversicherung gesagt, er habe herausgefunden, daß die Sozialhilfe, nachdem Miss Frumkin 1978 vom Übergangsheim wieder ins Creedmoor zurückgekehrt sei, ungefähr siebenhundert Dollar zuviel ausbezahlt habe, und sie habe kein Anrecht auf eine Unterstützung der Sozialhilfe, bis sie diesen Betrag zurückerstattet habe. Miss Frumkin erklärte dem Beamten, sie habe die Schecks ihrem Vater übergeben. Mr. Frumkin sagte dem Beamten, Sylvia habe das Geld ausgegeben.

Am 2. August 1978, nachdem das Geschenk ausgewählt und die Schecks unterzeichnet worden waren, fuhren die Frumkins mit Sylvia zum Übergangsheim. Miss Frumkin hatte einige ihrer Kleider dort gelassen. Als die Frumkins das Haus betraten, um die Kleider zu suchen, schien niemand zu wissen, wo sie sein könnten. »Es reicht nicht, daß meine Tochter den Verstand verlieren mußte, sie muß auch noch ihre Kleider verlieren«, sagte Mrs. Frumkin erneut – diesmal in Gegenwart ihrer Tochter. Später wurden die Kleider in einem Koffer auf dem Boden eines Schranks im Zimmer, das Sylvia belegt hatte, gefunden.

NEUN

Beinahe zwei Drittel der Patienten, die 1978 aus der Clear-view-Einheit entlassen wurden, kehrten in ihr eigenes Zu-hause zurück. Unter den vielen Patienten, die nach Hause gingen, befand sich auch Barbara Herbert, die eines Tages im August sogar noch unvermittelter als Sylvia Frumkin »einrastete«. Mrs. Herbert hörte plötzlich zu beißen und zu schlagen auf und wurde ruhig und freundlich; sie ging für mehrere Wochenendur-laube nach Hause zu ihrem Ehemann, und ab Anfang September lebte sie wieder mit ihm zusammen.

Über einen Punkt waren sich Harriet, Irving und Sylvia Frum-kin und auch die Sozialarbeiterin der Clearview-Einheit, die Miss Frumkin dabei zu helfen versuchte, einige realistische Pläne für die Zukunft auszuarbeiten, einig: Es wäre weder im Interesse Sylvias noch im Interesse ihrer Eltern, wenn Miss Frumkin nach Hause zurückkehren würde. Sie alle hofften, Sylvia würde es schaffen, wieder im Übergangsheim zu leben. Eines Tages An-fang August unterhielt sich die Sozialarbeiterin mit einer Berate-rin vom Übergangsheim über die Frage, ob Miss Frumkin in einigen Wochen ins Übergangsheim zurückkehren könne. Die Beraterin rief die Sozialarbeiterin wieder an und sagte ihr, sie und die andern Mitarbeiter des Übergangsheim-Teams verträten die Ansicht, es sei ein zu drastischer Schritt für Miss Frumkin, wenn sie von einem zweimonatigen Aufenthalt auf einer geschlossenen Abteilung direkt ins Übergangsheim wechsle. Das Team sei zur Überprüfung eines Antrags auf Wiederaufnahme erst dann be-reit, wenn Miss Frumkin sich einen Monat lang in einem »Pro-gramm« bewährt habe. Das erste, was die Sozialarbeiterin für Miss Frumkin tun mußte, bestand darin, ihr bei der Entscheidung für ein Programm behilflich zu sein.

Unter den auf dem Areal des Psychiatriezentrums Creedmoor im August 1978 angebotenen Programmen befanden sich Kurse für Erwachsenenbildung zu den verschiedensten Themen und auf verschiedenstem Anspruchsniveau, mehrere »geschützte Werk-stätten« und einige Tagesbehandlungs-Zentren. Miss Frumkin hatte im Creedmoor nie einen Kurs für Erwachsenenbildung besucht; als Absolventin einer privaten High-School, mit einem akademischen Diplom, betrachtete sie sich für alle angebotenen Kurse als zu fortgeschritten. Sie hatte jedoch einige der Werkstätten vom Creedmoor besucht. Anfang 1974 hatte sie eine kurze Zeit in der Werkstatt für Büroarbeiten, normalerweise Schreibmaschinen-Werkstatt genannt, verbracht. 1976 und 1977 hatte sie mehrere Monate in einer Werkstatt gearbeitet, wo die Patienten Werkbank-Montagearbeiten verrichteten, wie zum Beispiel das Zusammenstellen von einzelnen Besteckgarnituren, das Verpakken von Servietten und Gewürzen für Flugpassagiere, das Befestigen von Knöpfen auf Kartonbögen, auf denen sie verkauft wurden, und das Verpacken von Duschvorhangringen. 1977 hatte sie auch während mehrerer Monate das Tageszentrum der Clearview-Einheit besucht.

Miss Frumkin hatte es keinen Spaß gemacht, Gabeln, Messer und Löffel aus Plastik, Papierservietten, Zuckerbeutel und winzige Salz- und Pfefferstreuer in Zellophantüten zu stecken. Sie fand solche Arbeiten ermüdend und langweilig. Sie strebe nicht danach, in einer Fabrik zu arbeiten, sagte sie der Sozialarbeiterin am 4. August 1978. Sie hatte ihren kurzen Aufenthalt in der Schreibmaschinen-Werkstatt geschätzt und wollte dorthin zurückkehren. Die letzte Arbeitsstelle, die sie in der Welt draußen gehabt hatte, war die einer Empfangsdame beim Internisten der Frumkins gewesen, wo sie von Oktober 1971 bis Juli 1972 jeweils am Samstag gearbeitet hatte, während sie an den andern Wochentagen die Arztsekretärinnen-Schule besucht hatte. Es wäre möglich, dachte sie, vielleicht eines Tages wieder als Empfangsdame zu arbeiten, und sie sagte, sie habe sich für das Schreibmaschinen-Werkstatt-Programm entschieden. Die Sozialarbeiterin erwiderte, sie sei noch nicht dazu in der Lage; sie solle es zuerst mit einem Programm versuchen, das weniger belastend sei. Sollte es damit gutgehen, könne sie sich anschließend für die Schreibmaschinen-Werkstatt anmelden. Miss Frumkin war 1977 ungern im Tageszentrum gewesen – sie hatte es eher als Kindergarten betrachtet –, doch sie wollte ins Übergangsheim zurückkehren und mußte dafür einen Monat lang an einem Programm teilnehmen; deshalb sagte sie der Sozialarbeiterin, sie werde ins Clearview-Tageszentrum gehen. Dies sei das kleinste aller Übel, erklärte sie.

Das Clearview-Tageszentrum war ein gefälliges rotes Backsteinhaus mit vier Schlafzimmern, in dem früher einmal einer der stellvertretenden Direktoren Creedmoors gewohnt hatte; es war fünf Gehminuten vom Gebäude N/4 entfernt. Im August 1978 waren die meisten der zwanzig Klienten ambulante Patienten der Clearview-Einheit, die nach Hause entlassen worden waren. Dabei handelte es sich mehrheitlich um nicht mehr ganz junge oder ältere Frauen, die entweder bei Verwandten wohnten oder mit Hilfe irgendeiner öffentlichen Unterstützung allein lebten. Ihre Verwandten sagten oft, das Tageszentrum sei für die Klientinnen ein Grund, um morgens aufzustehen. Sonst, so befürchteten die Verwandten, würden die Klientinnen wohl den ganzen Tag im Haus, wenn nicht sogar im Bett verbringen, was einige von ihnen am Wochenende denn auch taten. Das Personal des Clearview-Tageszentrums setzte sich aus fünf voll berufstätigen Mitarbeitern zusammen: der Koordinatorin, zwei Therapiehelferinnen, einer Freizeittherapeutin und einer Beschäftigungstherapeutin. Das Programm des Tageszentrums war nicht streng. Normalerweise begann der Tag spät und hörte früh auf.

Am Montag, dem 14. August, stellte Miss Frumkin mit einer Therapiehelferin ihren Stundenplan für das Tageszentrum zusammen. Sie würde jeweils am Montag, Dienstag und Donnerstag die ganze Zeit über im Zentrum sein, am Freitag nach dem jüdischen Gottesdienst kommen und am Mittwoch am Vormittag da sein. (Mitte August erlaubte Dr. Sun Miss Frumkin, zwei Nachmittage pro Woche – am Mittwoch und am Samstag – bei ihren Eltern zu verbringen.) Gemäß ihrem Stundenplan für das Tageszentrum, der sich von Woche zu Woche leicht veränderte, würde sie jeden Morgen während fünfzehn Minuten an Übungen teilnehmen, einmal pro Woche an einem »Hausparlament«, bei dem die Klienten Fragen – zum Beispiel wieviel der allmorgendliche Kaffee kosten sollte – diskutierten, an einem einstündigen Treffen der Gemeinschaft, die jeden Montagmorgen zusammenkam und an dem das Personal und sämtliche Klienten teilnahmen. Bei dieser Gelegenheit wurden die gegenwärtigen und zukünftigen Aktivitäten des Tageszentrums sowie Probleme besprochen, die die Klienten vorbrachten. Außerdem sollte Miss Frumkin an einer wöchentlich stattfindenden einstündigen Gruppe teilnehmen, in der sich eine kleinere Anzahl von Klienten – normalerweise sechs bis sieben – mit einem Mitarbeiter traf, um persönliche Probleme oder Anliegen in bezug auf das Tageszentrum zu erörtern. Der Rest von Miss Frumkins Stundenplan umfaßte ungefähr eine Wochenstunde Musik, Schauspiel, Poesie, Gegenwartskunde, Kunst und Handwerk sowie Körperpflege, eineinhalb Stunden Abstauben, Staubsaugen und Geschirr abwaschen und zwei Stunden wöchentlich Freizeit, was manchmal Bowling oder Schwimmen im Rehabilitationsgebäude bedeutete und manchmal, bei schönem Wetter, einen Spaziergang im Alley-Pond-Park, einem öffentlichen Park in der Nähe vom Creedmoor, der häufig von Drogenhändlern aufgesucht wurde.

Miss Frumkin machte keinen Hehl aus ihrer Langeweile, insbesondere, wenn sie im Tageszentrum gemäß Stundenplan etwas mitmachen mußte, was nicht nach ihrem Geschmack war. Eines Morgens im August schleppten sich Miss Frumkin und fünf andere Frauen ins Elternschlafzimmer des ehemaligen stellvertretenden Direktors, wo die Körperpflegestunde abgehalten wurde. Die verantwortliche Therapiehelferin hatte eine Auswahl verschiedener Nagellacke und Kosmetika bereitgelegt. Eine ältere Frau sagte, sie habe sich die Nägel der linken Hand zu Hause gefeilt, sei aber so ausgesprochen rechtshändig, daß sie die Nägel der rechten Hand nicht feilen könne. Die Frau war dankbar, als ihr die Therapiehelferin die Nägel der rechten Hand feilte. Eine andere Frau wollte gern Mascara auftragen, eine dritte wollte ein Nickerchen machen, und eine vierte wartete, daß die Therapiehelferin ihr die Nägel schnitt. Miss Frumkin saß da und blickte unglücklich drein. Um sicherzustellen, daß man ihr Leiden nicht übersah, seufzte sie vernehmlich. Als die Therapiehelferin ihr den Gefallen nicht erwies, sie zu fragen, was los sei, sagte Miss Frumkin ungefragt, die Körperpflegestunde sei die reinste Zeitverschwendung. Sie sagte der Therapiehelferin und den andern Frauen im Zimmer, sie habe eine ganz präzise Vorstellung davon, was ein Make-up sein sollte. Sie sagte, sie schminke sich gern und gebe einen beträchtlichen Teil ihres Taschengelds für Feuchtigkeitscremes, Pudercremes, Lippenstifte, Lippenlack und Augen-

Make-up aus. Wenn Miss Frumkin ihr Make-up nicht allzu verschwenderisch benutzte, half es, ihren unreinen Teint zu verbergen, und sie sah besser aus. Gewöhnlich kam sie jedoch zu stark geschminkt ins Tageszentrum; ihr Make-up war oft verschmiert, wie zum Beispiel in der Körperpflegestunde an jenem Morgen. »Mein Make-up ist sehr diskret«, sagte sie und warf einen verächtlichen Blick auf die Fläschchen mit dem rosa, orange und roten Nagellack, die die Therapiehelferin bereitgestellt hatte. »Mir gefällt der farblose Nagellack«, erzählte sie weiter und streckte ihre Hände aus. Diejenigen, die ihre Nägel anschauten, sahen zehn arg abgebissene Nägel und zerfetzte Nagelhäute. Obwohl Miss Frumkin klarstellte, daß sie sich den andern Klientinnen des Tageszentrums überlegen fühlte und es ihr Spaß machte, die andern bei jeder sich bietenden Gelegenheit abschätzig zu behandeln, rächten sich die andern Frauen kaum jemals. Keine einzige äußerte sich kritisch über Miss Frumkins Fingernägel. »Was gibt's für mich zu tun?« fragte sie gähnend, ohne die Hand vor den Mund zu halten.

Die Therapiehelferin wußte, wie sie ihr einen Gefallen erweisen konnte, und entschloß sich, dies zu tun. »Wieso sagen Sie den andern nicht, wie schnell Nägel und Haare wachsen?« schlug sie Miss Frumkin vor.

»Meine Nägel wachsen zweieinhalb Millimeter pro Woche, und das Haar wächst einen Zentimeter und zwei Millimeter pro Monat«, sagte sie glücklich mit einer Singsang-Stimme. »Ich wünschte mir, meine Fingernägel wären ebenso hart wie meine Fußnägel.«

Am Sonntag, dem 13. August – der erste Tag, an dem Dr. Sun Miss Frumkin erlaubt hatte, für drei Stunden nach Hause zu gehen –, kam sie ins Creedmoor zurück und sagte, sie habe eine schöne Zeit verbracht. Sie hatte ihre Kleider im Schrank durchgesehen, geduscht, das Haar gewaschen und es genossen, das Haar mit dem Fön zu trocknen; sie hatte ein gutes chinesisches Abendessen verspeist, die übliche Kombination ihrer Mutter, bestehend aus Chow mein aus der Büchse, Sojabohnensprossen aus der Büchse und Fleischresten, die mit Wonton-Suppe aus einem Restaurant in der Nachbarschaft, das über die Gasse verkaufte, serviert wurden. Es dauerte nicht lange, bis die Ausgänge am Mittwoch und Sonntag und die Besuche zu Hause den Reiz des Neuen verloren hatten. Und als es Miss Frumkin schien, als seien ihre Eltern nicht mehr so darauf bedacht, ihr einen Gefallen zu erweisen, sondern sogar eher darauf aus, sie zu enttäuschen, sagte sie dem Personal des Tageszentrums, ihre »freien Nachmittage« seien »nicht so gut«.

An einem Mittwochnachmittag im August holte sie ihr Vater in der Clearview-Einheit ab. Er hatte sich damit einverstanden erklärt, sich mit ihr den Film *Heaven Can Wait* anzusehen und danach ein Paar Sandalen mit ihr kaufen zu gehen. Ihre Mutter hatte sich geweigert mitzukommen, obwohl sie Zeit gehabt hätte. Harriet Frumkin sagte, der Filmtitel höre sich blöd an. *Heaven Can Wait* wurde in verschiedenen Kinos in Queens gezeigt, darunter auch in zwei Kinos in Flushing. Mr. Frumkin fuhr vom Creedmoor nach Flushing. In der Nähe des Kinos gab es keine freien Parkplätze. Sylvia schlug vor, einige Kilometer weiter zu einem andern Kino zu fahren, wo der Film ebenfalls gezeigt wurde – zu einem Kino, wo es genug Parkplätze gab. Ihr Vater aber meinte, es tue ihm leid, es sei nun zu spät, um noch zu einem andern Kino zu fahren. Er fand in der Nähe der Main Street einen Parkplatz und ging mit Sylvia in eine Reihe von Schuhläden. Es war ihr verleidet, Schuhe vom Staat zu tragen, und ihre Eltern waren bereit, ihr ein Paar Sandalen im Ausverkauf zu erstehen. Der Sandalen-Ausverkauf war schon in allen Läden vorüber. Die neuen Herbstschuhe und Stiefel waren bereits in den Schaufenstern ausgestellt. Sylvia sagte, sie warte mit dem Kauf der Sandalen bis zum Frühling, und entschied sich dafür, eines der Woolworth-Kaufhäuser aufzusuchen, wo sie einen Augenbrauenstift kaufte. Sie hatte gehofft, sie würden in ein Schnellimbiß-Steakhaus gehen, doch ihr Vater sagte, sie hätten noch einige Gutscheine, die für ein Dutzend Hühnerschlegel im Kentucky Fried Chicken gültig seien, weshalb sie in ein Kentucky Fried Chicken gingen, das Huhn kauften und nach Hause fuhren, um es dort zu essen. Es blieb genug Huhn übrig, so daß am nächsten Tag für das Abendessen von Mrs. und Mr. Frumkin gesorgt war.

Mitte August mußte Miss Frumkins Haar geschnitten werden.

Sie versuchte Jason, ihren Friseur, anzurufen, bei dem sie Anfang Juni zum letzten Mal gewesen war, und erfuhr bei dem Schönheitssalon in Flushing, in dem er damals gearbeitet hatte, daß er nun in einem andern Schönheitssalon in Huntington, Long Island, etwa fünfzig Kilometer vom Creedmoor, arbeitete. Miss Frumkin rief den Schönheitssalon in Huntington an und vereinbarte einen Termin mit Jason. Im Juni, als sie im Übergangsheim gewohnt hatte, hatte sie 10,40 Dollar ihres Taschengelds fürs Haareschneiden ausgegeben. Als Harriet Frumkin erfuhr, daß Jason 10,40 Dollar für das Haareschneiden nahm, verlangte sie von Sylvia, sie solle den Termin rückgängig machen. Mrs. Frumkin vereinbarte für Sylvia einen Termin bei einem Schönheitssalon in Flushing, wo das Haareschneiden 4,50 Dollar kostete. Ihr Vater fuhr sie Ende August an einem andern Mittwochnachmittag dorthin. Sharon, die Friseuse, war weniger freundlich zu Sylvia, als es Jason gewesen war, vielleicht, weil Sylvia so unglücklich aussah oder weil sie Sharon immer wieder sagte, daß Jason der einzige Mensch auf der Welt sei, der ihr die Haare schneiden könne. Außerdem beklagte sich Sylvia, daß Sharon nicht sorgfältig arbeite. Jason hatte ihr das Haar vom Nacken und von den Schultern gewischt und sie, nachdem er mit dem Schneiden fertig gewesen war, gepudert. Sharon wischte weder die Haare weg noch puderte sie sie, und als Sylvia den Schönheitssalon verließ, juckte es sie. Die Frisur gefiel ihr, davon abgesehen, auch nicht. Die Haare sind zu kurz, dachte sie, und niemand machte ihr für ihre Frisur ein Kompliment. Sie beschloß, wieder zu Jason zu gehen, sobald der Schnitt herausgewachsen wäre.

Anfang September erteilte Dr. Sun Miss Frumkin die Erlaubnis, die Wochenenden zu Hause zu verbringen. Ihr Vater holte sie gewöhnlich am Samstagmorgen im Creedmoor ab und fuhr sie am Sonntagabend oder Montagmorgen wieder zurück. Der 17. September, ein Sonntag, enttäuschte Miss Frumkin erneut. Sie hatte sich um ein Uhr mit einer jungen Frau namens Joan Bettelheim in Flushing verabredet. Miss Bettelheim, eine Drehtürpatientin vom Creedmoor, war vor einigen Jahren mit einem Mann ins Bett gegangen, den sie auf der Straße getroffen hatte. Sie war schwanger geworden und hatte das Kind zur Adoption freigegeben. Wenn sie sich nicht in der Klinik befand, wie dies im

September 1978 der Fall war, wohnte sie bei ihrem Vater und ihrer älteren Schwester. Am 17. September fand in Flushing ein ganztägiger Straßenmarkt statt. Mr. Frumkin setzte Sylvia punkt ein Uhr in Flushing ab; um vier Uhr sollte er sie wieder abholen. Miss Frumkin hatte drei Dollar in der Handtasche. Sie wartete eine Stunde auf Miss Bettelheim. Um zwei wurde ihr klar, daß sie von Miss Bettelheim versetzt worden war – nicht zum ersten Mal. Bis zu diesem Zeitpunkt hatte sie zwei Dollar neunzig für Eßwaren ausgegeben. Mit ihrem letzten Zehn-Cent-Stück rief sie zu Hause an. Ihre Mutter nahm ab. Nachdem Sylvia ihr erzählt hatte, was geschehen war, sagte sie, der Vater sei einkaufen gegangen. Er werde sie abholen, sobald er zurück sei. Sylvia mußte eineinhalb Stunden auf ihn warten. Sobald sie zu Hause war, telefonierte sie mit Miss Bettelheim und fragte, was los gewesen sei. Miss Bettelheim sagte, sie hätte sich umentschieden und keine Lust gehabt, mit Miss Frumkin den Markt zu besuchen. Sie entschuldigte sich in keiner Weise dafür, daß sie Miss Frumkin nicht vorher Bescheid gegeben hatte. Miss Frumkin erzählte später einer andern Frau im Tageszentrum, wie sie sich während des Telefongesprächs verhalten habe. »Ich war sehr nett zu ihr«, sagte sie. »Ich sagte ihr, ich würde wieder mit ihr ausgehen, aber das nächste Mal müsse sie zu mir nach Hause kommen, um mich abzuholen, oder, noch besser, ich würde zu ihr gehen, um sie abzuholen.«

Miss Frumkin versuchte oft den Eindruck zu erwecken, als ob sie Enttäuschungen – eine Verabredung, die nicht eingehalten wurde, einen billigen und schlechten Haarschnitt, einen Film, den sie nicht sehen konnte, wenn sie Lust dazu hatte, und Sandalen, die sie nicht kaufen konnte, wenn sie es wollte – mit philosophischem Gleichmut akzeptiere, doch Mitte September war es einer Anzahl von Menschen im Creedmoor aufgefallen, daß sie zusehends angespannter wirkte, auch wenn sie ihre Enttäuschung nicht verbal ausdrückte. Sie biß auf ihren Fingerkuppen herum, bis sie bluteten. Sie aß ständig. Mitte September glaubte Mrs. Plotnick zu bemerken, daß Miss Frumkin Schmatzbewegungen mit den Lippen und Wälzbewegungen mit der Zunge vollführte und die Zunge dabei gegen die Unterlippe preßte, bis sie wund war – Symptome einer Spätdyskinesie, eine Nebenwirkung, die bei gewissen Patienten nach der Langzeiteinnahme von Neuroleptika auftritt. Mrs. Plotnick weiß, daß manche Psychiater eine Spätdyskinesie als irreversibel betrachten, während andere die Ansicht vertreten, daß sie oft reversibel ist und auf jeden Fall zum Stillstand gebracht werden kann, vor allem, wenn sie in einem frühen Stadium erkannt wird und wenn die Neuroleptika abgesetzt oder wesentlich schwächer dosiert werden. Mrs. Plotnick suchte Dr. Sun auf und bat ihn, Miss Frumkin zu untersuchen. Dr. Sun kam ihrem Wunsch nach. Er sagte, er glaube, Miss Frumkins Zungen- und Lippenbewegungen seien nichts weiter als Manieriertheit.

Obwohl Miss Frumkin, wenn sie zu Hause war, zur Faulheit neigte – sie wollte ihr Zimmer nicht aufräumen, sie wollte ihre Kleider nicht waschen, an gewissen Tagen wollte sie nicht aufstehen –, war sie, wenn sie sich auf der Abteilung befand, mit großer Ausdauer hinter ihrer Sozialarbeiterin her, da sie von ihren Eltern gelernt hatte, daß steter Tropfen den Stein höhlt. Sie erklärte der Sozialarbeiterin so häufig, daß sie das Tageszentrum hasse und in die Schreibmaschinen-Werkstatt gehen wolle, bis die Sozialarbeiterin schließlich dafür sorgte, daß Miss Frumkin am 12. September von Marilyn Gruen, der Koordinatorin der Werkstatt, interviewt wurde. Obwohl Mrs. Gruen der Ansicht war, daß Miss Frumkins Schreibmaschinenfähigkeiten ausreichten – alle Klienten, die in die Schreibmaschinen-Werkstatt aufgenommen wurden, mußten Grundkenntnisse im Zehnfingersystem haben –, glaubte sie, Miss Frumkin sei zu unruhig, um einen ganzen Tag bei ihr verbringen zu können. Sie erklärte sich damit einverstanden, Miss Frumkin ab Montag, dem 18. September, stundenweise zu beschäftigen. Mitte September erinnerte Miss Frumkin die Sozialarbeiterin daran, man habe ihr versprochen, ihre Übersiedlung ins Übergangsheim in Betracht zu ziehen, sobald sie ein einmonatiges Programm absolviert habe. Sie war nun seit einem Monat im Tageszentrum. Die Sozialarbeiterin der Clearview-Einheit sprach mit dem Berater des Übergangsheims und vereinbarte für Miss Frumkin ein Interview, das am 28. September stattfinden sollte. Nach dem Interview hatte Miss Frumkin das Gefühl, das Gespräch sei nicht gut verlaufen, und sie befürchtete, man werde sie nicht aufnehmen. In der Zwischenzeit war sie jedoch froh, stundenweise in die Schreibmaschinen-Werkstatt gehen zu können, und erklärte dem Personal des Tageszentrums des öfteren, alles, was sie wolle, sei, diesen Kindergarten zu verlassen und den ganzen Tag im Büro zu arbeiten. Als sie am Sonntag, dem 17. September, in Flushing vergebens auf Miss Bettelheim gewartet hatte, hatte sie sich mit dem Gedanken getröstet, daß sie am nächsten Morgen in der Schreibmaschinen-Werkstatt anfangen konnte. Während der kurzen Versuchsperiode im April 1974 hatte sie Mühe gehabt und war nun dankbar, daß man ihr eine neue Chance bot. Sie war unter anderem deshalb so bestrebt, in das Schreibbüro zu gehen, weil ihre Mutter wütend wurde, wenn sie einen Großteil ihrer Zeit zu Hause vertrödelte. Harriet Frumkin fragte sie immer wieder, warum sie samstags und sonntags so faul sei, wo »du doch die ganze Woche im Creedmoor nichts tust«. Miss Frumkin hatte sich vorgenommen, ihrer Mutter am nächsten Wochenende auf den mit Sicherheit nicht ausbleibenden Vorwurf, sie habe die ganze Woche im Creedmoor nichts getan, zu antworten: »Ich tu nicht nichts die ganze Woche. Ich tippe.«

ZEHN

Am Montag, dem 18. September, standen siebenundzwanzig Personen auf der Liste für die Arbeit in der Schreibmaschinen-Werkstatt. Etwa die Hälfte der Personen waren ambulante Patienten; die andere Hälfte waren Patienten der geographischen Einheiten sowie der forensischen Abteilung des Psychiatriezentrums Creedmoor. Die Arbeitszeit dauerte von neun bis elf Uhr, mit einer zwanzigminütigen Kaffeepause um zehn, und von dreizehn Uhr dreißig bis fünfzehn Uhr dreißig, mit einer zwanzigminütigen Kaffeepause um vierzehn Uhr dreißig. Das Büro bot, genau wie das Tageszentrum, gewissen Klienten eine Gelegenheit, sich jeden Tag an einen angenehmen Ort begeben zu können; überdies ergab sich die Möglichkeit, etwas Geld zu verdienen. Alle Klienten erhielten den für die Vereinigten Staaten im Jahr 1978 geltenden Mindestlohn von 2,65 Dollar pro Stunde. Es war eine Studie durchgeführt worden, um zu bestimmen, wie lang ein durchschnittlicher Arbeiter auf dem freien Markt benötigt, um tausend Umschläge zu beschriften. Aufgrund der Studie war ein Einheitspreis von 28,05 Dollar pro tausend Umschläge ermittelt worden. 1978 verfügte Mrs. Gruen über einige Typistinnen, die pro Woche tausend Umschläge produzieren konnten, während andere hundert schafften. Folglich hätte jede ihrer schnellsten Typistinnen theoretisch jede Woche 28,05 Dollar verdienen können; praktisch war dies jedoch selten der Fall, weil gewöhnlich ein Mangel an Büroarbeit herrschte. »Die Menschen draußen trauen Psychiatriepatienten nicht«, sagte Miss Frumkin eines Tages während einer Kaffeepause, als es im Büro keine Briefumschläge mehr zu schreiben gab. »Wahrscheinlich geben die Unternehmer uns keine Arbeit, weil wir Psychiatriepatienten sind, und deshalb glauben sie, wir könnten keine anständige Arbeit verrichten.« Obwohl Mrs. Gruen und Francesca Wilcox, die stellvertretende Koordinatorin der Schreibmaschinen-Werkstatt, jeden einzelnen Umschlag prüften, bevor er die Werkstatt verließ, um sicherzustellen, daß er keinen Fehler aufwies, waren sie mit Miss Frumkin insofern einverstanden, als auch sie den

Arbeitsmangel als demoralisierend empfanden. 1978 arbeiteten einige ambulante Patientinnen schon seit zwei oder drei Jahren im Büro; eine Patientin war bereits seit fünf Jahren dort. Einige dieser ambulanten Patientinnen schrieben es dieser Arbeit zu, daß sie nicht wieder in die Klinik mußten. Die meisten von ihnen wußten, daß sie den Arbeitszeiten und dem Druck des freien Markts nicht standzuhalten vermochten, doch in der beschützenden Umgebung einer solchen Werkstatt fühlten sie sich wohl. Man mußte nicht mit einer bestimmten Mindestgeschwindigkeit tippen können, um aufgenommen zu werden, und die Schreibgeschwindigkeit der Klientinnen variierte ganz beträchtlich. Mrs. Gruen legte mehr Wert auf Genauigkeit als auf Geschwindigkeit. Im September 1978 schrieb Miss Frumkin dreißig Wörter pro Minute und machte ungefähr fünfzehn Fehler pro Minute. Klientinnen, die wie Miss Frumkin keine kontinuierliche Leistung erbringen konnten, mußten zuerst üben, bevor ihnen erlaubt wurde, Briefumschläge zu beschriften.

Von den siebenundzwanzig Klientinnen trafen am 18. September nur vierzehn pünktlich in der Werkstatt ein und betätigten die Stechuhr neben der Türe. Die fünfzehnte Klientin tauchte fünfundvierzig Minuten zu spät auf. Mrs. Gruen und Mrs. Wilcox riefen gewöhnlich auf den Abteilungen der stationären Patientinnen an, die nicht erschienen waren. Die Anrufe waren selten erfolgreich. Die Anschlüsse auf den Abteilungen waren oft besetzt. (Creedmoor war mit zu wenigen Telefonen ausgestattet.) Die Therapiehelferinnen, die die Anrufe auf den Abteilungen beantworteten, erklärten manchmal, sie wüßten nicht, wo sich die Klientinnen von Mrs. Gruen befänden, und manchmal sagten sie, sie wüßten nicht, wer die Klientinnen seien. Diejenigen Patientinnen, die erreicht werden konnten, sagten oft, sie hätten heute keine Lust oder sie müßten in die Röntgen-Abteilung oder in die Haut-Klinik. Hin und wieder setzte sich Mrs. Gruen, eine energische Frau, gegen eine widerspenstige Patientin durch. Eines Morgens rief sie auf einer Abteilung an und erreichte eine Patientin, die sagte, sie hätte eine schwere Erkältung. »Sie hören sich aber gesund an«, erklärte ihr Mrs. Gruen. »Sie haben bloß verschlafen. Kommen Sie unverzüglich her und bringen Sie ihre Freundin Doris gleich mit.« Innerhalb von fünfzehn Minuten waren die beiden Frauen da. Die ambulanten Patientinnen wurden nicht angerufen, es sei denn, Mrs. Gruen hatte einen Grund, sich um sie Sorgen zu machen.

Obwohl Miss Frumkin am 18. September eigentlich gern damit begonnen hätte, Briefumschläge gegen Entgelt zu beschriften, akzeptierte sie huldvoll den Einwand, sie sei dazu noch nicht in der Lage. Mrs. Gruen gab ihr ein Übungsbuch und wies sie an, eine bestimmte Aufgabe zu tippen. Miss Frumkin setzte sich vor eine freie elektrische Schreibmaschine und machte die Übung in Windeseile, wobei ihr viele Fehler unterliefen. Dann rannte sie von ihrem Schreibtisch in der Mitte des Zimmers nach vorn zu Mrs. Gruens Pult, um ihr die Aufgabe zu zeigen. Als sie Mrs. Gruen die vor Fehler strotzende Aufgabe zum ersten Mal zeigte, sagte ihr Mrs. Gruen, sie solle sich mehr Zeit lassen und die Aufgabe nochmals mit weniger Fehlern abtippen. Miss Frumkin mußte sich das gleiche sagen lassen, als sie das zweite, dritte, vierte und fünfte Mal nach vorn rannte. Es schien ihr nichts auszumachen, die gleiche Übung immer wieder abtippen zu müssen. Das Tippen absorbierte sie völlig. Seit Juni hatte nichts, weder innerhalb noch außerhalb der Klinik, ihre Konzentration dermaßen in Anspruch genommen.

Würde man jemanden, der noch nie in einer psychiatrischen Klinik gewesen ist, mit verbundenen Augen in das Schreibbüro vom Creedmoor führen und ihm dort die Augenbinde entfernen, so würde er die Arbeit in dieser Werkstatt nie mit einem Schreibmaschinenkurs an einem College verwechseln. An den meisten Tagen arbeitete ungefähr ein Drittel der anwesenden Klientinnen ruhig und fleißig, und man hätte sie durchaus für Studentinnen halten können. Die andern Frauen strahlten jedoch irgend etwas aus, was darauf hinwies, daß sie schwierige Zeiten durchgemacht hatten. Die Nachwirkungen einer Geisteskrankheit sind oft genauso sichtbar wie Narben oder ein hinkender Gang. An jenem Morgen im Oktober 1978, als Miss Frumkin immer wieder von ihrem Schreibtisch aufstand, um Mrs. Gruen oder Mrs. Wilcox jedes beschriebene Blatt, das sie aus der Schreibmaschine zog, vorzuzeigen, und dabei stets zu schnell und etwas atemlos redete, verbrachte eine junge Frau die Zeit damit, daß sie immer und immer wieder zwischen ihrer Schreibmaschine und der Damentoilette am Ende des Flurs hin- und herstolzierte. Obwohl ihr jedesmal gesagt wurde, sie solle sich wieder hinsetzen und tippen, stand sie wieder auf, um auf die Toilette zu gehen. Eine andere Frau brach plötzlich in Tränen aus. Zwei weitere Frauen schliefen über ihrer Schreibmaschine ein. Eine Frau las ein Taschenbuch, das auf ihrem Schoß lag. Eine andere Frau wieder ließ sich auf ihren Stuhl fallen und starrte ins Leere. Als Mrs. Gruen ihre Klientinnen so sachlich wie möglich aufforderte, sie sollten mit Weinen, Schlafen oder Lesen aufhören, nahmen die Patientinnen keine Notiz von ihren Anweisungen. Die Frau, die weinte, konnte nicht aufhören zu weinen. Die Frau, die las, und die zwei Frauen, die aufgewacht waren, sagten: »Ich habe keine Lust zum Tippen«, »Ich fühle mich heute nicht wohl« und »Lassen Sie mich in Ruhe.« Sogar einige der Frauen, die an jenem Oktobermorgen tippten, hätten auf einen fremden Besucher nicht den Eindruck von College-Studentinnen gemacht. Einige machten ständig eine verdrießliche Miene. Einige wirkten in sich gekehrt, und ihre Augen waren leblos. Einige reagierten mit Parkinson-ähnlichen Symptomen auf die Neuroleptika, andere mit Symptomen einer Spätdyskinesie.

Miss Frumkins Begierde, Umschläge zu beschriften, überstieg ihre Tippfähigkeit. Im Oktober machte sie immer noch zu viele Fehler in den Übungen, als daß sie zum Beschriften der Umschläge hätte übergehen dürfen, doch ihr Enthusiasmus für das Schreibmaschinenschreiben und ihre sonst stark begrenzte Fähigkeit, Kritik hinzunehmen, ließen nicht nach. Sie tippte und tippte mit ungewohnter Geduld immer wieder die Zeilen, die ihr helfen sollten, gewisse Schwierigkeiten zu meistern: »Als jak das las, lass das ölfass ja da, urs sah klaras uhr, ursula las das glas auf, karl sah klug aus, kaffee, höre die lieder, die liegehalle sei frei, frieda sei fleißiger als eduard, wieso lief er wieder weg, das wasser war sehr klar, wer oder was.« Mrs. Gruen und Mrs. Wilcox sagten ihr immer wieder, sie solle das Tempo verlangsamen und sich entspannen. Jede Woche wurde eine kurze Geschwindigkeitsprüfung in der Werkstatt durchgeführt. Im Oktober durfte Miss Frumkin nur eine Prüfung machen. Sie tippte dreißig Wörter pro Minute und machte in dieser Zeit fünfzehn Fehler, genau wie im September. Die Werkstatt war Miss Frumkins Refugium. Sie kam immer frühzeitig oder zur rechten Zeit. Nach den Wochenenden zu Hause schien sie besonders gern zu kommen.

Waren schon zwei Tage zu Hause für Miss Frumkin und ihre Eltern zuviel, so waren Wochenenden von drei und vier Tagen mehr als zuviel. 1978 fiel das jüdische Neujahrsfest auf Montag und Dienstag, den 2. und 3. Oktober. Miss Frumkin ging am Samstag, dem 30. September, nach Hause und sollte am Dienstag nach Creedmoor zurückkehren. Der Samstag verlief verhältnismäßig gut, weil Miss Frumkin sich Mühe gab, ihre Mutter nicht zu ärgern: Sie räumte ihr Zimmer auf, machte ihre Wäsche und aß mit Maßen. Am Sonntag blieb sie bis zwei Uhr nachmittags im Bett, stand auf, aß den Kühlschrank leer und vergammelte dann ihre Zeit. Als Joyce Frumkin zum Schlafen nach Hause kam, saß Sylvia im Nachthemd vor dem Fernseher. Am Sonntag abend, vor dem Gang in die Synagoge, mußte die ganze Familie auf Sylvia warten, die sich schminkte und ein Dutzend verschiedene Kleider anprobierte, bis sie sich endlich entscheiden konnte. Joyce war gutgelaunt nach Hause gekommen. Sie war gerade befördert worden, aber sie hütete sich, auch nur ein Wort über ihre neue Position oder ihre Gehaltserhöhung zu sagen, aus Angst, Sylvia könnte eifersüchtig werden. Schon oft in ihrem Leben hatte sie sich eine Schwester gewünscht, mit der sie Freud und Leid hätte teilen können. Am Sonntag, nach dem Gottesdienst in der Synagoge, weigerte Sylvia sich, Joyce beim Tischdecken zu helfen, biß auf den Lippen herum, während sie darauf wartete, daß man ihr das Essen schöpfte, aß zuviel, stand, ohne ein Wort der Entschuldigung, mitten im Essen vom Tisch auf, ging in ihr Zimmer und sah fern. Am Montag, als Sylvia mit ihrem Vater in die Synagoge ging, kochten Joyce und Harriet Frumkin das Abendessen – Matzenknödel-Suppe, Gefillte Fisch, Rindsbrust, grüne Bohnen und Salzkartoffeln. Sie hatten bei einem Bäcker in der Nachbarschaft Challe und Gebäck gekauft. Sylvia war bei ihrer dritten Portion, als ihre Eltern und ihre Schwester gerade mit dem ersten Teller fertig geworden waren. Am Sonntag hatte Joyce sich zurückgehalten und Sylvia nicht kritisiert; seit mehr als zweieinhalb Monaten hatte sie ihre Schwester nun nicht mehr gesehen, und sie versuchte daran zu denken, daß Sylvia ein

Mensch war, dem das Schicksal schlechte Karten ausgeteilt hatte. Am Montag konnte sie sich nicht mehr beherrschen und einfach schweigend zusehen, wie Sylvia ihre Suppe geräuschvoll schlürfte, das Brot in die Bratensoße tunkte, sich und das Tischtuch bekleckerte und mit vollem Mund redete. Als Joyce Sylvia wegen ihrer Tischmanieren kritisierte und »Iß langsamer!« sagte, drohte Sylvia, sie werde den Teller nach ihr werfen. »Wenn du nicht meine Schwester wärst, wollte ich nichts mit dir zu schaffen haben«, sagte Joyce.

Während alle mit Essen beschäftigt waren, sagte Mrs. Frumkin, kein Mensch könne sich vorstellen, was es heiße, ein geisteskrankes Kind zu haben, wenn er nicht betroffen sei. Sie erzählte, sie habe vor kurzem ein Ehepaar getroffen, Isadore und Gertie Finkel, die Eltern einer jungen Frau namens Sonya, die oft als Patientin im Creedmoor gewesen war. Die Frumkins und die Finkels hatten Bekanntschaft geschlossen, als ihre Töchter beide auf derselben Abteilung gewesen waren. Sonya Finkel hatte mehrere Male einen Selbstmordversuch unternommen. Ihr letzter Versuch, vor einem Jahr, war geglückt: Sie war auf ein U-Bahn-Gleis gesprungen und überfahren worden. Ihr herzkranker Vater arbeitete nicht mehr. Sonyas Eltern hatten schon seit langem von Queens nach Arizona umziehen wollen, fanden jedoch, das ginge nicht, solange Sonya immer wieder ins Creedmoor gehen müsse. »Als Sonya gestorben war, richteten ihre Eltern ein pompöses Begräbnis aus«, sagte Mrs. Frumkin beim Abendessen. »Bei der Bestattung sagte Gertie Finkel: ›Nun, jetzt ist es ihr endlich gelungen‹, und kurz darauf ging sie mit ihrem Mann nach Phoenix. Isadore Finkel hat seit dem Tod seiner Tochter keinen einzigen Herzanfall mehr gehabt. Die Finkels kommen alle paar Monate einmal nach New York. Ich habe sie neulich getroffen, sie sahen beide blendend aus. Kein Wunder. Sie sind all ihre Sorgen los.«

Als Sylvia sich zum vierten Mal Fleisch, Kartoffeln, Brot und Soße auf den Teller lud, sagte sie: »Mama, soll das eine Anspielung sein?«

Jom Kippur, der jüdische Versöhnungstag, der am Mittwoch, dem 11. Oktober, gefeiert wurde, verlief nicht besser bei den Frumkins. Joyce war zu Hause. Am Nachmittag war Mrs. Frumkin aufgefallen, daß Sylvia sich dauernd auf die Unterlippe biß, und sie fragte ihre Tochter, ob sie wegen der Medikamente unter irgendwelchen Nebenwirkungen leide. Sylvia, die ihre Mutter nicht deutlich verstanden hatte, glaubte, man habe ihr vorgeworfen, sie nehme ihre Medikamente nicht; dies war in der Vergangenheit tatsächlich oft der Fall gewesen – mit entsetzlichen Folgen. Sylvia wurde wütend, packte ihre Mutter am Arm und verdrehte ihn. »Untersteh dich, mir noch einmal was wegen meiner Medikamente zu sagen!« schrie sie. »Ich weiß, was ich nehmen muß und wann!«

Joyce hatte die Szene beobachtet, und das schmerzverzerrte Gesicht ihrer Mutter war ihr nicht entgangen. »Du hast deiner Mutter den Arm verdreht, du Fettsack, wo sie doch Arthritis hat!« schnauzte sie Sylvia an, trat zwischen die beiden und tröstete ihre Mutter.

»Und du glaubst wohl, du hättest das Pulver erfunden!« schrie Sylvia zurück. »Und wer in dieser Familie hat die Arztsekretärinnen-Schule besucht? Wer ist auf die High School of Music and Art gegangen? Das war ich!«

Am Versöhnungstag war Sylvia spät aufgestanden, in die Synagoge gegangen und hatte mehrere Stunden lang gefastet. Bei Sonnenuntergang glich sie die wenigen Stunden, in denen sie nichts gegessen hatte, wieder aus und schlang ihr Essen noch geräuschvoller als sonst hinunter.

»Kannst du Creedmoor nicht hinter dir lassen, wenn du nach Hause kommst?« sagte Mrs. Frumkin.

»Du ißt wie ein Schwein!« sagte Joyce.

Sylvia langte nach einer Schale mit Kartoffelsalat, die auf dem Eßzimmertisch stand, hob sie hoch, als wolle sie sie nach Joyce werfen, stellte sie wieder hin, ballte die Hand zur Faust, ging mit drohendem Gesichtsausdruck auf Joyce zu und dann auf ihr Zimmer. »Ich bringe Creedmoor nicht nach Hause, es ist ja schon da, wenn ich komme!« schrie sie und knallte die Tür zu. Sie riß alle ihre Kleider aus dem Schrank, während sie nach einer bestimmten Bluse suchte. Als es an der Zeit war, ins Creedmoor zurückzukehren, weigerte sie sich, die Kleider wieder in den Schrank zu räumen. Mrs. Frumkin drohte ihr mit Bestrafung, falls sie die Kleider nicht aufhebe. Sie dürfe am nächsten Wochenende nicht nach Hause kommen, wenn sie nicht gehorche. »Das Nachhausekommen bedeutet dir schließlich mehr als mir«, sagte Sylvia und ließ all ihre Kleider auf dem Boden ihres Zimmers liegen.

In den folgenden zwei Tagen unterhielt sich Sylvia Frumkin mehrere Male telefonisch mit ihrer Mutter. Am 12. Oktober bat sie inständig darum, fürs Wochenende nach Hause kommen zu dürfen. Gewöhnlich gab ihre Mutter ihrem Bitten nach. Diesmal nicht. »Daddy sagt, du mußt lernen, daß es uns ab und zu mit dem, was wir sagen, wirklich ernst ist«, sagte Mrs. Frumkin.

Als Sylvia am dreizehnten zu Hause anrief, eröffnete ihre Mutter das Gespräch, indem sie sagte: »Schatz, wie geht's dir?«

»Hör mal, du willst nicht, daß ich nach Hause komme, also mach' mich nicht zu deinem Schatz«, sagte Sylvia. »Ich bin nicht dein Schatz.« Sie hängte auf.

Sylvia rief am Samstag morgen zu Hause an, um herauszufinden, ob ihr Vater wohl doch kommen und sie abholen werde. Die Frumkins hätten sich beinahe erweichen lassen, aber ihr Wagen brauchte neue Bremsbeläge, und Mr. Frumkin hatte ihn zur Reparatur in die Werkstatt gebracht.

Am Sonntag fuhren die Frumkins ins Creedmoor und führten Sylvia zum Essen ins Happy Robin aus. Als Entschädigung. »Man sollte seine Wut vergessen können«, sagte Mrs. Frumkin.

Sylvia tat es nicht leid, daß sie am Wochenende des dreizehnten und vierzehnten nicht zu Hause gewesen war. »Ich kann mich zu Hause nie erholen«, sagte sie am Samstag zu einer Therapiehelferin, als sie von einem Einkaufsbummel in einem Shopping-Center in der Nähe des Creedmoor zurückkehrte. »Ich bin froh, daß ich Ausgang habe. So kann ich wenigstens mal diese schreckliche Abteilung verlassen.«

Die Abteilung 043 schien für Miss Frumkin ein relativ erträglicher Ort gewesen zu sein, als sie akut psychotisch war und nur teilweise wußte, was sie sagte oder tat, und teils in der Wirklichkeit, teils in einer Phantasiewelt von Fernseh-, Filmstars und Rocksängern lebte. Es war besser, die andern wegen Eßwaren, Zigaretten und Kleingeld anzuhauen als selbst angeschnorrt zu werden. Es war leichter, Schläge auszuteilen als Schläge einzustecken. Im August und September, nachdem Miss Frumkins Zustand mit Medikamenten stabilisiert worden war, drängte sie

sehr darauf, die Abteilung zu verlassen. Mit den ersten Herbst-
tagen wurde ihr bewußt, wie lange sie schon im Creedmoor war.
»Ich hatte gehofft, hier rauszukommen, solange es morgens noch
hell ist«, sagte sie eines Tages, als man sie um sechs in der Okto-
ber-Dunkelheit weckte. Viele der Patientinnen, die ungefähr zur
gleichen Zeit wie Miss Frumkin oder später in die Clearview-
Einheit gekommen waren, wie zum Beispiel Eileen O'Reilly,
hatten die Abteilung bereits verlassen. Miss Frumkin hatte mit
niemandem Freundschaft geschlossen. Einige der Menschen, die
Miss Frumkin kannten, waren der Ansicht, daß ihr nun, da sie
nicht mehr in einem Wahn befangen war, einige ihrer anziehen-
den Eigenschaften, von denen Miss O'Reilly so fasziniert gewesen war – ihre Grillen, ihre Launenhaftigkeit, ihre Art, mit Wör-
tern umzugehen – abhanden gekommen waren. Sie hörte zwar
gewöhnlich auf, Leute zu schlagen, wenn sie »gesünder« wurde,
versetzte ihnen jedoch verbale Ohrfeigen. Menschen, die Miss
Frumkin zum ersten Mal im Oktober 1978 begegneten, lernten
eine aggressive, überkritische und überaus schwatzhafte Besser-
wisserin kennen, die schrecklich schroff war und aus keinem
ersichtlichen Grund viele unfreundliche Bemerkungen über andere machte. In der einen Minute plauderte sie mit einer Bekannten auf der Abteilung, in der nächsten Minute hatte sie ihr Interesse an dieser Frau bereits verloren, wandte sich ab und sagte, sie
ziehe es vor, ein Buch zu lesen oder fernzusehen.

Die schäbigen Zustände, die in der Clearview-Einheit herrschten, störten sie in jenem Herbst stärker. Eines Tages begab sich
eine Gruppe von Frauen der Clearview-Einheit in den Schönheitssalon auf dem Creedmoor-Gelände, um sich das Haar waschen und legen zu lassen. Eine Friseuse sagte, sie habe bei der
ersten Frau, die Platz genommen hatte, Läuse entdeckt. Sie und
die andern Frauen der Clearview-Einheit wurden auf die Abteilung zurückgeschickt. Sämtliche Patienten und Patientinnen der
Clearview-Einheit mußten sich gegen Läuse behandeln lassen.
Der Gedanke an Läuse ließ Miss Frumkin schaudern.

In jenem Herbst hatte sie auch mehr an den Angestellten auszusetzen – vor allem an der 16.00–0.30-Uhr-Schicht. Miss Frumkin hatte schon immer den Eindruck gehabt, die Abendschicht sei
den Patienten gegenüber besonders hochnäsig. Die Angestellten

saßen oft auf mit weißen Laken bedeckten Stühlen und lasen Zeitung. Als ein Rundbrief, in dem dieses Verhalten ausdrücklich verboten wurde, im Creedmoor zirkulierte, ignorierten sie ihn und rieten einigen Besuchern, sich nicht hinzusetzen, ohne vorher den Stuhl untersucht zu haben, denn »die Patienten sind dreckig«. Einige der Therapiehelferinnen der Abendschicht kamen ihren Pflichten nur widerwillig nach. Sie schienen sich darüber zu ärgern, daß sie die Patienten in der Stunde nach dem Abendessen, wo es ihnen erlaubt war, die Getränke- und Snackautomaten im Hauptflur zu benutzen, dorthin begleiten mußten, und es schien sie nicht weniger zu ärgern, daß die Patienten telefonieren durften. Sie erhoben sich einerseits betont langsam von ihren mit Laken bedeckten Stühlen, um zum Fernseher zu gehen, die Kunststoffscheibe zu entfernen und einen andern Sender einzustellen, weil die Patienten ein anderes Programm sehen wollten. Andererseits hatten sie es eilig, die Patienten früh zu Bett zu bringen – auch die wenigen Patientinnen, die wie Miss Frumkin länger aufbleiben wollten. Diese Therapiehelferinnen hatten andere Interessen, wie zum Beispiel Fleisch von einem Mann zu kaufen, der während ihrer Schicht auf die Abteilung kam, seinen Lastwagen hinter dem Gebäude N/4 parkte und ihnen Schmorbraten und Steaks unbekannter Herkunft zu Preisen weit unter denen der Supermärkte verkaufte.

Im Herbst ärgerte sich Miss Frumkin auch immer wieder über neue Patientinnen, die ebenso gestört waren, wie sie selbst es im Sommer gewesen war, und die sich dementsprechend benahmen. Sie kämpfte mit Isabelle Holzman, einer jungen Frau, die ins Creedmoor zurückgekehrt war, nachdem sie einige Monate draußen verbracht hatte, weil Miss Holzman ihr die Kleider weggenommen hatte. Sie kämpfte mit einer Frau, die ihren Stuhl haben wollte. Am Morgen des 25. Oktober, bevor sie ins Tageszentrum ging, begann Miss Frumkin mit einer Patientin zu kämpfen, die sich geweigert hatte, zur Seite zu rücken, damit Miss Frumkin fernsehen konnte. Therapiehelferinnen trennten die beiden streitenden Frauen, aber erst, als Miss Frumkin bereits einige Kratzer im Gesicht hatte.

An jenem Abend schrieb eine Therapiehelferin in Miss Frumkins Krankengeschichte:

»Um 20.10 Uhr, nachdem ich die Medikamente ausgegeben hatte, ging ich zum Fernseher, um einen andern Sender einzustellen, wobei ich mich zuerst entschuldigte; Sylvia begann zu schreien & fluchte & drohte. Ungefähr 15 Patientinnen saßen herum, niemand sagte etwas außer ihr. Nahm mir Zeit und tat das, was ich zu überprüfen gebeten wurde & wechselte dann den Sender wieder zurück. Als ich im Eß-saal saß, war ein Geschrei im Schlafsaal & Sylvia hatte sich wieder an eine Patientin herangemacht, riß die Bettdecke weg & sagte, sie gehöre ihr. Pat. wird wieder merkwürdig & agiert aus. Mit den Nerven am Ende & schreit aus Leibeskräften. Ich hab ihr geradeheraus ge-sagt, sie würde nicht bekommen, was sie wolle, weil sie schreit & kreischt.«

Vier Tage später notierte auch eine Therapiehelferin der Tages-schicht, daß Miss Frumkin den andern Patientinnen gegenüber aggressiver wurde. »Es scheint, daß Pat. auf Antwort wartet, ob sie ins Übergangsheim aufgenommen wird oder nicht, und wäh-rend dieser Wartezeit wird sie agitiert«, schrieb die Therapiehelfe-rin in die Krankengeschichte von Miss Frumkin.

Die Therapiehelferin hatte recht. Der Oktober war ein schwie-riger Monat für Miss Frumkin gewesen – ein Monat der Span-nung und Ungewißheit, während sie auf Bericht vom Über-gangsheim wartete. Am Donnerstag, dem 2. November, konnte sie die Spannung und Ungewißheit nicht länger ertragen. Sie ging zum Übergangsheim hinüber und erfuhr, daß man ihr Aufnahmegesuch abgelehnt hatte. Die Angestellten des Über-gangsheims waren der Ansicht, das Programm des Übergangs-heims setze Miss Frumkin einem zu starken Druck aus. Später an jenem Tag, nachdem Miss Frumkin wieder auf die Abteilung zurückgekehrt war, traf Dr. Sun sie zufällig in der Aufnahme. Sie machte Schmatzgeräusche mit den Lippen, Wälzbewegungen mit der Zunge und biß sich auf die Lippen; Hermine Plotnick hatte diese Symptome bereits vor eineinhalb Monaten bemerkt und Dr. Sun darauf aufmerksam gemacht. Dr. Sun entschied sich nun dafür, daß dies also doch Symptome einer Spätdyskine-sie waren und nicht bloß Manieriertheit, wie er zuerst angenom-men hatte, und meinte, daß er sie hemmen könne, wenn er Miss Frumkins Medikation niedriger dosiere. Er setzte die 100 Milligramm Moban täglich, die sie in letzter Zeit genommen hatte, unverzüglich auf 20 Milligramm Moban pro Tag herab – 10 Milligramm morgens und 10 abends. Später erklärte er, daß er die Dosis lieber allmählich gesenkt hätte – von 100 Milligramm auf 80 Milligramm, dann auf 60, 40 und erst dann auf 20 Milligramm –, um die Möglichkeit zu mindern, daß Miss Frumkin wieder auf ihren früheren psychotischen Zustand »dekompensiere«. Er war jedoch der Ansicht, daß er die Dosis wegen der Spätdyskinesie drastisch senken müsse.

Am 8. November – dem Tag nach den Gouverneurswahlen des Staates New York, bei denen Miss Frumkin nicht wählen gegangen war und an denen sie seit Anfang Juni keinerlei Interesse mehr gezeigt hatte (sie war gewöhnlich weder in der Klinik noch draußen an irgendwelchen wichtigeren Ereignissen interessiert, wenn sie nicht unmittelbar davon betroffen war) – traf sich Miss Frumkin mit der Sozialarbeiterin der Abteilung, um über die schlechte Nachricht zu sprechen, die sie vom Berater des Übergangsheims erhalten hatte. Die einzige Unterbringungsmöglichkeit für Miss Frumkin, auf die sie selbst und das Behandlungsteam vom Creedmoor seit ihrer Aufnahme am 16. Juni hingearbeitet hatten, war das Übergangsheim gewesen. Nun, da diese Möglichkeit ihnen nicht mehr offenstand, mußten sie nach Alternativen suchen. Miss Frumkin und die Sozialarbeiterin waren sich immer noch einig, daß es sowohl für sie als auch für ihre Eltern von Nachteil wäre, wenn sie nach Hause ginge. Miss Frumkin war nicht darauf erpicht, in ein Rehabilitationszentrum zu gehen: Im ersten Rehabilitationszentrum, in dem sie vor Jahren gewesen war, hatte man sie aufgefordert, wieder zu gehen, weil sie ihr Zimmer nicht in Ordnung gehalten hatte. Sie hatte Panik vor der Vorstellung, schließlich in einem Erwachsenenheim zu landen. Sie sagte, daß es ihr größter Wunsch sei, eine eigene Wohnung zu haben. Sie räumte jedoch ein, sie glaube nicht, daß sie fähig sei, sich um die Wohnung zu kümmern. »Es wäre wahrscheinlich zu viel für mich«, sagte sie. »Wenn ich zu Hause nicht einmal mein Bett mache, dann zweifle ich daran, daß ich mich um eine Wohnung kümmern könnte.« Als das Personal der Clearview-Einheit im Februar 1979 auf den Monat November 1978 zurückblickte, hatte es das Gefühl, daß der November der Monat gewesen war, wo Miss Frumkin sich über ihre mißliche Lage am klarsten gewesen war.

Als Miss Frumkin im November 1978 vom Übergangsheim eine Absage erhalten hatte, wurde sie gefragt, ob sie sich nicht beim Clearview-Motivationszentrum anmelden wolle. Miss Frumkin sagte, sie habe Zweifel in bezug auf das »Hotel«, wie das Motivationszentrum genannt wurde, es sei aber besser als die Abteilung. Das Behandlungsteam des »Hotels« trat am 16. November zusammen, um Miss Frumkins Aufnahme zu erwägen. Es wurde beschlossen, erst einmal abzuwarten, wie Miss Frumkin bis Ende des Monats auf die zwanzig Milligramm Moban reagieren würde; seit der Verringerung der Dosis waren erst zwei Wochen verstrichen. Man kam überein, sich Ende des Monats noch einmal mit ihrem Fall zu befassen. Nachdem Miss Frumkins Gesuch Anfang November vom Übergangsheim abgelehnt worden war, hatte sie der Sozialarbeiterin einen Trostpreis entlockt: Sie durfte nun den ganzen Tag ins Büro und mußte nicht länger ins Tageszentrum gehen.

Miss Frumkins Streitigkeiten mit ihrer Familie verstärkten sich im November. Vor einigen Jahren hatten ihr ihre Eltern eine hübsche Bettdecke für fünfzig Dollar gekauft, die nicht gewaschen werden konnte, sondern chemisch gereinigt werden mußte. Mrs. Frumkin hatte sie in einen Wandschrank getan und eine billigere, weniger schöne und waschbare Bettdecke auf Sylvias Bett gelegt. Als Sylvia sagte, sie wolle aber ihre gute Bettdecke haben (»Was hat es für einen Sinn, daß du sie gekauft hast?«), antwortete ihre Mutter, sie dürfe sie nicht benutzen, weil sie nie ein Bad nehme und die Bettdecke immer auf den Fußboden werfe – und »Trockenreinigung kostet Geld«. Mrs. Frumkin ärgerte sich über die Faulheit ihrer jüngeren Tochter, über ihr Nägelkauen und darüber, daß sie ständig zuviel aß. Ende November wog Sylvia 80 Kilo. »Dreißig Jahre lang bin ich nett mit dir gewesen«, sagte Harriet Frumkin einmal an einem Wochenende im November zu Sylvia. »Jetzt ist Schluß damit.« Die Spannung zu Hause steigerte sich, als ein viertägiges Thanksgiving-Wochenende sich zu einem sechstägigen Aufenthalt zu Hause auswuchs: Sylvia kam am Donnerstag, dem 23. November, nach

Hause, bekam eine schwere Erkältung und war erst am Mittwoch, dem 29. November, wieder in der Lage, ins Creedmoor zurückzukehren. Während jener sechs Tage wusch sie sich nicht, zog sich nicht an und putzte sich auch die Zähne nicht. Sie hatte auch damit angefangen, die Medikamente an den Wochenenden nicht mehr einzunehmen.

Der November hörte schließlich für Miss Frumkin fröhlicher auf, als er begonnen hatte. Am Donnerstag, dem 30. November, war für sie ein Interview für die Aufnahme ins »Hotel« vorgesehen worden. Ein Monat war verstrichen, seit Dr. Sun ihre Medikamente niedriger dosiert hatte. Er erklärte dem Behandlungsteam des »Hotels«, er habe beobachtet, daß die Symptome unter Kontrolle seien und daß Miss Frumkin zwar fordernd und manipulativ, aber auch ziemlich ruhig, mitteilsam und realistisch sei. Er sagte überdies, sie sei kein schwieriges Problem für das Pflegepersonal. Ob ein Patient ein Problem für das Pflegepersonal darstellte oder nicht, war für das Behandlungsteam des »Hotels« nicht unbedeutend, denn das »Hotel« verfügte über wenig Personal: Häufig waren nur zwei Therapiehelferinnen pro Schicht anwesend.

Der Zweck des Clearview-Motivationszentrums bestand in der Betreuung von Patienten, die nicht länger auf einer geschlossenen Abteilung sein mußten, aber noch nicht direkt entlassen werden und den Schritt zurück in die Gemeinschaft wagen konnten. Das »Hotel« entsprach nicht nur einem echten Bedürfnis, indem es die Lebensqualität für die Patienten, die es aufnahm, verbesserte und ihnen half, aus der Klinik herauszukommen, es entsprach auch einer gesetzlichen Bestimmung. 1975 hatte der Oberste Gerichtshof in einem richtungweisenden Fall entschieden, daß es im Interesse des Wohlbefindens von psychisch Kranken notwendig sei, sie in einer Umgebung unterzubringen, die so wenig restriktiv wie nur möglich sei. Patienten, die nicht auf geschlossenen Abteilungen sein mußten, waren von Gesetzes wegen berechtigt, in einer freieren Umgebung untergebracht zu werden. Das Team des »Hotels« war am Vormittag des 30. November zusammengekommen, um Miss Frumkins Krankengeschichte zu studieren. Am Nachmittag trafen sich das Behandlungsteam des »Hotels« und das der Abteilung in der Aufnahme der Abteilungen 043 und 044. Der Koordinator des »Hotels« sagte, die Mitarbeiter des »Hotel«-Teams hätten die Möglichkeit, Miss Frumkin nicht aufzunehmen, ernsthaft in Betracht gezogen, da sie aufgrund der Krankengeschichte von Miss Frumkin keine großen Hoffnungen hegten, Sylvia könne wieder in die Gemeinschaft eingegliedert werden, und das trotz größter Bemühungen seitens des Teams. Trotzdem, meinte er, hätten sie sich dafür entschieden, sie aufzunehmen. »Wir werden unser Bestes tun, um Sylvia zu helfen«, sagte er. »Wenigstens könnten wir ihr eine bessere Umgebung vermitteln, als sie sie hier auf der Abteilung hätte.«

In fünfeinhalb Monaten im Creedmoor hatte Miss Frumkin sich von einem hilflosen Menschen, den man beinahe ständig in einen Absonderungsraum hatte einsperren müssen, zu einem Menschen gewandelt, der einen ganzen Tag in der Schreibmaschinen-Werkstatt verbringen und ins »Hotel« umziehen konnte. Es ist vielleicht bezeichnend für den häufigen Wechsel des Fachpersonals in der Clearview-Einheit, daß nur wenige der Menschen, bei denen sich Mrs. Plotnick am 30. November für diesen Entscheid bedankte, einschließlich des Leiters des Behandlungsteams, der Sozialarbeiterin und der Psychologin, bereits in der Clearview-Einheit gearbeitet hatten, als Miss Frumkin eingewiesen worden war. Der Großteil der Mitarbeiter, die fortgegangen waren, arbeitete inzwischen auf anderen Abteilungen. Obwohl Dr. Sun, der das Aufnahmegespräch mit Miss Frumkin geführt hatte, immer noch da war, sollte er bald gehen. Im Sommer 1979 wurde er wegen Verkaufs von mehr als fünftausend Rezepten für Valium und Tuinal an der Privatklinik in der Bronx, wo er stundenweise arbeitete, angeklagt. Im September 1979 bekannte er sich schuldig, ohne legitimen medizinischen Zweck zur Abgabe von rezeptpflichtigen Substanzen beigetragen zu haben – ein Kapitalverbrechen. Im Mai 1980 wurde ihm eine Bewährungsfrist von zwei Jahren erteilt, unter der Voraussetzung, daß er in jedem dieser zwei Jahre zweihundertfünfzig Stunden dem Dienst der Gemeinde widme.

Mrs. Plotnick war Creedmoor gegenüber genauso kritisch eingestellt wie die Besucher ihrer Einheit und die Patienten. (Der Direktor der Klinik, Dr. William L. Werner, war nicht minder kritisch eingestellt.) Mrs. Plotnick bemängelte den Personalmangel der Clearview-Einheit, die schäbigen (und oft gefährlichen) Verhältnisse, wie zum Beispiel die Tatsache, daß es keinen gepolsterten Absonderungsraum gab, und die vielen Fehler, die in dieser Hinsicht begangen wurden.

»Creedmoor sollte viel besser sein, als es ist, aber es ist ein relativ sicherer Platz, wenn man verrückt ist«, sagte Mrs. Plotnick nach dem Meeting. »Sylvia Frumkins Chancen, an einer Infektion oder an Unterernährung zu sterben, waren hier in der Clearview-Einheit weitaus geringer als auf der Straße. Wenigstens haben wir ihr Asyl angeboten, im besten Sinn des Wortes – ein sicheres Refugium.«

Als Miss Frumkin in die Aufnahme gerufen und darüber informiert wurde, daß sie im »Hotel« aufgenommen worden war, schien sie sich zu freuen. »Gott sei Dank, klopfen wir an Holz!« sagte sie. »Das letzte Mal, als ich im ›Hotel‹ war, hab' ich es geschafft. Im Februar 1977 bin ich vom ›Hotel‹ ins Übergangsheim gezogen. Vielleicht schaff' ich es wieder.«

Miss Frumkin war guter Laune, als sie am 4. Dezember um 10.00 Uhr ins Clearview-»Hotel« umzog. Das »Hotel« war ein gefälliges, langgestrecktes, zweistöckiges Gebäude aus dunkelroten Ziegelsteinen, das vom Gebäude N/4 problemlos zu Fuß zu erreichen war. Die Bewohner des »Hotels« lebten in Einer- oder Zweierzimmern; jedes Stockwerk verfügte über ein Badezimmer für Männer und eines für Frauen. Im Zimmer, das Miss Frumkin zugewiesen worden war, standen zwei Betten. Ihre gute Stimmung wurde noch verstärkt, als sie erfuhr, daß sie im Augenblick das Zimmer mit niemandem teilen müsse. Miss Frumkin sagt oft von sich, sie sei eine Einzelgängerin, und sagt geradeheraus, sie habe keine Verwendung für Zimmergenossen. Erstens erträgt sie Zigarettenrauch nicht, zweitens bleibt sie abends länger auf als die meisten Menschen, und drittens will sie sich dem Lebensrhythmus anderer Menschen nicht anpassen müssen.

Miss Frumkin verbrachte das Wochenende vom 2. und 3. Dezember zu Hause. Ihre Eltern fuhren sie am 4. Dezember ins Creedmoor zurück und halfen ihr, die wenigen Sachen, die sie auf der Abteilung hatte, sowie einige Gegenstände von zu Hause

– ein paar Bücher, verschiedene Kleider zum Wechseln, ihre Gitarre, ein Kofferradio (ein verspätetes Geburtstagsgeschenk von einer Freundin ihrer Mutter) und ihren Haartrockner – ins »Hotel« hinüberzubringen. Als Sylvia die Sachen auspackte, sagte Mrs. Frumkin: »Du hast große Fortschritte gemacht; du bist wieder im ›Hotel‹, wo du vor zwei Jahren angefangen hast.« Sylvia Frumkin hört immer, was ihre Mutter sagt, doch manchmal entschließt sie sich dazu, die bissigen Bemerkungen ihrer Mutter einfach zu ignorieren. Sie zog es nun vor, sich den positiven Aspekt des Umstands vor Augen zu halten, daß sie im »Hotel« und nicht mehr auf der Abteilung war. Ihr Zimmer war spartanisch eingerichtet – mit den Betten, zwei Frisiertoiletten, einem Schrank, einem Waschbecken und einer Brücke –, doch es war besser als ein Abteil in einem Schlafsaal. Nachdem Miss Frumkin die Betten ausprobiert hatte, sagte sie glücklich, beide seien echte Betten mit richtigen Sprungfedern, und die Matratzen und Kopfkissen waren im Gegensatz zu den harten Betten und harten Kissen auf der Abteilung mit weichem Drillich überzogen. Sie entschied sich für das Bett, das näher am Fenster stand, bezog es mit frischen Laken, warf eine Bettdecke darüber und stellte dann ihre verschiedenen Tolkien-Bücher auf der Frisiertoilette auf. Ihr gefiel der Gedanke, daß sie an den Wochentagen bis sieben statt bis sechs Uhr schlafen konnte, und an den Wochenenden, an denen sie nicht nach Hause ging, so lange ausschlafen konnte, wie sie wollte. Sie freute sich darauf, daß sie das »Hotel« jeweils am Morgen verlassen konnte, nachdem sie sich auf der Ausgehliste eingetragen hatte, am Nachmittag nicht für die Zählung zurückkehren mußte und bis 22.30 Uhr ohne besondere Erlaubnis draußen bleiben durfte.

Eine Regel des »Hotels«, an die sich Miss Frumkin von ihrem Aufenthalt von 1977 her erinnerte, lautete, daß neue Gäste in den ersten zehn Tagen nicht nach Hause gehen durften. Miss Frumkin schien Gefallen daran zu finden, daß sie am nächsten Wochenende nicht nach Hause gehen durfte. Nachdem sie eine erfreuliche Woche mit Schreibmaschinenschreiben verbracht und es am Samstag genossen hatte, auszuschlafen, den *Herr der Ringe* nochmals zu lesen, zum ersten Mal seit einem Jahr wieder Gitarre zu spielen, ging sie am Sonntag morgen zur Kirche. Sie hatte in den letzten paar Wochen eine Kirche in der Nähe vom Creedmoor besucht, ohne ihren Eltern etwas davon zu sagen, die das nicht geschätzt hätten; denn sie brachten einige frühere Rückschläge von Miss Frumkin mit religiösen Bekehrungen in Zusammenhang. Miss Frumkin hatte religiöse Träume gehabt, die sie ebenfalls für sich behielt. In einigen der guten Träume hatte sie christliche Musik gehört, zu der Engel gesungen hatten; in ihren Alpträumen hatte sie Dämonen gesehen. Die Frumkins kamen am Sonntag nachmittag, den 10. Dezember, ins Hotel und gingen mit Sylvia in einen kleinen Laden in der Nähe der Klinik, um ihr neue Kleider zu kaufen – ihre ersten neuen Kleider seit einem Jahr mit Ausnahme des vermißten peruanischen Ponchos. Sie entschieden sich für ein vierteiliges Polyesterset, bestehend aus einer schwarzen Hose, einer schwarzen Weste, einer weißen Bluse und einer gelbbraunen Jacke mit schwarzen Biesen. Als sich Sylvia im Laden umsah und einen schwarzen Rock im beinahe gleichen Ton wie das Set entdeckte, kauften ihn die Eltern dazu. Die Kleider hatten zwar Größe 48, aber sie waren gut und sehr vorteilhaft geschnitten, und Sylvia war glücklich über den Einkauf. Ob sie kränker oder gesünder war, sie beklagte sich oft darüber, daß sie die alten Kleider anderer Leute tragen mußte.

Die folgende Woche verlief für Miss Frumkin ebenfalls angenehm. Am 11. Dezember machte sie eine Schreibmaschinen-Prüfung und tippte fünfunddreißig Wörter pro Minute mit vierzehn Fehlern – eine Steigerung. In den vergangenen paar Wochen hatte sie ein wenig Geld damit verdient, Briefe in Briefumschläge zu stecken, Etiketten auf die Umschläge zu kleben und einige Umschläge zu beschriften. Am 13. Dezember fand in der Schreibmaschinen-Werkstatt eine Weihnachtsparty statt. Es wurde den ganzen Tag nicht getippt. Die Party begann am Morgen mit verschiedenen Gesellschaftsspielen wie Stuhlpolonaisen und Scharaden. Einige Klientinnen weinten und weigerten sich, an irgendeinem Spiel teilzunehmen, doch Miss Frumkin beteiligte sich voller Enthusiasmus.

Die Tische im hinteren Teil der Werkstatt waren mit festlichen Weihnachts- und Chanukka-Papiertischtüchern bedeckt, auf denen ein kaltes Büfett angerichtet worden war. Es gab Platten mit gebratenem Huhn und Schüsseln mit Kohlsalat, Chips, Brezeln, Mixed Pickles, Pralinen und Krüge voller Punsch. Miss Frumkin aß mehr als alle andern. »Ich mach' nach Weihnachten eine Diät«, erwiderte sie einer Patientin, die kritisch bemerkt hatte: »Sechs Handvoll Pralinen, Sylvia, sechs Handvoll.«

Miss Frumkin wirkte, nachdem sie fertig gegessen hatte, geistesabwesend. Für den frühen Nachmittag war eine Talentshow geplant, und Miss Frumkin sollte auf der Gitarre vorspielen. Sie kaute an den Fingernägeln, spielte mit den Fingern und ärgerte sich, weil an der Weihnachtsparty weniger Leute teilnahmen als an der letzten Party. Sie wiederholte immer wieder, daß sie lange Zeit nicht mehr gespielt und bis zwei Uhr morgens geübt habe und daß sie die ganze Nacht aufgeblieben wäre, wenn nicht eine Mahata der Nachtschicht sie aufgefordert hätte, ins Bett zu gehen. Sie zupfte an den Saiten der Gitarre herum, während die andern Gäste zu Mittag aßen. Sie war die erste, die an die Reihe kam. »Wünscht mir Glück«, sagte sie zu den Zuhörern, bevor sie »White Christmas« zu spielen begann. Hin und wieder unterbrach sie ihr Spiel, um diejenigen Zuhörer zur Ruhe zu bringen, die ihr nicht ungeteilte Aufmerksamkeit entgegenbrachten. Ihr zweites Lied war »The Little Drummer Boy«, und sie schien es schwieriger zu finden als das erste. Sie machte einen Fehler, fragte: »Kann ich bitte nochmal von vorn beginnen?«, begann erneut, machte wieder einen Fehler und bat die Zuhörer, nochmals beginnen zu dürfen. Schließlich sagte eine Klientin: »Genug ist genug, Sylvia.« Sylvia spielte daraufhin das Lied ohne nennenswerte Fehler durch. Im September hatte Miss Frumkin Mrs. Gruen gefragt, ob sie an der Weihnachtsparty den Weihnachtsmann spielen dürfe. Sie hatte die Rolle bekommen. Sie zog sich eine Weihnachtsmann-Maske über, setzte sich im hinteren Teil des Zimmers neben eine Kiste voller Gaben und war ein lustiger Weihnachtsmann. Sie forderte jede Klientin auf, dem Weihnachtsmann zu sagen, wie gut sie tippen könne und was sie sich zu Weihnachten wünsche. Weihnachtsmann Frumkin verteilte Weihnachtskarten, die von einer Pfadfinderinnen-Gruppe der Gegend gemalt und geklebt worden waren, und kleine Flakons Kölnischwasser, das eine große Kosmetikfirma gestiftet hatte. Als sie ihre Arbeit als Weihnachtsmann beendet hatte, zog sie die Maske ab und fragte Mrs. Gruen: »Werden wir eine Oster-party haben?« Mrs. Gruen erwiderte ihr, dies sei nicht die Zeit, um sich Gedanken über Ostern zu machen – es sei Zeit für die Gruppe, um Weihnachts- und Chanukka-Lieder zu singen. Nach dem Singen war die Party zu Ende.

Am nächsten Tag begab sich Miss Frumkin während der Mit-tagspause in einen Schönheitssalon in der Nähe vom Creedmoor, um sich das Haar schneiden zu lassen. Sie hatte beschlossen, Hun-tington sei zu weit weg, Jason hin oder her. Der Schönheitssalon in der Nähe vom Creedmoor war praktisch. Sie mochte Heidi, die junge Frau, die ihr das Haar schnitt, weil Heidi nett war und ihr auch zu glauben schien, als sie sagte, sie arbeite als Sekretärin im Creedmoor. Am Abend waren die Bewohner des Clearview-»Hotels« in Manhasset, beim Leiter der Laienhelferdienste vom Creedmoor, zum Essen eingeladen. Der große Bus vom Creed-moor war reserviert worden, um vierzig »Hotel«-Patienten und mehrere Mitglieder des Personals zur Party und wieder zurück-zufahren. Miss Frumkin zog ihre neue Bluse, Weste, Hose und Jacke an. Der Abend war kalt, und deshalb schlüpfte sie auch noch in den braunen Wintermantel, den ihr eine der Laienhelfe-rinnen beim jüdischen Gottesdienst neulich geschenkt hatte. Die Patienten fuhren schweigend nach Manhasset. Die fünfzehnmi-nütige Fahrt vom Creedmoor nach Manhasset dauerte schließlich fünfundvierzig Minuten, weil der Fahrer einige Drinks gehabt hatte und sich verfuhr.

Das elegante Haus im Tudorstil des Leiters der Laienhelfer-dienste war für die Feiertage wunderschön geschmückt worden. Die Patienten wurden begrüßt, man nahm ihnen die Mäntel ab, und sie wurden in den Aufenthaltsraum geführt, wo sie an klei-nen Tischen Platz nehmen durften. Das Abendessen, das aus gegrilltem Huhn, gegrillten Koteletts, Salat, Brötchen, Apfelsaft und einer Auswahl an Kuchen, Torten und Gebäck bestand, wurde serviert. Die Patienten des »Hotels« aßen schweigend. Nach dem Essen gingen sie nach oben und nahmen im Wohn-zimmer Platz, wo ein Weihnachtsbaum funkelte, der bis an die Decke reichte und mit handgearbeitetem Schmuck und mit Lich-terketten geschmückt war. Ein Student der Julliard School spielte

Klavier. Danach sangen zwei Laienhelfer vom Creedmoor und spielten Gitarre. Dann wurden die Bewohner des »Hotels« gefragt, ob sie ein Solo vortragen wollten. Miss Frumkin war die erste, die sich meldete. Sie sang »It Came Upon the Midnight Clear«. Zwei weitere Bewohner des »Hotels« sangen ebenfalls ein Solo. Es folgte etwas Chorgesang, an dem sich nur wenige beteiligten, und dann war es Zeit, wieder in den Bus zu steigen. Die Bewohner des »Hotels« bedankten sich beim Gastgeber, als sie einer nach dem andern das Haus verließen. Sie stiegen in den Bus und fuhren schweigend ins Hotel zurück. In den nächsten Monaten sagten sie immer wieder einmal, sie hätten sich an dieser Weihnachtsparty gut amüsiert. Niemand hätte es geglaubt, der sie an jenem Abend gesehen hätte. Niemand hätte es anhand der Fotografien geglaubt, die Mrs. Plotnick an jenem Abend von vielen Patienten gemacht hatte. Eine Freundin von Mrs. Plotnick, die die Schnappschüsse gesehen hatte, sagte, ihr falle dazu eine Zeile eines Schauspiels ein, das sie vor vielen Jahren gesehen hatte: »Überall, wo ich hingehe, nehme ich mich mit, und das verdirbt immer alles.« Es gab nicht eine Fotografie, auf der jemand geredet oder gelächelt hätte.

Im Dezember hatte Miss Frumkin ziemlich fröhlich gewirkt: Sowohl ihr Umzug ins »Hotel« als auch die Geschäftigkeit der Feiertage schienen zu ihrer guten Stimmung beigetragen zu haben. Etwa eine Woche vor Weihnachten hatte Mrs. Frumkin Sylvia ihr Sparbuch gegeben. Es war das erste Mal, daß Miss Frumkin über ihr Sparbuch verfügte, seit sie es im Juli Stephanie Fulton übergeben hatte. Nun, wo sie in der Schreibmaschinen-Werkstatt ein wenig Geld verdiente, ging sie mehrmals in der Woche zur Bank. Sie zahlte die bescheidenen Beträge, die ihr alle zwei Wochen vom Schreibbüro ausbezahlt wurden, und ihr wöchentliches Taschengeld ein. Sie hob alle paar Tage einige Dollar für ihre Ausgaben ab, achtete jedoch darauf, daß sie stets mehr als zweihundert Dollar auf dem Konto hatte. Das meiste Geld gab sie für Essen aus.

Im Januar wurde Miss Frumkin zusehends nervös und unglücklich. Sie übte Kritik am »Hotel«. Sie beschwerte sich, daß die Mahatas, die morgens um sieben durch die Flure gingen und an die Zimmertüren klopften, um zu sagen, daß es Zeit zum Aufstehen sei, griesgrämig seien. Sie beanstandete die Aktivitäten des »Hotels«. Früher hatte es ihr Spaß gemacht, sich an den Bingo-Spielen zu beteiligen, die an einigen Abenden durchgeführt wurden, doch nun beschwerte sie sich bei den Laienhelferinnen der Kirche, die die Bingo-Spiele finanzierten, die Preise seien nicht mehr so gut wie früher und sie sollten mehr Chips und weniger Brezeln bringen. Sie vertraute einer Bekannten an, sie fühle sich beim Bingo-Spiel nicht mehr wohl; sie glaube, es sei vielleicht ein heidnisches Spiel, eine Art Geldspiel, das sich für Christen nicht zieme. Ihre Bekannte sagte ihr, sie solle sich keine Sorgen machen – Bingo würde auch in der Kirche gespielt.

Im Dezember sagte Miss Frumkin jedesmal, wenn sie mit einem Mitglied des »Hotel«-Teams über ihre Entlassung redete, sie würde vielleicht ins Übergangsheim zurückkehren. Am 10. Januar 1979 teilte Miss Frumkin bei einer vorschriftsmäßig anberaumten Zusammenkunft des »Hotel«-Teams und der Patienten dem Team plötzlich mit, sie habe nicht länger die Absicht, ins Übergangswohnheim zurückzukehren. Sie erklärte dem Team, das Übergangsheim weise zwar im Vergleich zum »Hotel« einige Vorteile auf. Im Übergangsheim wurde man zum Beispiel um sieben Uhr dreißig statt um sieben Uhr geweckt. Das Essen war besser, und die Angestellten im Speisesaal behandelten einen, so Miss Frumkin, dort wie ein menschliches Wesen. Das Personal im Übergangsheim sei – mit wenigen Ausnahmen – freundlicher. Im Übergangsheim konnte man die Zimmertür abschließen, und es mußten sich höchstens vier Frauen das Badezimmer untereinander teilen und nicht acht oder zehn. Zudem waren die Bewohner des Übergangsheims Menschen, die aus der Klinik entlassen worden waren und denen es finanziell besser ging, weil sie Sozialhilfe beziehen konnten, während die Bewohner des »Hotels« immer noch Patienten vom Creedmoor waren und keinen Anspruch auf Sozialhilfe hatten. Aber, erklärte sie dem »Hotel«-Team, das Übergangsheim befand sich noch auf dem Areal des Psychiatriezentrums. Es war ein strukturiertes Programm. Gewöhnlich teilte man das Zimmer dort mit jemandem. Miss Frumkin sagte, sie habe genug davon, auf dem Areal der Klinik zu leben und sich einer Hausordnung unterwerfen zu müssen. Sie wolle allein in der Gemeinde leben – in ihrer eigenen Wohnung. Die Teammitglieder eröffneten Miss Frumkin so taktvoll wie möglich, aufgrund ihrer Krankengeschichte sei es realistischer, wenn sie in einer überwachten Institution lebe. Sie erinnerten sie daran, daß ihr Zimmer im »Hotel« in Unordnung sei und sie sich jeden Morgen weigere aufzustehen. Sie sagten ihr höflich, aber bestimmt, sie sei noch nicht reif für eine eigene Wohnung. Miss Frumkin wiederholte, sie werde sich nur mit einer eigenen Wohnung zufriedengeben. Die Mitglieder des Teams gaben ihr zur Antwort, sie würden sich in ein paar Wochen wieder mit ihr unterhalten.

Ende Januar wirkte Miss Frumkin fauler, angespannter und streitsüchtiger. Im Büro redete sie zu viel, und wenn man ihr mehr als fünf Umschläge auf einmal zum Beschriften gab, war sie so aufgeregt, daß sie sich oft vertippte. Als ihr Mrs. Gruen und Mrs. Wilcox jeweils nur noch einen Umschlag gaben, fühlte sie sich erniedrigt, denn alle andern Patientinnen bekamen mindestens fünf. Sie kaute wieder mehr an den Fingernägeln – beim Schreibmaschinenschreiben, im »Hotel« und zu Hause. Mehrere Male kaufte sie sich ein Spezialpflaster für Finger und verbrachte zehn ganze Stunden damit, ihre Finger zu umwickeln, so daß sie nicht daran herumnagen konnte. Am nächsten Tag machte sie die zehnstündige mühsame Arbeit zunichte, indem sie das Heftpflaster wieder abriß. Sie hatte nicht nur keine Lust, aufzustehen oder das Zimmer zu putzen, sondern auch keine Lust, sich zu waschen. Die Angestellten des »Hotels« ermahnten sie, sie solle sich duschen, wenn ihr Körpergeruch für andere zu unangenehm wurde. Miss Frumkin war unter ihresgleichen noch nie beliebt gewesen, weil sie den andern stets Ratschläge erteilte, aber nie Ratschläge von den andern annahm, doch Ende Januar war sie noch weniger beliebt als sonst. Bei den Zusammenkünften der Patienten riß sie das Gespräch mit immer länger werdenden Monologen an sich. Einmal redete sie bei einer solchen Zusammenkunft zwanzig Minuten lang über Abmagerungskuren. Sie sagte, sie werde eine Schachtel Vanille-Sahnebonbons kaufen, weil sie diesen Geschmack nicht möge, anstatt einer Schachtel Schokolade-Pfefferminz-Pastillen, die sie gern hatte und wie Bonbons aß; aber dann sagte sie, sie werde wahrscheinlich überhaupt nichts dergleichen kaufen. Sie werde nämlich den Overeaters Anonymous, Weigh of Life oder irgendeiner andern Organisation für Zwangsesser beitreten, aber sie sei nicht sicher, wann. In der Zwischenzeit war sie verletzt, wenn sie in den McDonald's ging, Eiscreme mit heißem Sirup und einer zusätzlichen Portion Sirup bestellte und dann die Leute, die hinter ihr in der Reihe standen, sagen hörte, bei McDonald's würde man ihr einen Gefallen tun, wenn man ihr keine Eiscreme mehr verkaufe. Als sie über die Tatsache jammerte, daß sie 84 Kilo wog, sagte eine freimütige Patientin, die genug davon hatte, Miss Frumkin zuzuhören: »Je mehr du übers Abmagern redest, desto weniger machst du etwas in dieser Hinsicht. Weshalb hältst du also nicht die Klappe?«

Am nächsten Abend sagte Miss Frumkin, sie habe keinen Eierpunsch über die Feiertage gehabt, und ging in den Delikatessenladen, um sich welchen zu kaufen. Ein Mann im »Hotel« hatte ihr Geld gegeben, damit sie ihm ein Sandwich und ein Mineralwasser hole. Als sie mit einem Liter Eierpunsch und seiner Bestellung zurückkam, ging sie auf sein Zimmer und lud ihn ein, sein Sandwich auf ihrem Zimmer zu essen. Während er das Sandwich langsam aß, beobachtete er sie und hörte ihr zu, wie sie den ganzen Liter in wenigen Minuten hinuntergoß und zwischen den einzelnen Schlucken rülpste. Sie erklärte ihm, sie habe einen ganzen Liter Eierpunsch kaufen müssen, weil der Delikatessenladen keine Halb- oder Viertelliter führe. Der Mann hatte im »Hotel« eine Freundin, die am folgenden Wochenende ihre Schwester besuchen wollte. Miss Frumkin schlug dem Mann vor, er solle sie an jenem Samstag abend ausführen. Der Mann erklärte sich einverstanden. Zwei Tage später nahm er sein Versprechen zurück.

Eine ältere Frau, die jeden Abend in der Imbißstube des »Hotels« arbeitete, sollte in Kürze aus dem Creedmoor entlassen werden. Miss Frumkin wußte, daß für diese Arbeit ein Dollar pro Abend bezahlt wurde, und bewarb sich um den Posten. Man teilte ihr mit, sie sei zu schlampig für diese Arbeit. Die Stelle wurde einer andern jungen Frau gegeben.

Ende Januar erzählte Miss Frumkin ihren Bekannten im Büro, sie werde immer zwanghafter in ihrem Verhalten. Es war ihr aufgefallen, daß sie die Anzahl der Schritte zählte, die sie machte, wenn sie vom »Hotel« in den Eßsaal ging, der sich in einem nahegelegenen Gebäude befand, und daß sie zählte, wie oft sie mit der Zahnbürste über die Zähne fuhr – an den seltenen Tagen, an denen sie die Zähne putzte. Sie brachte nun zwei Stunden täglich damit zu, ihr Budget aufzustellen, und brütete über den Zahlen, weil die Rechnung immer um einige Cents nicht aufging.

Es wird von den freiwilligen Patienten im Creedmoor erwartet, daß sie mindestens alle hundertzwanzig Tage ein Formular unterzeichnen, wodurch sie ihren Wunsch bestätigen, in der Klinik bleiben zu wollen. Am 24. Januar wurde Miss Frumkin ein solches Formular ausgehändigt, und sie zögerte nicht, ihren Namen hinzukritzeln. Hätte sie zu diesem Zeitpunkt ihre Entlassung beantragt, oder hätte sie sie im September, Oktober, November oder Dezember beantragt, wäre sie »gegen den Rat der Ärzte« entlassen worden. Hätten die Psychiater der Clearview-Einheit nicht die Ansicht vertreten, Miss Frumkin könne insofern von einem längeren Aufenthalt im »Hotel« profitieren, als sie damit auf einen allmählichen Wiedereintritt in die Gesellschaft vorbereitet werden könne, hätten sie sie bereits entlassen; die Psychiater hätten sich ihrem Antrag auf Entlassung jedoch nicht widersetzt, wenn sie ihn gestellt hätte. Die Psychiater hätten nicht vor Gericht gehen und aussagen wollen, Miss Frumkin stelle eine Gefahr für sich selbst und für andere dar, denn im Herbst 1978 und Winter 1979 konnte sie Situationen meistern, denen sie am 16. Juni, als sie in die Klinik aufgenommen worden war, nicht gewachsen gewesen wäre.

Fünf Tage nach der Unterzeichnung des Formulars für freiwillige Patienten hatte Miss Frumkin einen dämonischen Alptraum. Später erzählte sie einem Angestellten des »Hotels«, sie sei auf die Knie gefallen und habe wieder zu Christus zurückgefunden. Am nächsten Tag teilte sie einer Bekannten im Büro mit, sie habe nun von allem genug gehabt und wolle einen klaren Bruch mit den Dingen vollziehen. Die Bekannte verstand nicht genau, was Miss Frumkin meinte. Sie wußte, wie unstet und flatterhaft Miss Frumkin war, und sie wußte auch, daß es ihr eine besondere Art von Spaß machte, sich mysteriös zu geben.

In der Nacht vom Dienstag, dem 6. Februar, begann es in New York City zu schneien. Der Schnee fiel die ganze Nacht über, sanft und beständig. Miss Frumkin zog an jenem Abend das Nachthemd an, ging jedoch nicht schlafen. Sie blieb die ganze Nacht auf, las die Bibel und blätterte raschelnd die Seiten des Neuen Testaments um. Das erste Mal seit Monaten hörte Miss Frumkin Stimmen. Die Stimmen sagten ihr, sie solle die Klinik unverzüglich verlassen.

Als am nächsten Morgen um sieben Uhr eine Mahata des »Hotels« an Miss Frumkins Tür klopfte, um ihr zu sagen, daß »es wieder jene bestimmte Zeit« sei, trödelte Miss Frumkin nicht herum. Es schneite immer noch. Sie zog ihren neuen schwarzen Rock an. »Damen tragen keine Hosen«, sagte sie einer Bekannten im »Hotel«, obwohl sie seit Monaten nichts anderes als Hosen getragen hatte. Sie zog eine Bluse, eine Weste, eine Jacke, einen Mantel und ein Paar Stiefel an. Sie nahm ihre große Handtasche mit. Sie holte ihr Morgenmedikament ab – die zehn Milligramm Moban – und verließ das »Hotel«. Gegen zweiundzwanzig Uhr abends fiel einer Therapiehelferin des »Hotels« von der 16.00–0.30-Uhr-Schicht auf, daß sie Miss Frumkin seit Dienstbeginn noch nicht gesehen hatte. Die Bewohner des »Hotels« blieben oft bis zweiundzwanzig Uhr dreißig »draußen«, deshalb machte sie sich keine Sorgen. Um elf Uhr abends, als Miss Frumkin immer noch nicht zurückgekehrt war, rief sie Irving und Harriet Frumkin an und fragte nach, ob Sylvia vielleicht nach Hause gekommen sei. Das war nicht der Fall. Daraufhin rief die Mahata den Sicherheitsdienst an und meldete Miss Frumkin als vermißt. Sie füllte einen 147er-Vordruck aus und schrieb hin, daß Miss Frumkin ohne Erlaubnis Urlaub genommen habe. Harriet Frumkin rief Joyce und mehrere Freunde an und fragte sie, ob sie an jenem Tag etwas von Sylvia gehört hätten. Auch das war nicht der Fall gewesen.

Am Morgen des 8. Februar war Miss Frumkin immer noch nicht ins »Hotel« zurückgekehrt. Die Sozialarbeiterin telefonierte mit Mrs. Frumkin; Sylvia war noch nicht nach Hause gekommen. Die Sozialarbeiterin rief dann im Büro an und fragte Mrs. Wilcox, ob Miss Frumkin am 7. Februar dort gewesen sei. Mrs. Wilcox verneinte die Frage. Sie erklärte der Sozialarbeiterin, unter normalen Umständen hätte sie im »Hotel« angerufen, um zu fragen, wo Miss Frumkin sei, doch wegen des vielen Schnees seien so viele Leute nicht gekommen, daß sie den zahlreichen Abwesenden nicht nachgefragt habe. Die Frumkins waren außer sich. Sie riefen die Abteilung für Vermißtmeldungen bei der Polizei an und telefonierten den größten Teil des Tages mit Freunden. Sie versuchten sich in Erinnerung zu rufen, was Sylvia ihnen in den vergangenen Wochen über ihr Leben im Creedmoor erzählt hatte. Sie erinnerten sich daran, daß Sylvia gesagt hatte, sie wolle mit Edith, einer ambulanten Patientin der Schreibmaschinen-Werkstatt, mittagessen gehen. Sie riefen Edith zu Hause an. Sie hatte nichts von Sylvia gehört. Die Frumkins entsannen sich, daß Sylvia sich darüber beklagt hatte, ein Patient vom Creedmoor namens Larry habe sie wiederholt dazu gedrängt, mit ihm auszugehen. Die Sozialarbeiterin rief auf Larrys Abteilung an. Larry hatte das Klinikareal am 7. und 8. Februar nicht verlassen und wußte nichts über Sylvias Verschwinden.

Am Morgen des 9. Februar erfuhren die Frumkins von einem Beamten der Abteilung für Vermißtmeldungen, daß Sylvia am 7. Februar zweihundert Dollar von ihrem Bankkonto abgehoben hatte. Ihr Guthaben betrug nun nur noch vierunddreißig Dollar. Die Beamten erklärten Mrs. Frumkin, Sylvia hätte diese Summe nicht abheben können, weil die vierunddreißig Dollar sich aus Schecks zusammensetzten, die Miss Frumkin vor kurzem hinterlegt hatte, die aber noch nicht verrechnet worden seien. Das Wissen, daß Sylvia zweihundert Dollar auf ihre Flucht mitgenommen hatte, war für ihre Eltern alles andere als beruhigend.

Die Frumkins und das Personal der Clearview-Einheit brachten an jenem Freitag einige Zeit damit zu, Spekulationen über die Gründe für Sylvias plötzliches Verschwinden anzustellen. Einige der Angestellten vertraten die Meinung, daß Sylvia nach ihrer Zusammenkunft mit dem »Hotel«-Team am 10. Januar frustriert gewesen sei, als sie erklärt hatte, sie wolle eine eigene Wohnung haben, und man ihr mitgeteilt hatte, sie sei noch nicht weit genug. Nach einem Monat hatte sie die Nachricht verarbeitet, hatte das Gefühl, sie sei mit ihrem Latein am Ende, und war davongelaufen. Einige Leute mutmaßten, sie sei verletzter gewesen, als sie habe erkennen lassen, nachdem der Mann im »Hotel«

sich geweigert hatte, mit ihr auszugehen, und man sie für die Stelle in der Snackbar nicht berücksichtigt hatte. Mrs. Plotnick glaubte, Miss Frumkin habe Anfang Februar die Wirkung zu spüren begonnen, die die drastische Verringerung der Dosierung ihrer Medikamente, die Anfang November vorgenommen worden war, ausgelöst hatte. Die jahrelange Beobachtung vieler Patienten hatte Mrs. Plotnick gezeigt, daß die Mehrheit der Patienten sich während des ersten Monats nach Absetzen der Medikamente gut fühlten: Die unangenehmen Nebenwirkungen hörten auf und die psychotischen Symptome setzten nicht wieder ein, weil die Patienten noch einen beträchtlichen Rest der Medikamente im Körper hatte. Aus diesem Grund glaubten viele Patienten, sie hätten die Medikamente gar nicht erst zu schlucken brauchen. Während des zweiten Monats nach Absetzen der Medikamente begannen viele Patienten zu dekompensieren. Im dritten Monat waren viele psychotisch. Da Miss Frumkin so schwer war, hatte sich wahrscheinlich ein Großteil der Medikamente in ihrem Fettgewebe abgelagert, und so war es nicht verwunderlich, daß es drei Monate dauerte, bis sie Stimmen hörte.

Am Freitag abend, dem 9. Februar, entließ der für das Clearview-»Hotel« verantwortliche Arzt Miss Frumkin offiziell aus dem Creedmoor. Sie war eine freiwillige Patientin, die nun seit beinahe zweiundsiebzig Stunden vermißt wurde. Der Arzt würde am Samstag, wenn Miss Frumkin seit genau zweiundsiebzig Stunden abwesend wäre, nicht im »Hotel« sein – und gemäß Vorschriften mußten freiwillige Patienten, sobald sie so lange fort waren, entlassen werden. Sollte Sylvia Frumkin vor Ablauf der zweiundsiebzig Stunden zurücksein, könnte die Entlassung vom dann diensthabenden Arzt immer noch rückgängig gemacht werden. Nachdem der Arzt Miss Frumkin formell entlassen hatte, gab er den Frumkins und dem Sicherheitsdienst Bescheid.

Kurz nachdem der Arzt die Frumkins angerufen hatte, um ihnen Sylvias Entlassung aus dem Creedmoor mitzuteilen, klingelte das Telefon der Frumkins erneut. Mr. Frumkin nahm ab. Am andern Ende der Leitung war ein Mann. Er hieß George Klopfer, und er versicherte Irving Frumkin, daß seine Tochter in Sicherheit sei. Klopfer und seine Frau Nellie hatten Miss Frumkin 1975 schon einmal während einer kritischen Phase ihres Lebens bei sich aufgenommen, und sie hatten sich am 7. Februar, als Sylvia bei ihnen zu Hause, im Norden des Staates New York, auftauchte, erneut damit einverstanden erklärt. Die Klopfers waren konvertierte Christen. Sie glaubten, Miss Frumkin sei von Dämonen besessen. Am nächsten Morgen telefonierte Miss Frumkin mit ihren Eltern. Sie schien sehr glücklich zu sein. In den nächsten Tagen rief sie mehrere Male an. Jedesmal, wenn sie anrief, sagte sie: »Mit Jesus Christus wird alles gut werden.«

III

Die Krankheit ist stärker als ich

Als Sylvia Frumkin am 5. Mai 1948 in Brooklyn zur Welt kam, waren Harriet wie auch Irving Frumkin vierzig Jahre alt. Irving Frumkin war in einem Dorf in Weißrußland als Sohn des Morris und der Yenta Frumkin geboren worden, die Vetter und Base ersten Grades waren. Irving war das dritte von fünf Kindern. Morris Frumkin war in der Holzwirtschaft tätig. 1911, kurz nach der Geburt seines fünften Kindes, machte er Bankrott. Yenta Frumkin hatte drei Brüder, die zehn Jahre zuvor in die Vereinigten Staaten ausgewandert waren. Einer ihrer Brüder, Reuben Schor, hatte es in Brooklyn als Restaurantbesitzer zu Reichtum gebracht. Morris Frumkin wanderte 1911 in die Vereinigten Staaten aus, in der Überzeugung, auch er könne es drüben zu Wohlstand bringen und seine Familie in zwei oder drei Jahren nachkommen lassen. Reuben verschaffte Morris Frumkin in einem seiner Restaurants eine Stelle als Kellner. Im Frühling 1914 hatte Morris schließlich genug Geld beisammen, um seine Familie nachkommen zu lassen. In jenen Tagen fungierten Kleinbanken in einzelnen Stadtvierteln Brooklyns, wie zum Beispiel in Williamsburg und East New York, wo Immigranten wie Morris Frumkin sich niedergelassen hatten, als Reiseagenturen für Männer, die ihre Familienangehörigen in ihre neue Heimat holen wollten. Morris Frumkin zahlte einer Bank fünfhundert Dollar für die Schiffsreise für seine Frau und seine Kinder. Einige Monate, nachdem er der Bank das Geld für die Schiffspassage ausgehändigt hatte, meldete die Bank den Konkurs an. Bevor er zum zweiten Mal genügend Geld für die Schiffsreise zusammengespart hatte, brach der Erste Weltkrieg aus. Der Reiseverkehr zwischen Rußland und den Vereinigten Staaten war während einiger Jahre lahmgelegt.

Von 1911 bis 1918 ernährte Yenta Frumkin sich und ihre Kinder als Näherin. Sie waren arm, aber die Not, die sie ertragen mußten, war verhältnismäßig gering.

1918 brach in Weißrußland die Revolution aus. In den darauffolgenden drei Jahren kam es zu einer schweren Hungersnot, und gegen die Kälte hatte die Familie nichts anderes als Kartoffelsäcke, die sie sich während der bitteren russischen Winter um die Füße wickeln mußte. 1921 kehrte Morris Frumkin nach Rußland zurück und organisierte die Einwanderung seiner Familie in die Vereinigten Staaten. Sie kamen im Februar 1923 auf Ellis Island an. Morris Frumkin haßte seine Arbeit als Kellner, hatte um seiner Familie willen jedoch ausgeharrt. Drei Jahre, nachdem Morris seine Familie in die Vereinigten Staaten geholt hatte, lieh Reuben Schor, der seine einzige Schwester Yenta sehr gern hatte, den Frumkins tausend Dollar, so daß sie in East New York einen kleinen Kolonialwarenladen aufmachen konnten. Sie führten ihn bis zu ihrer Pensionierung.

Als Irving Frumkin in Amerika ankam, redete er fließend jiddisch (die Sprache, die die Frumkins zu Hause redeten) und passabel russisch. Trotz der verschiedenen Pogrome des Ersten Weltkriegs, der russischen Revolution und der damit verbundenen politischen Unruhen hatte er etwas Schulbildung genossen und war in Fächern wie Algebra und Geometrie bewandert. Da er kaum Englisch konnte, wurde er in die dritte Klasse der Gemeindeschule von East New York eingestuft. Einige Wochen später verließ er die Schule und ging arbeiten; später verschaffte er sich durch den Besuch einer Abendschule einen High-School-Abschluß. Als Teenager übernahm er eine Reihe von schlecht bezahlten Jobs in verschiedenen Fabriken. Konfrontiert mit gefährlichen Arbeitsbedingungen und kargen Löhnen, gab er seinen Job als Maschinenarbeiter, bei dem er zwanzig Cent pro Stunde verdiente, auf und arbeitete anschließend als Journalist bei einer jiddischen Zeitung. 1937, als Irving Frumkin immer noch zu Hause bei seinen Eltern in East New York wohnte, lernte er Harriet Wilder kennen.

Harriet Wilder-Frumkin ist in bezug auf ihr Alter nicht ganz ehrlich. Es wäre ihr lieber, wenn ihre Familie und ihre Freunde glaubten, sie sei erst fünfunddreißig gewesen, als Sylvia Frumkin zur Welt kam. Auf Sylvias Geburtsurkunde ließ sie das Feld für ihre Altersangabe leer, und sie möchte das Geheimnis ihres Alters gern mit ins Grab nehmen. Sie wolle, so sagte sie ihrer Tochter Joyce, nach ihrem Tod bloß das Todesdatum auf dem Grabstein haben – kein Geburtsdatum.

Die Eltern von Harriet Frumkin, Minna Kolesky und Saul Wilder, wanderten beide als Jugendliche von der Ukraine nach den Vereinigten Staaten aus. Sie lernten einander in Lower East Side kennen. Saul Wilder verdiente sich seinen bescheidenen Lebensunterhalt als Kürschner. Die Tochter der Wilders, Harriet, kam am 1. Mai 1908 zur Welt; ihr Sohn, Benjamin, wurde am 23. Juli 1916 geboren. Beide Kinder waren begabt. Mit acht Jahren nahm Harriet Wilder Malunterricht, mit zwölf erteilte sie kleineren Kindern im Lower-East-Side-Viertel Kunstunterricht, und später, nachdem die Wilders nach East New York umgezogen waren, erteilte sie auch dort wieder Unterricht. Als sie fünfzehn war, wurde ihr von einer Kunstschule in Boston ein Stipendium angeboten. Sie mußte es ablehnen, weil ihre Mutter es nicht billigte, daß sie allein in einer fremden Stadt würde leben müssen – eine Entscheidung, die sie noch heute bedauert. Nach ihrem High-School-Abschluß besuchte Harriet Frumkin eine Handelsschule und ging dann arbeiten. Mit dem Geld, das sie als Sekretärin, freischaffende Illustratorin für verschiedene Zeitschriften und als Kunstlehrerin verdiente, verhalf sie ihrem jüngeren Bruder dazu, daß er während der Zeit der Wirtschaftsdepression das College besuchen konnte. Benjamin wurde ein berühmter Wissenschaftler.

Minna Kolesky-Wilder, Sylvias Großmutter mütterlicherseits, war das älteste von neun Kindern und die erste des engsten Familienkreises, die in die Vereinigten Staaten auswanderte. Nach ihrer Ankunft wohnte sie bei Verwandten und arbeitete als Näherin, um sich ihren Lebensunterhalt zu verdienen und um Geld zu sparen, damit sie die anderen Familienangehörigen nachkommen lassen konnte. Minna Kolesky-Wilder wurde von ihrem Sohn und ihrer Tochter als Matriarchin der Familie bezeichnet. Drei ihrer Schwestern heirateten, bekamen Kinder und führten ihr eigenes Leben; doch Minna beherrschte das Leben ihres Bruders Harvey, der Junggeselle, blieb, und ihrer Schwestern Lottie, die ledig blieb, und von Vera, die, seit sie als junge Frau von ihrem Verlobten verlassen worden war, an schweren Depressionen litt. Vera Kolesky wurde ins Pilgrim State, die größte Nervenheilanstalt New Yorks, eingewiesen; sie starb dort im Jahr 1948 an Tuberkulose.

Minna Kolesky-Wilder versuchte auch im Leben ihres Gatten und ihrer zwei Kinder eine dominierende Rolle zu spielen, und laut Angabe ihres Sohns gelang ihr dies in zwei von drei Fällen. Saul Wilder, ein schwacher, unterwürfiger Mensch, suchte vor seiner herrschsüchtigen Frau Zuflucht in der Pelzhandlung, die er im Kellergeschoß des Mietshauses eingerichtet hatte, wo die Wilders wohnten. Benjamin Wilder sagt, er selber sei ganz die Mutter: Er war ebenso stur wie sie, bot ihr als junger Mann die Stirn, verließ Brooklyn nach seinem College-Abschluß, heiratete, zog fort und besuchte seine Eltern höchstens ein oder zwei Mal pro Jahr. Dafür wurde seine Schwester das Opfer. Harriet Wilder-Frumkin, heute eine kleine, häßliche, dreiundsiebzigjährige Frau, die ihr graues Haar braun färbt und fast immer Polyester-Hosenanzüge trägt, war als junges Mädchen recht attraktiv gewesen. Sie hatte mehrere Verehrer, doch ihre Mutter fand an allen etwas auszusetzen, und sie ergriffen vor ihr die Flucht. Minna Wilder wollte Harriet unter ihrer Kontrolle behalten, obwohl sie ihren selbstbewußten Sohn ihrer unterwürfigen Tochter stets vorgezogen hatte. Minna Wilder nähte sämtliche Kleider von Harriet selber; sie gestattete es ihrer Tochter erst nach dem High-School-Abschluß, sich ein Kleid in einem Laden zu kaufen. Andererseits brachte sie ihrer Tochter nicht bei, wie man eine Nähmaschine bedient. Harriet Wilder wurde zu einem unselbständigen Menschen erzogen; sie lernte nie schwimmen oder Auto fahren.

1937 wurde Harriet Wilder Irving Frumkin vorgestellt. Irving war anders als ihre bisherigen Verehrer. Die andern waren gutaussehend, kultiviert und an Kunst interessiert gewesen. Irving Frumkin war ein kleingewachsener Mann von gewöhnlichem Aussehen. Außer Politik und Journalismus interessierte ihn nichts. Er kleidete sich schlampig, aß schlampig, sein Haar war stets ungekämmt, und er redete ununterbrochen. Harriet Wilder und Irving Frumkin gingen ein Jahr lang miteinander aus und trafen sich dann nicht mehr. Eines Tages, etwa ein Jahr später, wurde Harriet in einer überfüllten Untergrundbahn angerempelt. »Hören Sie auf, mich anzustoßen«, sagte sie zu der Person, die sie geschubst hatte – und die, wie sich herausstellte, Irving Frumkin war. An jenem Abend besuchte er Harriet; sie fingen wieder an, miteinander auszugehen. Anfang 1939 machte ihr Irving Frumkin einen Heiratsantrag. Harriet sagte ja. »Sein Idealismus imponierte mir«, sagte sie vor kurzem. »Ich glaubte, er sei der Held der Arbeiterklasse, und seine Aufrichtigkeit und seine Hochherzigkeit gefielen mir.« Mehrere Verwandte von Harriet Wilder schreiben die Tatsache, daß sie sich für Irving entschied, ihrem schwachen Selbstwertgefühl zu, das ihr von ihrer Mutter eingeimpft worden war, und ihrer Angst, eine alte Jungfer zu werden: Sie war über dreißig, als Irving Frumkin ihr den Heiratsantrag machte. Minna Wilder schien ihn zu mögen und kritisierte ihn weniger als die früheren Verehrer ihrer Tochter, vielleicht, weil er vor ihr katzbuckelte. »Wenn sie sagte, es ist Tag, sagte Irving, es ist Tag, auch wenn es Mitternacht war«, erinnerte sich Benjamin Wilder. »So streitsüchtig Irving allen andern gegenüber auch war – und ist –, Minna gegenüber schlug er einen devoten Tonfall an und überzeugte sie davon, daß sie nicht eine Tochter verliere, sondern einen Sohn gewinne. Irving hat meine Mutter wirklich gern gehabt, und er hat sie ihr ganzes Leben lang gut behandelt.« Diese Liebe war gegenseitig. Minna sagte ihrer Tochter immer wieder, Irving Frumkin sei viel zu gut für sie.

Harriet und Irving heirateten am 2. April 1939, einen Monat vor Harriets einunddreißigstem Geburtstag. Nachdem sie aus ihren kurzen Flitterwochen zurück waren, bezogen sie eine Dreizimmerwohnung in East New York, ganz in der Nähe der Wilders und drei Häuserblocks von den Frumkins entfernt. Harriet Frumkin gab ihre Arbeit als Illustratorin nach der Heirat auf, arbeitete aber weiter als Sekretärin und Kunsterzieherin. Sie gab ihre Arbeit als Sekretärin auf, als sie zum ersten Mal schwanger wurde. Das Kind, ein Mädchen, kam am 29. September 1942 zur Welt; die Geburt war schwer. Das Kind wurde nach Minna Wilders Mutter Jaritza, die vor sechs Monaten gestorben war, auf den Namen Joyce getauft. Kurz nachdem Joyce Frumkin sprechen gelernt hatte, zeigte sich, daß sie etwas vom starken Charakter ihres Onkels, ihrer Großmutter und ihrer Urgroßmutter geerbt hatte.

Joyce war ein hübsches Kind mit blondem Haar und ließ sich leicht erziehen; sie war gutmütig, aufgeweckt und künstlerisch begabt. Im Alter von sechs Jahren fing sie an, mit Wasserfarben zu malen. Irving Frumkin war in Joyce vernarrt. Er fotografierte sie immerzu und zeigte die Aufnahmen bei der Zeitung herum. In einer ihrer frühesten Erinnerungen sieht sich Joyce auf den Schultern ihres Vaters sitzen, während er Reportagen machte. Joyce bewunderte ihre mächtige Großmutter Minna. Wenn sie von der Schule nach Hause kam und ihre Mutter gerade Kunstunterricht erteilte, holte sie sich entweder ihren eigenen Malkasten oder ging zur Großmutter, die eine ausgezeichnete Köchin war und es genoß, ihr erstes Enkelkind zu verwöhnen.

Nach der Geburt von Joyce riet man Harriet, sie solle das Risiko einer weiteren Schwangerschaft nicht eingehen; und Irving Frumkin wollte kein zweites Kind haben. Mrs. Frumkin war jedoch entschlossen, ein weiteres Kind zu haben – am liebsten eine Tochter. Sie hatte ihren jüngeren Bruder zwar sehr gern, doch hatte sie sich immer eine Schwester gewünscht, und sie wollte, daß Joyce eine Schwester hätte. Sie war hocherfreut, als sie 1947 wieder schwanger war und daß das Baby, das im Mai 1948 zur Welt kam, ein Mädchen war; das Baby wurde nach Harriets Vater Saul, der 1943 gestorben war, auf den Namen Sylvia getauft. Joyce, die fast sechs war, als Sylvia zur Welt kam, hielt ihre kleine Schwester für ihr eigenes Baby. Eine Fotografie im Wohnzimmer der Frumkins zeigt Joyce, wie sie ihre kleine Schwester in den Armen hält, als wäre sie ihre Lieblingspuppe. Sylvia sollte ihren Vater nie zur Arbeit begleiten. Ende 1947 sank die Auflagenziffer jiddischer Zeitungen, und Mr. Frumkin verlor seine Stelle. 1948 nahm er einen Job bei einer Flaschenabfüllfabrik in Brooklyn an. Er arbeitete dort, bis der Betrieb 1970 bankrott ging. Harriet Frumkin hatte aufgeatmet, als ihr Mann eine Stelle mit regelmäßiger Arbeitszeit annahm, doch Irving Frumkin ist seit jener Zeit ein verbitterter Mensch. Genauso wie seine Frau sich seit mehr als einem halben Jahrhundert darüber beklagt, daß sie eine mögliche Karriere als Künstlerin aufgegeben hat, verbrachte er die letzten dreißig Jahre damit, seine verpatzte Karriere als Journalist zu betrauern.

Joyce Frumkin kam 1948 in East New York in die erste Klasse, einige Monate, nachdem ihr Vater seine journalistische Laufbahn hatte an den Nagel hängen müssen. Wie einige seiner Verwandten und Bekannten meinen, fing er an, sein Leben durch das Leben seiner älteren Tochter zu leben. Joyce erbrachte hervorragende Leistungen in der Schule und kam mit den besten Noten nach Hause. Ihr Vater war zwar stolz auf ihre Leistungen, aber er war nie ganz zufrieden und übte stets Druck auf Joyce aus, noch besser zu werden. Joyce erinnert sich, daß ihr Vater, wenn sie mit achtundneunzig Punkten nach Hause kam, fragte: »Wo sind die restlichen zwei Punkte?«

Nach dem Zweiten Weltkrieg ließen sich immer mehr Schwarze und Puertoricaner in East New York nieder. Im Juli 1952 zogen die Frumkins in eine Vierzimmerwohnung mit Garten in Beechhurst um, einem Viertel der Mittelschicht in Queens. Der Übergang von der vierten Klasse in Brooklyn zur fünften Klasse in Queens verlief für Joyce Frumkin problemlos. Sie gewann schnell neue Freunde und brachte weiterhin glänzende Noten nach Hause. Obwohl Sylvia zum Zeitpunkt des Umzugs erst vier Jahre alt war und noch nicht zur Schule ging, fiel ihr die Anpassung an die veränderten Verhältnisse schwer. Als kleines Mädchen war Sylvia schlank gewesen und hatte hellbraunes Haar. Sie war frühreif wie Joyce und konnte früh laufen und sprechen. Sie redete ununterbrochen, nicht nur mit ihrer Familie, sondern auch mit vier oder fünf imaginären Freunden, von denen einer ihr ganz besonderer Freund zu sein schien; sein Name war Grayson. Fand Mrs. Frumkin irgend etwas an Sylvia auszusetzen, so war es die Tatsache, daß sie übermäßig viel redete, doch als sie dies einem Kinderarzt gegenüber erwähnte, riet er ihr, sich deswegen keine Sorgen zu machen. Er sagte ihr, es gäbe einfach Kinder, die Plappermäulchen seien.

Sylvia gab ihre imaginären Freunde auf, als sie 1953 in den Kindergarten kam, doch klagte sie darüber, daß es ihr schwerfalle, echte Freunde zu gewinnen. Die Kinder, die Sylvia mochte, schienen Sylvia nicht zu mögen. Sie konnte nicht verstehen, weshalb. Sie wurde nur von jenen Kindern akzeptiert, die sie »die Zu-kurz-Gekommenen« nannte, und sie betrachtete sich selbst auch als eine Zu-kurz-Gekommene. Joyce waren einige Gründe für Sylvias Unfähigkeit, sich mit jemandem anzufreunden, klar. Sylvia versuchte, von den andern Kindern Besitz zu ergreifen, und sagte: »Wenn du meine Freundin sein willst, kannst du nicht die Freundin von sonst jemandem sein« und stieß auf diese Weise die Kinder von sich.

Manchmal kam Sylvia von der Schule nach Hause und erzählte, ein Junge habe sie geschlagen – am einen Tag war es Michael, am andern Gary. Mrs. Frumkin rief Garys Mutter an, um sich zu beschweren. Gary leugnete, Sylvia geschlagen zu haben. Seine Mutter sagte: »Gary würde sowas nie tun. Er ist ein kleiner Gentleman, und er sagt immer, Sylvia sei eines der gescheitesten Mädchen in der Klasse.« Daraufhin gab Mrs. Frumkin klein bei. Vielleicht würde eine freundliche Konversation dazu beitragen, daß Gary Kunstunterricht bei Mrs. Frumkin nähme. Andere Mütter verhielten sich weniger liebenswürdig, wenn Mrs. Frumkin anrief. »Warum setzen Sie Ihre Tochter nicht in ein Glashaus?« fragte eine Frau Mrs. Frumkin, nachdem deren Sohn zu Unrecht der Tatsache beschuldigt worden war, Sylvia geschlagen zu haben.

Sylvia legte verschiedentlich ein merkwürdig provokatives Verhalten an den Tag. Eines Samstagmorgens gingen Sylvia, Joyce, Mrs. Frumkin, eine Freundin von Mrs. Frumkin und deren Sohn Fred zu einem Supermarkt in der Nachbarschaft. Sylvia und Fred waren damals sechs und sieben Jahre alt. Joyce, die fast dreizehn war, sollte auf die beiden aufpassen, während die Mütter einkauften. Neben dem Supermarkt war ein Süßwarenladen. Joyce sagte zu Sylvia und Fred, sie wolle schnell Kaugummi kaufen und sei in ein paar Minuten wieder da. Zwei Minuten später hörten Joyce, Mrs. Frumkin und Freds Mutter Fred schreien. Alle drei stürzten auf die Straße. Während Fred schrie, stand Sylvia ganz ruhig auf dem Bürgersteig und hielt eine Puppe in den Armen, die sie mitgenommen hatte. Als Fred mit Schluchzen aufhörte, fragte seine Mutter ihn, was geschehen sei. Er erzählte, Sylvia habe ihm plötzlich, als sie so auf dem Gehsteig gestanden seien, mit der Puppe einen Schlag auf den Kopf versetzt. Da Sylvia dies nicht leugnete, fragte Mrs. Frumkin sie, warum sie es getan habe. »Ich wußte, daß Fred mir gleich eine hauen würde, deshalb hab' ich ihm zuerst eine gescheuert«, antwortete Sylvia. Mrs. Frumkin tadelte Joyce, weil sie die beiden kleinen Kinder sich selbst überlassen hatte.

Im Gegensatz zu Joyce, die nur die besten Noten nach Hause gebracht hatte, kam Sylvia gelegentlich mit einem »gut« nach Hause. Sie wurde zornig, als Mr. Frumkin sagte: »Als Joyce in der ersten Klasse war, bekam sie achtundneunzig Punkte, und du hast sechsundneunzig bekommen.« Sie wurde genauso wütend, als sie mit siebzig Punkten in Mathe, ihrem schlechtesten Fach, nach Hause kam und ihr Vater keinerlei Kommentar abgab. »Du fragst nicht nach den fehlenden dreißig Punkten, weil du glaubst, ich kann's nicht auf mehr bringen«, sagte sie.

Joyce hatte immer hübsche, neue Kleider, die ihr gut paßten. Sylvia erbte die abgetragenen Kleider ihrer Schwester, und ihre Klassenkameradinnen machten sich über ihr Aussehen lustig. Mrs. Frumkin fand nichts dabei, die Kleider der älteren Schwester von der jüngeren auftragen zu lassen. Sie und ihr Mann stammten aus armen Familien, wo ein solcher Brauch als vernünftig betrachtet wurde. Joyce war ebenso ordentlich wie Sylvia unordentlich war. Mrs. Frumkin erinnert sich daran, daß man immer mit Leichtigkeit sagen konnte, welche Zimmerhälfte welcher Tochter gehörte, ohne daß man lange fragen mußte. Joyce spielte gewöhnlich die Rolle der beschützenden älteren Schwester und räumte beide Zimmerhälften auf, doch Sylvia hegte deswegen einen Groll auf sie. Manchmal verdrehte sie ihrer Schwester den Arm, bis er schmerzte, so wie sie manchmal ihre Mutter zwickte oder nach ihrem Vater schlug. Sie versuchte, mit Joyce zu wetteifern, trotzdem betrachtete sie den Wettbewerb als eine von vornherein verlorene Schlacht. »Joyce ist die Spitze des Totempfahls, und ich bin das untere Ende«, sagte Sylvia oft.

Joyce nahm Malunterricht an einer Kunstschule in Brooklyn und später Unterricht in Bildhauerei. Um sie zu übertrumpfen, sagte Sylvia, sie wolle eine Kunstschule in Manhattan besuchen. Als sie sieben war, wurde sie in die Kunstschule aufgenommen und besuchte dort in den nächsten sieben Jahren verschiedene Kurse. Am Anfang war sie noch zu klein, um den Schulweg allein zurückzulegen, und so fuhr ihr Vater sie jeden Samstag von Queens nach Manhattan. Er schien eifrig darauf bedacht zu sein, seinen Töchtern etwas von dem zu vermitteln, was er aufgrund seiner Lebensumstände hatte entbehren müssen. Eine Kusine von Sylvia, die in der Nähe der Frumkins in Queens wohnte, besuchte zu dieser Zeit einen Töpferkurs in Manhattan. Irving Frumkin bot ihr an, sie im Auto mitzunehmen. Ein paar Wochen später beschwerte sich das Mädchen bei seiner Mutter, die Fahrt mit dem Auto sei unerträglich. Sylvia bestimme, wo sie sitzen dürfe, sie führe das Wort, und jedesmal, wenn sie nicht im Mittelpunkt der Aufmerksamkeit stehe, drohe sie damit, sie werde sich erbrechen. Mr. Frumkin hatte für diesen Fall stets eine Tüte im Wagen. Es dauerte nicht lange, bis das Mädchen sich entschloß, samstags mit der U-Bahn und dem Bus nach Manhattan zu fahren.

Sylvia war künstlerisch begabt, aber nicht sonderlich, und eigentlich machte sie sich nicht viel aus Zeichnen und Malen. Sie erklärte ihren Eltern, sie würde lieber Gesangs- und Gitarrenunterricht nehmen. Aber ihre Mutter fand, es sei vernünftiger, wenn Sylvia Kunstunterricht nehme, denn schließlich sei sie selbst ja Kunstlehrerin. Harriet Frumkin mußte Sylvia kaum dazu auffordern, ihre Schulaufgaben zu machen, doch mußte sie sie oft ermahnen, ihre Staffelei hervorzunehmen. »Wozu soll ich malen, wo ich doch nie so gut sein werde wie du?« fragte Sylvia ihre Mutter. Und obwohl Sylvia früher recht hübsche Landschaftsbilder gemalt hatte, weigert sie sich heute, Farben anzurühren.

Den intelligentesten Kindern der sechsten Klasse der öffentlichen Volksschulen wird die Möglichkeit geboten, sich den Lehrstoff des siebenten und achten Schuljahrs innerhalb eines Jahres in einer Sonderklasse anzueignen, von der aus sie dann unmittelbar in die neunte Klasse übertreten können. Joyce Frumkin hatte mühelos drei Jahre Junior-High-School in zwei Jahren hinter sich gebracht und war in Queens auf die High-School gegangen. Sie war Vorstandsmitglied des Clubs der besten Studenten der High-School gewesen, Redakteurin der High-School-Zeitung und Mitglied des Fan-Clubs der verschiedenen Sportmannschaften. Als sie 1959 ihren High-School-Abschluß machte und unter mehreren hundert Studenten den fünfundzwanzigsten Rang einnahm, wurden ihr zwei Auszeichnungen verliehen. Joyce hatte sich bei einer Anzahl von Colleges beworben und war von keinem abgewiesen worden. Ende der fünfziger Jahre belief sich das Jahreseinkommen von Mr. Frumkin auf etwa siebentausend Dollar. Joyce entschied sich für ein Mädchen-College im Norden des Staates New York, das zweitausend Dollar pro Jahr kostete. Ihre erste Wahl war auf dieses College gefallen, und man hatte ihr dort das höchste Stipendium angeboten. Sie freute sich darauf, von zu Hause wegzukommen und junge Frauen aus »besseren« Kreisen kennenzulernen. Sie arbeitete hart daran, ihren Brooklyn-Akzent loszuwerden, gewann Freundinnen und führte ein reges gesellschaftliches Leben.

Sylvia, die einen IQ von 138 hatte, als man in der Volksschule einen Intelligenztest machte, konnte im Herbst 1960, genau wie Joyce sechs Jahre zuvor, in die Sonderklasse für besonders intelligente Kinder eintreten, doch in der Junior-High-School hatte sie mehr und mehr Mühe mit andern Kindern. Joyce war recht sportlich und hatte ihre Sommerferienlager genossen, erst als Lagerteilnehmerin, später als Hilfsleiterin und als Leiterin. Sylvia war linkisch und ihre Bewegungskoordination schlecht. Sie lernte weder schwimmen noch Schlittschuh laufen, seilspringen, radfahren oder Ball werfen. Sie mochte die Schulausflüge nicht und wurde auch nie Leiterin eines Ferienlagers. Als Kind hatte sie einen zierlichen Knochenbau gehabt und zerbrechlich ausgesehen. Dann, mit elf Jahren, schoß sie plötzlich in die Höhe und erreichte ihre Erwachsenengröße – einen Meter dreiundsechzig. Von da an wirkte sie linkisch und unattraktiv. Sie war kurzsichtig und mußte eine Brille mit dicken Gläsern tragen. Ihre Klassenkameradinnen nannten sie Pumpkin* Frumkin. Sylvia fürchtete den Turnunterricht. Sie war stets unter den letzten zwei oder drei Mädchen, die man auswählte, wenn es um das Aufstellen einer Mannschaft ging. Wenn sie und ihre Freundin Arlene Epstein, ebenfalls eine »Zu-kurz-Gekommene«, ausgewählt wurden, um eine Mannschaft zu vervollständigen, war Sylvia wegen der Kommentare der andern Mädchen tief gekränkt: »Was? Sylvia! Da haben wir das große Los gezogen!« oder: »Arlene! Du meine Güte!«

Eine der Lehrerinnen der siebten Klasse betrachtete Sylvia als begabt, wißbegierig und freundlich; die Lehrerin bewunderte die empfindsamen Gedichte, die Sylvia schrieb und die in der Literaturzeitung der Schule veröffentlicht wurden. Es fiel ihr auf, daß Sylvia von den meisten ihrer Mitschülerinnen geächtet wurde, und sie fragte eines der beliebten Mädchen, was sie und ihre Freundinnen gegen Sylvia hätten. Das Mädchen antwortete, Syl-

* Kürbis

via sei abstoßend: sie bohre in der Nase, kratze sich und scheine sich nicht darüber im klaren zu sein, daß solche Gewohnheiten Ekel erregten. Langsam begriff diese Lehrerin, daß Sylvia sich ihrer Wirkung auf andere Menschen nicht im mindesten bewußt war.

Harriet und Irving Frumkin merkten nicht, daß mit Sylvia irgend etwas nicht stimmte. Für sie war Sylvias Erbrechen im Auto nichts anderes als »ein bißchen Hyperaktivität«. Nach der Meinung von Freunden und Verwandten fiel Irving Frumkin deshalb nichts an Sylvia auf, weil er ihr keine große Beachtung schenkte.

Sylvia und auch Joyce erinnern sich an den ständigen Streit zwischen ihren Eltern. Einmal hörte Sylvia, wie ihr Vater bei einem dieser Familienkräche ihre Mutter anschrie: »Ich hab' nie ein zweites Kind gewollt!« Als es Sylvia, dem Kind, das Irving Frumkin nicht hatte haben wollen, nicht gelang, die Anforderungen ihres Vaters genauso gut zu erfüllen wie ihre Schwester, fing er an, sie zu ignorieren. Sylvia war ein einsames Kind. Wenn sie von der Volksschule nach Hause kam, war ihre Mutter meistens grade beim Unterrichten, und Sylvia wurde auf ihr Zimmer geschickt und mußte sich still verhalten. Sie haßte die Schüler ihrer Mutter – sie beklagte sich oft, daß sie die »Ersatz-Kinder« ihrer Mutter seien. Mittlerweile besuchte Joyce die Junior-High-School und hatte viele Verabredungen, wenn sie frei hatte. Joyce hatte, bis sie zehn war, nach der Schule zur Großmutter hinüber-gehen können, doch Minna Wilder war in Brooklyn geblieben, als die Frumkins nach Queens umgezogen waren. Da Sylvia nur wenig Freundinnen und Freunde hatte und darunter litt, daß ihr Vater Joyce bevorzugte, stand sie ihrer Mutter näher. Sie freute sich, wenn die täglichen Unterrichtsstunden vorbei waren, so daß sie und ihre Mutter miteinander reden konnten. Harriet Frumkin hatte es Minna Wilder übelgenommen, daß sie Benjamin stets bevorzugt hatte, und war sehr darauf bedacht, beiden Töchtern gleich nahe zu sein. Sie schätzte Sylvias Vertrauen. Gewöhnlich ging sie davon aus, daß das, was Sylvia ihr erzählte, der Wahrheit entsprach, und ergriff Partei für sie. Das erste Mal, daß Sylvia es bedauerte, ihre Mutter ins Vertrauen gezogen zu haben, war im Sommer nach ihrem vierzehnten Geburtstag. Ein Junge hatte sie in einem Ferienlager geküßt und war zärtlich mit ihr gewesen. Dann hatte er sie wegen eines andern Mädchens verlassen. Sylvia war glücklich über die flüchtige Aufmerksamkeit des Jungen, doch als sie ihrer Mutter von ihrer Romanze erzählte, wurde Harriet Frumkin wütend und verbot Sylvia, sich mit jemandem zu verabreden.

Sylvia schloß im Juni 1962 die Junior-High-School ab und erzielte in mehreren Fächern die Note »ausgezeichnet«. In der neunten Klasse hatte sie sich um die Aufnahme in die High School of Music and Art im Norden Manhattans beworben, eine der besten öffentlichen High-Schools von New York City. Sie wollte von ihren Klassenkameraden von der Junior-High-School wegkommen, von denen die meisten die High-School in Queens besuchen würden. Die neunte Klasse war für Sylvia ein besonders unglückliches Schuljahr gewesen; sie war oft nach Hause gekommen und hatte ihrer Mutter erzählt, daß in der Mensa alle über sie redeten. Die Studenten der Music and Art kamen aus allen fünf Bezirken der Stadt. Sylvia hoffte, sie würden weniger stark zu Cliquenbildung neigen. Ein weiterer Grund für Sylvia, die Music and Art zu besuchen: Sie wollte Joyce übertrumpfen, die sich nicht dort beworben hatte. 1962 begann Joyce, Folgen des Drucks, den ihr Vater auf sie ausgeübt hatte, zu spüren. Dank ihm war sie nun davon überzeugt, daß ihre Leistungen, wie gut sie auch sein mochten, doch nie genügten, und so war Joyce eigentlich immer unglücklich. Als sie an der High-School die beiden Auszeichnungen bekommen und den fünfundzwanzigsten Rang belegt hatte, hatte sie das Gefühl gehabt, versagt zu haben. Ihre beste Freundin war zweite geworden, und zwei ihrer Freundinnen hatten mehr Auszeichnungen bekommen. Joyce war zwar Redakteurin der Schulzeitung gewesen, aber nicht Chefredakteurin, sie war zwar Mitglied des Fan-Clubs der Sportmannschaften gewesen, aber nicht eine der Anführerinnen. Einem der Therapeuten, die sie in späteren Jahren aufsuchte, sagte sie: »Mein Vater hat mich immer mit einer Idealversion von einer Joyce verglichen, an die ich nie herankam.«

Im September 1962 waren die Frumkins stolz auf ihre Töchter. Sie freuten sich, daß Sylvia demnächst die Music-and-Art-Schule besuchen würde, und hatten sich damit einverstanden erklärt, daß sie auch Gesangstunden nahm. Sie freuten sich noch mehr darüber, daß Joyce, die gerade ihr Seniorenjahr im College antreten sollte, eben ihre Verlobung mit Roger Sussman, einem Medizinstudenten im ersten Jahr an der Cornell University, bekanntgegeben hatte, den die Frumkins als einen »guten Fang« betrachteten. Joyce hatte Roger beim Tanzen kennengelernt. Sie wollten im Juni 1963 heiraten, am Sonntag nach dem College-Abschluß von Joyce. Die Frumkins ahnten nicht, daß die Zukunft ihnen niemals mehr so strahlend vorkommen sollte.

ZWÖLF

Die zehnte Klasse in der Music and Art fing für Sylvia vielversprechend an. Sie mochte ihre neuen Klassenkameradinnen und -kameraden, beklagte sich jedoch über die starke Belastung, der sie sich ausgesetzt fühlte. Der Schulweg von Beechhurst zur Music and Art dauerte pro Weg eineinhalb bis zwei Stunden. Fünf lange Schultage, eine Menge Hausaufgaben und der Kunst- und Gesangsunterricht an den Samstagen seien zuviel für sie, sagte sie, aber sie wollte weder die Schule noch die Lektionen am Samstag aufgeben. In jenem November erlitt Sylvias Freundin Arlene einen Nervenzusammenbruch. Sie verbrachte sechs Wochen im Hillside, einer psychiatrischen Klinik in Queens. Arlenes Zusammenbruch machte Sylvia stark zu schaffen. Da sie und Arlene sich stets als Außenseiterinnen gefühlt hatten, waren sie, etwa nach dem Motto »Elend will Gesellschaft«, Freundinnen geworden. Sie hatten Bücher über Kinder gelesen, die »anders« waren, ebenso anders, wie sie selbst es zu sein glaubten – Bücher über Kinder, die besondere Schulen wie Summerhill in England besuchten –, und sie hatten sich viele Filme über Jugendliche angesehen, die mit Problemen kämpften.

Zu der Zeit, als Arlene sich im Hillside aufhielt, beschloß Joyce Frumkin, ihre Verlobung aufzulösen. Sie hatte den Eindruck, sie sei nicht gut genug für Roger Sussman. Viele Jahre später erzählte sie einem Therapeuten, daß es ihr jedesmal, wenn alles so gut ging, vorgekommen sei, als sei es zu schön, um für die unvollkommene Joyce wirklich wahr zu sein. An einem Freitagabend im November borgte sie den Wagen einer Kollegin und fuhr nach Hause, um ihren Eltern mitzuteilen, daß sie in der darauffolgenden Woche Roger den Verlobungsring zurückzugeben gedenke. Die Frumkins waren entsetzt. Sie erinnerten Joyce daran, daß sie bereits alle ihre Freunde von der Verlobung in Kenntnis gesetzt und ihnen von ihrem Zwei-Karat-Ring mit dem geschliffenen Smaragd erzählt hatten. Eine Auflösung der Verlobung wäre sehr peinlich für sie, und Joyce werde vielleicht irgendwann ihre Entscheidung bereuen. Und sie solle daran denken, daß sie in einigen Jahren die Frau eines wohlhabenden Arztes sein werde. Sie überredeten Joyce, ihre Hochzeitspläne nicht aufzugeben. Am Samstag gingen sie mit ihr in ein Kaufhaus und halfen ihr, ein Hochzeitskleid und Karten für die Einladungen auszusuchen.

Auf der Rückfahrt ins College kam Joyce von der Fahrbahn ab und prallte gegen einen Baum. Sie erlitt nur leichte Verletzungen. Der Wagen war ein Wrack. Als sie ihre Eltern anrief, um sie von dem Unfall zu benachrichtigen, sagte sie, sie sei überzeugt, der Unfall sei kein Zufall gewesen. Für die Frumkins war sie nicht ganz bei Trost; natürlich sei der Unfall ein Zufall gewesen, und sicher werde die Versicherung ihrer Kollegin für den Schaden aufkommen. Sie sagten, Ferngespräche seien teuer. Joyce löste ihre Verlobung nicht auf.

Einige Tage nach dem Unfall sagte Sylvia ihren Eltern, sie habe Angst, einen Nervenzusammenbruch zu bekommen und genau wie Arlene im Hillside zu landen. Sie sei unglücklich und einsam und davon überzeugt, daß mit ihr irgend etwas nicht stimme. Sie bat ihre Eltern, zu einem Psychiater gehen zu dürfen. Nun war es Sylvia, der gesagt wurde, sie sei nicht ganz bei Trost. »Keine unserer Töchter braucht einen Psychiater«, sagten die Frumkins zu ihr. Sie waren unsichere Menschen, die sich sehr darum sorgten, was andere Menschen von ihnen denken mochten. Eine aufgelöste Verlobung oder eine Tochter, die zum Psychiater ging, hätte ein denkbar schlechtes Licht auf sie geworfen. Ob man Geld für Kunstunterricht ausgab oder für den Psychiater war ein wesentlicher Unterschied.

Sylvia war entschlossen, sich durchzusetzen. Eines Tages Ende November, nachdem ihre Eltern ihre Bitte um psychiatrische Hilfe während mehrerer Wochen ignoriert hatten, drohte sie ihrer Mutter mit Selbstmord. Im Badezimmer schnitt sie sich mit einer Rasierklinge leicht ins Handgelenk. Harriet Frumkin öffnete die Badezimmertür, bemerkte Blut auf Sylvias Handgelenk und lenkte ein – Sylvia könne zu einer Frau namens Alma Waxman gehen. Mrs. Waxman war eine psychiatrische Sozialarbeiterin mit einer kleinen Privatpraxis in Beechhurst, von der Mrs. Frumkin gehört hatte. Sylvia suchte Mrs. Waxman im Dezember dreimal auf. Sie weigerte sich, ein viertes Mal hinzugehen, weil sie Mrs. Waxman nicht mochte – sie sei kein warmherziger Mensch, sagte Sylvia. Der Abbruch der Therapie geschah im gegenseitigen Einvernehmen. Mrs. Waxman rief die Frumkins an, um ihnen mitzuteilen, daß Sylvia ein vierzehnjähriges Mädchen mit schweren Problemen sei, das weit mehr fachkundige Hilfe benötige, als sie zu geben imstande sei. Mrs. Waxman regte an, Sylvia solle eine Psychotherapie im Jamaica Center machen – einer psychiatrischen Klinik mit etwa siebenhundert Patienten, Kindern und Erwachsenen.

Am 24. Januar 1963 fuhr Irving Frumkin Sylvia ins Jamaica Center, wo sie von Gloria Schwartz, der leitenden psychiatrischen Sozialarbeiterin, interviewt wurde. Dieses Gespräch war der erste Schritt im Rahmen des üblichen Aufnahmeverfahrens für künftige Patienten. Nachdem Mrs. Schwartz anderthalb Stunden mit Sylvia geredet hatte, verfaßte sie einen zweiseitigen Bericht. Das erste Thema, das sie in Angriff nahm, war die »äußere Erscheinung«, und die erste Zeile, die sie schrieb, lautete: »Sie ist ein großes, unattraktives Mädchen.« Mrs. Schwartz beschrieb in der Folge Sylvias Schlampigkeit, ihre Unruhe und ihren Rededrang. Sie beschrieb ihren Affekt – ihre Gefühlsstörung – als »oberflächlich« und hielt fest, daß Sylvia unvermittelt von Traurigkeit zu Gekicher überwechsle. Sie bemerkte, daß Sylvias Nägel abgekaut und ihre Nagelhäute zerfetzt waren und daß »die Nagelränder eingetrocknetes Blut aufwiesen«. Unter der nächsten Überschrift »Darlegung des Problems und der Fallgeschichte« schrieb Mrs. Schwartz, Sylvia habe das Gefühl, etwas stimme nicht mit ihr, weil sie überemotional reagiere und vieles mißverstehe. Sie sagte, ihre Klassenkameraden der neunten Klasse, die sich über sie lustig gemacht hätten, indem sie Zeichnungen von ihr anfertigten, die dann in der Klasse die Runde machten und Anlaß zu Gelächter gaben, seien »bösartig und heimtückisch« gewesen. Sie sagte, sie habe zwar jetzt Freunde, die sie anscheinend mögen, aber sie glaube nicht, daß sie sie wirklich gern hätten, und sie traue ihnen nicht. Sylvia erzählte Mrs. Schwartz, sie habe Probleme mit ihren Eltern, die sie wie ein Kind behandelten. Sie sagte, sie werde leicht wütend über ihre Eltern, und wenn sie wütend sei, schreie, fluche und verwende sie Schimpfworte und schlage ihren Vater. Sylvia erzählte Mrs. Schwartz, daß sie als Kind einsam gewesen sei und keine Freunde, aber einen imaginären Freund namens Grayson gehabt habe und daß sie Geschichten erfinde von Menschen, denen man die Augen verbinde, die man foltere und entführe. Zuerst hatte sie sich für die Rolle des Entführers entschieden, nun war sie gern diejenige, die entführt wurde. Sie liebte sexuelle Träume und Träume, in denen jemand entführt wurde. Sie sagte, sie habe das Gefühl, die Menschen redeten über sie. Sie höre das auch; unter anderem würden diese Menschen sagen, sie esse wie ein Schwein. Im Abschnitt »Entwicklungsgeschichte und Familienkonstellation« notierte Mrs. Schwartz, daß Sylvia gegen die Nörgeleien ihrer Mutter aufbegehre. Ihr Vater gehe ihr auf die Nerven, sagte Sylvia, weil er dieselben »schlechten Gewohnheiten« habe wie sie: »Er redet laut, reißt die Gespräche an sich, unterbricht, schlürft seine Suppe.« Im vergangenen Sommer, so erzählte Sylvia Mrs. Schwartz, habe sie ihr erstes Rendezvous mit einem Jungen gehabt, mit dem es zum Petting gekommen sei, worauf sie sich hinterher »unrein und schuldig« gefühlt habe. Mrs. Schwartz' »Diagnostischer Eindruck« war, daß Sylvia Frumkin an Schizophrenie leide. Sie meldete Sylvia für Anfang Februar bei Miriam Abel, einer Kinderpsychologin, zu einem Test an.

Am 9. Februar 1963 schrieb Mrs. Abel in ihrem Bericht, sie habe mit Sylvia Frumkin vier Tests durchgeführt: einen Intelligenz-Test (den Wechsler-Intelligenztest für Kinder oder WISC) und drei projektive Tests – einen Rorschach-Test, einen Haus-Baum-Personen-Test und den Thematischen Apperzeptions-Test (oder TAT). Die Assoziationen des Getesteten zu Tintenklecksen (Rorschach), seine Zeichnungen auf einem leeren Blatt Papier (Haus-Baum-Personen-Test) und die Geschichten, die er erfindet, nachdem er Reizbilder betrachtet hat (TAT), werden als nützliche diagnostische Instrumente betrachtet, weil das Material bei diesen drei Tests dermaßen unstrukturiert ist, daß alle Antworten und Reaktionen irgendeinen Aspekt der unbewußten Persönlichkeitskonflikte und Denkprozesse der Testperson widerspiegeln.

In ihrem Bericht bestätigte Mrs. Abel Sylvias Befürchtungen, etwas stimme nicht mit ihr. Gemäß Mrs. Abel ergab eine Analyse der projektiven Tests, daß Sylvia »ein außerordentlich ängstliches, sexuell verwirrtes Mädchen« war, das nur begrenzt über die Fähigkeit zu verfügen schien, ihre Handlungen zu kontrollieren. Sie war sich ihrer fragilen Kontrollfunktionen bewußt und deswegen beunruhigt. »Ihre Phantasiewelt ist von den Themen Tod, Mord und bevorstehende Katastrophen durchdrungen... Vergewaltigung, Masturbation und... Kastrationsängste nehmen ihre Gedanken in Anspruch und sind ihr bewußt.« Ihre intensive Wut und ihre Frustrationsgefühle waren gegen ihre Eltern gerichtet, die sie als gefühlskalt und zuzeiten als »böse« erlebte. Sie hatte das Gefühl, beide Elternteile lehnten sie ab. Mrs. Abel beschrieb, daß aggressive und sado-masochistische Phantasien in allen projektiven Geschichten zum Ausdruck gekommen seien, und führte als Beispiel Sylvias Antwort auf das Bild eines weinenden kleinen Jungen an: »Sie sagte, der kleine Junge weine, ›weil er furchtbar aufgeregt ist wegen dem, was er getan hat... neben ihm liegt ein Gewehr oder ein Messer... er hat eben seine Eltern umgebracht.‹«

Obwohl es für die Diagnose von Schizophrenie keine vergleichsweise eindeutigen Tests gibt wie für die Bestimmung einer Schwangerschaft oder der Syphilis, kann aufgrund psychologischer Tests eine Schizophrenie mit größerer oder kleinerer Wahrscheinlichkeit diagnostiziert werden. Das Ergebnis des Wechsler-Intelligenztests, den man bei Sylvia Frumkin durchgeführt hatte, war mit einer Diagnose auf Schizophrenie vereinbar. Sylvia wies einen Gesamt-IQ von 104 auf, was zeigte, daß sie durchschnittlich intelligent war; ihr Verbal-IQ belief sich auf 113 und ihr Handlungs-IQ auf 93. »Ihre verbale Ausdrucksfähigkeit befindet sich innerhalb des normal-intelligenten Bereichs, und mehrere ihrer Antworten deuten sogar darauf hin, daß sie zu besseren Leistungen fähig ist«, schrieb Mrs. Abel. »Hingegen hatte sie mit den Untertests des Handlungsteils, die Konzentrationsfähigkeit verlangen, außerordentliche Schwierigkeiten. Sie erzielte besonders wenig Punkte bei den block-design-Untertests und suchte Zuflucht bei der Versuch-und-Irrtum-Methode. Ihr allgemeines Testverhalten läßt auf eine starke Beeinträchtigung der Intelligenzfunktionen aufgrund emotionaler Schwierigkeiten schließen.« Mrs. Abel gelangte zur Schlußfolgerung, daß Sylvia sich in Anbetracht ihres schweren Krankheitsbildes unverzüglich einer Behandlung unterziehen müsse. Sie bezweifelte, daß Sylvia ambulant behandelt werden könne. Sie schlug eine Probetherapie bei einer Therapeutin vor, wobei Sylvia gleichzeitig Medikamente nehmen sollte, meinte jedoch, eine Hospitalisierung erweise sich unter Umständen als notwendig. Mrs. Abel hatte den Eindruck, daß Sylvia an einer schizophrenen Störung paranoider Art leide. (Als man mit Miss Frumkin drei, fünf und elf Jahre später ähnliche projektive Tests und Intelligenztests durchführte, waren die Ergebnisse mit denen der ersten Testserie beinahe identisch.)

Der dritte Schritt in Richtung auf eine eventuelle Aufnahme Sylvias ins Jamaica Center bestand in einer von Dr. Oliver Cutler, einem Psychiater, am 8. März 1963 durchgeführten Untersuchung. Sylvia erzählte Dr. Cutler, sie habe, als sie klein gewesen sei, vier imaginäre Freunde gehabt, und nun habe sie vor dem Einschlafen Halluzinationen. »Sie sieht zwei Hände, die versuchen, eine Nadel einzufädeln, und denen dies nicht gelingt«, schrieb Dr. Cutler. »Diese Szene wiederholt sich ständig und irritiert sie. Wünscht, sie wäre nie geboren worden. Wünscht sich, alle ihre Feinde wären tot... Sagt, letztes Jahr habe ein Mädchen versucht, sie mit einem Zirkel zu erstechen... Wünscht sich zeitweise allein zu sein ›mit ihrem Freund, der in ihr ist‹. Hat das Gefühl, jeder Mann, der sie anblickt, werde sie angreifen.« Sylvia gab zu, »gelegentlich Trancezustände und kurze akustische Halluzinationen zu erleben«, wenn sie das Brummen eines Motors hörte. Dr. Cutlers Diagnose lautete: Paranoide Schizophrenie.

Am 20. März 1963 fing Sylvia Frumkin mit ihrer Therapie bei Dr. Sheila Gross an, einer Kinderpsychiaterin im Jamaica Center. Als sie an jenem Nachmittag bei Frau Dr. Gross eintraf, einer Frau in mittleren Jahren, die einen europäischen Akzent hatte, fiel ihr Blick auf ein Bündel Akten auf dem Schreibtisch der Ärztin. Zuoberst lag die erste Seite des Berichts von Mrs. Schwartz. Sylvia machte von ihrer Fähigkeit, verkehrtherum lesen zu können, Gebrauch. Sie war bestürzt, als sie die erste Zeile las: »Sie ist ein großes, unattraktives Mädchen.« Sie beschloß, Frau Dr. Gross zu testen, und bat sie, ihr die erste Seite vorzulesen. Dr. Gross warf einen flüchtigen Blick auf den Bericht von Mrs. Schwartz und las dann laut: »Sie ist ein großes Mädchen, nicht unattraktiv«, und wechselte dann das Thema. Obwohl Sylvia ab Ende März bis Ende Juni Frau Dr. Gross einmal pro Woche aufsuchte, schenkte sie ihr kein Vertrauen, weil die Ärztin nicht ehrlich zu ihr gewesen war. Sie konnte keinen affektiven Kontakt zu ihr herstellen, weil die Ärztin, jedesmal wenn Sylvia ihr etwas anvertraute, dazu neigte, mit Mißbilligung zu reagieren. Als Sylvia ihr von ihrer Sommerromanze im Ferienlager erzählte, lautete die Antwort von Frau Dr. Gross: »Ach, du bist noch zu jung.« Trotz der Tatsache, daß Sylvia Dr. Gross nicht als hilfreich betrachtete, schloß sie die zehnte Klasse der Music and Art mit einer Durchschnittsnote von siebenundachtzig Punkten ab. Kurz darauf empfahl Frau Dr. Gross eine Hospitalisierung Sylvias. Sie wurde zu Dr. Donald Greenfeld, einem Psychiater, geschickt, der über eine eventuelle Hospitalisierung Sylvias entscheiden sollte. Dr. Greenfeld stellte fest, daß Sylvia sich stur weigerte, hospitalisiert zu werden. Er hatte in zwei staatlichen psychiatrischen Anstalten gearbeitet und hatte keine hohe Meinung von diesen Institutionen; er fand, daß man den Patienten dort nicht genügend Aufmerksamkeit schenke und daß Sylvia stark genug sei, um weiterhin ambulant behandelt zu werden. Sylvia wollte unbedingt zu einer jungen Therapeutin gehen. Dr. Greenfeld wies ihr eine Therapeutin zu, die sie ab Herbst regelmäßig aufsuchen sollte.

Der Sommer 1963 war für die Frumkins ereignisreich. Joyce machte im Juni ihren College-Abschluß und heiratete einige Tage später. Während sie die Flitterwochen in Europa verbrachte und Sylvia sich in Pennsylvania in einem Ferienlager befand, zogen die Frumkins von ihrem Apartment in Beechhurst in ein hübsches Haus in der Nähe um. Minna Wilder gab den Frumkins die Summe, die sie als Anzahlung für das Haus leisten mußten. Das Haus verfügte über drei Schlafzimmer, ein Badezimmer, ein Eßzimmer, eine Küche und ein Wohnzimmer, alles ebenerdig, sowie über ein ausgebautes Dachgeschoß, das Mrs. Frumkin als Studio und für ihren Kunstunterricht benutzte. 1963 hatten sich die Zustände in East New York derart verschlimmert, daß Minna Wilder, die eine Augenoperation hinter sich hatte, nicht mehr gefahrlos dort leben konnte. Irving Frumkin bestand darauf, daß seiner Schwiegermutter im neuen Haus das Elternschlafzimmer zur Verfügung gestellt wurde. Die Frumkins und Sylvia benutzten die zwei kleineren Schlafzimmer.

Im September kam Sylvia an der Music and Art in die elfte Klasse und fing ihre Sitzungen bei Francine Baden, einer jungen klinischen Psychologin, im Jamaica Center an. Bei der ersten Sitzung unterzog Sylvia Miss Baden demselben Test, den sie bei Sheila Gross vorgenommen hatte, und bat sie, ihr den Bericht von Mrs. Schwartz laut vorzulesen. »Sie ist ein großes, unattraktives Mädchen«, las Miss Baden vor. Fünfzehn Jahre später erinnerte sich Miss Frumkin noch lebhaft an diese erste Sitzung. »Ich war wirklich ein großes und unattraktives Mädchen«, sagte sie. »Am Tag, als ich Mrs. Schwartz aufsuchte, trug ich eine schmutzige weiße Bluse über einem Rollkragenpullover, einen Rock, Kniesocken und Schuhe mit Absätzen. Ich sagte Francine, daß ich meine Kleidung und meine Körperpflege vernachlässige, und dann redeten wir darüber, weshalb ich mich so unattraktiv machte.« Miss Frumkin erinnert sich, daß sie nach diesem Gespräch anfing, sich besser zu kleiden und ihrer Körperpflege mehr Aufmerksamkeit zu widmen. Sie ließ sich einen modischen Haarschnitt machen und kaufte sich einige Kleider in Rosa, ihrer Lieblingsfarbe. »Ich war eine rosa Schönheit in meinem neuen engen Kaschmirkleid, den rosa Netzstrümpfen und den rosa Lackschuhen«, sagte sie eines Tages im Sommer 1978, als sie im Tagesraum vom Creedmoor auf dem Boden saß und eine schmutzige orangefarbene Bluse und eine zerrissene rote Hose trug.

Ein weiteres Thema, das Sylvia mit Miss Baden erörterte, war ihr mangelnder Freundeskreis. Zu Beginn der elften Klasse hatte Sylvia den Versuch unternommen, einer Studentinnenverbindung beizutreten, aber zwei Mädchen hatten gegen ihre Aufnahme gestimmt. Sylvia klagte, daß sie zuviel Hausaufgaben erledigen müsse und daß einige Lehrerinnen wahre Hexen seien. Sie bereue es nun, daß sie nicht auf der High-School in Queens sei, wo der Druck weniger stark war. Sylvia sprach auch davon, daß sie eine spezielle Schule besuchen wolle, wie die aus dem Film *David and Lisa*, den sie gesehen und der ihr gefallen hatte. Sie wollte einen Jungen kennenlernen, der genau wie David sein sollte; sie wollte ihren Problemen entrinnen. Miss Baden verhalf

Sylvia zu der Erkenntnis, daß Music and Art eine hervorragende Schule war und daß sie Freunde hatte, unter anderem die Mädchen, die für ihre Aufnahme in die Studentinnenverbindung gestimmt hatten. Sie unterhielten sich über einige der Dinge, die Sylvia tat, um sich selbst unbeliebt zu machen – wie zum Beispiel die Tatsache, daß sie andere Leute fragte, ob sie sie mochten, ihr Nägelkauen und ihr undeutliches Reden –, und nachdem Sylvia einmal klargeworden war, daß ihr Verhalten andere Menschen möglicherweise irritierte, versuchte sie, es zu ändern. Sie stellte fest, daß sie, sobald sie besser aussah, sich auch besser fühlte und einige Freundinnen gewann. Besonders mochte sie eine Klassenkameradin namens Camilla Costello, die ihr sagte: »Sylvia, ich hab' viele Freundinnen, aber du bist meine beste Freundin.« Nach der zehnten Klasse besuchte Sylvia den Samstagsunterricht an der Kunstschule nicht mehr und begann, wie viele ihrer neuen Freundinnen sich für Schlager zu interessieren. Sie kaufte sich Schallplatten von den Beatles und von Paul Anka; Paul Ankas Hit »Diana« gehörte zu ihren Lieblingssongs. Sie benahm sich mehr und mehr wie ein typischer Teenager. Sie fing an zu rauchen und telefonierte stundenlang mit ihren Freundinnen. Je mehr Zeit sie mit ihren Freundinnen verbrachte, desto weniger Zeit hatte sie, um ihrer Mutter ihre Sorgen und Nöte zu erzählen; sie hatte auch weniger Sorgen. Es entging ihr nicht, daß ihre neuen Freundinnen und ihre guten Beziehungen zu Miss Baden ihrer Mutter ein Dorn im Auge waren.

Die Frumkins mißbilligten die meisten Veränderungen, die mit ihrer Tochter vor sich gingen, und gaben Miss Baden schuld daran. Mrs. Frumkin zog den Songs »I Want to Hold Your Hand« und »Diana« klassische Musik vor. Bevor Sylvia zu Miss Baden gegangen war, war sie ziemlich gefügig gewesen; jetzt war sie rebellisch. Das Jamaica Center berechnete je nach Zahlungsfähigkeit des Patienten zehn bis fünfzehn Dollar pro Therapiestunde. Die Frumkins mußten elf Dollar pro Stunde bezahlen. Sie wollten den Scheck jeweils selbst vorbeibringen. Miss Baden bestand darauf, daß Sylvia ihr den Scheck brachte. Da es ihr einerseits sehr am Herzen lag, daß Sylvia ein selbständiger Mensch wurde, sie andererseits jedoch wußte, wie schwierig es für Sylvia war, sich von einer Mutter zu lösen, die nicht bereit war, sie aus ihrer Obhut zu entlassen, räumte sie Sylvia jede Woche zwei Stunden Therapie ein, verrechnete jedoch nur eine Stunde. Obwohl die Sitzungen selten einfach und manchmal schmerzhaft waren – Sylvia versuchte oft, ihren Problemen auszuweichen, indem sie über Belanglosigkeiten redete oder sich in Phantasien flüchtete –, fand Miss Baden doch, daß sie bis zum Januar 1964 echte Fortschritte gemacht hatten.

Am Montag nachmittag, dem 27. Januar 1964, wartete Irving Frumkin gegen achtzehn Uhr im Jamaica Center auf Sylvia, um sie nach ihrer Sitzung bei Miss Baden nach Hause zu fahren. Er ließ Sylvia einige Blocks von zu Hause entfernt vor einem Laden aussteigen, wo sie Millimeterpapier für die Schule kaufte. Mr. Frumkin fuhr zu einer Tankstelle, um Benzin zu tanken. Sylvia ging vom Laden zu Fuß nach Hause. Sie kam bis zur Straßenecke gerade vor dem Haus der Frumkins und begann die Fahrbahn zu überqueren. Als sie den Gehsteig beinahe erreicht hatte, bog ein Wagen mit hoher Geschwindigkeit um die Ecke, fuhr sie an, schleuderte sie vier bis sechs Meter weit und prallte gegen eine Straßenlaterne direkt vor dem Haus der Frumkins. Harriet Frumkin hielt sich gerade im Wohnzimmer auf und hörte den lauten Knall. Sie dachte sich, es sei vielleicht jemand verletzt worden, griff nach einem Mantel und öffnete die Haustür. Das erste, was sie sah, war der Wagen, der gegen die Straßenlaterne geprallt war. Dann sah sie, daß ein Mensch vor dem Nachbarhaus auf der Straße lag. Sie lief zu der Stelle hinüber und erkannte ihre Tochter. Sylvia hatte kurz das Bewußtsein verloren und schlug gerade die Augen auf, als ihre Mutter herantrat. Sie sagte, sie habe Kopfschmerzen, und ihre Beine täten ihr weh. Zwei Streifenwagen und eine Ambulanz trafen ein. Unterdessen war Mr. Frumkin nach Hause gekommen. Mrs. Frumkin begleitete Sylvia im Krankenwagen zur Notfallstation des nächstgelegenen Krankenhauses. Mr. Frumkin folgte. Der Lenker des Wagens, von dem Sylvia angefahren worden war – ein siebzehnjähriger Junge –, war unverletzt. Er war immer noch Fahrschüler und hatte den Wagen allein gelenkt – ein Verstoß gegen die Straßenverkehrsordnung. Er sagte, er habe Sylvia nicht gesehen, weil es dunkel war und sie einen schwarzen Mantel trug.

Der Arzt, der Sylvia untersuchte, stellte eine Beule am Kopf fest, eine schmerzende Prellung an der linken Wade sowie zahlreiche Schrammen und Quetschungen. Die nachfolgend durchgeführten Tests und Röntgenaufnahmen ergaben keine inneren Verletzungen und keine Knochenbrüche. Sylvia blieb im Krankenhaus und wurde mit Eisbeuteln auf dem Kopf und auf der linken Wade ins Bett gelegt. Während ihres Aufenthalts klagte sie zwar über einige Schmerzen, doch erinnert sie sich immer noch mit Vergnügen an die Woche, die sie dort verbrachte. »Ich kann mich erinnern, daß ich in jedes Zimmer rannte und die andern Patienten besuchte«, sagte sie vor kurzem. »Ich hatte das Gefühl, ich sei im Urlaub. Es hat mir Spaß gemacht, den größten Teil des Tages herumliegen zu können und mir die Mahlzeiten ans Bett bringen zu lassen.« Sylvia wurde am 3. Februar entlassen. Die endgültige Diagnose lautete: Mehrfach-Prellungen, Schürfwunden sowie eine Gehirnerschütterung. Sylvia fühlte sich erholt genug, um am Tag nach ihrer Entlassung wieder zur Schule zu gehen.

Wie Tausende anderer Teenager in New York City war auch Sylvia Frumkin im Februar 1964 ganz aufgeregt, weil die Beatles am Freitag, dem 7. Februar, für ihre erste USA-Tournee New York anflogen. Am Samstag stellte sich Sylvia mit ihrer Freundin Camilla Costello vor das Plaza Hotel, wo die Beatles abgestiegen waren, um sie eventuell sehen zu können. Man ließ sie nicht ins Hotel. Camillas Mutter war wütend, als sie erfuhr, was die Mädchen getan hatten. Am folgenden Abend gingen Sylvia und Camilla ins Studio, wo die Beatles live auftreten sollten. Tausend weibliche Teenager wollten ins Studio. Sylvia und Camilla gehörten zu den paar Hundert, denen es gelang. Nach der Show mischten sie sich unter die Menge, die vor dem Bühnenausgang wartete. Plötzlich tauchte Mrs. Costello auf – sie hatte irgendwie herausgefunden, wo sich die Mädchen befanden. Sie packte Camilla am Mantel, deutete mit dem Zeigefinger auf Sylvia und schrie: »Ich verbiete dir jeglichen Umgang mit ihr!« Dann fuhr sie Sylvia an: »Und was dich betrifft, so hoffe ich, daß du nochmals unter ein Auto kommst.« Am folgenden Donnerstag ging Sylvia zum LaGuardia-Flughafen, um von den Beatles Abschied zu nehmen. Camilla war nicht bei ihr. Am Abend rief Sylvia vom Flughafen aus zu Hause an. Ihr Vater kam ans Telefon. »Ich bin am Flughafen und habe Angst«, sagte Sylvia mit hysterischer Stimme. »Ich weiß nicht, wie ich nach Hause kommen soll.« Ihr Vater antwortete: »Wie du hingekommen bist, so kommst du auch zurück«, und legte auf. Sylvia Frumkin kam nach Mitternacht nach Hause; sie hat ihren Eltern niemals erzählt wie.

Sylvia war schon seit jeher nervös gewesen und hatte stets alles übertrieben. Viele ihrer Altersgenossinnen hatten sich von der Beatlesmanie anstecken lassen, doch Sylvias diesbezüglicher Krankheitsverlauf war ganz besonders virulent. Nach dem Autounfall machte sie sich mehr und mehr Sorgen wegen ihrer Schulaufgaben. Es fiel ihr auf, daß sie plötzlich aus unerklärlichen Gründen zu kichern anfing oder in Schweigen verfiel oder plötzlich hyperaktiv wurde. Sie führte noch längere Telefongespräche mit ihren Freundinnen, sie blieb abends länger auf, um ihre Schulaufgaben zu erledigen, wobei sie Aufputschmittel schluckte, sie rauchte drei Päckchen Zigaretten pro Tag, sie schrieb ihre Unterrichtsnotizen um, sie duschte mehrere Male am Tag, sie kaufte und spielte ständig Beatles-Platten. Sie behauptete, sie sei Aschenbrödel, und warf ihrer Mutter vor, sie sei ihre böse Stiefmutter. Francine Baden war ihre Traumpatin, ihre rosa Lackschuhe waren ihre Glaspantoffeln, und Paul McCartney war ihr Märchenprinz. Sie erzählte Miss Baden, sie wolle von zu Hause weggehen und bei einer ihrer Tanten wohnen. Anfang März blieb sie eine ganze Nacht lang wach und rechnete sich aus, wieviel Geld sie auf ihrem Bankkonto hatte. Sie erschien mehrere Male in einem derart agitierten Zustand bei Miss Baden, daß sie nicht sprechen konnte. Das Jamaica Center war auf Psychotherapie spezialisiert, doch ab und zu verordneten die Psychiater zusätzlich zur Therapie Medikamente. Dr. Greenfeld hatte Sylvia 1963 und 1964 Stelazine in einer niedrigen Dosierung verschrieben. Als Sylvia nun in erregtem Zustand kam, arbeitete Miss Baden mehrere Male länger, um ihr das Medikament geben zu können.

Am Donnerstag morgen, dem 19. März 1964, fuhr Sylvia Frumkin von Beechhurst zur Music and Art, verließ nach der ersten Stunde das Klassenzimmer, marschierte zum Schulgebäude hinaus, bestieg die Untergrundbahn und fuhr zu Hyman, dem jüngsten Bruder ihres Vaters, und seiner Frau Phyllis. Sie bat darum, von ihnen adoptiert zu werden.

Die Ehe von Phyllis und Hyman war voller Bitterkeit. Sie stritten oft miteinander, weil Hyman zu Glücksspielen, zu offenkundiger und permanenter Untreue sowie zu dubiosen Geschäften neigte, und sie stritten, weil Phyllis so leicht schwanger wurde. Hyman machte es zwar Spaß, mit seiner Frau und seinen zahlreichen Geliebten zu schlafen, aber die Konsequenzen seiner sexuellen Aktivitäten machten ihm keinen Spaß. Phyllis hatte zwei Söhne, zwei Töchter und Pech mit der Empfängnisverhütung; sie hatte mehrere Abtreibungen hinter sich. Als sie 1951 erneut schwanger wurde, sagte sie ihrem Ehemann so lange nichts von ihrem jüngsten »Unfall«, bis es für eine Abtreibung zu spät war. Hyman wollte um keinen Preis ein fünftes Kind, schon gar nicht zu jenem Zeitpunkt. Seine finanzielle Lage war unstabil. In der Familie pflegte man zu sagen: »Hyman erwirbt dauernd kleine Vermögen, um sie wieder zu verlieren.« Wieviel er auch verdienen mochte, seine Ausgaben waren stets größer. Phyllis hatte in seinen Taschen Rechnungen für Schmuck gefunden, den er andern Frauen geschenkt hatte, während sie nicht einmal über genügend Haushaltsgeld verfügte, um die Lebensmittel einzukaufen. 1951 war Hyman verschuldet. Er hatte bei einigen seiner Verwandten, unter anderem auch bei Ralph Stadtman, dem Bruder von Phyllis, mehrere Tausend Dollar geliehen. »Diesmal verschwindet entweder das Kinderbett oder ich verschwinde«, sagte er zu seiner Frau, und sie rief ihre Schwägerin Harriet an, um ihr die Reaktion ihres Mannes auf die Nachricht der baldigen Ankunft ihres fünften Kindes mitzuteilen. Hymans Reaktion war einer der vielen Aussprüche, die in die Familiensaga eingingen, und die Geschichte wurde Sylvia und Joyce oft erzählt. Ralph Stadtman und seine Frau Donna waren kinderlos geblieben, obwohl sie jahrelang versucht hatten, ein Baby zu bekommen. Mehrere Monate vor der Geburt des Babys von Phyllis und Hyman Frumkin wurden Vorbereitungen getroffen, damit Ralph und Donna das Baby adoptieren könnten. Die Stadtmans erklärten sich damit einverstanden, die Krankenhausrechnung von Phyllis zu begleichen und den Betrag, den Hyman ihnen

schuldete, zu vergessen. Nach der Geburt des Kindes – ein Mädchen, das die Stadtmans Ruth tauften – nahmen sie das Baby zu
sich nach Hause und zogen nach Philadelphia. Die Frumkins
konnten absolut nicht begreifen, daß jemand sich von seinem
Kind trennen konnte. »Sogar die Zigeuner haben Kinder gestohlen; sie haben sie nicht verkauft«, bemerkte Harriet Frumkin des
öfteren. Trotz allem blieben die beiden Ehepaare einander
freundlich gesinnt, vielleicht, weil die Frumkins von einem Le-
bensstil fasziniert waren, der dem ihrigen entgegengesetzt war.
Harriet und Irving Frumkin waren sparsame Menschen, die im
Rahmen ihrer Möglichkeiten nicht schlecht lebten. Wenn sie
zweitausend Dollar für ein neues Auto hatten, kauften sie einen
Chevrolet für achtzehnhundert Dollar und zahlten zweihundert
Dollar auf ihr Bankkonto ein. Viele Jahre nachdem das Fernsehen
aufgekommen war, besaßen sie nur ein einziges Schwarzweißge-
rät. Hyman und Phyllis praktizierten mit Begeisterung ein auffäl-
liges Konsumverhalten. Wenn sie zweitausend Dollar zur Verfügung hatten, verwendeten sie das Geld als Anzahlung für einen
Cadillac und nahmen für den Rest der Kaufsumme ein Darlehen
auf. Die Hyman Frumkins waren für die Irving Frumkins die
ersten Leute, die ein Farbfernsehgerät erwarben. Ende der fünfziger Jahre stieg Hyman Frumkin ins Geschäft der Stereogeräte ein.
Anfang der sechziger Jahre, als die Stereogeräte mehr und mehr
in Mode kamen, erwarb Hyman Frumkin wieder ein kleines
Vermögen und kaufte ein großes Haus in Jamaica Estates,
Queens. Er und Phyllis statteten das Haus mit Kordsamt-Sofas,
Teppichböden und Stehlampen aus, deren Fuß eine nackte Frau
darstellte. Sylvia war von Phyllis und Hyman besonders angetan.
Als sie fünfzehn Jahre alt war, glaubte sie, sie seien »feinere« Leute
als ihre Eltern, aus dem einfachen Grund, weil sie reicher waren.

Der Reichtum der Hyman Frumkins war nicht der einzige
Grund, weshalb Sylvia sich am Vormittag des 19. März zu ihnen
begab und darum bat, von ihnen adoptiert zu werden. Sie ging
auch deswegen zu ihnen, weil sie es zu Hause nicht mehr aushielt.
Sie stellte sich vor, sie komme mit Phyllis, die sich ihr gegenüber
stets warmherzig gezeigt hatte, besser aus als mit ihrer Mutter.
Außerdem hatte sie vor kurzem angefangen, sich einzubilden, sie
sei nicht die Tochter ihrer Eltern. Sie glaubte schließlich, sie sei in

Tat und Wahrheit das Kind von Hyman und Phyllis – das Kind, das sie verkauft hatten. Als Sylvia am 19. März an ihrer Tür klingelte, waren Hyman und Phyllis beide wegen einer Erkältung zu Hause. Sie waren überrascht, sie zu sehen, und noch überraschter, als Sylvia ihren Wunsch vorbrachte. Sie rieten Sylvia, unverzüglich in die Schule zurückzugehen. Sylvia erwiderte, sie könne auf die Schule verzichten. Als sie fragten, ob sie nicht vielleicht Fieber habe und es besser sei, wenn sie nach Hause gehe und sich ausruhe, wurde sie zusehends gereizter. Sie bestand darauf, daß sie nicht mehr Sylvia Frumkin sei – daß sie Linette heiße. Sie fing an zu weinen und im Wohnzimmer herumzutanzen. Phyllis wußte nicht, was sie mit ihrer Nichte anfangen sollte. Sie rief Harriet Frumkin an. Mrs. Frumkin sagte zu Phyllis, sie solle Sylvia auffordern, sofort zum Jamaica Center zu gehen und an der Straßenecke auf sie zu warten. Mrs. Frumkin rief ihren Mann in der Flaschenabfüllfabrik an; er sagte, er habe keine Zeit. Mrs. Frumkin telefonierte daraufhin mit Joyce, die sich sechs Monate nach ihrer Trauung mit Roger Sussman hatte scheiden lassen. Joyce Frumkin (sie hatte ihren Mädchennamen wieder angenommen) hatte eine Lehrstelle als Mode-Koordinatorin im Konfektionsviertel von Manhattan angetreten und lebte in einem Studio in Greenwich Village. Sie richtete es so ein, daß sie von der Arbeit weg konnte, fuhr zum Jamaica Center und traf dort ihre Mutter und Sylvia. Harriet, Joyce und Sylvia Frumkin betraten das Gebäude und suchten Dr. Greenfeld auf. Nachdem Dr. Greenfeld Sylvia beobachtet und sich zusammengereimt hatte, wie sie sich an jenem Morgen und im Verlauf der vergangenen paar Tage verhalten hatte, gelangte er zur Schlußfolgerung, sie habe einen psychotischen Schub und müsse unverzüglich hospitalisiert werden. Er rief das Gracie Square, ein Krankenhaus in Manhattans Upper East Side, an und sorgte dafür, daß man sie dort aufnahm. Dr. Greenfeld war der Meinung, Sylvia würde ihre psychotische Episode in einigen Tagen überwunden haben.

Eine Woche später verfaßte Francine Baden einen zusammenfassenden Bericht über Sylvias sechsmonatige psychotherapeutische Behandlung. Der Bericht lautete auszugsweise wie folgt:

»Sylvia kam seit September 1963 zweimal pro Woche (eine Sitzung war gratis) ins Jamaica Center zur Psychotherapie. Anfangs reagierte sie noch mit ziemlichem Widerstand, und es war offenkundig, daß sie sehr viel Energie darauf verwendete, gestört, unglücklich und nur teilweise funktionsfähig zu bleiben. Dieses Verhalten vermittelte ihr erstens ein Gefühl der Individualität, da sie den Eindruck hatte, ein angemesseneres Verhalten bedeute ›Konformität‹. Zweitens verschaffte sie sich mit dieser äußerst masochistischen Art Aufmerksamkeit. Drittens bestand (und besteht) zwischen ihr und ihrer Mutter eine höchst symbiotische Beziehung. Die Mutter übte Kritik an der Therapeutin und sagte zu Sylvia, die Therapeutin tauge nichts und helfe ihr nicht. Machte Sylvia keine Fortschritte, so bedeutete dies, daß ihre Mutter in bezug auf die Therapeutin recht hatte, und Sylvia erwies ihrer Mutter auf diese Weise einen Gefallen. Viertens ist zu erwähnen, daß Sylvia mit dem ›lauten Verkünden ihrer Probleme‹ in bezug auf ihre Unbeliebtheit und ihr Elend das Mitgefühl, den Trost und die Überprotektion herausforderte (was nicht der Fall war, wenn Sylvia sich adäquat verhielt)...

Wir haben den Eindruck, daß das Problem in diesem Fall einerseits in der symbiotischen Bindung Sylvias an ihre Mutter liegt, aus der sie sich nun zu lösen bemüht, und andererseits in der Wut, die Mutter und Tochter aufeinander haben. Sylvia pflegte ihrer Mutter jedes Erlebnis, jeden Gedanken, jede Phantasie usw. ihres Lebens zu erzählen und litt unter schweren Schuldgefühlen, wenn sie ihrer Mutter auch nur ein Detail verheimlichte oder ihr nicht die Wahrheit erzählte. Sie wurde in dieser Hinsicht in der Therapie stark unterstützt – nämlich, daß sie das Recht habe, ein eigener Mensch zu sein, ein Privatleben zu führen und anders zu sein als ihre Mutter. In Sylvia erwachte langsam das Bewußtsein, daß, sobald sie einigermaßen funktionierte und sich nicht an der Schulter ihrer Mutter ausweinte, diese mit Groll und Zurückweisung reagierte. Da sie mit der Zeit weniger auf ihre Eltern angewiesen war, wurde ihr ihre Wut explosionsartig bewußt, und sie erschrak über ihre Impulse, wonach sie die Eltern oder sich selbst zu töten wünschte; daraus resultierte ihr heftiges Bedürfnis, sich von ihnen zu trennen.

Einige Tage vor ihrem psychotischen Schub gestand Sylvia, daß sie, wenn ihre Mutter schrie und an ihr herumnörgelte, weil es ihr nicht gutging, extrem angewidert war und Angst hatte, sie würde einmal genauso werden wie ihre Mutter. Sie sagte zudem mit Bitterkeit: ›Kein Wunder, daß ich keine Freunde hatte, wenn ich so war.‹

Trotz des Krankheitsbildes haben wir den Eindruck, daß diese junge Frau über eine echte Stärke verfügt und dafür kämpft, sich zu integrieren, gesund und glücklich zu werden und sich von ihrer Familie zu lösen (obwohl enorme Konflikte, Angst- und Schuldgefühle damit verbunden sind). Sie ist ungewöhnlich intelligent, begabt, sensibel und verfügt über ein breitgefächertes Potential. Wir haben den Eindruck, daß eine sehr herzliche, starke und positive Beziehung zu der Therapeutin aufgebaut wurde.

Es ist nötig, daß sie ihre Individualität und ihre Identität als eigenständiger Mensch mit konstruktiven und gesunden Mitteln aufbaut, daß sie sich mit einer Frau identifizieren kann und ihre intensive Wut auf ihre Eltern durcharbeitet.«

Zusammenfassend schrieb Miss Baden:

»In Anbetracht der stark neurotisch gefärbten Verhältnisse, die in dieser Familie herrschen, insbesondere des enormen Drucks, den die Mutter ausübt, ihrer starken Ablehnung ihrer Tochter und ihrer Feindseligkeit gegenüber Sylvia sowie ihres besitzergreifenden und fordernden Verhaltens und ihrer hysterischen Reaktionen spricht es für Sylvias Stärke, daß sie so verzweifelt versucht, sich ihrer Mutter zu entziehen. Sie verfügt über eine ausgezeichnete Einsichtsfähigkeit und ist sehr stark motiviert, gesund zu werden. Wir haben den Eindruck, daß eine Psychotherapie ihr einen signifikanten persönlichen Gewinn bringen könnte und sie große Fortschritte erzielen kann.«

Der Arzt, der Sylvia Frumkin am Nachmittag des 19. März im Gracie-Square-Krankenhaus aufgrund des freiwilligen Antrags für Minderjährige (mit fünfzehn war sie zu jung, um sich selbst einweisen zu können) aufnahm, stellte fest, daß sie sich abwechslungsweise zornig, dumm und unangemessen verhielt. Eines ihrer markantesten Symptome, das während ihrer Aufenthalte in den psychiatrischen Kliniken im Lauf der nächsten siebzehn Jahre am häufigsten auftrat, war ihr extremer Rededrang. Sylvia drückte ihre Angst, als irrational abgeurteilt zu werden, dadurch aus, daß sie immer wieder betonte: »Gott sei Dank weiß ich immer noch, was vor sich geht.«

Sie leugnete, an irgendwelchen Halluzinationen zu leiden. Der Arzt verordnete ihr 200 Milligramm Thorazin täglich – eine vernünftige Anfangsdosis. Als sich ihr Zustand nach zwei Tagen nicht gebessert hatte, steigerte er die Thorazin-Dosis auf 800 Milligramm täglich – eine mäßige Dosis. Am nächsten Tag verabreichte er ihr zusätzlich zum Thorazin noch 5 Milligramm Stelazine sowie Cogentin, ein Anti-Parkinson-Mittel, damit sie die von einigen Präparaten, wie zum Beispiel Stelazine und Thorazin, bekanntlich hervorgerufenen Symptome wie Tremor und Rigor nicht entwickle. Sylvia Frumkin fuhr fort, wie ein Baby zu reden und aufgeregt zu brabbeln, so daß man die Dosis erneut erhöhte. Am 23. März, als sie 16 Milligramm Stelazine und 1200 Milligramm Thorazin erhielt, schien der Rededrang allmählich nachzulassen, und sie schien ihr Denken wieder etwas mehr unter Kontrolle zu haben. Es stellte sich jedoch bald heraus, daß sie länger als eine Woche oder zehn Tage im Krankenhaus würde bleiben müssen, wie Dr. Greenfeld eigentlich angenommen hatte. Das Gracie Square war eine private psychiatrische Klinik, und die Krankenversicherung von Mr. Frumkin kam nicht für die Kosten für Sylvias Halbprivat-Zimmer auf, das fünfunddreißig Dollar pro Tag kostete. Dr. Greenfeld half den Frumkins Vorkehrungen zu treffen, damit Sylvia ins St. Vincent's verlegt werden könne. St. Vincent's, das größte katholische Krankenhaus an der Ostküste, war ein allgemeines Krankenhaus mit einem Pavillon für Psychiatriepatienten, deren Aufenthalt bis zu einem Zeitraum von neunzig Tagen von Mr. Frumkins Krankenkasse bezahlt wurde. Am 2. April 1964 fuhr Joyce Frumkin Sylvia und ihre Mutter vom Gracie Square Hospital zum Jacob Reiss Mental Health Pavillon von St. Vincent's in Greenwich Village. Die endgültige Diagnose des Arztes vom Gracie Square lautete, daß Miss Frumkin an akuter Schizophrenie, undifferenzierter Typus, leide. Er bewertete ihren Zustand als gebessert und stellte eine optimistische Prognose. Sylvia hatte während der ganzen Dauer ihres Aufenthalts im Gracie Square zusammenhangloses Zeug über die Beatles geredet. Während der Fahrt zum St. Vincent's beharrte sie darauf, daß Paul McCartney kommen und sie nach England mitnehmen würde.

Der Psychiatrie-Assistenzarzt, der Sylvia Frumkin im St. Vincent's aufnahm, betrachtete sie als anziehende, aber schlampige junge Frau, die von ihren Symptomen vollends überwältigt worden war. Sie war extrem hyperaktiv und befand sich in einem Zustand der Panik. Obwohl ihre Gedanken zusammenhanglos waren, ließen sie eine intellektuelle Ausrichtung auf die Realität erkennen, doch waren sie beinahe vollends vom Affekt abgespalten, der »abgestumpft« war. (Der abgestumpfte Affekt – das heißt kein sichtbares Erkennenlassen von Gefühlen – war ein weiteres Symptom, das sich bei Miss Frumkins zahlreichen Klinikaufenthalten häufig zeigte.) Es wurde ihr unverzüglich eine Tagesdosis von 2000 Milligramm Thorazin verordnet. Sie erhielt im St. Vincent's auch etwas Stelazine sowie eine prophylaktische Dosis Artane, ein weiteres Anti-Parkinson-Mittel, das dem Cogentin ähnlich ist.

Miss Frumkin erinnert sich daran, daß die Krankenschwestern im St. Vincent's, von denen einige Nonnen waren, sie sehr gut betreuten und daß sie eine der Beschäftigungstherapeutinnen sehr mochte, aber sie konnte nicht oft an der Beschäftigungstherapie teilnehmen, weil sie zu krank war. Sie hatte immer wieder die Wahnvorstellung, sie sei *die* Patientin, und alle andern fünfundachtzig Patientinnen und Patienten vom St. Vincent's seien Spiegelungen ihrer Persönlichkeit, deren Anwesenheit erforderlich sei, damit sie lerne, mit sich selbst zu leben. Ihre einzige glückliche Erinnerung an das St. Vincent's bestand darin, daß sie einen zehnseitigen Brief von ihrer Freundin Camilla Costello erhielt. Harriet Frumkin hat keine angenehmen Erinnerungen an das St. Vincent's. Sie erinnert sich, daß Sylvia ein außerordentlich feindseliges Verhalten an den Tag legte und daß sie diese Feindseligkeit meistens gegen ihre Mutter richtete. Am 5. Mai 1964, an Sylvias sechzehntem Geburtstag, brachte Miss Frumkin Sylvia einen Geburtstagskuchen. Sylvia weigerte sich, die Kuchenschachtel zu öffnen, schob sie wieder zu ihrer Mutter hinüber und sagte: »Deinetwegen bin ich hier, und nun mach, daß du fortkommst, und nimm deinen blöden Kuchen wieder mit.« Das Pflegepersonal bat Mrs. Frumkin, sie solle wieder gehen und nicht mehr kommen, bis man sie rufe, weil sie ihre Tochter zu sehr in Aufregung versetze. Mrs. Frumkin entfernte sich weinend. »Jedesmal, wenn Sylvia krank ist, benimmt sie sich mir gegenüber besonders gemein, weil ich sie geboren habe«, sagte

Mrs. Frumkin neulich. »Wenn ich nicht gewesen wäre, wäre sie nicht geboren worden, und dann wäre sie auch nicht krank geworden.« Der Arzt vom St. Vincent's gestattete es auch Francine Baden nicht, Sylvia zu besuchen, als Sylvia darum bat, ihre Therapeutin sehen zu dürfen; er sagte, Sylvia dürfe nur zu ihm eine Beziehung aufbauen und nicht zu ihrer ehemaligen Therapeutin.

Innerhalb weniger Wochen stellte der Arzt eine Besserung von Sylvias Zustand fest. Sobald sie »besser organisiert« wirkte »und fähig war, ihre zielgerichtete Aufmerksamkeit während kurzer Zeitspannen aufrechtzuerhalten«, senkte er ihre Tagesdosis Thorazin allmählich von 2000 Milligramm auf 400 Milligramm. Aus Gründen, die er schlicht als »obskur« bezeichnete, verschlimmerte sich ihr Zustand plötzlich wieder. Am 19. Juni behauptete sie, sie habe ein Stück Holz mit losen Nägeln verschluckt. Niemand war Zeuge einer solchen Tat gewesen. Eine Krankenschwester holte aus Sylvias Mund ein Stück Holz und einen Nagel. Es wurden sofort Röntgenaufnahmen gemacht. Im Magen-Darm-Trakt wurden keine Fremdkörper entdeckt. Das Pflegepersonal war der Auffassung, Sylvia habe mit diesem Verhalten lediglich Aufmerksamkeit heischen wollen. Einige Stunden später verschluckte Sylvia fast den gesamten Inhalt einer Flasche Shampoo – eine Handlung, die das Pflegepersonal als einen wesentlich ernster gemeinten Selbstmordversuch interpretierte. Die Gründe für die Verschlimmerung von Sylvias Zustand schienen dem Psychopharmakologen, der sich mit ihrer Krankengeschichte befaßte, überhaupt nicht »obskur« zu sein. Die leichte Zunahme ihrer Konzentrationsfähigkeit sei keine hinreichende Verbesserung ihres Zustands gewesen, die eine drastische Senkung der Medikation gerechtfertigt hätte, sagte er. Er vertrat die Meinung, der zuständige Arzt vom St. Vincent's hätte ihr wahrscheinlich mehr geholfen, wenn er die Thorazin-Dosis so lange heraufgesetzt hätte, bis die Symptome weitgehend nachgelassen hätten, und er die Dosis erst zu diesem Zeitpunkt langsam auf eine Erhaltungsdosis reduziert hätte – die oft etwa einem Drittel der Höchstdosis entspricht.

DREIZEHN

A ls Thorazin, Stelazine, Melleril, Compazine und Trilafon – alles Medikamente der Gruppe der Phenothiazinderivate – in den fünfziger Jahren zum ersten Mal in den Vereinigten Staaten eingesetzt wurden, wurden sie Tranquilizer genannt. Als zu einem späteren Zeitpunkt (das Glyzerinderivat) Miltown und noch später (die Benzodiazepinderivate) Librium und Valium vielfach verwendet und allgemein als Tranquilizer bezeichnet wurden, begannen die Psychiater diese beiden unterschiedlichen Arzneimittelgruppen gegeneinander abzugrenzen, indem sie die erste Gruppe major Tranquilizer (Neuroleptika) und die zweite Gruppe minor Tranquilizer (Tranquilizer) nannten. Bald darauf bedauerten sie es jedoch, diese vergleichende Nomenklatur geschaffen zu haben, weil damit der irreführende Eindruck erweckt wurde, es handle sich bei sämtlichen Präparaten um ein und denselben Typus, wobei die Medikamente der einen gegenüber der andern Gruppe lediglich stärker seien. Die Tranquilizer (minor Tranquilizer) sind bei der Behandlung von Psychosen vollkommen unwirksam und potentiell suchtgefährdend. Was den Neuroleptika und den Tranquilizern gemeinsam ist, ist die anxiolytische (angstlösende) Wirkung; für die Tranquilizer verwendet man heutzutage den genaueren Begriff Anxiolytika. Die Neuroleptika, bei denen keine Abhängigkeitsgefahr besteht, wurden schließlich in Antipsychotika umbenannt, und zwar einerseits im Bestreben, sie von den Tranquilizern abzugrenzen, und andererseits, um der verbreiteten Fehlauffassung entgegenzuwirken, wonach der Erfolg dieser Präparate darauf zurückzuführen sei, daß sie die Patienten duselig und gefügig machten. Im Gegensatz zu den Barbituraten, die jahrzehntelang in den Nervenheilanstalten verordnet wurden, besteht die Wirkung dieser Präparate nicht darin, daß die Patienten schläfrig werden oder ihre Sinne abgestumpft werden. Ihre Wirkung besteht vielmehr darin, daß die für die psychotische Phase der Schizophrenie und für andere Psychosen charakteristischen Halluzinationen, Wahnvorstellungen und Denkstörungen reduziert werden, ohne daß die Patienten an Schläfrigkeit leiden. In den letzten Jahren haben es viele Psychopharmakologen vorgezogen, diese Präparate Neuroleptika zu nennen, weil sie bestimmte neurologische Nebenwirkungen zur Folge haben können. Zudem ergab sich, daß einige Neuroleptika auch auf andern Gebieten der Medizin mit Erfolg eingesetzt werden konnten. So kann es zum Beispiel sinnvoll sein, bei Übelkeit und Brechreiz Compazine zu verabreichen, und die Wahrscheinlichkeit, daß Eltern ihrem normalen Kind Compazine geben, ist größer, wenn das Präparat Neuroleptikum und nicht Antipsychotikum genannt wird. In den Vereinigten Staaten werden gegenwärtig zwanzig Neuroleptika verwendet; in andern Teilen der Welt werden noch viele andere gebraucht.

Einige Jahre nach der Einführung von Thorazin und den anderen Neuroleptika war deren Wirkungsweise immer noch nicht bekannt. In den letzten Jahren sind die Psychopharmakologen zu einem besseren Verständnis der Wirkungsweise dieser Arzneimittel gelangt. Im menschlichen Gehirn gibt es Hunderte von Milliarden hintereinandergeschalteter Zellen, die sogenannten Neuronen. Die Verbindungsstellen zwischen den Neuronen werden Synapsen genannt. Bei den meisten Synapsen wird eine als Neurotransmitter bezeichnete chemische Substanz am Ende des einen Neurons freigesetzt, die eine winzige Distanz zum nächsten Neuron zurücklegt und dort bewirkt, daß der Impuls übertragen wird. Gegenwärtig ist etwa ein Dutzend verschiedener Neurotransmitter bekannt, und wahrscheinlich wird man noch viele weitere entdecken. Der Neurotransmitter, von dem angenommen wird, daß er bei Schizophrenie die größte Rolle spielt, heißt Dopamin. Während der psychotischen Phase der Schizophrenie scheint es in spezifischen Bereichen des Gehirns zu einer übermäßigen Dopamin-Transmission in den Neuronen zu kommen. Sämtliche Neuroleptika blockieren nun die Dopamin-Rezeptoren, so daß das am einen Ende eines Neurons freigesetzte Dopamin nicht zum Rezeptor des nächsten Neurons gelangen kann.

Mehr als neunzig Prozent aller Schizophreniepatienten sprechen beim Auftreten ihres ersten psychotischen Schubs auf irgendeines der zwanzig Neuroleptika an, falls ihnen während einer angemessenen Zeitspanne eine angemessene Dosis verabreicht wird. Somit ist das eine Neuroleptikum gegenüber einem anderen, was die Befreiung des Patienten von Wahnvorstellungen angeht, gewöhnlich nicht wirksamer, auch wenn die Herstellerfirmen gegenteilige Behauptungen aufstellen mögen. Die Präparate haben jedoch unterschiedliche Nebenwirkungen. Der Grund, weshalb ein in Psychopharmakologie bewanderter Arzt sich bei einem Patienten, der keine vorgängige Behandlungsgeschichte aufweist, gewöhnlich für ein ganz bestimmtes Neuroleptikum entscheidet, besteht darin, daß ihm das Präparat vertraut ist oder daß er dessen besonderes Spektrum an Nebenwirkungen kennt. Thorazin gehört zu jenen Neuroleptika, die eine stark sedierende Nebenwirkung haben. Einige Psychopharmakologen sind sogar soweit gegangen, daß sie dieses Präparat als »veraltet« bezeichnen und es nicht mehr für klinische Zwecke einsetzen, weil es zahlreiche unerwünschte Nebenwirkungen einschließlich einer übermäßigen Sedierung zeitigt. Dank dem sedativen Effekt erfreut sich dieses Präparat in Krankenhäusern mit Personalmangel einer besonderen Beliebtheit, weil das Pflegepersonal es einfacher findet, stark sedierte Patienten zu betreuen. Thorazin ist ein Medikament, das in der psychiatrischen Klinik Creedmoor am häufigsten verordnet wird.

Mitte der sechziger Jahre wurden Thorazin und Stelazine, die von derselben Firma hergestellt werden, oft gleichzeitig verabreicht, wie dies auch bei Sylvia Frumkin im Gracie Square und im St. Vincent's 1964 der Fall war. Bei der gleichzeitigen Verabreichung von Thorazin und Stelazine ging man von der Theorie aus, daß der Patient in den Genuß der kombinierten therapeutischen Wirkung beider Medikamente komme und daß die Nebenwirkungen geringer seien oder sich gegenseitig ausschließen würden. Eine solche Kombination zweier Neuroleptika wurde von der Food and Drug Administration, der amerikanischen Lebensmittel- und Arzneimittelbehörde, auf der Grundlage unzureichenden wissenschaftlichen Beweismaterials genehmigt. Später erbrachte Beweise zeigten klar und deutlich, daß die gleichzeitige Verabreichung von Thorazin und Stelazine kaum von Vorteil, sondern sogar nachteilig war, weil die Patienten in diesem Fall unter den Nebenwirkungen beider Medikamente litten: Sedierung, Mundtrockenheit, zu niedriger Blutdruck und

Tremor. Eine weitere unglückselige Konsequenz der Kombination von Medikamenten (die von vielen Psychiatern immer noch häufig verordnet wird) besteht darin, daß somit die Polypharmazie – die simultane Verabreichung von zwei, drei, vier oder mehreren Neuroleptika – von Amts wegen abgesegnet wurde. Erweist sich ein bestimmtes Neuroleptikum bei einem schizophrenen Patienten als unwirksam, so wird ein versierter Psychiater zu einem andern Neuroleptikum mit unterschiedlicher Molekularstruktur überwechseln. Um einen solchen Wechsel einfacher zu gestalten, verfügen die meisten Psychiater über eine Äquivalenztabelle. Äquivalenztabellen gehen von 100 Milligramm Thorazin aus und geben an, welche Menge eines bestimmten Präparats ungefähr der Menge eines andern entspricht. Zum Beispiel sind Melleril und Serentil zwei Neuroleptika mit einer niedrigen Milligramm-Potenz, genau wie Thorazin: 100 Milligramm Melleril sind das Äquivalent von 100 Milligramm Thorazin, und 50 Milligramm Serentil entsprechen 100 Milligramm Thorazin. Die meisten Neuroleptika weisen eine hohe Milligramm-Potenz auf; so zum Beispiel entsprechen 10 Milligramm Trilafon oder Moban 100 Milligramm Thorazin.

Der Arzt am St. Vincent's Krankenhaus, der Miss Frumkins Thorazin-Dosis vorzeitig herabsetzte, beging einen Fehler, der als Beispiel für die Schwierigkeiten, die sich bei der Verordnung von Neuroleptika ergeben, angeführt werden kann. In vielen Bereichen der Medizin ist es relativ einfach, Arzneimittel zu verschreiben, weil es für ganze Gruppen von Krankheiten Standarddosierungen gibt, die man auswendig lernen kann. So zum Beispiel beläuft sich die Erwachsenendosis für Infektionen, die auf Antibiotika der Tetracyclingruppe ansprechen, gewöhnlich auf 250 Milligramm, viermal täglich; in einigen Fällen wird die Dosis verdoppelt. In der Psychiatrie gibt es keine Standarddosierungen. Während beim einen Patienten 200 Milligramm Thorazin genügen, um die Wahnvorstellungen über einen bestimmten Zeitraum hinweg zum Abklingen zu bringen, mögen bei einem andern 2000 Milligramm erforderlich sein, um das gleiche Ergebnis zu erzielen. Es sind Studien durchgeführt worden, die folgenden Beweis erbracht haben: Verabreicht man einer Gruppe von Patienten eine Standarddosis eines spezifischen trizyklischen Antidepressivums (eine chemische Klasse der Antidepressiva, deren Molekularstruktur aus einem trizyklischen Ringsystem besteht) und wird nach einer genügend langen Zeit die Konzentration des Präparats im Blut gemessen, so kann der eine Patient einen hundertmal höheren Wert aufweisen als der andere. Andere, weniger dramatische, aber immerhin signifikante Unterschiede treten häufig auf. Die im Blut nachweisbare Konzentration eines Medikaments ist bei eineiigen Zwillingen beinahe identisch; bei Verwandten ergibt sich eine hohe Korrelation; bei nicht verwandten Patienten gibt es keine Korrelation. Heute wird die Lithium-Konzentration im Blut routinemäßig gemessen, und seit einigen Jahren ist es möglich, die Konzentration der trizyklischen Antidepressiva nicht nur im Labor, sondern auch in den einzelnen psychiatrischen Kliniken zu bestimmen. Dank diesen Messungen verfügen die Psychiater über genauere Anhaltspunkte, um adäquate Dosen dieser Präparate verordnen zu können. Es ist erst seit kurzem möglich, die Konzentration der Neuroleptika im Blut zu messen, doch der klinische Wert solcher Messungen ist noch nicht endgültig bestimmt worden. Deshalb haben die Psychiater im Lauf der siebzehn Jahre, während derer Sylvia Frumkin nun Neuroleptika nimmt, ihr diese Präparate lediglich aufgrund der Reaktionen, die sie bei ihr beobachtet haben, verordnen können. Viele Fünfzehnjährige, die einen ersten psychotischen Schub erleiden, reagieren innerhalb von zehn Tagen auf 500 Milligramm Thorazin. Die Tatsache, daß Sylvia Frumkin nicht schnell oder positiv auf wesentlich höhere Dosen Thorazin ansprach, gab Anlaß zu einer weniger günstigen Behandlungsprognose.

1964 wünschten sich Privatkrankenhäuser wie zum Beispiel St. Vincent's »brave« Patienten und keine problematischen. Kurz nachdem Sylvia Frumkin das Shampoo getrunken hatte, wurde ihren Eltern mitgeteilt, da Sylvia »in ihren Zustand der Verwirrung, in dem sie sich vor ihrer Aufnahme ins Krankenhaus befunden hatte, regrediert« habe, sei St. Vincent's nicht in der Lage, ihr in den restlichen zehn oder zwölf Tagen vor Ablauf der drei Monate, die von Irving Frumkins Versicherung gedeckt waren, noch zu helfen. Der Assistenzarzt sagte, Sylvia müsse sich einer langfristigen Krankenhausbehandlung unterziehen. Für alle Patienten, mit Ausnahme einiger weniger, die zu den sehr reichen gehören und die in der glücklichen Lage sind, sich sowohl ein Privatkrankenhaus leisten zu können als auch ein Privatkrankenhaus zu finden, das schwierige Fälle akzeptiert, bedeutet eine solche Aussage, daß sie sich in ein staatliches Krankenhaus begeben müssen. 1964 (wie auch 1981) war es das Psychiatriezentrum Creedmoor, das für die Bewohner von Queens zuständig war. Den Patienten im Creedmoor wurden 1964 für ihren Aufenthalt sieben Dollar pro Tag berechnet. Als Sylvia Frumkin aus dem St. Vincent's entlassen wurde, lautete die Diagnose: Akute Schizophrenie, undifferenzierter Typus; keine Besserung.

Wollte ein Patient 1964 von einem Krankenhaus wie zum Beispiel dem St. Vincent's zu einem staatlichen Krankenhaus überwechseln, so gab es für ihn nur die Möglichkeit, sich an ein städtisches Krankenhaus, wie zum Beispiel das Bellevue, zu wenden. Am 22. Juni 1964 wurde Sylvia Frumkin deshalb in einem Krankenwagen vom St. Vincent's ins Bellevue gebracht. Mrs. Frumkin, Joyce und eine Krankenschwester vom St. Vincent's begleiteten sie auf der kurzen Fahrt. Sylvia verhielt sich während der Fahrt ziemlich ruhig, obwohl sie die Vorstellung, erneut in ein anderes Krankenhaus verlegt zu werden, stark beunruhigte. »Gibt es auf dieser Welt keinen Platz für mich?« fragte sie ihre Mutter in klagendem Tonfall. Es war dies eine Frage, die Sylvia ihrer Mutter im Lauf der folgenden siebzehn Jahre noch Dutzende Male stellen sollte. Obwohl ihre Aufnahme ins Bellevue nur auf dem Papier stattfand, dauerte sie doch eine geraume Weile. Als sich die Sache in die Länge zog, wurde Sylvia agitierter. Nach drei Stunden steckte man sie in eine Ambulanz mit dem Ziel Creedmoor und nicht in eine Abteilung im Bellevue. In der Ambulanz befanden sich mehrere andere Patienten und ein Polizist. Mit dem verdrahteten Heckfenster und den langen harten Bänken im Innern glich die Ambulanz einer grünen Minna. Joyce und Mrs. Frumkin folgten dem Krankenauto im Wagen von Joyce.

Kaum sah Mrs. Frumkin vom Grand Central Parkway aus das Gebäude 40, den siebzehnstöckigen Wolkenkratzer des Psychiatriezentrums Creedmoor, dachte sie traurig an das Jahr 1962 zurück, als sie und ihr Mann so stolz auf ihre Töchter gewesen waren, Joyce eben ihre Verlobung bekanntgegeben hatte und Sylvia kurz davor stand, die Music-and-Art-Schule zu besuchen. Mrs. Frumkin wußte damals vom Creedmoor, hatte das Krankenhaus jedoch nie mit eigenen Augen gesehen und sich schon gar nie vorgestellt, daß eine ihrer Töchter eines Tages dort landen könnte. »Creedmoor« war damals nur ein Wort gewesen, wie man vielleicht sagen mag: »Der gehört ja ins Creedmoor.« Als Mrs. Frumkin und Joyce schließlich im Creedmoor eintrafen, wo Mr. Frumkin zu ihnen stieß, fühlten sie sich ausgelaugt und erschöpft. Sylvia war wutentbrannt. Das im Jahr 1960 eröffnete Gebäude 40 war zu diesem Zeitpunkt das neueste Gebäude vom Creedmoor. Es diente dem Krankenhaus als medizinisches Gebäude und beherbergte die Aufnahmeabteilungen. Patienten, deren Zustand sich rasch besserte, wurden aus dem Gebäude 40 entlassen. Diejenigen, deren Zustand sich nicht rasch besserte, kamen nach zwölf bis achtzehn Monaten auf die rückwärtigen Stationen, die in zahlreichen drei- und vierstöckigen Häusern untergebracht waren, die über das 1,2 Quadratkilometer große Areal vom Creedmoor verteilt waren.

Sylvia Frumkin wurde von Dr. Ida Feller, einer Psychiaterin der Frauen-Aufnahmestation, im Creedmoor in Empfang genommen. Sie ärgerte sich sehr, daß ihr Vater die notwendigen Aufnahmeformulare für die freiwillige Aufnahme von Minderjährigen unterzeichnen mußte, und behauptete, sie sei eine »erwachsene Dame«. Die Frumkins erstatteten Dr. Feller einen zusammenfassenden Bericht über die jüngsten Ereignisse in Sylvias Leben: ihre Schulausbildung, ihre Therapie im Jamaica Center, ihren Autounfall, ihre zwei Wochen im Gracie Square und ihre zweiundachtzig Tage im St. Vincent's sowie ihren Versuch, eine Flasche Shampoo leerzutrinken. Sylvia erzählte Dr. Feller, »Sylvia sei bei dem Autounfall ums Leben gekommen«. Sie erzählte, daß sie neue Namen für sich selbst erfinde und sich vorstelle, sie sei jemand anders. Sie erzählte der Psychiaterin, sie sei von zu Hause weggelaufen zu ihrer Tante und ihrem Onkel und habe sie gebeten, sie zu adoptieren, weil sie mit ihren Eltern nicht mehr ausgekommen sei. Dr. Fellers Diagnose lautete: Schizophrenie, undifferenzierter Typus. Sylvia kam auf die Abteilung 10-A, die

Frauenabteilung für Neuaufnahmen, und es wurde ihr eine Tagesdosis Thorazin von 300 Milligramm verordnet – eine noch niedrigere Dosis als die, mit der im St. Vincent's ihre Symptome nicht hatten gemildert werden können.

Am 26. Juni, vier Tage nach ihrer Einweisung ins Creedmoor, wurde Sylvia Frumkin von einem Arzt interviewt. Sein Befund lautete in der Hauptsache, sie sei sehr agitiert, der Gedankengang sei sprunghaft, sie hege Suizidabsichten und habe paranoide Ideen sowie einen Verfolgungswahn. Ihr Affekt sei »abgeflacht«, ihre Stimmung feindselig, ihr Erkenntnis- und Urteilsvermögen seien beeinträchtigt. Der Arzt zitierte als Beispiel einen Teil des Gesprächs, das er mit Sylvia geführt hatte:

»Ich möchte mit Paul Anka ins Freiheitsland gehen. (Kennen Sie ihn?) Nein, aber er kennt mich. Ich habe nicht mehr das Gefühl, ich sei die Göttin Diana. Ich muß mich mit der Realität konfrontieren. Vielleicht bin ich nicht Diana. Ich weiß es nicht. (Hören Sie Stimmen?) Ich rede mit Paul. Ich höre seine Stimme dauernd. (Haben die Menschen etwas gegen Sie?) Ja – nein, ich weiß nicht. (Haben Sie den Wunsch, Selbstmord zu begehen?) Ja, sehr oft. (Haben Sie es versucht?) Ja. Alles mögliche, Rasierklingen, Zigaretten. (Sonst noch was?) Ich kann mich nicht erinnern. Ich will nicht normal sein. Werden Sie alles niederreißen? Ich will Diana sein – ich bin nicht krank. Ich will Diana sein. Das ist alles, was ich sein will. Vor drei Monaten hatte ich einen Zusammenbruch. Aber eigentlich finde ich nicht, daß ich krank bin. Ich möchte im Wind rennen. Nein, eigentlich nicht.«

Obwohl die Krankenschwestern der Abteilung 10-A auf dem Krankenblatt notierten, daß Miss Frumkin ruhelos, nervös und verwirrt war, wurde ihre Tagesdosis Thorazin am 16. Juli auf 200 Milligramm herabgesetzt. Der Psychopharmakologe, der Sylvias Krankengeschichte überprüfte, meinte dazu, die Tatsache, daß die Dosis herabgesetzt und nicht erhöht wurde, könne nur als »unvernünftige und inkompetente Vorgehensweise« bezeichnet werden. 300 oder 400 Milligramm Thorazin seien für eine Anfangsdosis vernünftig gewesen, doch da damit keine Wirkung erzielt worden sei, hätte das einzig Sinnvolle darin bestanden, die Dosis zu erhöhen. Er wies darauf hin, daß Creedmoor Mitte der sechziger Jahre dafür bekannt gewesen sei, daß die Medikamente für die Patienten unterdosiert waren.

Obwohl die Abteilung 10-A im Creedmoor nicht so angenehm war wie das Gracie Square oder das St. Vincent's, war es
1964 eine der besten Abteilungen des Creedmoor. In dieser Abteilung befanden sich die neuen Patientinnen und somit die gewöhnlich hoffnungsvollsten Fälle; die Abteilung war mit den
neuesten Möbelstücken des Krankenhauses ausgestattet und war
personell gut besetzt. Als Sylvia Mitte Juli und Mitte August ein
widerspenstiges Verhalten an den Tag legte – sie schnappte den
andern Patienten das Essen weg, schlug auf sie ein, weigerte sich,
Schuhe zu tragen, und rannte im Flur hin und her –, wurde sie
von der Abteilung 10-A auf die Abteilung 11-A versetzt, eine
jener »überaktiven« Abteilungen vom Gebäude 40, wo aggressive
und unruhige Patientinnen untergebracht waren. Dies war der
Zeitpunkt, so erinnert sich Mrs. Frumkin, wo der wahre Horror
von Sylvias Hospitalisierung sie mit voller Wucht traf. Auf 11-A
steckten viele Patientinnen in Zwangsjacken, die Abteilung war
lärmig, und es gab kaum eine organisierte Beschäftigungsmög-
lichkeit. Am 12. August nahm Sylvia immer noch ihre übliche
Tagesdosis von 200 Milligramm Thorazin sowie 4 Milligramm
Stelazine – insgesamt das Äquivalent von 280 Milligramm Thorazin. An jenem Tag schrieb ein Psychiater in ihre Krankengeschichte: »Patientin sprach nicht groß auf die medikamentöse
Behandlung an... und deshalb wird ihr heute der erste einer Serie
von Elektroschocks verabreicht.«

Die Elektrokrampftherapie oder EKT, gemeinhin Elektroschock genannt, war Anfang der vierziger Jahre in den psychiatrischen Kliniken des Staates New York eingeführt worden. Vor
dem Aufkommen von Thorazin im Jahr 1954 nahm die Häufigkeit, mit der eine Elektrokrampftherapie vorgenommen wurde,
von Jahr zu Jahr zu. Nach der Einführung von Thorazin verzichtete man rasch auf die EKT. 1964 gehörte Sylvia Frumkin zu dem
einen Prozent Patienten des Creedmoor, denen Elektroschocks
verabreicht wurden. In der Zeit vom 12. August bis zum 4. September erhielt Miss Frumkin elf Elektroschocks – einen alle zwei
oder drei Tage. Nach den ersten zwei Schocks stellte das Pflegepersonal eine Besserung ihres Zustands fest; in den Aufzeichnungen wurde Sylvia als »freundlich, gesprächig, kooperativ« beschrieben. Am 23. August, nachdem sie fünf Schocks bekommen

hatte, wurde ihr Ausgangserlaubnis erteilt. Nach elf Elektroschocks war sie in der Lage, an den Wochenenden ihre Eltern zu
Hause oder ihre Schwester Joyce zu besuchen. Die Frumkins
bezeichneten die durch die Elektroschocks hervorgerufene Besserung von Sylvias Zustand als »nichts Geringeres als ein Wunder«.
Sylvia erinnert sich nur vage – sie hat keinerlei schmerzhafte oder
traumatische Erinnerungen – an die Elektroschocks, die sie 1964
im Creedmoor erhielt, und an die nachfolgenden Elektroschocks
im Creedmoor und in mehreren anderen Kliniken. Der Psychopharmakologe, der sich mit ihrer Krankengeschichte befaßte, war
vom »Wunder« der EKT nicht beeindruckt. »Heute, 1981, wissen
wir, und wir wußten es auch 1964, daß die EKT nicht die beste
Therapie für schizophrene Patienten mit den Symptomen Sylvias
ist«, sagte er. »Ich glaube, man hätte ihr die richtigen Medikamente in der adäquaten Dosierung geben müssen. Es gibt zwei
mögliche Erklärungen für die überraschende Besserung ihres Zustandes, die 1964 eintrat. Höchstwahrscheinlich wirkte die EKT.
Ab und zu funktioniert sie bei einigen schizophrenen Patienten
wirklich die ersten paar Male, obwohl sie im allgemeinen unzu-
länglich ist. Die EKT ist bei einigen schweren Formen von Depression und katatoner Schizophrenie immer noch die bevorzugte Behandlungsmethode. Es besteht jedoch auch die Möglichkeit, daß Sylvias erste akute schizophrene Episode zufällig ihrem
Ende entgegenging. Schizophrenie ist eine Krankheit, die oft
schubweise auftritt. Sogar in früheren Zeiten, als die Krankenhäuser weder über Medikamente noch über die EKT verfügten,
erlitt ein Patient oft mehrere schizophrene Schübe, bevor er
wieder eingeliefert wurde, um die Klinik dann nie wieder zu
verlassen.«

Im September 1964 wurden Vorbereitungen für Sylvias Entlassung aus dem Creedmoor getroffen. Die Frumkins hatten
gegen den jungen Mann, der ihre Tochter am 27. Januar mit
seinem Wagen angefahren hatte, sowie gegen dessen Vater, dem
der Wagen gehörte, Klage eingereicht. Da der Prozeß in jenem
Herbst anhängig war, wurde Sylvias Fall bei einer allgemeinen
Personalkonferenz – einer wöchentlichen Zusammenkunft des
Verwaltungspersonals und der Ärzte – am 25. September als »Fall
von allgemeinem Interesse« präsentiert. Zu diesem Zeitpunkt

war Mrs. Frumkin der Meinung, Sylvias Krankheit sei auf den Unfall zurückzuführen, und sie änderte ihre diesbezügliche Meinung im Verlauf der nächsten siebzehn Jahre nicht. »Als sie nach dem Unfall die Augen öffnete, war ihr Blick nie mehr derselbe wie zuvor«, sagte Mrs. Frumkin.

Die Psychiater sind sich nie über die Ursachen der Schizophrenie oder der anderen Geisteskrankheiten einig geworden. Manchmal wird mit der Formulierung »nicht angeboren, sondern anerzogen« auf diesen Tatbestand Bezug genommen. Die Kontroverse ist jedoch weitaus komplexer. Sie erwächst aus dem Konflikt zwischen dem Konzept Platons, wonach Geist und Körper getrennte und voneinander unabhängige Entitäten sind – eine Anschauungsweise, die bis vor relativ kurzer Zeit in der westlichen Welt als unumstritten galt –, und dem aus der modernen Wissenschaft abgeleiteten Konzept, wonach Geist und Körper eine Einheit bilden und der Geist lediglich eine Manifestation der Gehirnfunktionen ist. Die Vertreter der Seite, auf der auch Francine Baden steht – der Schule, die der Idee anhängt, daß Geisteskrankheiten umweltbedingt sind –, kehren zum Gedankengut Platons zurück. Die von dieser Schule von Psychiatern und Psychologen vertretene Theorie besagt, daß Geisteskrankheiten Störungen des Geistes sind, die ausschließlich durch eine unzulängliche Umwelt hervorgerufen werden, das heißt durch unzulängliche menschliche Beziehungen, die in allen Fällen auf die Kindheit zurückgehen. Miss Baden gebrauchte zwar den Begriff *schizophrenogene Mutter* – eine Mutter, die Schizophrenie verursacht – nicht, doch stellte sie die von dieser Schule am häufigsten für die ungenügende Pflege und Erziehung eines Kindes getadelte Figur in den Vordergrund: die Mutter. »Wir haben den Eindruck, daß das Problem in diesem Fall die symbiotische Bindung an die Mutter ist«, hatte Miss Baden in ihrem zusammenfassenden Bericht über Sylvia Frumkin geschrieben. Abschließend hatte sie die von dieser Schule befürwortete Behandlungsmethode empfohlen – Psychotherapie. Aufgrund der Theorie kann die Krankheit, da sie wegen unzulänglicher menschlicher Beziehungen verursacht wird, mit einer geeigneten psychologischen Intervention erfolgreich behandelt werden, die das Beziehungsmuster sowie das Verhaltens- und Denkmuster des Patienten verändert.

Bei den Vertretern der andern Seite der Kontroverse – der Schule, die der Idee anhängt, daß Geisteskrankheiten angeboren sind – handelt es sich um an der Biologie orientierte Psychiater, die das von der modernen Wissenschaft entwickelte Konzept des Geistes bis zur logischen Schlußfolgerung zu Ende gedacht haben. Ihre Theorie besagt, daß Geisteskrankheiten auf ein physiologisches oder biochemisches Ungleichgewicht im Körper, das sich auf das Gehirn auswirkt, zurückzuführen sind und mit naturwissenschaftlichen Mitteln behandelt werden sollten. Ironischerweise macht sich diese Schule einen Teil des Gedankenguts von Sigmund Freud zu eigen. Er vertrat die Ansicht, daß die Psychoanalyse bei schizophrenen und anderen psychotischen Patienten, anders als bei den neurotischen Patienten, nicht viel ausrichten könne und daß Medikamente die Psychiatrie maßgeblich beeinflussen könnten. »Die Zukunft wird uns vielleicht lehren, wie wir mittels bestimmter chemischer Substanzen einen unmittelbaren Einfluß ausüben können«, prophezeite er. Die ersten Anhänger dieser Schule wiesen als Beweis dafür, daß ihre Theorie hieb- und stichfest sei, auf zwei körperliche Krankheiten hin, die von psychotischen Symptomen begleitet werden – Pellagra, eine Vitaminmangelkrankheit, die durch Verabreichen von Niacinamiden behandelt wird, damit dem Patienten das Niacin wieder zugeführt wird, und allgemeine Parese oder progressive Paralyse, eine Spätform der Syphilis, die das Gehirn angreift und ursprünglich mit Arsenpräparaten und später mit Penicillin behandelt wurde. Die an der Biologie orientierten Psychiater waren jene praktischen Fachärzte, die in den zwanziger Jahren beruhigende Packungen und Dauerbäder verordneten, in den dreißiger Jahren für Insulinkomabehandlungen und Elektrokrampftherapie eintraten und ab 1950 Antipsychotika einsetzten. Sie hatten auch lange den Verdacht gehegt, daß bei Geisteskrankheiten die Vererbung eine Rolle spiele. Zu Beginn der siebziger Jahre waren genügend Forschungsarbeiten durchgeführt, um die Schlußfolgerung nahezulegen, daß – mindestens was eine Anzahl schwerer Geisteskrankheiten, einschließlich der Schizophrenie, betrifft – die an der Biologie orientierten Psychiater sowohl in bezug auf das chemische Ungleichgewicht als auch in bezug auf die genetischen Faktoren recht gehabt hatten.

Eugen Bleuler, ein Schweizer Psychiater, dessen Werk *Dementia praecox oder Gruppe der Schizophrenien* 1911 veröffentlicht wurde, prägte den Begriff *Schizophrenie*, doch verwendete er den Ausdruck im Plural. In der dritten und jüngsten Ausgabe des 1980 von der Amerikanischen Psychiatrischen Gesellschaft herausgegebenen *Diagnostischen und statistischen Handbuchs der psychischen Störungen* wird der Begriff *schizophrenia* zwar im Singular verwendet, doch wird in einer Fußnote darauf hingewiesen, daß der Ausdruck als Plural betrachtet werden sollte. Der aufgeklärtesten gegenwärtig geltenden Auffassung zufolge wird unter Schizophrenie eine Vielzahl von Störungen verstanden, wobei bei vielen die Vererbung eindeutig mitbestimmend ist, was jedoch noch nicht vollständig belegt werden kann. (Es kann auch einige seltene Formen von Schizophrenie geben, die auf andere Ursachen zurückzuführen sind.) In unserem Jahrhundert tritt Schizophrenie in allen menschlichen Gesellschaften, die Statistiken erstellen und analysieren – in den Vereinigten Staaten, in Afrika, Asien und Europa –, mit einer Häufigkeit von annähernd einem Prozent auf. Studien haben gezeigt, daß die Wahrscheinlichkeit, daß ein Kind mit einem schizophrenen Elternteil ebenfalls schizophren wird, bei zehn Prozent liegt. Sind beide Elternteile schizophren, so erhöht sich diese Wahrscheinlichkeit auf mindestens dreißig Prozent. Die Anwendung der Theorien, wonach Schizophrenie erblich bedingt ist, scheint komplex zu sein. Gemäß einer dieser Vererbungstheorien, die weit verbreitet ist, kann die genetische Disposition so stark sein, daß die betreffende Person, ungeachtet dessen, wie wohlwollend das Milieu ist, in dem sie aufwächst, schizophrene Symptome zeigen wird. Der Umweltfaktor erhält eine größere Bedeutung, wenn die betreffende Person eine mäßige Veranlagung zur Schizophrenie erbt. Wächst diese Person in einem positiven Milieu auf, besteht eine beträchtliche Chance, daß sie keine entsprechenden Symptome entwickeln wird. Ist eine nur geringe genetische Veranlagung zur Schizophrenie vorhanden und das Milieu positiv, so ist das Risiko sogar noch geringer. So zum Beispiel kann ein Mensch mit nur schwacher Veranlagung zur Schizophrenie durchaus der Armee beitreten und die Grundausbildung sowie die Kampfübungen – zwei Formen von Übungen mit hohem Streßniveau – durchlaufen, ohne daß sich die Schizophrenie manifestiert; doch sollte dieser Mensch in ein Gefangenenlager kommen und harten Bedingungen ausgesetzt werden, wie zum Beispiel einer Gehirnwäsche, so könnten diese Bedingungen die Schizophrenie auslösen. Ein Mensch, der keine Schizophrenie-Gene aufweist, könnte nach einem Aufenthalt in einem Kriegsgefangenenlager unter schweren neurotischen, psychosomatischen oder depressiven Symptomen leiden, doch kein noch so hoher Belastungsgrad könnte eine Schizophrenie bei ihm auslösen.

Als Sylvia Frumkin 1964 ins Gracie Square eingeliefert wurde, hatte man ihre Eltern gefragt, ob in der Familie irgendwelche Geisteskrankheiten aufgetreten seien. Sie verneinten die Frage. Der Arzt, der die Krankengeschichte aufnahm, schrieb: »Familiengeschichte ergibt keinen Anhalt für Nerven- oder Geisteskrankheiten.« Wie viele Familien in einer ähnlichen Situation, waren die Frumkins mit dem Arzt nicht aufrichtig gewesen. Irving Frumkins Bruder Julius hatte als Jugendlicher zweimal in eine psychiatrische Klinik eingewiesen werden müssen. Anschließend war er unfähig gewesen, das College zu besuchen. Er konnte sich mit einer Reihe von einfachen Jobs durchschlagen, wobei der längstwährende der eines Laufburschen bei einem Blumenhändler war. Er lebte immer zu Hause – erst bei beiden Elternteilen bis zum Tod seines Vaters, dann bei seiner Mutter bis zu deren Tod 1972 und dann allein im selben Apartment bis zu seinem Tod 1977. Sylvia und Joyce Frumkin erinnern sich, daß Onkel Julius nie mit ihnen sprach, wenn sie ihren Großeltern väterlicherseits einen Besuch abstatteten. Eines Tages stellte Sylvia ihm eine Frage über ein Buch, das er gerade las. Er verließ das Zimmer und schlug ihr die Tür vor der Nase zu. Irving Frumkin gibt nur ungern zu, daß in seiner Familie etwas nicht ganz in Ordnung war; doch wenn man ihn dazu drängt, gesteht er, daß sein Bruder Julius schizophren war. Erst 1979 erfuhr seine Frau, daß seine Eltern Vetter und Kusine ersten Grades gewesen waren; über vierzig Jahre lang hatte er Harriet im Glauben gelassen, sie seien nur entfernt verwandt gewesen. Jedesmal, wenn Psychiater Harriet Frumkin nach Geisteskrankheiten in ihrer Familie gefragt haben, verschwieg sie ihnen, daß ihre Tante Vera die letzten Jahre ihres Lebens im Pilgrim State Hospital verbringen mußte. Soweit dies überhaupt bestimmt werden kann, hat Sylvia Frumkin wahrscheinlich eine mäßige genetische Veranlagung zur Schizophrenie geerbt, und ihr Kindheits-Milieu war belastend genug, um die Krankheit zum Ausbruch zu bringen. Anfang 1963, als sie vierzehn Jahre alt war – etwa ein Jahr vor ihrem Autounfall und der Einweisung ins Gracie Square –, war sie von einer psychiatrischen Sozialarbeiterin, einer Psychologin und einem Psychiater im Jamaica Center nacheinander als schizophren diagnostiziert worden.

Nachdem die Psychiater, die sich am 25. September 1964 bei der allgemeinen Personalkonferenz im Creedmoor mit Sylvia Frumkins Fall befaßt hatten, sie über ihre psychiatrische Vorgeschichte befragt hatten, vertraten sie einstimmig die Ansicht, ihre Geisteskrankheit habe bereits vor dem Autounfall eingesetzt. Zum Unglück der Frumkins verlangten die Rechtsanwälte der Versicherung des Fahrzeuglenkers eine Zwangseinsichtnahme in die Akten. Es gelang den Frumkins, eine Erklärung vom Direktor des Creedmoor zu erwirken, wonach »Miss Frumkins geistiger Zustand sich unter Umständen durch den Autounfall, den sie erlitt, verschlechtert hat«, und sie konnten zwei Psychiater auftreiben, die in diesem Sinne vor Gericht aussagten. Im Frühling 1971 wurde der Fall schließlich entschieden, und die Frumkins wurden mit zwanzigtausend Dollar entschädigt. Kurz nachdem die allgemeine Personalkonferenz stattgefunden hatte, wurde Sylvias Entlassung vorgeschlagen. Es wurde ihr empfohlen, nach ihrer Entlassung täglich eine Erhaltungsdosis von 100 Milligramm Thorazin einzunehmen und sich in private psychiatrische Behandlung zu begeben.

VIERZEHN

In den Jahren von Sylvia Frumkins Krankheit hat Harriet Frumkin die Psychiater, die ihre Tochter behandelt haben, aufgrund von zwei Kriterien beurteilt: wie gut Sylvia funktionierte, während die Psychiater sie betreuten, und wie freundlich und optimistisch sie waren. Mrs. Frumkin hatte den Assistenzarzt im St. Vincent's nicht gemocht, und zwar nicht nur, weil Sylvias Zustand sich nicht gebessert hatte, sondern auch, weil der Arzt ihr abweisend vorgekommen war und eine schlechte Prognose gestellt hatte. »Lassen Sie sich nicht durch Sylvias scheinbar guten Zustand täuschen«, hatte er Mrs. Frumkin gewarnt. »Der Firnis ist sehr dünn.« Die Frumkins hatten Frau Dr. Feller, die Sylvia im Creedmoor aufgenommen hatte, gemocht. Sie hatte den Eindruck erweckt, als mache sie sich Sorgen um Sylvia. »Sie ist jung und intelligent, und sie hat ihr ganzes Leben noch vor sich«, hatte ihnen Frau Dr. Feller gesagt. Als den Frumkins Anfang Oktober mitgeteilt wurde, ihre Tochter solle sich nach ihrer Entlassung in eine Psychotherapie begeben, entschlossen sie sich, Sylvia zu Frau Dr. Feller zu schicken, und baten sie wegen Sylvias Ausbildung um Rat. Sylvia, Harriet und Irving Frumkin kamen mit Frau Dr. Feller überein, daß es unklug wäre, wenn Sylvia wieder zur Music and Art ginge. Die Belastung war zu groß gewesen. Abgesehen davon wollte Sylvia selbst auch nicht wieder zur Music and Art, weil sie erst die Hälfte der elften Klasse absolviert hatte und nun das ganze Schuljahr hätte wiederholen müssen, während ihre früheren Klassenkameraden bereits in der zwölften Klasse waren. Sie sehnte sich danach, Summerhill oder eine andere Spezialschule besuchen zu dürfen. Dr. Feller riet den Frumkins davon ab, Sylvia auf eine solche Schule zu schicken, denn »sie sollte in ihrem späteren Leben nicht mit diesem Stigma behaftet sein«. Sie empfahl eine kleine koedukative Privatschule in Flushing, die Sylvia mit einer kurzen Busfahrt von Beechhurst aus erreichen konnte. Die Schule war nachmittags um halb drei zu Ende, weshalb Sylvia auf dem Nachhauseweg den Stoßverkehr vermeiden konnte. Harriet Frumkin rief die Schule an, erklärte dem

Direktor Sylvias Situation und fragte, ob die Schule eine Aufnahme ihrer Tochter erwägen könne. Der Direktor bat sie um Zustellung einer Zeugnisabschrift der Music and Art. Als er das Zeugnis erhalten hatte, akzeptierte er Sylvia ohne Aufnahmeprüfung oder -gespräch. Sylvia Frumkin wurde am 22. Oktober 1964 aus dem Psychiatriezentrum Creedmoor entlassen. Einige Tage später besuchte sie die elfte Klasse in der neuen Schule; im Vergleich zu ihren Mitschülerinnen und Mitschülern war sie etwa einen Monat im Rückstand. Sylvia erbrachte gute Leistungen. Sie war gut in Geschichte, Französisch und Englisch. Man bat sie jedoch, den Chemieunterricht nicht mehr zu besuchen, weil sie so ungeschickt war. Ihr Chemielehrer erklärte ihr halb im Spaß, er habe Angst, sie würde das Chemielabor in die Luft sprengen. Sylvia mochte die kleinen Klassen an dieser Schule, aber sie fand, ihre neuen Klassenkameraden seien weniger gescheit als ihre ehemaligen, und ihrer Meinung nach waren viele von ihnen reiche Snobs.

In den fünfziger und sechziger Jahren war es beim Mittelstand von Queens Brauch, daß der sechzehnte Geburtstag eines Mädchens mit einem fürstlichen Fest begangen wurde. Joyce Frumkin hatte ihre Sweet-Sixteen-Party in einem teuren Restaurant gefeiert. Da Sylvia ihren sechzehnten Geburtstag im St. Vincent's verbracht hatte, gaben die Frumkins am 5. Mai 1965 eine Sweet-Seventeen-Party für sie. Die Lieblingsfarbe von Harriet Frumkin ist Rosa, genau wie die von Sylvia. Sie hatte in einem rosa Kleid, einem rosa Hut und rosa Schuhen geheiratet. Für Sylvias Party suchten die Frumkins ein Restaurant aus, das einen rosa gestrichenen Saal hatte. Geschirr, Gläser, Tischtücher, Servietten, der Geburtstagskuchen, Sylvias Kleid und die Anstecksträußchen für die siebzehn Mädchen, die man zur Party eingeladen hatte, waren rosa. Die Gäste, die rosa Einladungskarten erhalten hatten, waren mehrheitlich Mädchen aus Sylvias neuer Klasse, doch waren auch einige ehemalige Klassenkameradinnen der Music and Art unter ihnen. Camilla Costello hatte keine Einladung zur Party erhalten. Sylvia hatte Camilla mehrere Male vom Creedmoor aus angerufen. Mrs. Costello hatte damit gedroht, sie werde Klage gegen das Krankenhaus einreichen, wenn Sylvia weiterhin versuchen würde, mit ihrer Tochter in Kontakt zu treten. Die Frumkins wurden von Mrs. Costellos Drohungen in Kenntnis gesetzt und mußten Sylvia sagen, sie solle Camilla nicht mehr anrufen. Sylvia sollte nie wieder eine Freundin haben, für die sie soviel empfand, wie sie für Camilla empfunden hatte.

Während Sylvias erstem Jahr an der Schule in Flushing fuhr Mr. Frumkin seine Tochter jeden Samstagmorgen nach Bayside zur Psychotherapie bei Ida Feller. Sylvia hat Dr. Feller als freundliche Frau in Erinnerung – aber als eine Frau, zu der sie keine Beziehung herstellen konnte. Genau wie Camilla Costello die einzige Freundin gewesen war, die ihr wirklich nahegestanden hatte, war Francine Baden die einzige Therapeutin gewesen, mit der sie jemals den Versuch unternommen hatte, ihre Probleme durchzuarbeiten. »Zwischen Francine und mir hat es irgendwie gefunkt«, sagte sie einmal. In den folgenden siebzehn Jahren redete sie oft mit Sehnsucht, wenn auch manchmal mit ambivalenten Gefühlen von Miss Baden. »Kurzfristig hat sie mir bei allem geholfen, angefangen bei meinem Aussehen bis zu dem, was ich von mir selbst hielt«, sagte sie manchmal, »doch vielleicht hat sie mir langfristig weh getan, indem sie mich dazu veranlaßte, mich gegen meine Eltern aufzulehnen. Vielleicht hat sie die Büchse der Pandora geöffnet.« Sylvia sollte nach ihrer Therapie bei Miss Baden noch viele Therapeutinnen und Therapeuten aufsuchen, ohne daß es zwischen ihr und ihnen gefunkt hätte; Dr. Feller war die erste in dieser Reihe. Wenn Sylvia ihr Verhalten mit Dr. Feller erörterte – wenn sie ihr zum Beispiel erzählte, daß sie ihrer Mutter einen Schubs versetzt oder ihr den Arm verdreht habe –, tadelte Dr. Feller sie für ihr heftiges Wesen. Sie ergründete mit Sylvia nicht die Ursachen dafür.

1965 gab es Augenblicke, wo die Frumkins glaubten, mit Sylvias Problemen habe es nun ein Ende – das, was sich 1964 ereignet hatte, sei bloß eine »nervöse Episode« gewesen, wie Dr. Feller es ausgedrückt hatte. Sylvia sang an einem Abend in der Woche in einem Chor der Gemeinde, sie benahm sich bei ihrer Sweet-Seventeen-Party höflich, und sie brachte gute Noten nach Hause. Und doch gab es Zeiten, wo etwas sie plötzlich erschreckte. Eines Tages, als die Schule aus war, rief Sylvia zu Hause an. Ihre Mutter nahm den Hörer ab. Ihr Vater war noch nicht von der Arbeit nach Hause gekommen. Sylvia sagte, sie sei in einer Fernsprechzelle und wisse nicht mehr, wie sie nach Hause komme. Mrs. Frumkin bat Sylvia, den Standort der Telefonkabine zu beschreiben und dort zu warten. Sie nahm einen Bus nach Flushing und fand Sylvia zusammengekauert und derart verängstigt vor, daß Mrs. Frumkin glaubte, sie müsse Dämonen gesehen haben. Zuerst konnte sie bloß »Mommy, ich habe Angst« stammeln. Mrs. Frumkin fuhr mit ihr nach Hause. Und Joyce Frumkin erinnert sich: »Sogar in guten Jahren hatten wir Probleme mit Sylvia. Dauernd zwickte und schubste sie einen.«

Im Juni 1965 kam Benjamin Wilder anläßlich einer Geschäftsreise nach New York. Er war damals Dekan der biologischen Fakultät eines College in Chicago, wo er Vorlesungen hielt, und war zudem Leiter eines Forschungslaboratoriums. Er kam nach Beechhurst und ärgerte sich, als er feststellen mußte, daß seine Mutter vom Elternschlafzimmer aus, das die Frumkins ihr überlassen hatten, die Herrschaft über den Haushalt führte und Sylvia den Haushalt mit ihren Temperamentsausbrüchen tyrannisierte. Für Wilder waren Harriet und Irving Frumkin schwache Menschen, die Sylvia mit ihrem untragbaren Benehmen ungestraft davonkommen ließen. Als er vor einigen Jahren erfahren hatte, man habe Sylvia eine Papiertüte gereicht, als sie damit gedroht hatte, sie werde sich im Auto übergeben, hatte er für sich das Fazit gezogen, sie sei ein verwöhntes Gör. Er machte den Frumkins als Eltern auch in anderer Hinsicht Vorwürfe – Irving dafür, daß er Joyce auf Sylvias Kosten idealisierte, und Harriet dafür, daß sie zuviel Zeit für ihren Kunstunterricht aufwendete und zuwenig Zeit für Sylvia hatte. Benjamin Wilder und seine Frau Judith hatten zwei Kinder – eine Tochter, Dorothy, die so alt war wie Joyce und in Kalifornien studierte, und einen Sohn, Seth, in Sylvias Alter. Benjamin Wilder war stolz auf seine glückliche Ehe und seine wohlerzogenen Kinder, von denen nie eins einen Wagen zu Schrott gefahren hatte oder in einer psychiatrischen Klinik gelandet war. Er flog wieder nach Hause und fragte Judith, ob sie damit einverstanden sei, wenn Sylvia den Juli und August bei ihnen in Chicago verbringe. Als sie zustimmte, lud er Sylvia ein, nach Chicago zu kommen und in seinem Labor zu arbeiten. Einige Wochen später flog er nach New York, um sie abzuholen. Sylvia war ganz aufgeregt bei dem Gedanken, nach Chicago zu gehen; sie hatte noch nie zuvor ein Flugzeug bestiegen. Als Benjamin Wilder mit seiner Nichte im Flugzeug nach Chicago saß, war er davon überzeugt, ihr Benehmen sei lediglich das Ergebnis einer schlechten Umgebung, und es könne ihr ganz einfach damit geholfen werden, daß man sie in ein gutes Milieu verpflanzte. »Ich werd' dir ein gesundes Mädchen nach Hause schicken«, sagte er zu seiner Schwester am Flughafen.

Die Wilders ließen Sylvia ein paar Tage Zeit, um sich in der neuen Umgebung einzuleben. Dann sagte Benjamin zu Sylvia, es sei nun an der Zeit, daß sie mit der Arbeit anfange. Am Abend vor ihrem ersten Arbeitstag im Labor wurde sie beinahe tobsüchtig. Sie wollte offenkundig nicht arbeiten gehen. Ihr Onkel glaubte, sie habe Angst vor der neuen Situation, und versuchte ihre Angst zu mildern, indem er mit Entschiedenheit sagte, sie werde auf jeden Fall ins Labor gehen. Sylvia hätte am nächsten Morgen um sieben Uhr bereit sein sollen. Sie trödelte. Ihr Onkel mahnte sie zur Eile. Als sie schließlich angezogen war und herunterkam, sagte sie, sie müsse noch ihre Thorazintabletten holen. Sie ging wieder hinauf, kam wieder herunter und verschüttete die Tabletten, die im Wohnzimmer über den Fußboden kollerten. »Wenn du glaubst, du kommst so um das Labor herum, hast du dich getäuscht«, sagte er zu seiner Nichte. »Setz dich auf alle viere, sammle so viele Tabletten ein, wie du brauchst, und dann ab in den Wagen mit dir.« Benjamin Wilder hatte seinem Hauptassistenten im Labor gesagt, Sylvia habe einige Probleme gehabt; die andern Angestellten wußten nur, daß sie die Nichte des Chefs war. An ihrem dritten Tag im Labor ließ Sylvia ein teures Becherglas fallen. Ihr Onkel glaubte, sie habe es absichtlich getan. Er zeigte ihr, wie man die Glasscherben zusammenwischt, ohne sich zu verletzen, was Sylvia denn auch tat. Von da an leistete sie gute Arbeit im Labor. Sie kam gut mit den andern Angestellten zurecht und verdiente das Gehalt, das man ihr bezahlte.

Außerhalb des Labors hatte Sylvia weitaus mehr Mühe. Ihr Onkel fuhr sie jeden Morgen ins Labor, doch einige Abende in der Woche mußte er länger arbeiten, weil er Sommerkurse gab. Sylvias Arbeitstag war um sechzehn Uhr zu Ende, und eigentlich hätte sie nach der Arbeit sofort mit dem Bus zu den Wilders nach

Hause fahren sollen. Statt dessen fing sie damit an, in Chicago herumzuwandern, und gab ihren Lohn für Rouge und Lippenstifte aus; oft kam sie spät nach Hause. An den Wochenenden, wenn die Wilders geplant hatten, eine Ausfahrt mit ihren und Seths Freunden zu machen, und Sylvia mitnehmen wollten, spazierte Sylvia häufig allein davon. Judith Wilder glaubte, es sei Sylvia bewußt, daß sie nicht wie andere normale Teenager sein könne, und daß sie deshalb versuche, ihnen aus dem Weg zu gehen. War Sylvia mit ihrer Tante, ihrem Onkel und ihrem Vetter allein zu Hause, legte sie oft ein trotziges Verhalten an den Tag. War es Zeit für das Abendessen, sagte sie, sie wolle auf ihrem Zimmer bleiben; bestand ihr Onkel darauf, daß sie sich an den Tisch setzte, hatte sie Wutausbrüche. Die Wilders waren Besitzer eines Dobermannpinschers namens Bandit. Der Hund war Fremden gegenüber sonst eher mißtrauisch, doch Sylvia mochte er. Wilder warnte Sylvia davor, allein mit dem Hund hinauszugehen, denn er war kräftig, und selbst wenn man ihn an der Leine führte, war es schwierig, ihn unter Kontrolle zu halten. Eines Tages, als ihr Onkel nicht da war, ging Sylvia allein mit dem Hund spazieren. Der Hund raste los und machte sich samt Halsband und Leine davon. Als Sylvia ohne den Hund nach Hause zurückkehrte, war ihr Onkel da. Sie erzählte ihm, was geschehen war. Er schrie sie an, weil sie ihm nicht gehorcht hatte.

»Nimm dich in acht! Wenn Menschen mich anschreien, kann ich handgreiflich werden!« schrie Sylvia zurück.

»Was soll das heißen?« fragte ihr Onkel.

»Ich bin in psychiatrischen Kliniken gewesen, also kann ich handgreiflich werden, und ich bin dann nicht verantwortlich für das, was ich dir antäte.«

Wilder sagte zu Sylvia, wenn er sie jemals wieder so etwas sagen höre, werde er ihr eine Tracht Prügel verabreichen. Er bestand darauf, daß sie mitkam und ihm Bandit suchen half. Es dauerte eine Stunde, bis sie den Hund gefunden hatten. Dann befahl Wilder Sylvia, den Hund an die Leine zu nehmen und die Leine nicht loszulassen. Sie weigerte sich − Wilder hatte das Gefühl, daß sie nicht noch einmal eine Niederlage einstecken wollte −, weshalb er dem Hund den Bei-Fuß-Befehl gab und sie nach Hause gingen. Sylvia ging kein zweites Mal mit dem Hund

spazieren. Wilder, der zugibt, ein ungeduldiger Mensch mit auf-
brausendem Temperament zu sein, schlug Sylvia damals nicht,
doch versetzte er ihr ein paar Tage später eine Ohrfeige, weil sie
obszöne Ausdrücke gebraucht hatte, die Wilder seinen Kindern
nie gestattet hätte. Sylvia schien verblüfft, daß sie geschlagen
wurde und nicht diejenige war, die die Schläge austeilte. Sie hätte
ursprünglich neun Wochen bei den Wilders verbringen sollen.
Nach fünf Wochen kaufte Wilder ihr ein Ticket nach New York,
rief die Frumkins an und teilte ihnen mit, er schicke Sylvia nach
Hause.

Als Benjamin Wilder sich einmal an Sylvias Sommer in Chicago zurückerinnerte, sagte er, er hätte Sylvias Anwesenheit zwar
noch einige Wochen länger ertragen können, wenn es hätte sein
müssen, doch habe sie ihm derart zugesetzt, daß er sich die Frage
stellte, ob es denn nun wirklich seine Aufgabe im Leben sei, Tag
um Tag Kämpfe mit ihr auszufechten, um ihr ein akzeptables
Benehmen beizubringen. Seine Antwort auf diese Frage war
nein. Wilder, der davon überzeugt ist, daß weder die Vererbung
noch ein chemisches Ungleichgewicht etwas mit der Krankheit
seiner Nichte zu tun hat, bedauerte 1981 nur eines: daß er Sylvia
zu ihren Eltern zurückschicken mußte. »Ich hätte Sylvia viel
lieber in die Wüste geschickt als zurück in das Milieu, das sie
hervorgebracht hat«, sagte er. »Sie wußte genau, wie sie ihre
Eltern manipulieren konnte. Zu Hause konnte sie sich jeglicher
Verantwortung entziehen, und wenn sie sich noch weiter in den
Wahnsinn flüchten wollte, konnte sie in eine psychiatrische Klinik gehen und dort nach Herzenslust verrückt sein, weil die
Menschen sie einfach aushalten mußten.«

Als Wilder seine Schwester anrief, um ihr mitzuteilen, er
schicke Sylvia vorzeitig nach Hause, schien Mrs. Frumkin deswegen nicht traurig zu sein. Ihr Bruder hat auch dafür eine Erklärung. »Harriet ist von unserer herrischen Mutter zum Krüppel
gemacht worden«, sagt er. »Sie leidet weniger darunter, ein
Krüppel zu sein, wenn sie von andern Krüppeln umgeben ist. Das
ist der Grund, weshalb sie Irving Frumkin geheiratet hat. Sie sind
mir immer wie zwei Krüppel vorgekommen, denen es lieber
war, zu zweit unglücklich zu sein statt allein unglücklich zu sein.
Damit ihre Ehe funktioniert und sie sich von ihrem eigenen Elend

ablenken können, sind sie auf Sylvias Krankheit angewiesen. Daß sie meine Mutter bei sich aufnahmen und nach deren Tod Lottie, die unmögliche Schwester meiner Mutter, waren weitere Beweise für ihre masochistischen Ablenkungsmanöver. Harriet und Irving Frumkin investieren maßlos in Sylvias Krankheit. Sie verleiht ihrem Leben einen Sinn. Ich glaube, sie würden es nicht überleben, wenn Sylvia jemals gesund würde.« Was Wilder sagte, äußerten auch zahlreiche Psychiater, Psychologen, Sozialarbeiter und Krankenschwestern, die im Verlauf der letzten siebzehn Jahre mit Sylvia und ihren Eltern zu tun hatten.

Sylvia Frumkin kehrte nicht als gesundes Mädchen aus Chicago heim. Als sie zu Hause ankam, befand sie sich in einem derart agitierten Zustand, daß ihre Eltern nicht mit ihr zu Rande kamen. Da die Elektroschocks im Creedmoor Wunder gewirkt hatten, brachten die Frumkins Sylvia zu einem Arzt, der seinen Patienten in seiner Praxis Elektroschocks verabreichte. Nach mehreren Schockbehandlungen beruhigte sich Sylvia wieder und konnte im September zusammen mit ihren Klassenkameraden die zwölfte Klasse besuchen.

Nach Abschluß der Schockbehandlung sagte Sylvia, sie fühle sich wohl und wolle zu keinem Psychiater mehr in die Therapie gehen. Die Frumkins drohten, wenn sie nicht zu einem Therapeuten gehe, müsse sie ins Creedmoor zurück. Sylvia sagte, sie wolle nicht wieder zu Dr. Feller gehen. Ein Bekannter hatte die Frumkins auf einen Psychiater in der Bronx, Dr. Max Brunner, aufmerksam gemacht. Sie vereinbarten einen Termin für Sylvia. Sie erklärte sich damit einverstanden, ihn jeweils samstags aufzusuchen.

Sylvia fand, Dr. Brunner helfe ihr genausowenig wie Dr. Feller. Als sie ihm erzählte, wie unbeliebt sie bei ihren Klassenkameradinnen war, schien er kein echtes Mitgefühl aufzubringen. »Deine Zukunft hängt nicht von ihnen ab«, sagte er streng. Oft hielt sie die Termine bei ihm nicht ein, ohne ihren Eltern etwas davon zu erzählen, die sich nicht darüber freuten, Sitzungen bezahlen zu müssen, die sie nicht gehabt hatte. Dr. Brunner erhöhte Sylvias Dosis von 300 Milligramm Thorazin auf 300 Milligramm Thorazin plus 30 Milligramm Stelazine täglich, was einer

Gesamtdosis von etwa 900 Milligramm Thorazin entspricht – eine Erhaltungsdosis, die für viele Patienten adäquat ist.

Da Sylvia das Gefühl hatte, sie habe mit ihren Klassenkameraden nicht sonderlich viel gemeinsam – viele waren Töchter und Söhne reicher Ärzte und Geschäftsleute, auf deren Wohlstand sie neidisch und wütend war –, schloß sie sich dem YM-YWHA, dem jüdischen Verein junger Männer und Frauen von Flushing an. Dort lernte sie eine Gruppe weniger wohlhabender Teenager kennen, bei denen sie sich wohler fühlte. Joyce hatte ihr das Gitarrenspielen beigebracht. Als Sylvia im Herbst 1965 in diesem Verein Gitarre spielte, war sie beliebt. Der YM-YWHA von Flushing führte jeden Winter einen Talentwettbewerb für Teenager durch. Im Januar 1966 wurde Sylvia mit neun andern in die Endrunde gewählt. Am Nachmittag des Wettbewerbs war sie ganz darauf vorbereitet, an jenem Abend zu singen und sich selbst auf der Gitarre zu begleiten. Sie hatte ein Rendezvous, ein neues rosa Kleid und ein Anstecksträußchen, das ihr Freund ihr geschickt hatte. Einige Stunden, bevor der Talentwettbewerb anfangen sollte, rannte sie davon. Sie kam erst am nächsten Tag nach Hause. Sie konnte sich nur an wenige Einzelheiten dieser Episode erinnern, doch gab sie später an, sie sei davongerannt, weil der Druck zu groß für sie gewesen sei und weil sie Angst gehabt habe, unter den Verlierern zu sein. Sylvia war völlig erregt nach Hause gekommen. Die Frumkins riefen den Arzt an, der ihr im August des Vorjahrs die Elektroschocks verabreicht hatte. Er wies sie in ein Krankenhaus ein, wo er ihr eine Serie Elektroschocks gab. Anschließend war sie in der Lage, die Schule wieder zu besuchen, obwohl die Schockbehandlung diesmal nicht so erfolgreich war wie früher. Im Frühling wurde Sylvia zusehends agitierter.

Die meisten Klassenkameraden Sylvias hatten die Absicht, das College zu besuchen. Im Herbst ihres zwölften Schuljahrs faßte Sylvia den Gedanken, ein College außerhalb der Stadt zu besuchen, wie ihre Schwester es getan hatte. Mr. Frumkin war mit Joyce herumgefahren, damit sie sich die Colleges, bei denen sie sich beworben hatte, ansehen konnte. Im Herbst 1965 fuhr er mit Sylvia nach Annandale-on-Hudson, damit sie sich das Bard-College ansehen konnte – eine Schule, die für ihren Kunstunterricht berühmt war. Obwohl Sylvia vom Bard-College zu einem Interview vorgeladen worden war und die freie Wahl der Fächer an dieser Schule sie begeisterte, füllte sie das lange Aufnahmegesuch für das College nie aus. »Ich hatte nicht die Kraft dazu«, sagte sie. Sie bewarb sich beim Hunter-College, damals eins der fünf Vier-Jahres-Colleges von New York City, das kein Schulgeld erhob und Absolventen der städtischen High-Schools aufnahm, die einen hohen Notendurchschnitt vorzeigen konnten. Sylvia wurde im Hunter-College nicht bloß aufgenommen, sondern der Ehrenklasse für besonders intelligente Studenten zugeteilt.

Gegen Ende der zwölften Klasse verschlimmerte sich Sylvias Zustand. Sie mußte nicht an den Schlußexamen teilnehmen, erhielt jedoch am 15. Juni 1966 zusammen mit ihren Mitschülerinnen und Mitschülern das Abgangszeugnis. Ein von ihrem Vater am Tag der Diplomfeier gemachter Schnappschuß zeigt eine leicht übergewichtige junge Frau mit verkrampftem Gesichtsausdruck in ihrer High-School-Uniform. Als Sylvia 1964 im Creedmoor gewesen war, hatte ihr Gewicht zwischen 59 und 60 Kilo geschwankt. Im Juni 1966 wog sie 66 Kilo. Eine der vielen unangenehmen Nebenwirkungen von Neuroleptika besteht in einer Gewichtszunahme – ein wesentlicher Grund dafür, daß so viele Patienten damit aufhören, die Medikamente zu nehmen, die man ihnen verordnet.

Im Frühling ihres letzten Jahres an der High-School, wenn ihre Mitschüler davon redeten, sie würden auf die Penn State University oder auf die University of Miami gehen, sagte Sylvia oft, sie ginge ins Hillside, statt zu sagen, aufs Hunter-College. Sie sagte ihren Eltern häufig, sie habe den Wunsch, sich ins Hillside zu begeben. Ihre Freundin Arlene Epstein, die 1962 sechs Wochen dort verbracht hatte, war anschließend sofort wieder auf die High-School gegangen und hatte nun in ihrem ersten Semester im College keinerlei Probleme. Jedesmal, wenn Sylvia den Wunsch äußerte, ins Hillside zu gehen, sagten ihre Eltern, sie solle sich auf ihren High-School-Abschluß konzentrieren.

Nach ihrem Abschluß verließ Sylvia selten ihr Zimmer; sie schlief viel und spielte stundenlang ihre Schallplatten. Eines Tages fuhr sie mit dem Bus zum Hillside-Krankenhaus und sprach mit einem Assistenzarzt. Sie erörterte ihre Psychiatrie-Vorgeschichte mit ihm und sagte, sie wolle sechs Wochen im Hillside verbringen, um sich fürs Hunter-College »psychisch wieder auf den Damm zu bringen«. Er ermunterte sie zu diesem Schritt. Sylvia ging nach Hause und erzählte ihren Eltern von diesem Gespräch. Sie sagte, sie sei erschöpft und Hillside sei der perfekte Ort, um sich vor dem Collegebesuch zu erholen. Die Frumkins widersetzten sich Sylvias Wunsch. Sie riefen Dr. Brunner an, der ebenfalls dagegen war, daß sie sich in ein Krankenhaus begab, doch weder er noch die Frumkins konnten Sylvia davon überzeugen, daß sie mit einer ambulanten Behandlung besser dran wäre. Sie bat ihre Eltern immer wieder, ihr ihren Wunsch zu erfüllen, bis sie schließlich nachgaben. Hillside war ein Krankenhaus, das nur freiwillige Patienten aufnahm und für seine Bestrebungen auf dem Gebiet der Forschung und Ausbildung bekannt war. Es beherbergte etwa zweihundert stationäre Patienten, von denen rund die Hälfte in freundlichen, unverschlossenen Pavillons untergebracht war. 1966 belief sich die durchschnittliche Aufenthaltsdauer eines Patienten im Hillside auf sechs Monate, doch blieben einige Patienten länger als ein Jahr, sofern das Krankenhaus mit ihren Fortschritten zufrieden war. Im Hillside herrschte kein Mangel an Psychiatern, so daß die Patienten ihren Arzt häufig sehen konnten, und es gab verschiedene ganztägige Therapieprogramme. Das Krankenhaus war selektiv: chronische Patienten wurden entlassen.

Sylvia Frumkin wurde am 22. Juni 1966, genau eine Woche nach ihrem High-School-Abschluß, im Hillside aufgenommen. Sie hatte akustische Halluzinationen (Stimmen befahlen ihr, gewisse Handlungen zu vollziehen, wie zum Beispiel eine Zigarette anzuzünden), sie befand sich in einem »Zustand der Desorganisation«, wie der Arzt der Aufnahmestation es nannte. Sie kam in ein halbprivates Zimmer, und ihre Medikamente – Dr. Brunners Tagesdosis von 300 Milligramm Thorazin und 30 Milligramm Stelazine – wurden unverzüglich abgesetzt. Dies war ein im Hillside übliches Verfahren. Die Ärzte wollten, daß sämtliche Medikamente, die ein Patient im Blut hatte, ganz abgebaut wurden, damit sie selbst die Psychose des Patienten begutachten, sie genau diagnostizieren und dann angemessen behandeln konnten. Viele Psychiater befürworten diese Vorgehensweise, insbesondere dann, wenn Dauer und Kosten der Hospitalisierung nicht ins Gewicht fallen und das Krankenhaus über genügend Krankenschwestern und Pfleger verfügt, die bereit sind, unterdosierte Patienten zu betreuen – Verhältnisse, die heutzutage eher selten anzutreffen sind.

Sylvia Frumkin wurden im Hillside drei Wochen lang keinerlei Medikamente verordnet. Sie wurde allmählich agitierter und hatte mehr und mehr Wahnvorstellungen. Nach den drei Wochen wurden ihr wieder Medikamente verabreicht. Bald war sie auf einer Tagesdosis von 4000 Milligramm Thorazin und 15 Milligramm Stelazine (dem Äquivalent von 4300 Milligramm Thorazin). Da man im Hillside Wert auf die medizinische Forschung legte, waren solche Dosen Neuroleptika 1966 an der Klinik nichts Ungewöhnliches. Die meisten Patienten sprachen zwar auf eine Tagesdosis von 1800 Milligramm Thorazin an, doch denen, die nicht positiv darauf reagierten, verabreichte man bis zu 5000 Milligramm; die meisten reagierten positiv auf diese Mengen, die weit über den von den Herstellerfirmen empfohlenen Werten lagen. Eine der Krankenschwestern, die Sylvia Frumkin 1966 im Hillside betreute, erinnert sich daran, daß die hohe Dosierung keine augenfällige Wirkung auf Sylvia hatte. Allein getraute sich keine Krankenschwester, Sylvias Zimmer zu betreten. Sie glaubte, sie sei eine Katze, und zeigte jedem, der sich ihr näherte, die Krallen. Ihr Zustand verschlimmerte sich weiter; sie wurde von Tag zu Tag überaktiver, verwirrter und litt mehr und mehr an Wahnvorstellungen.

Im September wurde Sylvias Medikation gewechselt, und sie erhielt statt Thorazin und Stelazine das Anxiolytikum Librium. Sie wurde aggressiver und streitsüchtiger und legte ein bizarres Verhalten an den Tag; so zog sie zum Beispiel vor aller Augen ihre Kleider aus – »um so zu sein, wie Gott mich schuf«, wie sie es nannte. Der Psychopharmakologe, der jüngst ihre Krankengeschichte überprüfte, war mit der Behandlung, die man ihr 1966 im Hillside zuteil werden ließ, nicht einverstanden. »Daß man die Medikamente absetzte, war eine gute Idee, aber ich finde, man hätte ihr wieder etwas geben müssen, bevor ihre Symptome derart aufblühen konnten«, sagte er. »Man kann durchaus eine exakte Diagnose stellen und die Patienten angemessen behandeln, ohne sie unbedingt in ihrem schlimmsten Zustand sehen zu müssen. Es schadet den Patienten, wenn man sie zu krank werden läßt, denn eine solch schwere Störung wird dann zu einem Bestandteil ihres Selbstbilds, und das kann sich negativ auf ihre Zukunft auswirken. Librium hat keine antipsychotische Wirkung. Eine der Nebenwirkungen von Librium und Valium bei dazu prädisponierten Patienten besteht in einer paradoxen Wutreaktion: Die Präparate, die eine beruhigende Wirkung auf den Patienten ausüben sollen, entfesseln statt dessen seine Wut.«

Sylvia Frumkin war viel zu krank, als daß sie ihren Aufenthalt im Hillside hätte genießen können, wie sie es sich vorgestellt hatte. Sie stritt mit ihrer Zimmergenossin. Sie war unfähig, an den geplanten Campingreisen und an den Ausflügen in die Vergnügungsparks teilzunehmen. Sie betrachtete Beschäftigungen wie zum Beispiel das Arrangieren von Blumen als »geisttötend« und konnte sich auf keine der angebotenen Beschäftigungs- oder Freizeittherapien konzentrieren. Eines Tages Ende September verließ sie ihren Pavillon. Sie begab sich nach Greenwich Village, einem Stadtteil, den sie während ihrer anderthalb Jahre an der Music and Art kennengelernt und gern gehabt hatte. Sie rief Joyce mitten in der Nacht an und sagte, sie befinde sich in einer Notschlafstelle in der Nähe der Bleecker Street. Joyce holte sie dort ab und ging mit ihr in eine Kaffeebar, die die ganze Nacht über offen war. Sylvia verhielt sich auffallend ruhig. Sie erzählte Joyce von zwei Männern, mit denen sie in der Notschlafstelle geschlafen habe. Sie unterhielten sich bis zur Morgendämmerung. Nach dem Frühstück erklärte Sylvia sich damit einverstanden, wieder ins Hillside zurückzukehren. Joyce fuhr sie mit dem Wagen hin. Nach ihrer Rückkehr verlangte Sylvia einen Elektroschock. Ab Mitte Oktober bekam sie im Hillside eine ganze Serie Elektroschocks. Nach den ersten drei Behandlungen besserte sich ihr Zustand für einige Tage; danach wurde Sylvia agitiert, verwirrt, war extrem desorganisiert, streitsüchtig und aggressiv. Sie griff das Pflegepersonal an, sie entkleidete sich im Pavillon und hatte einen Verfolgungswahn.

Genau wie im St. Vincent's hatte man auch im Hillside lieber »brave« Patienten. Sylvia Frumkin wurde davon in Kenntnis gesetzt, daß sie nicht länger im Hillside bleiben könne und ins

Creedmoor verlegt werden müsse. Sie weigerte sich, freiwillig dorthin zu gehen. Ihre Absicht war es gewesen, im Herbst vom Hillside ins Hunter-College zu wechseln und nicht vom Hillside ins Creedmoor. Sie wurde im Hillside von zwei Psychiatern untersucht, die bestätigten, daß sie sich selbst und andere gefährde und deshalb auch unfreiwillig weiterhin hospitalisiert werden müsse. Am 27. Oktober 1966 wurde sie vom Hillside ans Creedmoor überwiesen, und zwar auf der Grundlage eines sogenannten doppelten psychiatrischen Gutachtens, das für sechzig Tage Gültigkeit hatte. Die Diagnose lautete: Schizophrenie, chronischer, undifferenzierter Typus. (*Chronischer, undifferenzierter Typus* ist eine Bezeichnung, die gemeinhin bei schizophrenen Patienten angewendet wird, die während langer Zeit krank gewesen sind: Da die Krankheit fortschreitet und die Persönlichkeit zerfällt, treten die Symptome weniger deutlich in Erscheinung.) Während der kurzen Fahrt in der Ambulanz vom Hillside ins Creedmoor schrie Miss Frumkin. Wahrscheinlich hätte sie lauter geschrien, hätte sie zum damaligen Zeitpunkt gewußt, daß ihre Klassenkameraden bei ihrer nächsten Entlassung aus dem Creedmoor bereits die Hälfte ihres ersten Jahres im College hinter sich haben würden.

FÜNFZEHN

D er Arzt im Gebäude 40, der Miss Frumkin am 27. Oktober
1966 für die Aufnahme untersuchte, war nicht verpflichtet, sie aufzunehmen – er hätte auf der Grundlage seiner eigenen
Einschätzung ihres Zustands empfehlen können, daß sie nach
Hause zurückkehre und ambulant behandelt werde –, doch 1966
wurde im Creedmoor kaum je ein Patient abgewiesen. Der Arzt,
der das Aufnahmegespräch mit Miss Frumkin führte und sie der
Abteilung 10-A zuteilte, empfand sie als »unzusammenhängend
und ziellos abschweifend« und stellte »fragmentierte Assoziationen« fest. Miss Frumkin gab zu, vor kurzem akustische Halluzinationen gehabt zu haben (im Hillside hatte ihr eine Stimme
befohlen, sich auszuziehen), doch bestritt sie es, an jenem Tag
irgendwelche Stimmen zu hören. Ihre Orientierung und ihr Gedächtnis waren völlig intakt. Der Arzt fand, ihr Affekt sei von
einer »intensiven, alles durchdringenden Wut« dominiert. Sie
mußte mit Gewalt auf die Abteilung gebracht werden. Die vorläufige Diagnose des Arztes lautete: Schizophrenie, undifferenzierter Typus.

Wie aus den Aufzeichnungen des Pflegepersonals vom 27. und
28. Oktober über Miss Frumkin hervorgeht, benahm sie sich den
Angestellten und Patienten gegenüber feindselig, streitsüchtig
und sarkastisch. Als man sie um eine Urinprobe bat, warf sie
mehrere Bettpfannen auf den Boden. Als man sie aufforderte,
sich anzukleiden, sagte sie: »Ich werde mich nicht anziehen, bis ich
brav und bereit dazu bin«, stolzierte nackt im Flur auf und ab und
bat darum, einen Arzt und eine Sozialarbeiterin sehen zu dürfen.
Am 28. Oktober wurde sie auf die Abteilung 11-A, die Abteilung für aggressive Patientinnen, geschickt – diesmal wesentlich
früher als nach ihrer Aufnahme im Jahr 1964. Am 31. Oktober,
kurz nachdem sie die Abteilung 11-A wieder hatte verlassen
dürfen, machte eine Krankenschwester auf dem Vordruck »Fortschritte« eine Eintragung, die in Inhalt und Tonfall den meisten
Aufzeichnungen, die zwischen 1966 und 1981 über Miss Frumkin
gemacht wurden, ähnlich war: »Pat. verhält sich weiterhin un-

237

kooperativ und ist sehr lästig. Nimmt keinerlei Rücksicht auf andere, wünscht Sonderbehandlung und erwartet von Angestellten, daß sie auf ihre Grillen eingehen. Sehr mühsam; scheint bei den andern Patientinnen der Abteilung wegen ihrer Überheblichkeit nicht sonderlich beliebt zu sein.«

Obwohl Mr. Frumkin am 30. Oktober um eine Elektroschockbehandlung für Sylvia ersucht hatte, verabreichte man ihr statt dessen im November und Dezember mäßige Dosen Melleril oder Thorazin und Stelazine. Die Dosen waren nie höher als das Äquivalent von 800 Milligramm Thorazin. Mitte der sechziger Jahre verabreichte man im Creedmoor immer noch Mengen, die zu niedrig waren, als daß damit Miss Frumkins Agitation und Erregung hätten gedämpft werden können. Ihre Eltern wurden gebeten, sie nicht zu besuchen. Andere Verwandte, die Sylvia weniger aufregten – unter anderem Joyce und Phyllis Frumkin –, erhielten die Erlaubnis, sie zu besuchen, und taten dies auch. Im Dezember beantragte Sylvia, auf die Insulinabteilung vom Creedmoor verlegt zu werden.

Ende der zwanziger Jahre hatte der Wiener Psychiater Manfred Sakel beobachtet, daß eine einem Drogensüchtigen verabreichte Überdosis Insulin die Entziehungserscheinungen zu mildern schien. Sakel fing an, schizophrene Patienten mit überdosierten Insulingaben zu behandeln; er versetzte sie somit absichtlich in ein von der Überdosis Insulin erzeugtes Koma, das er dann wieder beendete. Er behauptete, daß er mit dieser Methode gute Resultate erziele. Die Insulinschockbehandlung oder ISB wurde 1937 im Creedmoor eingeführt. Den Patienten wurden zwecks Senkung ihres Blutzuckerspiegels und zum Hervorrufen eines Komas hohe Insulingaben verabreicht. Nach etwa einer Stunde wurde das Koma durch hohe Traubenzuckergaben wieder beendet. 1951 übernahm Dr. Sheldon Jolis, ein belgischer Immigrant, der eben seine Assistentenzeit im Creedmoor beendet hatte, die Leitung der Insulinabteilung. Im Dezember 1966, als Miss Frumkin auf die Insulinabteilung kam, neigten die meisten Psychiater zu der Auffassung, daß die ISB seit dem Aufkommen der Neuroleptika überholt sei.

Dr. Jolis teilte diese Auffassung nicht, obwohl er am Insulin an und für sich nicht wirklich interessiert war. Wie er in seinen

Artikeln, die er für Fachzeitschriften schrieb, darlegte, hatte er es sich zum Ziel gesetzt, die Insulinabteilung vom Creedmoor als Ausgangsbasis für die Schaffung einer idealen »therapeutischen Gemeinschaft« zu benutzen, die die besten medizinischen Behandlungsmethoden für Schizophrenie mit der besten Psychotherapie kombinieren sollte. Seine Theorie wird in ihren Hauptzügen von einer ganzen Reihe von Psychiatern befürwortet. Sie vertreten die Ansicht, daß weder die Kollegen, für die Geisteskrankheiten erblich bedingt sind, noch die Psychoanalytiker und Psychotherapeuten, für die Geisteskrankheiten milieubedingt sind, eine adäquate Theorie der Ursachen von Geisteskrankheiten entwickelt haben. Sie sind davon überzeugt, daß bei einer optimalen Behandlung – sofern eine solche in Anbetracht des heute noch recht begrenzten Wissensstands überhaupt entworfen werden kann – versucht werden sollte, sowohl die Biologie des Patienten als auch sein soziales Milieu zu korrigieren. Als erstes muß die Krankheit korrekt diagnostiziert und die Psychose mit Medikamenten unter Kontrolle gebracht werden. Anschließend versucht man, den Patienten mit einer adäquaten Erhaltungsdosis zu stabilisieren und gleichzeitig eine Psychotherapie mit ihm durchzuführen, um ihm zum Verständnis seiner selbst zu verhelfen und ihn zu befähigen, mit dem Alltag zu Rande zu kommen. Es gibt allerdings schizophrene Patienten, an die man mit einer Psychotherapie nicht herankommen kann – wenn sie zu sehr in sich selbst zurückgezogen, zu eigenwillig sind oder sich zu sehr bedroht fühlen. Man geht im Rahmen eines solchen Konzepts davon aus, daß eine Psychotherapie für schizophrene Patienten, die dafür empfänglich sind, aber besonders wichtig ist, weil mit der Krankheit unterschwellige Symptome einhergehen, die ebenso destruktiv wirken wie die Halluzinationen und Wahnvorstellungen, die zu den sich offen manifestierenden Symptomen gehören. Diese »Plus-Symptomatik« der Schizophrenie kann mit Medikamenten unter Kontrolle gebracht werden, die negative Symptomatik, wie zum Beispiel die Unfähigkeit, zu andern Menschen in Beziehung zu treten oder Freude zu empfinden, kann jedoch nicht medikamentös beeinflußt werden. Solche Symptome können nur mit einer Psychotherapie gemildert werden. Schwer gestörte Patienten, wie zum Beispiel Miss Frumkin, müßten sich mehrere Male pro Woche zu einer Psychotherapie-sitzung begeben, und der ganze Prozeß wäre wohl sehr langwierig und anstrengend, weil ein schizophrener Patient, der nicht auf Medikamente anspricht, wahrscheinlich genausowenig auf eine Psychotherapie anspricht.

Miss Frumkin war nie in den Genuß einer solchen optimalen Behandlungsmethode gekommen, die aus der gleichzeitigen Anwendung von adäquaten Medikamenten und einer wirksamen Psychotherapie besteht. Dr. Jolis sagte, er werde ihr diese Behandlung zukommen lassen. Er versprach ihr nicht, sie von ihrer Schizophrenie zu heilen, doch bot er das nächstbeste, nämlich eine »soziale Wiederherstellung« an. Er sagte, seine Behandlungsmethode sei ausdrücklich für »chronische Fälle« entworfen worden, um aus diesen Patienten funktionstüchtige Menschen zu machen, die in der Gemeinschaft leben können. Dr. Jolis stützte sich in bezug auf die medizinischen Aspekte seiner »therapeutischen Synthese« nicht einzig und allein auf die Insulinkomatherapie, sondern stimmte die medizinische Behandlung auf die Bedürfnisse des Patienten ab. Einige Patienten behandelte er ausschließlich mit Insulin; bei andern setzte er sowohl eine Elektroschockbehandlung als auch Medikamente, aber keine Insulinkomatherapie ein; anderen wiederum verordnete er sowohl eine Insulinschock- als auch eine Elektroschockbehandlung kombiniert mit Medikamenten. Was den psychotherapeutischen Aspekt anbelangt, so führte er keine Einzeltherapien durch. Er sagte, die Einzeltherapie mache den schizophrenen Patienten von seinem Therapeuten abhängig, ohne daß die Probleme des Patienten gelöst würden. Statt dessen führte er eine bestimmte Form der Gruppentherapie, die sogenannte Mehrfamilientherapie durch. Diese Form erweise sich bei schizophrenen Patienten als besonders erfolgreich: »Der Ort der Krankheit ist weniger das Individuum als vielmehr die Familie... Es ist nicht bloß so, daß die Krankheit des Patienten wichtige Bezugspersonen seiner Umgebung in Mitleidenschaft zieht, sondern die Krankheit wird durch diese Menschen oft fortgesetzt... Soll eine dauerhafte Besserung des Zustands des Patienten erzielt werden, so muß sein familiäres Milieu geändert werden. Seine Familienangehörigen müssen lernen, ihn mehr zu akzeptieren, und die Kommunikation zwischen dem Patienten und sämtlichen Familienmitgliedern muß verbessert oder wiederhergestellt werden.« Die Gruppen setzten sich aus vier oder fünf schizophrenen Patienten und deren Familienangehörigen zusammen; die Gruppensitzungen dauerten jeweils eineinviertel Stunden und fanden einmal pro Woche statt. Dr. Jolis leitete die meisten Gruppensitzungen selbst. Er beschäftigte zudem eine psychiatrische Sozialarbeiterin auf der Insulinabteilung, die ab und zu eine private Therapiesitzung mit einem schizophrenen Patienten und seiner Familie abhielt, um das, was in den Gruppensitzungen besprochen worden war, zu vertiefen.

Diese einzigartige Methode erlaubte es Dr. Jolis, die Insulinabteilung des Creedmoor in eine elitäre Enklave zu verwandeln. Da er zu einer Zeit, da die Insulinschockbehandlung gegenüber den neuen Medikamenten rasch an Boden verlor, immer noch Insulinkomatherapien durchführte, wurde er von der Manfred-Sakel-Foundation in Manhattan, die das Werk des Begründers der Insulinkomatherapie fortsetzen wollte, finanziell unterstützt, und dank seiner Mehrfamilientherapie sicherte er sich großzügige Summen aus der Staatskasse. Angestellte des Creedmoor, die bereits im Dezember 1966 dort gearbeitet hatten, erinnerten sich 1981 daran, daß die Insulinabteilung zum Zeitpunkt, wo Miss Frumkin dort aufgenommen wurde, die angenehmste Station des ganzen Krankenhauses gewesen war. Die Insulinabteilung war gut ausgestattet, verfügte über die reichhaltigsten Beschäftigungs- und Freizeittherapieprogramme, stellte den Patienten die größten Räume zur Verfügung und wies den höchsten Personalschlüssel auf. Die Tatsache, daß die Insulinabteilung weit besser ausgerüstet war als alle andern Stationen im Gebäude 40, ganz zu schweigen von den rückwärtigen Stationen, und im Vergleich dazu luxuriös wirkte, löste einerseits bei vielen Patienten den Wunsch aus, auf diese Abteilung verlegt zu werden, oder veranlaßte andererseits ihre Familienangehörigen, darauf zu drängen, daß der Patient in dieser Abteilung aufgenommen wurde. Dr. Jolis wählte seine Patienten jedoch äußerst sorgfältig aus. Sie mußten zwischen siebzehn und fünfunddreißig Jahre alt sein, ein Intelligenzniveau aufweisen, das er als adäquat betrachtete, und entweder einen Ehepartner oder Eltern haben, die bereit waren, regelmäßig einen finanziellen Beitrag an die Insulinabteilung zu leisten, an den wöchentlichen Therapiesitzungen teilzunehmen, und die sich damit einverstanden erklärten, daß einige Sitzungen auf Video aufgenommen wurden. Diese Videofilme wurden dazu verwendet, weitere Unterstützungsbeiträge aufzutreiben. Harriet und Irving Frumkin leisteten ihren wöchentlichen Beitrag und halfen, genau wie die andern Familien, weitere Mittel aufzutreiben, indem sie Versteigerungen und Basare veranstalteten. Dr. Jolis war auch dafür bekannt, daß er das Pflegepersonal seiner Abteilung sorgfältig auswählte: Alle seine Krankenschwestern waren hübsch. Die Angehörigen konnten die Patienten auf der Insulinabteilung häufig besuchen; auf den übrigen Abteilungen war die Besuchszeit auf Mittwoch- und Sonntagnachmittag beschränkt.

Ende Dezember wurde Sylvia von der Abteilung 10-A auf die Abteilung 2-A, die Insulinabteilung, verlegt. Im Januar 1967 wurde ihr das Insulin in einer niedrigen Dosierung verabreicht, um festzustellen, ob sie es vertrug; zudem erhielt sie 450 Milligramm Thorazin und 20 Milligramm Stelazine (das Äquivalent von 850 Milligramm Thorazin), damit ihr Verhalten unter Kontrolle gebracht werden konnte. Wie die meisten Patienten empfand sie die Verabreichung von Insulin als unangenehm. Gemäß einer Eintragung in ihrer Krankengeschichte vom 11. Januar 1967 mußte sie »täglich in den Insulinsaal gezwungen werden«. Deshalb mußten ihr am elften, dreizehnten und sechzehnten Januar Elektroschocks verabreicht werden, »um ihr impulsives und aggressives Verhalten unter Kontrolle zu bringen«. Sie reagierte positiv darauf: Sie hörte auf, das Pflegepersonal anzugreifen und mit den andern Patienten auf der Abteilung zu kämpfen, und zeigte sich für das Insulin empfänglicher. Von Januar bis April erhielt sie dreimal wöchentlich eine Insulingabe, damit die optimale Dosis festgestellt werden konnte. Dann wurde sie zwischen April und Dezember 1967 fünfunddreißigmal in ein Insulinkoma versetzt. An diesen fünfunddreißig Tagen wurde sie morgens ins Bett gesteckt, und es wurde ihr Insulin injiziert, bis ein Hypoglykämie-Koma eintrat. Krankenschwestern und Pfleger wachten an ihrem Bett und überprüften immer wieder Temperatur, Puls- und Atemfrequenz. Dr. Jolis hatte ein Überwachungssystem entwickelt, das Verkehrsampeln glich und manuell bedient werden konnte. Befand sich der Patient in einem gefahrlosen Koma, achteten Krankenschwestern und Pfleger darauf, daß dies von einem grünen Lämpchen angezeigt wurde. Fiel der Patient in ein mitteltiefes Koma, leuchtete eine gelbe Lampe auf. Deuteten Temperatur, Puls und Atemfrequenz des Patienten darauf hin, daß er in einem gefährlich tiefen Koma lag, leuchtete eine rote Lampe auf, und das Koma wurde von einem Arzt beendet. Die Patienten in einem »gelben« und »grünen« Koma wurden nach einer Stunde der Bewußtlosigkeit mit Glukagon wieder ins Bewußtsein geholt. Oft mußte ihnen später, wenn sie unter Schwächezuständen litten, noch mehrmals Glukagon verabreicht werden. Dr. Jolis ging bei seinem Behandlungskonzept für schizophrene Patienten von zwei grundlegenden Annahmen aus. Die erste bestand darin, daß er trotz des von ihm anerkannten »Mangels an genauen Kenntnissen über die Ursachen der Geisteskrankheiten« zu wissen meinte, wie eine Psychose mit Insulinschockbehandlung, Elektrokrampftherapie und Medikamenten – einzeln oder kombiniert angewandt – unter Kontrolle gebracht werden könne. Harriet und Irving Frumkin erinnern sich, daß der Zustand ihrer Tochter sich 1967 besserte, doch aus den von den Abteilungsärzten und Krankenschwestern monatlich gemachten Aufzeichnungen geht hervor, daß ihre Fortschritte nur schubweise auftraten und nicht voraussehbar waren.

»April: freundlich und kooperativ, aber immer noch sehr agitiert... Sie läßt ihre persönliche Habe auf der ganzen Abteilung herumliegen und ist in ihrem Denken und Handeln ziemlich desorganisiert.

Mai: Pat. hat das Gefühl, niemand möge sie & die Menschen seien nur dann freundlich zu ihr, wenn sie damit ihre eigenen Bedürfnisse befriedigen können. Hat den Eindruck, der Sündenbock der Abteilung zu sein. Pat. ist zappelig, zupft sich an den Haaren und an den Lippen.

Juni: Pat. sieht immer noch schlampig aus, kann keine Sekunde stillsitzen, redet rasch & hüpft von einem Thema zum andern. Sie verbringt einen großen Teil des Tages vor dem Fernseher.

Sept.: Ihr Verhalten ist launenhaft, und sie ist exzentrisch, laut und verwirrt.

Nov.: Sie hat neulich mit großem Erfolg in der Varieté-Show der Abteilung mitgewirkt... Zustand der Patientin bessert sich weiterhin.«

Dr. Jolis' zweite Grundannahme war die, daß Familienangehörige eines therapieresistenten schizophrenen Patienten zwar ebenso therapieresistent sein mochten wie der Patient, daß die Abwehr der Familie jedoch mit der Technik der Mehrfamilientherapie durchbrochen und das familiäre Milieu so verändert werden könne, daß »Rückfällen vorgebeugt« sei. 1961 schrieb Dr. Jolis: »Es ist beinahe gewiß, daß mit diesen Sitzungen das familiäre Milieu, in das der Patient schließlich zurückkehren wird, bis zu einem gewissen Grad verändert wird.« Von den zahlreichen Sitzungen, an denen die Frumkins teilnahmen, ist ihnen eine Sitzung ganz besonders in Erinnerung geblieben. Dr. Jolis befand sich vorn in einem Raum, wo seine Patienten und deren Angehörige versammelt waren. Sylvia saß neben ihrer Mutter. Ihre Nase triefte. Sie langte in die Tasche ihrer Mutter, fand ein Papiertaschentuch und schneuzte sich die Nase. Dr. Jolis hatte die Szene beobachtet. Er unterbrach sich mitten in einem Satz und lenkte die Aufmerksamkeit der andern auf den Vorfall. »Ich möchte Sie auf die Interaktion zwischen Sylvia und ihrer Mutter aufmerksam machen«, sagte er. »Sylvia brauchte eben ein Taschentuch. Statt aufzustehen und sich eins aus ihrem Zimmer zu holen, hat sie sich eins aus der Tasche ihrer Mutter genommen. Hier haben Sie es mit einem perfekten Beispiel einer symbiotischen Beziehung zu tun.«

Eine Krankenhausangestellte, die an der Sitzung teilnahm und sich nicht sicher war, ob ein solches Vorgehen, das darin bestand, Menschen als öffentliches Beispiel für etwas hinzustellen, tatsächlich die von Dr. Jolis beabsichtigte Wirkung habe, bemerkte, daß es Mrs. Frumkin offensichtlich gefiel, im Mittelpunkt der Aufmerksamkeit zu stehen, und daß der Pfeil, den Dr. Jolis gegen sie abgeschossen hatte, sie nicht im mindesten zu verletzen schien. »Was soll dieser Unsinn über symbiotische Beziehungen?« sagte Mrs. Frumkin kühn. »Alles, was Sylvia wollte, war ein Papiertaschentuch, weil sie sich schneuzen mußte.«

Dr. Jolis hielt viel davon, unverblümt mit seinen Patienten zu reden. Einmal sagte er zu einem Patienten auf der Insulinabteilung, einem selbstmordgefährdeten jungen Mann, der gedroht hatte, er werde aus dem Fenster springen: »Die Entscheidung liegt bei Ihnen, aber wenn Sie beschließen, daß Sie nicht mehr leben wollen, so springen Sie um Gottes willen nicht aus dem Fenster. Sie könnten Pech haben und als Krüppel enden, und dann wären Sie schlimmer dran. Nehmen Sie doch einfach Tabletten und leisten Sie ganze Arbeit.« Im darauffolgenden Jahr nahm der Patient eine Überdosis Schlaftabletten und starb.

Die Therapiesitzungen, die die Frumkins und Sylvia bei Janet Poster, der psychiatrischen Sozialarbeiterin der Insulinabteilung, hatten, fanden in einer weniger gelösten Atmosphäre statt als die Sitzungen bei Dr. Jolis. 1967 und Anfang 1968 hielt Mrs. Poster zahlreiche Therapiesitzungen mit Sylvia und ihren Eltern ab. Sie mußte Sylvia oft entweder allein mit ihrem Vater oder nur mit ihrer Mutter zusammen sehen, weil Mr. und Mrs. Frumkin so viel miteinander stritten, daß Mrs. Poster nur selten etwas erreichen konnte, wenn sich die beiden gleichzeitig im Zimmer aufhielten. Mrs. Frumkin, Mrs. Poster und Sylvia erinnern sich an eine ihrer gemeinsamen Sitzungen. Als Sylvia die Junior-High-School besucht hatte, hatte sie eine Sammlung von Fantasy-Kurzgeschichten gelesen. Bei der einen Geschichte ging es um einen entfernten Planeten namens Verna. Auf dem Verna war das Leben einfacher und heiterer als auf der Erde. Die Menschen auf dem Verna waren weniger Belastungen ausgesetzt und mußten sich weniger abrackern, so daß sie mehr Zeit hatten, um die Dinge zu tun, die sie wirklich tun wollten. Einigen Erdenmenschen gelang es, auf den Planeten Verna gebracht zu werden. Sylvia wollte auch zu diesen Menschen gehören. Manchmal gab sie sich der Phantasie hin, sie sei bereits auf diesem Planeten. So zum Beispiel während jener Sitzung.

Mrs. Poster war verärgert. Sylvia sollte der Realität ins Auge sehen und nicht vor ihr flüchten. »Laß den Unsinn mit Verna – du bist jetzt hier bei mir in meinem Büro«, sagte sie. »Das hier ist die reale Welt. Hör auf damit, dir etwas vorzumachen.«

Sylvia blickte sie an und sagte: »Mrs. Poster, Sie leben in der realen Welt, und meine Eltern leben in der realen Welt. Ich würde es vorziehen, an einem imaginären Ort wie Verna zu leben. In meiner Welt kann ich jede Person sein, die ich sein will. Aber was kann Ihre Welt mir schon bieten, Mrs. Poster? In Ihrer Welt bin ich nichts.«

Mrs. Poster hatte keinerlei Theorien über die Ursachen der

Schizophrenie. Als sie einmal um ihre Meinung über schizo-phrenogene Mütter, genetische Prädispositionen und biochemi-sche Ungleichgewichte gebeten wurde, sagte sie: »Ich weiß es wirklich nicht.« Sie glaubte jedoch fest daran, daß »eine Familie«, wenn ein Mensch an Schizophrenie erkrankt, wie zum Beispiel Sylvia Frumkin, »genug echte Einflußmöglichkeiten hat, um die Krankheit zum Guten oder zum Bösen zu wenden«. Wie so viele andere Menschen, die Miss Frumkin gekannt oder behandelt hatten, und wie so viele andere, die sie zu einem späteren Zeit-punkt kennenlernen oder behandeln sollten, empfand Mrs. Po-ster viel Sympathie für Sylvia wegen ihrer Eltern. Mit den Frum-kins hatte sie noch mehr Mühe als mit den Eltern der meisten andern schizophrenen Patienten. Doch waren beinahe alle Eltern schwierig, und Mrs. Poster erwartete auch nichts anderes. Mrs. Poster konnte einiges von dem emotionalen Tribut berich-ten, den man zahlen muß, wenn man einige Stunden pro Tag mit schizophrenen Patienten arbeitet. Sie konnte sich vorstellen, was es heißt, mit ihnen leben zu müssen.

Weit davon entfernt, sich glücklich zu schätzen, weil sie im Gegensatz zu den Tausenden von Patienten des Creedmoor zu jenen hundert gehörte, die sich auf der Insulinabteilung befanden, zählen die vielen Monate, die Sylvia auf dieser Abteilung ver-brachte, zu den schlimmsten ihres Lebens. Wie die meisten Pa-tienten dieser Abteilung hatte sie infolge der Traubenzuckerga-ben ziemlich zugenommen. Im Oktober 1966 war sie mit 66 Kilo ins Creedmoor gekommen. Im August 1967 wog sie 81 Kilo. Ihr graute vor den Komata; sie waren angsteinflößend und vermittel-ten ihr ein Gefühl verzweifelter Ohnmacht. Im Dezember 1967 bekam sie eine schwere Infektion der oberen Atemwege. Die Insulinbehandlung wurde unterbrochen, während man die Infek-tion mit Antibiotika behandelte. Ein Arzt fand, Sylvia habe »einen guten Bezug zur Realität«. Am 13. Dezember schrieb sie einen Brief an Dr. Jolis, in dem sie ihn bat, die Insulinbehandlung abzusetzen. »Ich bin bloß eine simulierende Schwindlerin«, schrieb sie. »Ich bin nicht krank genug, um hier zu sein. Ich werde zu Dr. Brunner gehen und draußen gesund werden. Ich bin sicher, daß ich es schaffe.«

Die Mindestanzahl Insulinkomata, die Dr. Jolis 1967 für seine

Patienten als notwendig erachtete, betrug vierzig. (Jahre früher hatte er Artikel geschrieben, in denen er neunzig Komata empfohlen hatte, sofern vierzig oder siebzig nicht ausreichten.) Im Januar erhielt Miss Frumkin wieder einen Insulinschock – einerseits, weil sie erst fünfunddreißig Komata gehabt hatte, und andererseits, weil wieder akustische und optische Halluzinationen aufgetreten waren, nachdem die Insulinbehandlung abgesetzt worden war. Am 13. Februar, dem Tag ihres vierzigsten Komas, schrieb sie erneut einen Brief an das Pflegepersonal der Insulinabteilung, in dem sie um Absetzung der Behandlung bat, da sie nun fünfzehn gelbe und fünfundzwanzig grüne Komata hinter sich habe. Sie schrieb, sie habe den Eindruck, mehr könne die Insulinkomatherapie nicht mehr bei ihr ausrichten. Sie wolle im Creedmoor Schreibmaschinen- und Stenographiekurse besuchen und sich in Hauswirtschaftskunde unterweisen lassen, sich dann eine Stelle und eine Wohnung suchen und ihre Entlassung beantragen; im Herbst 1968 wolle sie Kurse am College belegen und im Juli 1969 ganztags aufs College gehen. Am 27. Februar wurde die Insulinschockbehandlung abgebrochen, weil Sylvias Denken »klarer« geworden war; ihr Arzt hieß ihre Pläne gut, doch blieb Miss Frumkin auf der Abteilung. Sie nahm weiterhin an den Familientherapiesitzungen teil und fing mit dem Haushaltskundeunterricht an. Ihre Medikamente wechselten von Monat zu Monat. Im März 1968 erhielt sie Thorazin und Stelazine, im April Taractan und im Mai Haldol. Die Dosierung all dieser Medikamente entsprach ungefähr 300 Milligramm Thorazin.

Der Psychopharmakologie-Experte äußerte sich folgendermaßen zu ihrem Aufenthalt im Creedmoor in den Jahren 1967 und 1968: »Erst erhielt sie eine Insulinkomatherapie, die zum damaligen Zeitpunkt als überholt und gefährlich galt. Ich bin davon überzeugt, daß mit dem Insulin der Metabolismus des Patienten oft für den Rest seines Lebens durcheinandergebracht wird. Als man dann die Insulinbehandlung absetzte, erhielt sie Medikamente verschiedenster Art in einer zu niedrigen Dosierung. Damals teilten einige Ärzte Medikamente aus, wie andere bei langweiligen Fernsehprogrammen dauernd den Kanal wechseln.«

Am Samstag, dem 13. April 1968, als Miss Frumkin einen Wochenendurlaub zu Hause verbrachte, geriet sie in einen Zu stand der Verwirrung. Sie verließ das Haus. Ihr Vater entdeckte sie mehrere Stunden später, wie sie einige Häuserblocks weiter ziellos herumwanderte, und er überredete sie dazu, in den Wagen zu steigen. Während er sie nach Hause fuhr, sprang sie aus dem fahrenden Auto, fiel hin und erlitt einige kleinere Verletzungen. Er brachte sie ins Creedmoor zurück, wo man ihre Wunden desinfizierte und verband. Als sie auf die Insulinabteilung zurückkehrte, war sie akut psychotisch. An jenem Abend zerbrach sie im Tagesraum eine Schallplatte, weil es, wie sie sagte, eine »böse Schallplatte« war und sie sie einfach nicht ertragen konnte. Am nächsten Tag redete sie davon, daß sie Stimmen höre »wie zum Beispiel Paul McCartney von den Beatles«, daß sie »neulich« bei einem CVJM gewesen sei und daß sie wünsche, vom protestantischen Pfarrer vom Creedmoor bekehrt zu werden. Am 19. April kämpfte sie mit mehreren Patienten; am 20. April entkleidete sie sich wiederholt; am 21. April wurde sie für zwei Tage auf die Abteilung 11-A geschickt. Ende April benahm sie sich gegenüber den andern Patienten derart frech, daß diese damit drohten, sie würden ihr etwas antun, wenn sie nicht aufhöre, sie zu belästigen. Am 4. Mai kam sie erneut auf die Abteilung 11-A. Am 6. Mai kehrte sie »frech wie eh und je« auf die Abteilung 2-A zurück. Am 10. Mai jagte sie hinter einer Patientin her und behauptete, die Patientin sei ein junger Mann, in den sie sich verliebt habe. In der Zeit vom 22. Mai bis zum 19. Juni erhielt Miss Frumkin »wegen extremer Agitiertheit und psychotischen Denkens« zwölf Elektroschockbehandlungen. Nach der EKT wirkte sie »kohärenter und etwas gefaßter«. Ihr Denken war »etwas klarer«.

Am Nachmittag des 27. Juni begab sich Miss Frumkin um sechzehn Uhr mit den andern Patienten der Insulinabteilung zu einem Grillfest in den Aufenthaltsraum vom Gebäude 40. Sie verließ das Fest, ohne daß dies jemandem aufgefallen wäre. An jenem Abend rief Mrs. Frumkin die Insulinabteilung an, um mitzuteilen, daß sie einen Anruf von einem katholischen Priester aus einer Kirche in Flushing erhalten habe. Sylvia befand sich bei ihm im Pfarrhaus. Sie kehrte nur widerwillig ins Creedmoor zurück. Sie sagte, sie habe vom Creedmoor genug; im übrigen redete sie in Rätseln, erging sich in Belanglosigkeiten und war

nervös. Am 29. Juni war sie stark verwirrt und sagte, sie ver-
wandle sich in eine Katze. Jedesmal, wenn jemand eine Tür
öffnete, versuchte sie zu fliehen. Am 30. Juni schickte man sie auf
die Abteilung 11-A.

Während der ersten beiden Juliwochen wurde Sylvia Frumkin
zunehmend verwirrter. Sie provozierte Streitereien und schlief
auf dem Fußboden der Insulinabteilung, auf die man sie wieder
geschickt hatte. Am 16. Juli notierte ein Arzt: »Seit sie auf dieser
Abteilung ist, ist sie zusehends ungefügiger geworden, und es
sind Maßnahmen für ihre Verlegung ins Gebäude R getroffen
worden.« Seit der Eröffnung des Gebäudes R im Jahr 1936 hatte
man dort die »gestörtesten« Patientinnen vom Creedmoor untergebracht. Zusammen mit dem Gebäude S, dem Gebäude für die
»unruhigsten« Patienten vom Creedmoor, war es einer der
furchterregendsten Orte im ganzen Krankenhaus. Im Gebäude R
kam es ständig zu Tätlichkeiten; es war lärmig, überbelegt und es
stank. Am 18. Juli mußte Platz für eine noch gestörtere Patientin
geschaffen werden, weshalb Sylvia vom Gebäude R ins Gebäude
O verlegt wurde – ein Gebäude für »Dauerbehandlung«, das in
den zwanziger Jahren gebaut worden war. In den zwei Tagen, die
sie im Gebäude R verbracht hatte, hatte man ihr 200 Milligramm
Thorazin verabreicht. Während ihrer vier Wochen im Gebäude
O, das zum damaligen Zeitpunkt hauptsächlich ruhige, ältere
Damen beherbergte, erhielt sie 300 bis 800 Milligramm Thorazin
täglich. Am Tag, als sie ins Gebäude O kam, wurde sie als »sehr
unruhig und ängstlich« beschrieben, und am Tag, als sie das
Gebäude verließ, als »sehr unruhig und ängstlich«. Am 14. August wurde sie ins Gebäude L verlegt, eine jener vielen unfreund-
lichen rückwärtigen Stationen für chronische Patienten. Sie kam
schreiend im Gebäude L an und wurde in den Käfig-Raum
gesteckt – ein Zimmer am Ende eines Flurs in der Nähe des
Tagesraums, das einem Käfig im Zoo glich. An Stelle eines vergitterten Fensterchens wies der Käfig-Raum ein Drahtnetz auf,
durch das das Pflegepersonal die Patienten, die es eingesperrt
hatte, beobachten konnte. Der Arzt, der Miss Frumkin kurz
nach ihrer Ankunft im Gebäude L interviewte, notierte: »Sie ist
agitiert, in Panik, ruhelos, rennt auf und ab, berührt und greift
nach allen sich in Reichweite befindlichen Gegenständen, zündet

sich dauernd eine Zigarette an, nur um sie gleich darauf wieder auszudrücken.« Sie gab zu, Halluzinationen zu haben. (»Glaubt, sie wäre Christus, die Stimme Gottes usw.«) Als Joyce Frumkin ihre Schwester im Gebäude L besuchen kam, hielt Sylvia ihr die nackten Hände hin, um Joyce ihre Wundmale zu zeigen.

Eine der Krankenschwestern der Tagesschicht im Gebäude L hieß Evelyn Deacon und war bekannt dafür, daß sie jeden Patienten, der wie Miss Frumkin sowohl »arrogant« als auch schwierig war, verabscheute. Jedesmal, wenn eine Abteilungstür geöffnet wurde, versuchte Sylvia davonzurennen. Der für das Gebäude L verantwortliche Arzt erteilte häufig die Anweisung, Miss Frumkin »zum Schutz ihrer selbst und zum Schutz der andern« in eine Zwangsjacke zu stecken. Er sagte ihren Eltern einmal, die Zwangsjacke vermittle ihr ein Gefühl der Sicherheit. Mrs. Deacon führte die Anordnungen des Arztes mit Begeisterung aus. Sie steckte Sylvia nicht einfach in eine Zwangsjacke, sondern band ihr außerdem ein Laken um die Schultern, mit dem sie Sylvia in der Zwangsjacke ans Bett fesselte. Sylvia verbrachte den größten Teil des Monats September und den ersten Teil des Monats Oktober in einer Zwangsjacke. Sie durfte nicht oft Besuch haben, doch als ihre Mutter sie einmal besuchen kam, sagte sie: »Ma, das bin nicht ich, die hier ist, das ist die Krankheit. Die Krankheit ist stärker als ich.«

Am 24. September, nachdem Miss Frumkin verschiedene kleine Dosen verschiedener Medikamente verabreicht worden waren, erhielt sie 10 Milligramm Haldol. Am 1. Oktober wurde ihre Tagesdosis Haldol auf 15 Milligramm (dem Äquivalent von 750 Milligramm Thorazin) heraufgesetzt, und dazu erhielt sie 60 Milligramm Valium. Ihr Zustand besserte sich im Oktober. Wie dies so oft bei ihr der Fall war, war nicht klar, ob jene spezifische Dosis Haldol und Valium zu jenem spezifischen Zeitpunkt ihrer Krankheit ausreichte, um ihre Symptome zum Verschwinden zu bringen, oder ob diese Episode ihrer Schizophrenie einfach ihrem Ende zuging. Auf jeden Fall besserte sich ihr Zustand, obwohl dies aus den Aufzeichnungen, die Mrs. Deacon weiterhin über sie machte, in keiner Weise hervorging. Am 12. Oktober schrieb Mrs. Deacon: »Miss Frumkin ist sehr respektlos gegenüber Patienten & Angestellten; erzählt ihnen, sie habe am Hunter-College studiert & habe mehr aufzuweisen als sie; muß dauernd überwacht werden.« Am 10. November: »Sehr schmuddelig, will nicht duschen & ihre Kleider wechseln; weigert sich, im Gegensatz zu den andern jungen Patientinnen ihre Unterwäsche zu waschen; sie ist sehr lästig.«

Im November 1968 vernahm Mrs. Poster durch die Gerüchteküche, daß Miss Frumkin Schwierigkeiten mit Mrs. Deacon hatte. Sie nahm sich zwei Dinge vor: Sie wollte Miss Frumkin helfen, aus dem Krankenhaus entlassen zu werden, und gleichzeitig wollte sie sie davor bewahren, nach Hause zurückkehren zu müssen. Damals gab es in Queens keine Rehabilitationszentren für ehemalige Creedmoor-Patienten, doch Mrs. Poster kannte ein Rehabilitationszentrum für ehemalige Psychiatriepatienten namens Cobble Hill, das 1967 in Brooklyn eröffnet worden war. Obwohl die Frumkins dagegen waren, daß Sylvia nicht zu Hause wohnen sollte, hielt ihr Widerstand Mrs. Poster nicht davon ab, diesbezügliche Schritte zu unternehmen, weil sie davon überzeugt war, daß das, was sie tat, im Interesse der Patientin geschah. Es gelang ihr, Miss Frumkin im Cobble Hill unterzubringen.

Am 27. Januar 1969 entließ der für das Gebäude L zuständige Psychiater Miss Frumkin aus dem Creedmoor und hielt fest, sie befinde sich »in einem guten Zustand der Remission ohne Denkstörungen«. Die Diagnose lautete immer noch: Schizophrenie, undifferenzierter Typus. Ihr Zustand hatte sich »gebessert«. Am selben Tag versprach Irving Frumkin dem Krankenhaus, er werde dafür Sorge tragen, daß Sylvia weiterhin täglich ihre fünfzehn Milligramm Haldol und ihr Valium einnehme. Mrs. Deacons vorletzte Aufzeichnung über Miss Frumkin von Anfang Januar lautete: »Patientin hat sehr schlechte Manieren, einschließlich der Tischmanieren. Patienten wollen nicht mit ihr an einem Tisch sitzen, weshalb wir sie allein an einen Tisch setzen müssen.« In ihrer letzten Eintragung vom 27. Januar heißt es einfach: »Patientin heute ins Cobble Hill entlassen worden, sämtliche Kleidungsstücke und persönlichen Gegenstände wieder in Händen von Pat.«

Etwa zwei Monate hatte es gedauert, um die Maßnahmen für die Entlassung zu treffen; etwa zwei Monate blieb Sylvia im

Rehabilitationszentrum. Als Joyce ihre Schwester im Cobble Hill besuchte, hatte sie einen guten Eindruck vom Zentrum. Es gab eine Anzahl Gruppensitzungen für die Klienten – Alltagsbewältigungs-Gruppen, Aktualitäten-Gruppen, Sozialisations-Gruppen. Sylvia hatte ein eigenes kleines Zimmer. Irving Frumkin stattete ihr jeden zweiten Tag einen Besuch ab. Miss Frumkin hielt ihr Zimmer nicht sauber und wurde im März gebeten, das Rehabilitationszentrum zu verlassen. Vom Cobble Hill zog sie ins Tatham House des CVJF an der Lexington Avenue, Ecke achtunddreißigste Straße.

Dank der Bemühungen des Amts für berufliche Rehabilitation des Staats New York, das im Creedmoor ein umfassendes Pilotprogramm für die berufliche Wiedereingliederung durchführte, wurden Maßnahmen getroffen, damit Miss Frumkin die Midtown School of Business, eine Handelsschule in Manhattan, besuchen konnte. In der Midtown-Schule belegte sie die Fächer Stenographie, Schreibmaschinenschreiben und englische Handelskorrespondenz. Im Oktober 1968, gerade als das Haldol vielleicht eine Wirkung gezeigt hätte, sprach sich ihr Vater plötzlich gegen Neuroleptika aus. Er hatte veranlaßt, daß Dr. Gerald Simmons, ein Spezialist auf dem Gebiet der Megavitaminbehandlung, Sylvia im Creedmoor einen Besuch abstattete. Nachdem Dr. Simmons sich mit Sylvia unterhalten hatte, sagte er ihren Eltern, sie sei eine gute Kandidatin für Megavitamine. Der Arzt vom Gebäude L hatte gesagt, Sylvia reagiere gut auf Haldol und Valium, und er ziehe es vor, sie vorderhand nur mit diesen beiden Medikamenten zu behandeln. Im Frühling 1969 ging Mr. Frumkin jedoch mit Sylvia zu Dr. Simmons. Sie fing an, Megavitamine zu nehmen.

Im Sommer und Herbst 1969 war Sylvia einige Monate lang mit der Midtown-Schule, den Megavitaminen und dem Tatham-CVJF zufrieden. Später sagte sie vom Tatham, es sei »der beste Ort, wo ich jemals gelebt habe«, weil »es mir die unabhängigste Lebensweise, die ich je gekannt habe, ermöglichte«. Im Herbst beschloß Sylvia, daß die Megavitamine ihr nicht bekamen, und nahm gar keine Medikamente mehr. Bald darauf konnte sie die Schule nicht mehr besuchen.

Im nächsten Monat erklärte der Geschäftsführer des Tatham-

CVJF Harriet Frumkin, Sylvias Zimmer sei hoffnungslos dreckig, Sylvia fahre dauernd im Aufzug rauf und runter, und sie müsse den CVJF verlassen. Die Frumkins fuhren los, um Sylvia und ihre Habe abzuholen. Als sie dort eintrafen, war Sylvia verschwunden. Als sie ihre Sachen einpackten, bemerkten sie, daß keine Megavitamine mehr da waren. Sylvia hatte sie zusammen mit dem Haldol und Valium, das sie hätte nehmen sollen, weggeworfen. Die Frumkins riefen Dr. Simmons an. Sylvia war in seiner Praxis. Sie war psychotisch. Sie wollte ins Gracie-Square-Krankenhaus und wurde am 21. Dezember 1969 dort aufgenommen. Es war nun beinahe elf Monate her, seit sie aus dem Creedmoor entlassen worden war. Studien haben gezeigt, daß achtzig bis neunzig Prozent der Patienten, die nach dem Abklingen einer psychotischen Episode ihre Neuroleptika nicht mehr einnehmen, innerhalb von zwei Jahren erneut hospitalisiert werden müssen; bei Patienten, die ihre Medikamente weiterhin einnehmen, verringert sich der Prozentsatz der Wiedereinweisungen um die Hälfte.

Miss Frumkin ging am 21. Dezember 1969 ins Gracie Square und behauptete, sie erwarte ein Baby von Paul McCartney. Am 28. Januar 1970 wurde sie mit unveränderten Wahnvorstellungen ins St. Vincent's überwiesen. Dort wurden ihr zwanzig Elektroschocks verabreicht, und sie erinnert sich kaum an diesen Aufenthalt. Nach neunzig Tagen wurde sie in einem prekären Zustand entlassen. Sie wohnte einige Tage zu Hause, geriet eines Abends mit ihrer Mutter in einen heftigen Streit und kehrte am 3. Mai 1970 ins Creedmoor zurück.

SECHZEHN

Das Psychiatriezentrum Creedmoor, in das Miss Frumkin im Mai 1970 zurückkehrte, war nicht mehr dasselbe Krankenhaus, das sie im Januar 1969 verlassen hatte. Dr. Irwin M. Greenberg, der neue Direktor, hatte eine Umstrukturierung des Krankenhauses vorgenommen. Er wandelte die ehemaligen Aufnahme- und rückwärtigen Stationen in geographische Einheiten um, die den verschiedenen Stadtteilen von Queens entsprechen. Sämtliche Patienten, die sich damals im Creedmoor befanden – die »unruhigen«, die »chronischen älteren Damen« und die Neuaufnahmen –, kamen in jene Einheit, die dem Stadtteil von Queens entsprach, in dem sie vor ihrer Hospitalisierung gewohnt hatten; seither nahm jede Einheit neue Patienten aus dem ihr entsprechenden Stadtteil auf. Jede Einheit war verpflichtet, mit ihrer Gemeinde zusammenzuarbeiten, um die Entlassung der Patienten zu beschleunigen und ihre Nachsorge zu gewährleisten. Übergangseinrichtungen, die unter dem Namen Hotelabteilungen bekannt waren, wurden für Patienten eröffnet, die nicht auf der geschlossenen Abteilung sein mußten, aber noch nicht in der Lage waren, in ihre Wohngemeinde zurückzukehren.

Sylvia Frumkin wurde folglich der Einheit zugewiesen, die unter anderem Patienten aus Beechhurst aufnahm. Obwohl sie bei ihrer Ankunft sehr erregt war, zugab, die Stimme ihrer verstorbenen Großmutter zu hören, und schrie, daß ihre Eltern sich zu stark in ihr Privatleben einmischten, wollte sie, daß man ihr helfe, und unterzeichnete ein Formular für freiwillige Einweisung. Dr. Hans Fogel, der aufnehmende Psychiater, diagnostizierte ihre Krankheit als Schizophrenie, paranoider Typus. Er setzte Miss Frumkin zu Beginn auf eine Tagesdosis von 1200 Milligramm Thorazin, 30 Milligramm Haldol und 15 Milligramm Prolixin – dem Äquivalent von 3450 Milligramm Thorazin – sowie auf 60 Milligramm Valium. Die Krankenschwestern und Pfleger stellten alle fest, daß sich Miss Frumkins Zustand trotz der hohen Dosierung ihrer Medikamente nicht besserte. Im Juni belief sich ihre Medikation auf 1200 Milligramm Thorazin,

40 Milligramm Stelazine und 10 Milligramm Haldol – dem Äquivalent von 2500 Milligramm Thorazin –, und es wurden ihr zusätzlich zu diesem stattlichen Aufgebot an Neuroleptika noch 60 Milligramm Valium täglich verabreicht. Die Politik der gleichzeitigen Verabreichung mehrerer Psychopharmaka nahm Anfang der siebziger Jahre überhand. Ende der siebziger Jahre wurde dieser Praxis ein Ende gesetzt, weil Studien den Beweis erbracht hatten, daß diese Politik ein Irrtum gewesen war. Nimmt ein Patient mehrere Neuroleptika gleichzeitig, so kann eines oder mehrere wirksam sein, und eines oder mehrere können unerwünschte Nebenwirkungen hervorrufen, wobei man nur mit Mühe feststellen kann, welchem Neuroleptikum welche Wirkungsweise zugeschrieben werden soll. Zudem leidet der Patient unter den Nebenwirkungen sämtlicher Neuroleptika, die er nimmt. In vielen Privatkrankenhäusern werden jedoch immer noch mehrere Psychopharmaka gleichzeitig eingesetzt. Im Juni schrie Miss Frumkin viel und bat um Hilfe; ihren Eltern wurde geraten, sie nicht zu besuchen. Im Juli überredeten die Frumkins Dr. Fogel dazu, er solle Sylvia Megavitamine nehmen lassen. Dr. Fogel fand zwar, sie seien bei den meisten Arten von schizo- phrenen Störungen nicht wirksam, glaubte jedoch, sie könnten Sylvia nicht schaden, solange sie weiterhin ihre Neuroleptika nehme. Später stellte man in einer Studie fest, daß Patienten, denen man sowohl Megavitamine als auch Neuroleptika ver- abreicht hatte, nicht nur länger im Krankenhaus bleiben mußten, sondern daß sie auch höhere Dosen Neuroleptika brauchten als die anderen Patienten. Die Ursache dafür ist nicht bekannt. Ende Juli besserte sich Miss Frumkins Zustand jedoch langsam. Ihre Eltern durften sie besuchen, und sie war in der Lage, an den Wochenenden mit ihnen auszugehen und sie zu besuchen. Dr. Fogel dachte, es könnte von Vorteil für sie sein, wenn sie in seinem Büro einige Schreibarbeiten für ihn erledigte. Sie freute sich, für ihn tippen zu dürfen, und aus den Aufzeichnungen des Pflegepersonals geht hervor, daß sie sich im August und Anfang September freundlicher, kooperativer und geselliger zeigte. Die Dosierung ihrer Medikamente wurde allmählich verringert.

Im September 1970 kam Sylvia auf eine Hotelabteilung; sie besuchte im Gebäude 40 ein Ausbildungsprogramm für Hilfsschwestern und zeigte gute Leistungen. Einige Wochen später unternahm sie einen Selbstmordversuch, indem sie eine ganze Flasche Stelazine-Tabletten schluckte, und sie mußte eilends ins Flushing-Krankenhaus gefahren werden, wo man ihr den Magen auspumpte. Am 15. November 1970 wurde Miss Frumkin als »rekonvaleszenzbedürftig« aus dem Creedmoor entlassen. Sie wohnte anschließend zu Hause und schloß im Dezember als ambulante Patientin das Ausbildungsprogramm als Hilfsschwester ab. Sie mußte weiterhin 10 Milligramm Haldol und 40 Milligramm Stelazine – das Äquivalent von 1300 Milligramm Thorazin – nehmen.

Im Dezember 1970, kurz nach Abschluß ihres Ausbildungsprogramms, begab sich Sylvia auf Stellensuche. Sie hatte gehört, daß in einem Pflegeheim, nur wenige Minuten vom Haus der Frumkins entfernt, eine Hilfsschwester gesucht wurde. Sie ging sich mit einem von ihr getippten Lebenslauf vorstellen. Die Frau, die das Gespräch mit ihr führte, bemerkte, daß zwischen Sylvias High-School-Abschluß im Juni 1966 und dem Dezember 1970 – mit Ausnahme der drei Monate an der Midtown-Handelsschule – eine Lücke klaffte, und fragte nach dem Grund. Miss Frumkin sagte der Frau, sie sei während eines großen Teils dieser Zeit im Creedmoor hospitalisiert gewesen und habe jetzt eben ein Ausbildungsprogramm für Hilfsschwestern dort absolviert. Sie bekam den Posten nicht. Sylvia kam niedergeschlagen nach Hause. Sie blieb mehrere Wochen daheim und schlief die meiste Zeit. Sie war zu verstört, um sich nach einer andern Stelle als Hilfsschwester umsehen zu können. Eine Freundin ihrer Mutter bot ihr eine Stelle als Bürogehilfin bei einer staatlichen gemeinnützigen Organisation an.

Drei Monate später verhalf eine andere Freundin von Harriet Frumkin, die beim Long Island Jewish Medical Center arbeitete, Sylvia zum Besuch eines beruflichen Wiedereingliederungsprogramms in diesem Center. Von April bis September 1971 arbeitete Sylvia dort als Bürogehilfin. Da sie gute Leistungen erbrachte, vermittelte das Amt für berufliche Rehabilitation ihr einen Platz an der Mandl-Schule für Arzt- und Zahnarztgehilfinnen im Zentrum von Manhattan. Sylvia wollte Arztgehilfin werden, doch als man sie in der Mandl-Schule verschiedenen

Tests unterzog, fand man, sie sei für die Laborarbeiten, die nun einmal Bestandteil des Kurses waren, zu unkoordiniert. Man riet ihr, statt dessen den Kurs für Arztsekretärinnen zu besuchen. Dr. Fogel, den Miss Frumkin seit ihrer Entlassung aus dem Creedmoor weiterhin einmal pro Woche als Privatpatientin aufsuchte, empfahl ihr das gleiche. Der Kurs dauerte zehn Monate. Sylvia belegte unter anderem die Fächer medizinische Terminologie und deren Anwendung, medizinische Korrespondenz und medizinische Stenographie.

Die zehn Monate von September 1971 bis Juli 1972, als sie den Kurs mit zufriedenstellenden Leistungen abschloß und von der Mandl-Schule ein Diplom erhielt, waren seit Januar 1964, als sie vom Auto angefahren worden war, die besten zehn Monate für Sylvia Frumkin gewesen. Seit 1966, als sie die letzte Klasse der High-School besucht hatte, war dies das erste Mal, daß sie voller Hoffnung in die Zukunft blickte. Es machte ihr Spaß, zusammen mit »normalen« jungen Frauen zur Schule gehen zu dürfen; sie war die einzige Absolventin der Klasse, die vom Amt für berufliche Rehabilitation ein Stipendium erhielt, und sie behielt diese Tatsache für sich. Der Lehrplan gefiel ihr, und es machte ihr Spaß, die vorgeschriebene weiße Uniform und die weißen Schuhe zu tragen. Samstags arbeitete sie als Empfangsdame in der Praxis des Hausarztes der Frumkins in der Bronx, der ihr pro Samstag zehn Dollar bezahlte. Er hatte sie eigentlich aus Gefälligkeit eingestellt, doch war er mit ihrer Arbeit zufrieden. Seine Patienten mochten sie.

Als Miss Frumkin 1969 aus dem Creedmoor entlassen wurde, wog sie 79 Kilo. Als sie 1970 aus dem Creedmoor entlassen wurde, wog sie 82 Kilo. Im Herbst 71 entschloß sie sich, den Weight Watchers beizutreten. Man sagte ihr, in Anbetracht ihrer Größe und ihres Körperbaus betrage ihr Idealgewicht 60 Kilo. Sie hielt sich strikt an den Diätplan und verlor stetig an Gewicht. Sie ging gern zu den wöchentlichen Zusammenkünften der Weight Watchers, wo sie jedesmal auf die Waage klettern mußte. All jenen, die einige Pfund oder Kilo abgenommen hatten, wurde Beifall gezollt. Sylvia wurde fast jede Woche beklatscht. Ihr Gewicht sank auf 54 Kilo – sie wog nun also weniger als im Alter von vierzehn Jahren. Sie blondierte ihr Haar und kaufte sich hübsche neue Kleider. Besonders stolz war sie auf eine Uniform der Konfektionsgröße 38.

Als Miss Frumkin 1970 im Creedmoor gewesen war, hatte sie einen jungen Mann namens John Yarrow kennengelernt. Yarrow war 1970 für sechs Wochen hospitalisiert worden, nachdem er eine Überdosis Appetitzügler genommen hatte; seit seiner Entlassung arbeitete er als Angestellter bei der Post. Jedesmal, wenn er seinen Lohn ausbezahlt bekam, rief er Sylvia an und fragte sie, wo sie am Samstagabend hingehen wolle. Er führte sie in Restaurants, ins Kino, in Operetten und ins Theater. John Yarrows Eltern waren Besitzer einer Apotheke. Harriet und Irving Frumkin fanden, John sei ein »echter Gentleman«, und hofften, Sylvia würde ihn heiraten. Sylvia mochte die Orte, an die John sie ausführte, doch John selbst war ihr gleichgültig. Sie betrachtete ihn als ein Muttersöhnchen und fand ihn weniger intelligent und künstlerisch begabt als sich selbst. Außerdem blickte sie auf ihn herab, weil er, nun wo sie wieder schlank und ziemlich attraktiv war, sehr dick und häßlich war. Seine Zähne hatten braune Flekken vom Rauchen, und seine Lippen waren grün, weil er soviel Chlorophylltabletten kaute. Wenn es heiß war, schwitzte er stark, und sie verabscheute seinen Körpergeruch. Sylvia sagte zu Joyce, sie könne seine Art, sie zu küssen, nicht ausstehen, und er verstehe nichts von Sex. In der Zeit, in der Sylvia mit John ausging, traf sie sich auch mit Stanley Gordon, einem ehemaligen Klassenkameraden der sechsten Klasse, der eben mit einem Doktortitel in Anthropologie von einer Universität aus dem mittleren Westen zurückgekehrt war. Eines Tages sagte er ihr, er habe sie sehr gern, sei aber nicht in sie verliebt und fühle sich körperlich nicht von ihr angezogen. Sie war verletzt, weil sie doch gerade so hart daran gearbeitet hatte, körperlich wieder attraktiv zu werden. Joyce fädelte eine Verabredung mit einem Unbekannten für sie ein; dasselbe tat auch eine ihrer Kusinen. Beide waren hübsche Männer. Sie mochte sie und hoffte, die beiden würden sie wieder ausführen, aber das taten sie nicht. »Die, die mich mochten, mochte ich nicht«, sagte Sylvia, »und die, die ich mochte, mochten mich nicht.«

Im Frühling ging Miss Frumkin nicht mehr mit John Yarrow aus. Sie ging auch nicht mehr zu den Weight Watchers, und zwei

Monate später war ihr Gewicht auf 67 Kilo geklettert. »Als ich keinen Beifall mehr bekam, fing ich wieder an zu essen«, sagte sie. »Als ich schlank war, kaufte ich mir einen gewöhnlichen zweiteiligen Badeanzug und keinen Bikini, denn ich wußte, daß ich irgendwann wieder zunehmen würde.« Statt zu den Weight Watchers ging Sylvia nun zu Buddhistentreffen. Eines Nachmittags war sie auf dem Nachhauseweg von der Mandl-Schule Daisy Hayes begegnet. Mrs. Hayes und ihr Ehemann Mark waren die Leiter einer Buddhistengruppe. Bei ihrem ersten Buddhistentreffen begegnete Sylvia einem jungen Mann, verließ mit ihm das Treffen und ging mit ihm in seine Wohnung. Sie schliefen miteinander. Jahre später sagte sie: »Er war der einzige junge Mann, mit dem mir Sex jemals Spaß gemacht hat.« Nach zwei Tagen war er nicht mehr an ihr interessiert, doch sie besuchte die Treffen der Buddhisten weiterhin und sang zu Hause Mantras. In jenem Frühling mußte sie für die Mandl-Schule eine Arbeit schreiben. Sie entschied sich für eine wörterbuchartige Zusammenstellung medizinischer Definitionen. Der Abgabetermin für die Arbeit war Mitte Juni. Die Semesterarbeiten an der Music and Art und an der High-School in Queens hatten ihr stets Schrecken eingejagt, weil es sich um langwierige Arbeiten handelte und sie Angst davor gehabt hatte, nicht rechtzeitig damit fertig zu werden. Sie wurde wegen ihres medizinischen Wörterbuchs derart nervös, daß Dr. Fogel ihr eines seiner teuren medizinischen Nachschlagewerke borgte und ihr Tofranil, ein trizyklisches Antidepressivum, verordnete. Bevor sie die Arbeit an ihrem medizinischen Wörterbuch in Angriff nahm, hatte sie eifrig Pläne für die Zukunft geschmiedet. Nach ihrer Abschlußfeier an der Mandl-Schule, die am 10. Juli stattfinden sollte, würde sie eine Ganztagesstelle bei einem Freund des Hausarztes der Frumkins annehmen. Sie würde ihr Zimmer neu möblieren. Sie hoffte, Urlaub machen zu können. Im Juni wurde sie zusehends nervöser. Mit dem Tofranil schien es ihr nicht besser, sondern schlechter zu gehen, weshalb sie überhaupt keine Medikamente mehr nahm. (Aus immer noch ungeklärten Gründen kann es vorkommen, daß trizyklische Antidepressiva, wenn sie allein oder zusammen mit Neuroleptika verabreicht werden, bei einigen schizophrenen Patienten eine Psychose aktivieren.) Miss Frumkin hatte plötzlich genug von Dr. Fogel und ging nicht mehr zu ihm. Der Arzt, für den sie arbeitete, empfahl ihr einen Psychologen. Zwei Wochen später gab sie ihr medizinisches Wörterbuch ab. Sie erhielt die Arbeit kurz vor ihrem Abschluß mit der Note »ausgezeichnet« zurück.

Am Abend des 9. Juli fing Miss Frumkin plötzlich an, Räucherstäbchen auf ihrem Zimmer abzubrennen und für Buddha zu singen. Sie trug ein rotes Samtkleid mit goldenen Biesen, das sie als ihre Mönchskutte bezeichnete. Sie rannte aus dem Haus. Zwei Tage später erfuhren die Frumkins, daß sie im Elmhurst-Krankenhaus, einem Gemeindekrankenhaus von Queens, aufgenommen worden war. Da Sylvia am 10. Juli vermißt wurde, begab Mrs. Frumkin sich zur Abschlußfeier an der Mandl-Schule, um Sylvias Arztsekretärinnen-Diplom in Empfang zu nehmen; sie erzählte dem Rektor, Sylvia liege mit Fieber im Bett. Sie hatte ihren Mann zu überreden versucht, sie zu begleiten.»Wenn du ein Masochist sein willst, dann geh«, hatte Mr. Frumkin gesagt. Er war zu Hause geblieben. Die zwanzig Monate von November 1970 bis Juli 1972 waren zwischen 1964 (als Miss Frumkin zum ersten Mal ins Gracie Square eingewiesen worden war) und 1981 der längste Zeitraum gewesen, in dem Miss Frumkin nicht in einer psychiatrischen Klinik gewesen war. Bis auf den heutigen Tag blickt Mrs. Frumkin mit Wehmut auf die zehn Monate zurück, in denen Sylvia die Mandl-Schule besuchte. »Seit ihrer Kindheit ist Sylvia nie mehr so normal gewesen«, sagt sie.

Die unheimliche Ruhe nach dem Sturm

SIEBZEHN

A m 25. Oktober 1972 wurde Sylvia Frumkin aufgrund eines doppelten psychiatrischen Gutachtens ins Creedmoor überwiesen und kam dort in die Clearview-Einheit, das heißt auf die für Beechhurst zuständige Abteilung. Damals war ein Teil der Clearview-Einheit auf zwei Stockwerken eines häßlichen Gebäudes untergebracht, das als Gebäude 25 bekannt war. Miss Frumkin befand sich in einem Zustand der Erregung, der Unruhe und der Angst; sie redete zuviel, und man fand, es mangle ihr an Urteilsvermögen und Einsichtsfähigkeit. Ein Arzt, der ihren geistigen Zustand am Tag nach ihrer Aufnahme prüfte, hielt fest, wie ihr Verstand die Ereignisse ihrer jüngsten Vergangenheit kaleidoskopisch wiedergab:

»(Weshalb sind Sie hier?) Ich finde Sylvia, und ich finde es herrlich, unter schönen Menschen zu sein. (Ihr Problem?) Ich habe einen Kurs an einer Sekretärinnenschule absolviert, aber ich bin nicht arbeiten gegangen. (Warum?) Meine Mutter bemuttert mich zu sehr. Ich bin davongerannt, abgesehen davon gelangt das Nikotin in mein Sputum und macht mich nervös. Das ist der Grund, weshalb ich Rock-Musik und Gitarre spiele. (Was tun Sie zu Hause?) Ich höre Radio, aber ich dachte immer wieder, daß ich eine Blutuntersuchung und einen Pap-Abstrich machen lassen müßte. (Hatten Sie sexuelle Kontakte?) Vielleicht. (Absicht, sich selbst zu verletzen?) Es war dumm von mir, einmal alle meine Pillen zu schlucken, aber ich habe sofort meine Eltern geweckt. (Weshalb werden Sie wütend?) Ich habe meiner Mutter den Arm verdreht, bevor ich hierher kam.«

Etwa eine Woche lang rauchte Miss Frumkin nicht mehr, pflegte sich und nahm ihre Medikamente. Sie sagte zu einer Therapiehelferin, daß es ihr im Creedmoor gefalle, »weil ich hier immer gesund werde« – dies sagte sie oft zehn Minuten, nachdem sie gesagt hatte, Creedmoor sei die Hölle. Etwa Anfang November notierten die Therapiehelferinnen, daß Miss Frumkin nicht kooperativ war, unordentlich war, ihnen dauernd mit einem Prozeß drohte, sich bizarr kleidete, Kettenraucherin war und andere Patientinnen im Schlafsaal damit störte, daß sie die ganze

262

Nacht auf dem Fußboden saß und betete. Ende November notierte eine Krankenschwester, daß Miss Frumkin vorgab, ihre Medikamente zu nehmen, man sie jedoch dabei ertappte, wie sie sie in den Mülleimer warf. Anfang Dezember notierte eine Krankenschwester, daß Miss Frumkin es genoß, die Abfalleimer zu durchwühlen, und daß sie mit Patienten oft einsame Orte aufsuchte.

Am 24. Dezember 1972 unterzeichnete Miss Frumkin einen Vordruck für freiwillige Hospitalisierung, mit dem sie sich damit einverstanden erklärte, im Creedmoor zu bleiben. Am 9. Januar 1973 fiel einer Therapiehelferin etwa zur Abendessenszeit auf, daß Miss Frumkin fehlte. Sie rief die Frumkins an. Sylvia war nicht zu Hause. Am nächsten Tag erhielten die Frumkins einen Telefonanruf von Daisy und Mark Hayes, die etwas von Sylvia gehört hatten. Sylvia befand sich im Flughafen LaGuardia. Sie hatte das Krankenhaus zusammen mit einem andern Patienten, einem jungen Mann namens Jean-Paul, verlassen. Die beiden hatten beschlossen, als blinde Passagiere an Bord eines Flugzeugs nach Kalifornien zu fliegen. Ein Angestellter am Ticketschalter war mißtrauisch geworden, als Sylvia ihn mit Peter Sellers angeredet hatte. Jean-Paul hatte das Mißtrauen des Angestellten gespürt, war geflüchtet und hatte Sylvia mit ihrer Phantasie, sie gehe nach Hollywood, um einen Film zu drehen, und alle Menschen, denen sie auf ihrem Weg begegne, seien mit ihr in diesem Film, allein am Flughafen zurückgelassen. Sylvia hatte die Hayes angerufen, ihnen mitgeteilt, wo sie war, und gesagt, sie wolle entweder nach Kalifornien gehen oder zu ihnen kommen. Daraufhin hatten die Hayes Frumkins angerufen. Irving Frumkin fuhr mit den Hayes zum LaGuardia Flughafen hinaus, während Harriet Frumkin im Creedmoor anrief, um den diensthabenden Therapiehelferinnen mitzuteilen, wo Sylvia sich aufhielt. Drei Angestellte der Clearview-Einheit fuhren zum Flughafen und brachten Sylvia auf die Abteilung zurück. Nachdem sie in die Klinik zurückgekehrt war, wurden ihre Medikamente etwas höher dosiert. Wie aus der Krankengeschichte hervorgeht, verbrachte sie im Januar und Anfang Februar immer noch den größten Teil ihrer Zeit damit, hinter jungen Männern her zu sein, wobei sie dies auf »sehr undamenhafte Art und Weise tat, sich von den Männern betasten ließ und sie ebenfalls betastete und sich in aller Öffentlichkeit küssen ließ«. (Irving und Harriet Frumkin hatten die Geschlechtertrennung, die bis 1969 im Krankenhaus gegolten hatte, bei weitem vorgezogen.) Miss Frumkin hatte im Herbst 1972 vier mäßig dosierte Neuroleptika genommen; als man ihr im Januar 1973 täglich das Äquivalent von 900 Milligramm Thorazin verabreichte, besserte sich ihr Zustand. Daraufhin wurde die Dosis aus unerklärlichen Gründen auf 400 Milligramm Thorazin pro Tag gesenkt, und Miss Frumkin wurde am 20. März 1973 entlassen. Sie sollte zu Hause wohnen und wochentags als ambulante Patientin das Clearview-Tageszentrum aufsuchen.

Miss Frumkin begab sich einige Male ins Tageszentrum und besuchte dann statt dessen Buddhistentreffen. Als sie die Arztsekretärinnen-Schule besuchte, hatte sie geplant, ihr Zimmer neu einzurichten, aber sie hatte ihren Plan nie verwirklicht. 1973 wollte sie ihr Zimmer in einen buddhistischen Tempel umwandeln mit von Wand zu Wand ausgelegten Kissen und Gebetsteppichen. Mrs. Frumkin weigerte sich, irgendwelche Möbelstücke aus dem Zimmer zu entfernen, doch versuchte sie ab und zu, Sylvia zu beruhigen, indem sie mit ihr zusammen an einen Gong schlug. Eines Abends im April kam Sylvia nicht nach Hause. Der Gastreferent beim Buddhistentreffen, das sie am Nachmittag besucht hatte, war ein Mann namens Daniel Eiseman gewesen, der ein Rehabilitationszentrum für ehemalige Psychiatriepatienten im vierzehnten Stockwerk des Hotels Martinique in Manhattan leitete. Eiseman war Buddhist, Sozialarbeiter und Verfechter der Megavitaminbehandlung. Einen Tag nach dem Buddhistentreffen rief er bei den Frumkins an, stellte sich vor und sagte: »Falls Sylvia Frumkin ihre Tochter ist – sie ist bei uns, sie ist in Sicherheit, und sie erhält Megavitamine.«

Die Frumkins gingen ins Hotel Martinique, um Sylvia zu besuchen und ihr einige Kleinigkeiten zu bringen – Kleider, Kosmetika, Schallplatten. Sie schien zufrieden zu sein. Das Martinique war ursprünglich ein gutgehendes Hotel für Geschäftsleute gewesen, doch hatte es von 1973 an harte Zeiten erlebt. Es war eines von vielen Hotels im Stadtzentrum und am oberen Broadway, die in Einzelzimmer-Pensionen umgewandelt worden

waren und wo nun Fürsorgeempfänger und ehemalige Psychiatriepatienten wohnten. Als das Department of Mental Hygiene
die Reduzierung der Patientenzahl der staatlichen psychiatrischen
Anstalten beschlossen hatte, schossen solche Erwachsenenheime
wie Pilze aus dem Boden. Viele Kritiker dieser Politik meinten
denn auch, um der Genauigkeit willen müßte die Politik des
Departments nicht Desinstitutionalisierung, sondern Trans-Insti-
tutionalisierung genannt werden. Die neuen Einrichtungen be-
schränkten sich jedoch nicht nur auf diese Unterkünfte, in denen
vielfach ehemalige Patienten unter noch schäbigeren Bedingungen als in den staatlichen Anstalten lebten, sondern umfaßten
auch Pflegeeinrichtungen mit ausgebildetem Fachpersonal. Viele
ehemalige Patienten verwahrlosten. 1980 gingen immer noch
achtzig Prozent des Etats für Psychohygiene des Staats New York
an die entvölkerten staatlichen Anstalten; die Öffentlichkeit hatte
die Idee der gemeindenahen Psychiatrie gutgeheißen, solange die
Zentren der gemeindenahen Psychiatrie sich in einer andern als
der eigenen Gemeinde befanden.

Eines Abends im Juni 1973 ging Miss Frumkin mit einem
Bewohner des Rehabilitationszentrums in eine Bar und betrank
sich. Sie kehrte ins Hotel Martinique zurück und erinnert sich nur
noch düster daran, daß sie im vierzehnten Stock im Nachthemd,
das sie mit Zweigen geschmückt hatte, herumgetanzt war. Dann
grapschte sie einen Stapel Schallplatten, ging hinunter und tanzte
auf dem Greeley Square herum, wobei sie die Schallplatten an die
Zuschauer, die sich bald darauf einstellten, verteilte. Eiseman rief
die Frumkins an. Sylvia sei übergeschnappt und sie müßten kommen und ihre Tochter abholen, denn er werde nicht mehr mit ihr
fertig. Mrs. Frumkin fuhr mit der U-Bahn ins Stadtzentrum. Als
sie auf dem Greeley Square eintraf, sah sie eine große Menschen-
menge. »Sehen Sie sich mal dieses verrückte Mädchen an«, sagte
eine Frau, die neben Mrs. Frumkin stand und auf eine junge Frau
deutete, die, nur mit Büstenhalter und Unterrock bekleidet, her-
umtanzte und Schallplatten verteilte. Mrs. Frumkin sah, daß es
Sylvia war. »Sie sollten dankbar sein, daß es nicht Ihre Tochter
ist«, sagte sie zu der Frau. Dann trafen zwei Polizisten ein. Einer
der beiden warf Miss Frumkin seine Jacke über die Schultern, und
dann brachten sie sie ins Bellevue. Sie blieb mehrere Wochen

dort. Während der ersten Hälfte ihres Aufenthalts erhielt sie hohe Dosen Thorazin und während der zweiten Hälfte überhaupt keine Medikamente, doch keine der beiden Behandlungsmethoden vermochte sie von der Überzeugung abzubringen, daß sowohl Queen Elizabeth als auch Präsident Nixon sie besuchen gekommen waren, weil sie so schön gesungen hatte. Am 16. Juli wurde sie ins Creedmoor eingewiesen.

Als der Arzt der Clearview-Einheit, der Sylvia Frumkin am 20. März entlassen hatte, erfuhr, daß sie wieder eingewiesen worden war, sagte er zu einem Kollegen, in der Zeit vor dem Aufkommen der Neuroleptika hätte man Miss Frumkin permanent im Creedmoor eingesperrt. Die Medikamente hätten es ihr ermöglicht, trotz chronischer Schizophrenie mobil zu bleiben. Er prophezeite, daß sie die nächsten zwanzig Jahre als Drehtürpatientin verbringen werde. Was er nicht prophezeite, war, wie oft sich die Tür in den sechs Monaten nach ihrer fünften Einweisung ins Creedmoor für sie drehen würde. Am 22. Juli rannte sie davon. Am 31. Juli las die Polizei sie auf der Straße auf und brachte sie ins Elmhurst. Sie war nie bereit zu enthüllen, wo sie sich in jenen neun Tagen aufgehalten hatte. Am 28. August, nachdem sie vier Wochen im Elmhurst damit zugebracht hatte, nackt herumzuspazieren, ihre Medikamente wieder auszuspukken und eine Anzahl Patienten und Therapiehelferinnen mit Schlägen zu traktieren, wurde sie vom Elmhurst wieder ins Creedmoor geschickt. Am 8. September entwich sie erneut und tauchte am 10. September im Manhattan Psychiatric Hospital auf Wards Island auf. Die Anstalt in Manhattan hatte die Absicht, Miss Frumkin ins Creedmoor zurückzuschicken, doch Sylvia hegte eine andere Absicht. Sie spazierte aus dem Krankenhaus hinaus, nahm sich ein Taxi und fuhr nach Hause. Ihre Eltern brachten sie noch am selben Tag mit Hilfe eines Freundes ins Creedmoor zurück. Am 26. September bat Miss Frumkin darum, den jüdischen Gottesdienst besuchen zu dürfen. Dies wurde ihr gestattet, doch durfte sie nur in Begleitung eines Therapiehelfers gehen. Nach dem Gottesdienst, als Erfrischungen herumgereicht wurden, entschlüpfte sie dem Therapiehelfer. Am Abend traf sie zu Hause ein. Bevor es ihren Eltern gelungen war, sie zu beruhigen oder im Creedmoor anzurufen, hatte sie das

Telefonkabel mit einer Schere durchgeschnitten, sagte, sie wolle nicht ins Creedmoor zurückkehren, und rannte aus dem Haus. Einige Stunden später wurde sie von zwei Streifenpolizisten auf der Throgs-Neck-Brücke, die sich ganz in der Nähe befand, aufgelesen. Sie hatte die Schere immer noch bei sich, war aggressiv und ließ eine Schimpfkanonade los. Die Polizeibeamten brachten sie ins Creedmoor zurück. Am 17. September, als die zwei psychiatrischen Gutachten für die Zwangseinweisung abgelaufen waren, hatte Dr. William L. Werner, der 1972 das Amt des Direktors im Creedmoor übernommen hatte, um eine gerichtliche Unterbringung ersucht, weil die Psychiater der Clearview-Einheit die Ansicht vertraten, Miss Frumkin gehe es für eine Entlassung nicht gut genug. Der Richter verfügte, daß Miss Frumkin für einen Zeitraum von höchstens sechs Monaten zwangsweise hospitalisiert werden sollte. Miss Frumkin beschloß, ihre Rechte geltend zu machen, und beantragte ein neues Verfahren. Der vom Gericht bestellte Anwalt vertrat sie bei diesem zweiten Verfahren; zudem hatte das Gericht einen klinikexternen Psychiater damit beauftragt, Miss Frumkin zu untersuchen. Zu diesem Zeitpunkt erklärte ein Psychiater der Clearview-Einheit Miss Frumkin für »funktionsunfähig – sogar innerhalb des Klinikareals«. Der vom Gericht bestellte Psychiater interviewte sie und gelangte zur Schlußfolgerung, daß sie nicht entlassen werden sollte. Man verfügte, daß Miss Frumkin weiterhin zwangsweise hospitalisiert bleiben sollte. Sie versuchte zu flüchten, als sie von der Verhandlung ins Gebäude 25 zurückgebracht wurde, doch hinderte man sie daran.

Jedesmal, wenn Miss Frumkin in der Zeit von Juli bis Dezember nicht auf »Urlaub ohne Bewilligung« gewesen war, hatte man ihr mäßige Dosen verschiedener Neuroleptika verabreicht, die keinerlei Wirkung bei ihr zeitigten. Sie hatte versucht, einigen Therapiehelferinnen, die eine Perücke trugen, die Perücken vom Kopf zu zerren; sie hatte ihre Kleider zehnmal gewechselt, bevor man sie morgens dazu überreden konnte, den Schlafsaal zu verlassen; sie hatte Kämpfe mit Patientinnen ausgefochten und Geschlechtsverkehr mit Patienten gehabt. Ihre Medikation wurde oft geändert, und Sylvia verlangte oft Einblick in die Medikationskarten, die ihren Arzneibecher begleiteten. Am Vormittag des 27. Januar 1974 teilte eine Therapiehelferin namens Mary Dodd die Medikamente aus. Als Mrs. Dodd Miss Frumkin die Pillen aushändigte, beschuldigte Sylvia sie, sie gebe ihr die falschen Pillen. Mrs. Dodd sagte, sie gebe ihr bloß das, was der Arzt verordnet habe. Sylvia fing an, Mrs. Dodd zu beschimpfen. Als Mrs. Dodd versuchte, Miss Frumkins Arzneibecher mit Wasser zu füllen, spuckte Miss Frumkin die Pillen nach Mrs. Dodd und schüttete das Wasser über die Therapiehelferin und über sich selbst. Eine Patientin kam Mrs. Dodd zu Hilfe und nahm ihr das Tablett mit den Medikamenten ab. Sylvia versetzte Mrs. Dodd einen Schlag. Später berichtete die Helferin: »Ich erinnerte mich schließlich daran, daß man jemanden, der einen hysterischen Anfall hat, mit einem Schlag beruhigen kann; deshalb versetzte ich ihr einen Schlag ins Gesicht, nicht aus Wut oder um sie zu verletzen, sondern um sie zu beruhigen, was ja dann auch der Fall war.« Da es im Creedmoor, ungeachtet der Art der Provokation, verboten ist, Patienten zu schlagen, wurde ein Disziplinarverfahren gegen Mrs. Dodd eingeleitet. Nachdem Sylvia sich zu dem Vorfall hatte äußern können (ihr Bericht lautete jedesmal, wenn sie befragt wurde, wieder ganz anders) und auch Mrs. Dodd und die Patientin, die ihr beigestanden hatte, befragt worden waren, wurde Mrs. Dodd eine offizielle Verwarnung erteilt. Sie erhob Einspruch dagegen, und das Krankenhaus erklärte sich schließlich damit einverstanden, die Verwarnung zu annullieren, und zwar aus verschiedenen Gründen: Mrs. Dodd hatte nun seit beinahe vier Jahren im Creedmoor gearbeitet und sich nie etwas zuschulden kommen lassen, das eine Maßregelung oder Disziplinarmaßnahmen erfordert hätte; Miss Frumkin war die Quelle zahlreicher Konflikte auf der Abteilung, weil sie durch ihr provozierendes Verhalten oft bewirkte, daß man sie angriff, wobei sie dann stark übertrieb oder das Verhalten der andern bei diesen Zwischenfällen von A bis Z erfand; und nach Ansicht der Vorgesetzten von Mrs. Dodd ließ deren Erklärung, mit der sie ihr Verhalten Miss Frumkin gegenüber begründet hatte, auf »absolute Ehrlichkeit sowie auf das Bedürfnis nach einer Ausbildung im Umgang mit gestörten Patienten« schließen. Statt verwarnt zu werden, wurde Mrs. Dodd in der Betreuung von aggressiven Psychiatriepatienten ausgebildet. Sie arbeitete bis zu ihrem Tod im Jahr 1980 im

Creedmoor, und es wurden nie mehr Disziplinarmaßnahmen gegen sie ergriffen.

Am 19. Januar 1974 war Miss Frumkins Medikation geändert worden: Sie erhielt jetzt eine Tagesdosis von 80 Milligramm Stelazine – das Äquivalent von 1600 Milligramm Thorazin, eine Dosis, die höher war als die des ganzen Potpourris von Medikamenten, die sie vorher eingenommen hatte.

Ende Februar besserte sich ihr Zustand. Im März ging es weiterhin aufwärts, sowohl mit ihrem Verhalten als auch mit ihrem Äußeren. Sie konnte ab und zu nach Hause gehen und beteiligte sich mehrere Male an einem Schreibmaschinenkurs im Creedmoor.

Im März 1974 trafen sich Harriet und Irving Frumkin mit der Sozialarbeiterin der Clearview-Einheit, um Sylvias Entlassung zu besprechen. Die Frumkins waren mittlerweile Aktivmitglieder der Long Island Schizophrenia Association (LISA) geworden. Von einem Mitglied der LISA hatten sie eine Broschüre über die Gould Farm erhalten, eine therapeutische Wohngemeinschaft im Berkshire Hügelland im Westen von Massachusetts. Die Gould-Farm-Gemeinschaft setzte sich aus etwa dreißig vollbeschäftigten Angestellten, deren Ehepartnern und Kindern sowie aus etwa vierzig Gästen, Männern und Frauen, zusammen, von denen die meisten zwischen neunzehn und vierzig Jahre alt waren. Viele der Gäste waren vorher in psychiatrischen Kliniken gewesen, doch auf der Gould Farm wurden nur Gäste aufgenommen, die sich in einem »ziemlich guten Zustand der Remission« befanden. Aus der Broschüre ging klar hervor, daß die Gould Farm niemandem ein permanentes Zuhause anbieten konnte; die meisten Gäste blieben etwa drei bis zwölf Monate.

Anfang April wurde Miss Frumkin für eine Woche vom Creedmoor beurlaubt. Die Frumkins hatten mit der Gould Farm einen Termin vereinbart und fuhren Sylvia für den vorgeschriebenen Probeaufenthalt von vierundzwanzig Stunden dorthin. Die Gould Farm gefiel ihnen sofort. Sylvia wurde angenommen. Sie kehrte für einige Tage ins Creedmoor zurück, erwirkte die Aufhebung der gerichtlichen Verfügung über die Zwangshospitalisierung und wurde entlassen.

Auf der Gould Farm gab es zwei Wohngebäude, wovon ein jedes von einem Heimleiterehepaar beaufsichtigt wurde. Die Gäste verfügten über Einzelzimmer, die sie in Ordnung halten mußten, und sie mußten sich auch um ihre Körperpflege kümmern. Zudem mußten sie sechs Stunden am Tag arbeiten, das heißt entweder im Speisesaal, in der Küche oder auf dem rund 40 Hektar großen landwirtschaftlich genutzten Areal. Der Großteil des Eigenbedarfs an Fleisch und Gemüse wurde auf der Gould Farm selbst hergestellt. Die Milchkühe deckten den Milchbedarf der Farm, die Hühner den Eierbedarf. Die Gäste wechselten sich turnusmäßig bei den Hausarbeiten ab. Sylvia sammelte Eier ein, deckte Tische und arbeitete auf den Feldern – sie harkte Laub, schaufelte Schnee, fegte Wege, machte Ahornsirup ein. In ihrer Freizeit konnten die Gäste sich an Gruppentänzen, Parties und Gemeinschaftstreffen beteiligen, ins Kino oder ins Konzert gehen, Sport treiben oder sich im Web- oder Kunsthandwerkatelier beschäftigen. Auf der Gould Farm lernte Sylvia weben, stikken und häkeln.

Als erstes gab Sylvia auf der Gould Farm das Rauchen auf – eine Gewohnheit, die ihr nie sonderlich behagt hatte. Als zweites nahm sie zu, und zwar wegen der reichlichen Frühstücke, Mittagessen, Abendessen, der Kaffeepausen, des Nachmittagstees und der Betthupferl. Sie wurde auch dabei erwischt, wie sie die Milch absahnte. Nachdem sie einige Monate auf der Gould Farm verbracht hatte, wog sie 89 Kilo. Sie beschloß, sich einer Weight-Watchers-Gruppe in der Nachbarstadt Great Barrington anzuschließen. Der Direktor der Gould Farm erinnert sich daran, daß Sylvia wie besessen von Tisch zu Tisch rannte und andern Gästen Fleischstückchen vom Teller stibitzte, damit sie auf genau die Anzahl Gramm Huhn oder Leber kam, die im Diätplan der Weight Watchers vorgeschrieben waren; er fing an zu bedauern, daß er ihr die Erlaubnis gegeben hatte, zu den Weight Watchers zu gehen. Sie nahm zwar etwas ab, doch blieb sie nicht lange bei den Weight Watchers; Abmagerungskuren verloren ihren Reiz für Sylvia Frumkin ebensoschnell wie Psychiater.

Während ihrer ersten Monate auf der Gould Farm nahm Sylvia immer noch täglich 80 Milligramm Stelazine, genau wie man es ihr bei ihrer Entlassung aus dem Creedmoor geraten hatte;

zudem nahm sie sechs Milligramm Cogentin und etwas Dalmane (sie hatte leichte Schlafstörungen). Sie nahm auch Megavitamine.

Die Gäste der Gould Farm wurden von Dr. Dale Greaney, einem externen Psychiater, betreut, der einmal pro Woche auf die Farm kam, um nach ihnen zu sehen. Einige Monate nach Sylvias Ankunft vereinbarte Dr. Greaney jede zweite oder dritte Woche einen Termin mit ihr und hielt eine halbstündige bis dreiviertelstündige Sitzung mit ihr ab. Sylvia redete stets klar, aber weitschweifig. Nach Ansicht von Dr. Greaney war sie nicht mehr und nicht weniger krank als die meisten andern chronisch schizophrenen Gäste, die er auf der Gould Farm betreute, doch unterschied sie sich in dreierlei Hinsicht von den andern. Da waren erstens ihre physische Unbeholfenheit und ihr Mangel an Koordination. Wie mehrere andere Psychiater, die Miss Frumkin behandelt haben, glaubte Dr. Greaney, sie könnte möglicherweise ein neurologisches Problem haben. Er schickte sie deswegen zu einem Neurologen. Der Neurologe untersuchte sie gründlich und führte einen Test mit ihr durch, um die Möglichkeit, daß sie an der Wilsonschen Krankheit litt, einem Erbleiden, das durch toxische Kupferablagerungen in vielen Organen und Geweben sowie im Zentralnervensystem charakterisiert ist, auszuschließen; der Test fiel negativ aus. Der Neurologe stellte fest, daß sie an keiner neurologischen Störung litt, die ihr Verhalten erklärt hätte. (Als Folge der Untersuchung glaubte Sylvia mit der Zeit, sie leide an der Wilsonschen Krankheit, genau wie die Insulinkomabehandlung sie zu dem Glauben veranlaßt hatte, sie leide an Hypoglykämie.) Das zweite, worin sie sich von den andern Gästen auf der Gould Farm unterschied, war ihr herrisches Wesen. Dr. Greaney kannte viele schizophrene Patienten, die sich ruhig verhielten, ordentlich waren, ihr Zimmer sauber hielten und gute Manieren hatten. Miss Frumkin war laut, ihr Zimmer war unordentlich, und sie irritierte die meisten Menschen auf der Gould Farm mit ihrer sozialen Plumpheit. Sie ging ihren Mit-Gästen und den Angestellten auf die Nerven, indem sie ihnen buchstäblich und im übertragenen Sinn auf die Zehen trat; sie schien überhaupt keinen Sinn dafür zu haben, wo ihre Grenzen waren und wo der andere Mensch anfing. Das dritte, was seiner Meinung nach Sylvia von den andern schizophrenen Patienten, die er kannte, unterschied, war ein Mangel an Bereitschaft, sich, wie so viele andere Schizophrene, mit dem beschützten Leben in einem Rehabilitationszentrum oder in »geschützten Werkstätten« zufriedenzugeben.

Einige Monate, nachdem Miss Frumkin Dr. Greaney regelmäßig aufgesucht hatte, fingen ihre Beine an, sich unwillkürlich vorwärts und rückwärts zu bewegen, sobald sie sich irgendwo hinsetzte. Dr. Greaney setzte die 80 Milligramm Stelazine ab und verordnete ihr statt dessen 600 Milligramm Melleril, das Äquivalent von 600 Milligramm Thorazin – eine mehr als sechzigprozentige Senkung ihrer üblichen Dosis. Als Dr. Greaney 1973 seine Privatpraxis eröffnet hatte, war er eher ein Gegner der medikamentösen Behandlung gewesen. Er hatte gehofft, schizophrene Patienten ohne Medikamente behandeln zu können. Die Erfahrungen hatten ihn gelehrt, daß dies nicht möglich war, doch zog er es weiterhin vor, mit seinen Patienten zu reden statt sie mit Medikamenten zu behandeln (sein Hauptinteresse gilt heute der Paar-Therapie). Schließlich trat er seine Stelle auf der Gould Farm an einen andern Psychiater ab, wobei er unter anderem als Begründung anführte, daß »die Arbeit fast ausschließlich darin bestanden hat, Rezepte zu schreiben«. Jetzt sucht er die Gould Farm nur noch für einen halben Tag pro Woche auf. Dr. Greaney verschrieb Miss Frumkin Melleril statt Stelazine, weil er der Ansicht war, von allen Neuroleptika bewirke Melleril die geringste Hyperaktivität. Indem er sich für Melleril entschied (es hätte andere Möglichkeiten gegeben, um das Symptom der Beinbewegungen unter Kontrolle zu bringen), wählte er eines der wenigen Präparate, die bei einer Dosierung, die 80 Milligramm Stelazine entspricht, nicht risikolos verabreicht werden können. Im Gegensatz zu den meisten andern Neuroleptika gibt es für Melleril eine absolute Höchstdosis – 800 Milligramm. Die Herstellerfirma warnt davor, daß eine höhere Dosierung eine Pigmenteinlagerung – eine Verfärbung der Netzhaut mit nachfolgender Beeinträchtigung des Sehvermögens – hervorrufen kann. Es beunruhigte Dr. Greaney nicht, daß er Miss Frumkins Medikation niedriger dosierte, und er verabreichte ihr nicht einmal die Höchstdosis Melleril. Er senkte die Dosis der Medikamente der Gäste auf der Gould Farm regelmäßig um etwa fünfundzwanzig bis fünfzig Prozent, weil die Gäste sechs Stunden am Tag arbeiteten und er festgestellt hatte, daß sie zu sehr ermüdeten, wenn sie weiterhin dieselbe Dosis wie im Krankenhaus einnahmen, wo sie ein völlig inaktives Leben geführt hatten. Nachdem er Sylvias Medikamente niedriger dosiert hatte, stellte er einige Monate lang keine Veränderung in ihrem Verhalten fest. (Einige Patienten »dekompensieren« vierundzwanzig Stunden nach einer Reduktion der Dosis oder nach Absetzung der Neuroleptika, und einige dekompensieren erst nach achtzehn Monaten, doch der Durchschnittswert liegt bei drei Monaten.) Dr. Greaney stellte hingegen fest, daß Miss Frumkin plötzlich viel über Religion redete. Er fand, daß ihre Beschäftigung mit religiösen Themen nicht auf Wahnvorstellungen zurückzuführen sei, und unternahm deshalb nichts dagegen.

Nachdem Sylvia ein Jahr auf der Gould Farm verbracht hatte, trafen sich die Angestellten mit dem Direktor, um ihre Zukunft zu erörtern. Die meisten Gäste erlitten entweder einen Rückfall und wurden erneut hospitalisiert, oder ihr Zustand hatte sich soweit gebessert, daß sie in ein Rehabilitationszentrum gehen oder nach Hause zurückkehren konnten. Ab und zu durfte ein Gast länger auf der Gould Farm bleiben, wenn er keinen Anlaß zu Problemen gab und sich in die therapeutische Gemeinschaft einfügte. Die Angestellten teilten dem Direktor mit, daß man mit Miss Frumkin keine Ausnahme machen sollte. Sie hatten gehofft, ihr Verhalten ändern zu können, und hatten sich intensiv mit ihr beschäftigt, doch sie war noch genauso unbeliebt, wie sie es bei ihrer Ankunft gewesen war. Am 1. Juni 1975 wurde Miss Frumkin mitgeteilt, sie müsse die Gould Farm in drei Monaten verlassen. Die Frumkins waren sehr enttäuscht. »Die Gould Farm war eine herrliche Zeit für uns«, erzählte Harriet Frumkin einige Jahre später. »Sylvia befand sich in einem ziemlich guten Zustand, sie war nicht in einer psychiatrischen Klinik und sie war *fort*.« Da Sylvia zu Beginn der siebziger Jahre mehrere Male zu Hause gewohnt hatte, wußten die Frumkins, daß es für die ganze Familie besser wäre, wenn sie nicht wieder nach Hause käme. Die Sozialarbeiterin der Gould Farm versuchte, bei einer Reihe von Rehabilitationszentren in Massachusetts, wo sie bereits andere Gäste untergebracht hatte, einen Platz für Sylvia zu finden. Miss

Frumkin war von der Idee, in einem Rehabilitationszentrum zu leben, nicht gerade angetan, und die Rehabilitationszentren waren von ihr ebenfalls nicht begeistert. In der Zeit zwischen Juni und September, als ihr dieselben Veränderungen drohten, die in der Vergangenheit bereits mehrere psychotische Episoden bei ihr ausgelöst hatten, und sie verletzlicher war, weil ihre Dosis gesenkt worden war, fing sie an, offenkundiger zu dekompensieren. Sie befaßte sich mehr und mehr mit Religion. Einigen Angestellten der Gould Farm war nicht bekannt, daß Miss Frumkin 1972 eines Samstags, als sie vom Internisten, bei dem sie gearbeitet hatte, nach Hause ging, ein Mitglied des American Board of Missions to the Jews, des ABMJ, kennengelernt hatte. Die Mitglieder des ABMJ sind in der Hauptsache Juden, die glauben, daß Jesus der Messias ist; sie betrachten sich selbst als geistig wiedergeboren und glauben, ihr Lebensziel bestehe darin, den andern Juden die Botschaft Jesu übermitteln zu müssen. Miss Frumkin war 1973 der Anregung, sich zum Christentum bekehren zu lassen, nicht nachgekommen; statt dessen war sie 1973 Buddhistin geworden. Nachdem sie gebeten worden war, das Hotel Martinique zu verlassen, hatte sie sich wieder vom Buddhismus abgewandt. Nachdem sie im Creedmoor aus dem jüdischen Gottesdienst davongelaufen war, hatte der Rabbiner vom Creedmoor mehrere beratende Gespräche mit ihr geführt, und sie hatte den Judaismus offenbar erneut akzeptiert. Doch auf der Gould Farm war sie von einem Gast, der zu den wiedergeborenen Christen gehörte, zum Christentum bekehrt worden. Sie betrachtete sich als wiedergeboren und fing an, in die Kirche zu gehen. Obwohl die Gould Farm in religiöser Hinsicht neutral war, war der Direktor ein geweihter presbyterianischer Geistlicher, und einige der Angestellten waren evangelische Christen. Als Miss Frumkin im Sommer 1975 sich wie besessen für das Christentum interessierte, wurde den Angestellten der Gould Farm der Ratschlag erteilt, keine Bekehrungsversuche bei ihr zu unternehmen. Als der Termin ihrer Abreise näherrückte, verwandelte sich ihr Zimmer in einen »Schandfleck«, sie nahm ihre Medikamente nicht mehr und fing an, nackt herumzurennen. Der Direktor rief die Frumkins an und sagte ihnen, sie müßten ihre Tochter abholen.

Dr. Greaney war am 29. August, als Miss Frumkin die Gould

Farm verließ, in Urlaub; er war nicht überrascht, als er später erfuhr, daß ihre Abreise dramatisch verlaufen war. Er erkannte, daß ihre Funktionsfähigkeit mit zunehmendem Alter zwar mehr und mehr nachgelassen hatte, ihr Wille, es zu schaffen, jedoch ungebrochen war. Der Grund, weshalb die Angestellten der Gould Farm den Eindruck hatten, man könne nur eine schlechte Prognose für Sylvia stellen, bestand darin, daß sie sich nicht vorstellen konnten, wie Miss Frumkin sich ein normales Leben aufbauen sollte. Bei den Personalkonferenzen fragten sie sich: »Was würde sie tun?« Sie konnte nicht einmal als Bürohilfe ange- stellt werden, weil sie sich so merkwürdig benahm, und abgese- hen davon wollte sie nicht Bürohilfe sein. Sie wollte immer noch ein Star sein. Dr. Greaney glaubte, Miss Frumkins Kombination von Intelligenz und Grandiosität lasse nicht nur keine günstige Prognose zu, sondern sei zudem für die dionysische Färbung ihrer psychotischen Episoden verantwortlich. »Wenn man Sylvia Frumkin sein muß, dann muß man vielleicht so sein«, sagte er. »Viele schizophrene Patienten weisen ein grandioses Verhalten auf, aber Miss Frumkins Grandiosität ist mit einer sehr hohen Intelligenz gekoppelt. Wenn man sieht, wie man von Niederlage zu Niederlage segelt, und wenn sich dann der nächste furchtbare Abgrund auftut und man ihn nicht überqueren kann, zieht man es vielleicht vor, sich an die Grandiosität im eigenen Kopf zu klammern, statt die eigene Häßlichkeit, die eigenen unangeneh- men Seiten und Grenzen anzunehmen. Ich glaube, sie ist ein Genie im Wahnsinnigsein.«

Nach ihrer Rückkehr nach Hause stritt Sylvia zwei Tage lang mit ihrer Mutter. Eines Nachmittags warf sie einige Kleider und Bücher in einen kleinen Reisekoffer und rannte aus dem Haus. Einige Stunden später sah ein Nachbar der Frumkins zufällig, wie sie über den Rasenstreifen neben dem Cross Island Parkway spazierte und dabei ständig ihren Koffer auf- und zumachte. Er brachte sie in seinem Wagen nach Hause. Als sie dort ankam, machte Harriet Frumkin den Koffer auf. Sylvias Kleider und Bücher waren weg. Im Koffer befanden sich Aluminiumdosen, Zigarettenstummel und Stücke von alten Reifen. Sylvia sagte, sie »helfe die Umwelt reinigen«, denn es sei eine Schweinerei. Als

Mrs. Frumkin mit ihrer Tochter schimpfte, weil sie ihre Kleider und Bücher verloren hatte, rannte Sylvia erneut davon. Die Polizei las sie in einer Straße in der Nähe auf und brachte sie ins Elmhurst. Den Frumkins wurde mitgeteilt, das Elmhurst sei überbelegt, weshalb Sylvia nur wenige Tage dort bleiben könne und dann ins Creedmoor verlegt werde.

Sylvia Frumkin wollte nicht ins Creedmoor zurück. Sie fiel auf Hände und Knie nieder und bettelte ihre Eltern an, sie nicht mehr dorthin zu schicken. Bei einem der zahlreichen Vorträge über geistige Gesundheit, die Mr. Frumkin besucht hatte, hatte er von einem Mann namens Kenneth Wentworth, einem berühmten Anhänger der Megavitaminbehandlung, gehört. Dr. Wentworth, Direktor einer Klinik in Nassau County, brachte seine Privatpatienten ins Brunswick Psychiatric Hospital in Amityville, New York. Sylvias Krankenversicherung würde den größten Teil der Kosten für einen dreimonatigen Aufenthalt im Brunswick übernehmen, doch mußten die Frumkins immer noch etwa vierhundert Dollar pro Monat selbst bezahlen. Irving Frumkin war bereit, seine Tochter ins Brunswick zu schicken. Obwohl es keinen Beweis dafür gab, daß ihr jemals in der Vergangenheit mit Megavitaminen hatte geholfen werden können, klammerte er sich an den Glauben, die Megavitamine im Brunswick würden Wunder wirken. Harriet Frumkin war ebenfalls mit Brunswick einverstanden, nachdem Sylvia ihr den Kopf in den Schoß gelegt und geweint hatte. Joyce Frumkin war dagegen und sagte dies ihren Eltern. Joyce hatte jahrelang Anteil an Sylvias Schicksal genommen. Sie selbst hatte in der Modebranche erfolgreich Karriere gemacht und konnte eine gutbezahlte und herausfordernde Position um die andere übernehmen, doch hatte sie eine Reihe von unglücklichen Liebesaffären hinter sich und mehrere Therapeuten aufgesucht, in der Hoffnung, ihre Probleme aufarbeiten zu können. Sie und die verschiedenen Therapeuten führten viele ihrer Probleme auf das familiäre Milieu zurück. Joyce neigte stark dazu, ihrem Vater die Schuld zuzuschieben, weil er sie als Kind einem so starken Leistungsdruck ausgesetzt hatte, doch mindestens einer ihrer Therapeuten war der Ansicht, Mr. Frumkin sei zwar nicht über jeden Tadel erhaben, doch habe Mrs. Frumkin eine weitaus schlimmere Rolle gespielt. Joyce glaubte, sei sei besser weggekommen als Sylvia, weil sie andere Gene habe, doch es war ihr klar, daß sie nicht ungeschoren davongekommen war. Sie wünschte sich, sie könnte mit sich selbst zufriedener sein. Sie wollte eine gute Ehe und Kinder haben. Während vieler Jahre hatte Joyce, jedesmal wenn es Sylvia wieder besser gegangen war, versucht, die Dinge zu tun, die ihrer Meinung nach Schwestern füreinander tun sollten – sie hatte Sylvia zum Beispiel Verabredungen mit jungen Männern verschafft –, doch jetzt glaubte sie nicht mehr daran, daß Sylvia geheilt werden könne und sie eines Tages eine Schwester haben würde, an die sie sich wenden könnte, wenn sie Probleme hätte. Joyce war davon überzeugt, daß ihre Eltern Sylvia nur deshalb ins Brunswick schicken wollten, weil es ihnen bei dem Gedanken, sie in einem schönen Krankenhaus statt in einer häßlichen Klinik zu wissen, wohler war, daß sie sich etwas vormachten und daß sie gutes Geld für eine schlechte Sache zum Fenster hinauswarfen.

Dr. Wentworth setzte Sylvia auf eine ganz bestimmte Diät, und sie nahm ab, aber trotz Neuroleptika, Elektroschocks und Megavitaminen besserte sich ihr Zustand während ihres Aufenthalts im Brunswick nur geringfügig. Sie litt an Depressionen und weinte viel, und sie war vom Gedanken an eine Wiedergeburt besessen. Während sie im Brunswick war, verspürte Irving Frumkin eines Abends plötzlich fürchterliche Magenschmerzen. Er wurde als Notfall ins Krankenhaus eingeliefert und mußte wegen eines aufgebrochenen Magengeschwürs operiert werden.

Da der dreimonatige Aufenthalt von Miss Frumkin im Brunswick seinem Ende entgegenging, redete ihr Sozialarbeiter mit ihr über die bevorstehende Entlassung. Er fand, ein Erwachsenenheim sei der geeignete Ort für sie. Die Frumkins fuhren mit ihr zu einem Erwachsenenheim namens Rockaway Manor, damit sie es sich ansehen konnte. Sie fand, es sei ein weitaus furchteinflößenderer Ort als das Creedmoor. »Von einem staatlichen Krankenhaus erwartet man, daß es schrecklich ist, aber draußen erwartet man doch, wie ein normaler Mensch behandelt zu werden«, sagte sie, nachdem sie die Empfangshalle des Rockaway Manor gesehen hatte. Mr. Frumkin wollte seine Tochter im Richmond Fellowship, einem Übergangswohnheim mit ausgezeichnetem

Ruf, unterbringen, doch die Warteliste war lang. Während Miss Frumkin sich noch im Brunswick befand, rief sie im ABMJ-Büro in Manhattan an. Sie unterhielt sich mit einem Mann namens Alan Goldsmith über ihre schlimme Lage, und er rief George Klopfer an, der für das ABMJ-Büro in Queens zuständig war. Klopfer begab sich ins Brunswick, um Miss Frumkin dort zu treffen, und kam gerade an, als ihre Eltern ihr ebenfalls einen Besuch abstatteten. Er war entsetzt über die Art und Weise, wie sie ihre Eltern beschimpfte: Sie kam ihm halb wie ein Tier und halb wie ein menschliches Wesen vor, als sie ihre Eltern anschrie. Er befahl ihr, sich zu beruhigen, und sie wurde tatsächlich ruhig. Mr. Frumkin war seit seiner Operation blaß und mager. George Klopfer befürchtete, Sylvia treibe ihren Vater in den Tod, wenn sie mit ihren Eltern nach Hause gehe. Mr. Klopfer wohnte mit seiner Frau Nellie in einem Haus in Hollis, Queens, das dem ABMJ gehörte. Zwei Stockwerke des Hauses wurden als Büros und für Bibelunterricht benutzt; die Klopfers wohnten zusammen mit einem erwachsenen Sohn und zwei jüngeren Töchtern im dritten Stock. Sie boten an, Sylvia bei sich aufzunehmen. Wie Benjamin Wilder vertraten auch sie die Ansicht, das, was sie brauche, sei ein geordnetes Milieu, und sie könnten es ihr geben. Im Gegensatz zu Benjamin Wilder glaubten sie, Sylvia sei von Dämonen besessen – eine Vorstellung von Geisteskrankheiten, die eher ins fünfzehnte als ins zwanzigste Jahrhundert gehört. Die Klopfers wußten, daß es mit Sylvia zu entsetzlichen Auseinandersetzungen kommen werde, aber sie waren davon überzeugt, die Oberhand zu behalten. Nellie Klopfer war staatlich geprüfte Krankenschwester gewesen, und die Klopfers hatten bereits einige Erfahrungen mit Geisteskranken. Sie sagten den Frumkins, Sylvia, die als junges Mädchen ja Kunst studiert habe, könne ihren Töchtern als Entgelt für Unterkunft und Essen Zeichenunterricht erteilen. Sie erklärten sich damit einverstanden, ihr Megavitamine zu geben, obwohl sie weder an Vitamine noch an irgendwelche Medikamente glaubten. Sie glaubten an die Macht Jesu Christi, die die Macht Satans überwindet.

Im Dezember, gerade nachdem Sylvia bei ihnen eingezogen war, glaubten die Klopfers ein oder zwei Wochen lang, daß ihre Behandlungsmethode erfolgreich sei. Sylvia murmelte viel vor sich hin. Jedesmal, wenn sie dies tat, intonierte George Klopfer folgenden Text: »Sylvia, im Namen Jesu trete ich wider diese Mächte an, die dich zum Murmeln verleiten, und ich verlange beim Blut des Lamms, daß du mit Murmeln aufhörst.« Dann redete sie deutlich. Sylvia war auch faul. Sie wollte ihr Zimmer nicht reinigen; an einigen Tagen kam es vor, daß sie gar nicht aufstand. An ihren faulen Tagen rezitierte Mr. Klopfer den folgenden Text: »Im Blut des Lamms ist Macht, im Blut des Lamms ist Macht, im kostbaren Blut des Lamms ist wunderwirkende Macht. Im Namen Jesu trete ich wider diese Mächte an und verlange beim Blut des Lamms, daß du dich jetzt ankleidest. Gott, Allmächtiger, wir überwinden diese Symptome.« Sylvia rührte sich nicht.

Sylvia forderte die Klopfers oft heraus. Sie sagten ihr, sie solle im Neuen Testament die Evangelien lesen; sie las das Buch Daniel. Sie sagten ihr, sie solle geistliche Musik am Radio einstellen; sie hörte die Hitparade. Sie war unfähig zu malen, und an die Erteilung von Zeichenunterricht war nicht mehr zu denken. Im Glauben, Sylvias Wille müsse gebrochen werden, kämpften die Klopfers unablässig mit ihr. Bald waren sie aber des Kämpfens überdrüssig. Sylvia ging spät zu Bett, und die Klopfers bekamen nicht genug Schlaf. Sie litten immer häufiger unter Kopfschmerzen. Eines Morgens, kurz vor Weihnachten, saßen die Klopfers beim Frühstück und flehten Gott an, er solle Sylvia aus ihrer Mitte entfernen, denn sie könnten den Kampf nicht länger führen. Sie glaubten, Sylvia werde sie und ihre Familie ruinieren. An jenem Abend rief George Klopfer die Frumkins an und sagte ihnen, sie hätten ihr Bestes getan, aber sie seien gescheitert, und er bringe Sylvia ins Creedmoor. Die Frumkins sagten ihm, sie würden im Creedmoor auf ihn warten. Sylvia, die sich bei den Klopfers in eine Aufregung hineingesteigert hatte, beruhigte sich, sobald sie das Gebäude, in dem die Nachtaufnahmen durchgeführt wurden, betrat. Während des Aufnahmegesprächs mit dem diensthabenden Arzt redete Sylvia vernünftig und sanft. Wie Mr. Klopfer und Harriet und Irving Frumkin später erzählten, zog Sylvia eine Show ab, die einer Sarah Bernhardt würdig gewesen wäre. »Der Arzt hielt uns einen Vortrag, bei dem wir das Gefühl bekamen, wir seien Monstren, weil wir eine junge, gesunde Frau in eine psychiatrische Klinik stecken wollten«, sagte Mr. Klopfer. Er und Nellie wollten nochmals einen Versuch machen, und sie nahmen Sylvia wieder zurück nach Hollis. Kurz nach Neujahr gingen die Klopfers mit Sylvia in den Ausverkauf. Während sie einkauften, verließ Sylvia den Laden. Sie erzählte zwei Polizisten, sie sei drogenabhängig und brauche Hilfe. Einige Stunden später wurde sie im Elmhurst aufgenommen. Sie verbrachte einen Monat im Elmhurst und wurde am 6. Februar 1976 ins Creedmoor überwiesen.

ACHTZEHN

Als Sylvia Frumkin zum sechsten Mal im Creedmoor aufgenommen wurde, war die Clearview-Einheit ins Gebäude N/4 verlegt worden, das 1932 eröffnet worden war. 1933 war das Dach vom N/4 undicht geworden, und das Gebäude war im Laufe der folgenden Jahrzehnte weiterhin vorzeitig gealtert. Beim Aufnahmegespräch gab Miss Frumkin auf die Frage nach ihrer Religion an, nichtgläubige Jüdin zu sein. Obwohl sie sich intensiv mit religiösen Fragen auseinandersetzte, lehnte sie es ab, ihre akustischen religiösen Halluzinationen mit dem Psychologen und dem Psychiater, von denen sie interviewt wurde, zu erörtern, weil sie »zu privat« seien. Miss Frumkins Krankheit wurde als Schizophrenie, chronisch, undifferenzierter Typus, diagnostiziert.

Der Psychiater, der Miss Frumkin in der Clearview-Einheit betreute, verordnete ihr eine Kombination von Melleril und Haldol. Er steigerte die Haldoldosis allmählich. Am 12. März verzichtete er aufs Melleril und erhöhte die Tagesdosis Haldol auf 50 Milligramm, dem Äquivalent von 2500 Milligramm Thorazin; für den Rest des Monats März und für den ganzen Monat April blieb es bei dieser Dosierung. Sylvias Zustand schien sich zu bessern. Im April besuchte sie eine geschützte Werkstatt und führte dort Werkbank-Montagearbeiten aus, wie zum Beispiel das Einpacken von Eßbestecken, Papierservietten und Gewürzen in Zellophanbeutel für Fluggesellschaften. Mitte April wurde sie an das Clearview-Motivationszentrum überwiesen, ein »Hotel« auf dem Creedmoor-Areal, das 1975 für Patienten eröffnet worden war, die nicht länger auf der geschlossenen Abteilung bleiben mußten. Im Mai senkte der für Sylvia zuständige Psychiater ihre Haldoldosis auf 40 Milligramm. Als ihr Zustand sich im Juni plötzlich verschlimmerte, steigerte er die Dosis wieder auf 50 Milligramm. Ihr Zustand verschlechterte sich weiterhin. Einige Wochen später mußte sie auf die geschlossene Abteilung zurückkehren; im Juli konnte sie die Werkstatt nicht mehr besuchen. Der Psychiater setzte die Haldoldosis weiterhin herauf – Ende

Juni auf 80 Milligramm, im Juli auf 110 Milligramm, Mitte August auf 150 Milligramm, Ende August auf 200 Milligramm und am 1. September auf 250 Milligramm. Bei dieser sehr hohen Dosis Haldol zeigte Sylvia erst einige Anzeichen von Besserung, doch am 19. September griff sie zahlreiche Angestellte an und weigerte sich zu essen. Am 22. September 1976 wog sie nur noch 49 Kilo und hatte seit Sommer 1974 insgesamt 40 Kilo abgenommen. Während ihrer Episoden akuter Psychose griff sie gewöhnlich Angestellte an und nahm auch zu. Am 23. September erhielt Miss Frumkin 300 Milligramm Haldol, das Äquivalent von 15000 Milligramm Thorazin. Sie hatte immer noch Wahnvorstellungen, Halluzinationen, Zustände der Verwirrtheit und war höchst unsicher auf den Beinen. Nachdem sie mehrere Male gestolpert und gestürzt war, senkte ihr Psychiater die Haldoldosis – auf 200 Milligramm am 13. Oktober, auf 150 Milligramm am 21. Oktober, auf 100 Milligramm am 15. November. Ihr Zustand blieb unverändert, doch fing sie wieder an zu essen und nahm rasch zu. Im Dezember las ein anderer Psychiater der Clearview-Einheit die Krankengeschichte von Miss Frumkins fünftem Aufenthalt im Creedmoor und erfuhr auf diese Weise, daß sich ihr Zustand mit 80 Milligramm Stelazine gebessert hatte und daß man sie hatte entlassen können. Am 9. Dezember setzte man deshalb das Haldol ab und verabreichte ihr statt dessen 40 Milligramm Stelazine; am 16. Dezember wurde die Dosis auf 60 Milligramm erhöht, am 13. Januar auf 80 Milligramm. Nachdem man sie auf Stelazine gesetzt hatte, besserte sich ihr Zustand beinahe sofort. Im Januar konnte sie das Clearview-Tageszentrum besuchen. Am 8. Februar 1977 – ein Jahr und zwei Tage nach ihrer sechsten Aufnahme ins Creedmoor – konnte sie wieder ins Clearview-Hotel umziehen. Im April 1977 besuchte sie wieder die geschützte Werkstatt und arbeitete stundenweise dort. Schließlich verließ sie das Tageszentrum und arbeitete voll in der Werkstatt.

Im Herbst 1976, als Miss Frumkins Zustand am schlimmsten gewesen war, war Dr. Werner auf sie aufmerksam geworden. Irving Frumkin hatte in einem Brief an Dr. Werner die unzumutbaren Bedingungen geschildert, die auf Sylvias Abteilung in der Clearview-Einheit herrschten. Aufgrund eines seiner Briefe, in dem er geschrieben hatte, er habe zwanzig Minuten lang an eine Außentür der Abteilung hämmern müssen, bevor man ihm geöffnet habe, wurden bei allen Außentüren der Abteilungen Klingeln angebracht. Dr. Werner fand, ein Psychiater müsse seinen Beruf auch praktisch ausüben, weshalb er jede Woche einige Stunden von seinen Verpflichtungen als Direktor abzwackte, um mit einigen Patienten Einzel-Therapiesitzungen abzuhalten. Miss Frumkin gehörte zu diesen Patienten. Sie ging einmal pro Woche zu Dr. Werner. Als Sylvia Dr. Werner mitteilte, sie wolle entlassen werden, doch ihre Eltern hätten unmißverständlich klargestellt, daß sie sie nicht zu Hause haben wollten, weshalb sie sich an einem Programm beteiligen wolle, das vor kurzem auf dem Creedmoor-Areal eingeführt worden war, bat Dr. Werner die Sozialarbeiterin des Clearview-Hotels, sie solle versuchen, Miss Frumkin einen Platz in diesem Programm, das heißt im Übergangswohnheim, zu verschaffen. Die Sozialarbeiterin fand, Miss Frumkin sei für eine Übersiedlung ins Übergangswohnheim noch nicht gesund genug, doch erledigte sie den umfassenden Papierkrieg, der für Miss Frumkins Entlassung aus dem Creedmoor und ihre Aufnahme ins Übergangswohnheim notwendig war. Es gibt nur wenige Sozialarbeiter, die es wagen würden, sich dem Direktor einer Klinik zu widersetzen.

Harriet Frumkin war ebenfalls dagegen, daß ihre Tochter im Frühling 1977 ins Übergangswohnheim gehen sollte. Auch sie glaubte nicht daran, daß Sylvia gesund genug sei. Sylvia war an mehreren Wochenenden nach Hause gekommen, aber es hatte immer Schwierigkeiten gegeben. Die Eintragungen auf dem Vordruck »Fortschritte«, die die Therapiehelferinnen im Clearview-Hotel über Miss Frumkin machten, ließen oft durchblicken, daß die Therapiehelferinnen es besser fänden, wenn man Miss Frumkin statt ins Übergangswohnheim zurück auf die Abteilung schicken würde. Am 10. Mai 1977 notierte eine Therapiehelferin:

»Die Körperpflege der Patientin sowie das Putzen ihres Zimmeranteils müssen immer noch überwacht werden. Ihre Kleidung und ihr Make-up sind Beispiele für ihre impulsiven, zwanghaften Entschlüsse; ihre angebliche Diät ebenfalls. Beispiele: Zu stark aufgetragenes und verschmiertes Make-up; schleicht im Speisesaal herum und ißt Nach-

tische, Salat etc. von andern Pat., ihre Kleider sind entweder zu eng, zu
kurz oder zu lang, der Schmuck ist unpassend usw. Je wilder ihr
Aufzug, desto glücklicher scheint sie zu sein. Wenn man sich Sylvia
nähert, nimmt sie einem dies meistens übel; gewöhnlich plappert sie
ununterbrochen. Es ist mir auch zu Ohren gekommen, daß Sylvia nur
eine Beziehung zu Ärzten und Autoritätspersonen herstellt.«

Am 14. Juni 1977 übersiedelte Sylvia Frumkin ins Übergangswohnheim.

Vom Clearview-Hotel zum Gebäude 20, einem ehemaligen
Personalhaus, das seit 1975 einige der Klienten der Phase 1 des
Übergangswohnheim-Programms beherbergt, muß man bloß
zwei Blocks weit die Avenue A entlanggehen, doch bedeutete es
Miss Frumkin viel, als man ihr sagte, sie dürfe zu Fuß dorthin
gehen. Sie besuchte weiterhin die geschützte Werkstatt, begab
sich immer noch zu den Therapiesitzungen bei Dr. Werner und
wohnte auf dem Klinikareal in einem Doppelzimmer; doch es
bestand ein Unterschied in der Tatsache, ob man im Hotel oder
im Übergangswohnheim wohnte, der andern Menschen zwar
geringfügig erscheinen mochte, für Miss Frumkin jedoch keineswegs geringfügig war. Im Übergangswohnheim besaß sie einen
Schlüssel zu ihrem Zimmer und durfte ihre Berater mit Vorna-
men anreden. Je älter Sylvia wurde, desto mehr ärgerte sie sich
über den Umstand, daß einige der Autoritätspersonen, denen sie
unterstand, jünger waren als sie (dies brachte ihr die Tatsache, wie
schnell die Zeit verfloß, noch stärker zum Bewußtsein) und daß
sie sie mit Mr. oder Mrs. oder Miss anreden mußte, während sie
sie einfach Sylvia nannten.

In der Phase 1 des Programms wurden den Klienten Berater
zugewiesen, die ihnen Fertigkeiten beibrachten, die sie nach einigen Monaten beim Übertritt in die Phase 2 (Wohnen unter enger
Überwachung in kleinen Apartments auf dem Areal der Klinik
oder in der Gemeinde, wo sie selbst einkaufen und selbst für sich
kochen mußten) und dann in die Phase 3 (Wohnen unter mini-
maler Aufsicht in Apartments in Queens, die vom Übergangswohnheim gemietet worden waren) gebrauchen konnten. Als
Miss Frumkin sich im Übergangswohnheim befand, wurde ihr
beigebracht, wie man eine Mahlzeit plant, die dazu notwendigen

Lebensmittel einkauft, das Essen kocht und hinterher die Küche aufräumt. Aus den Aufzeichnungen ihrer Berater ging hervor, daß sie zwar ganz gut kochte, aber nicht gern aufräumte und gewöhnlich ein Chaos in der Küche hinterließ. »Anweisungen sind nicht nötig – hingegen muß sie angetrieben werden«, schrieb ein Berater. Miss Frumkin, die in den vergangenen Monaten enorm zugenommen hatte, versuchte es für eine Weile mit den Weight Watchers, doch ließ sie sich schnell entmutigen und gab die Abmagerungskur auf. Ein anderer Berater machte Notizen über ihre Eßgewohnheiten und versuchte, eine Stoppuhr aufzutreiben, damit sie sehen konnte, wie schnell sie aß.

Einige Menschen – unter anderem Joyce Frumkin – erinnern sich daran, daß es im Sommer und Herbst 1977 einige Tage gab, an denen Sylvia »ziemlich normal« wirkte. Auch Dr. Werner hatte diesen Eindruck. Im Sommer 1977 beschloß Dr. Werner, Sylvias Medikamente niedriger zu dosieren. Im Juli sagte er ihr, sie solle die 80 Milligramm Stelazine an den Wochenenden nicht mehr nehmen. Im August senkte er die Dosis auf 70 Milligramm Stelazine täglich, fünf Tage in der Woche. Am 25. Oktober reduzierte er das Stelazine auf 50 Milligramm täglich, fünf Tage in der Woche, und schrieb in einem der Berichte, die er regelmäßig an das Übergangswohnheim schickte, daß Miss Frumkin beträchtliche Fortschritte mache, und zwar »nicht nur in bezug auf ihre Lebenstüchtigkeit, sondern auch in bezug auf die Fähigkeit, sich eine bezahlte Arbeit suchen zu können«, und daß er das Stelazine allmählich reduzieren werde, »da Miss Frumkin gegenwärtig keinerlei Anzeichen von gravierenden emotionalen Störungen aufweist«. Er schloß seinen Bericht mit der Bemerkung, er hoffe, sie werde »bald nur noch wenige oder keine Medikamente mehr brauchen«. Zwei Tage später schrieb die Aufseherin der geschützten Werkstatt einen Kurzbericht, in dem stand, daß Miss Frumkin immer noch ausgezeichnet arbeite. Sie fügte aber hinzu: »Ich finde sie äußerst verkrampft und in sich selbst zurückgezogen. Ihre Arbeitszeiten sind kurz, und sie sagt immer wieder, sie könne sich nicht konzentrieren, und bittet dann, gehen zu dürfen«.

Irving Frumkin kam mehrere Male pro Woche ins Übergangsheim, um gemeinsam mit Sylvia Mittag zu essen. Er brachte sie auch zu Dr. Luis Santiago, einem Psychiater eines

Gemeindezentrums für medizinische Dienste auf Long Island. Dr. Santiago experimentierte mit Anafranil, einem trizyklischen Antidepressivum, das in den Vereinigten Staaten noch nicht auf dem Markt ist. Er führte eine Serie aufwendiger Tests mit Miss Frumkin durch – Blutproben, Urinproben und Haartests. Er interviewte sie und sagte dann zu ihrem Vater: »Mr. Frumkin, ihre Tochter ist nicht schizophren. Sie ist zwangsneurotisch.« Zur selben Zeit, als Dr. Werner Miss Frumkins Stelazinedosis schrittweise reduzierte (im Januar 1978 hatte er sie schließlich auf 40 Milligramm täglich, fünf Tage in der Woche, gesenkt), verordnete Dr. Santiago ihr 50 Milligramm Anafranil täglich sowie Megavitamine. Sylvias Zustand fing an, sich zu verschlechtern. Ihren Beratern im Übergangswohnheim fiel die Veränderung ihres Zustands auf, kurz nachdem ihre Aufseherin in der Werkstatt darauf aufmerksam geworden war. Miss Frumkins Zimmer war schmutzig; sie sagte, sie könne ihre Kleider eine ganze Woche lang nicht waschen, weil sie kein Geld habe (sie hatte alles für Essen ausgegeben); sie sagte, sie könne bloß zehn Minuten mit einem Berater verbringen, der eine volle Stunde mit ihr vorgesehen hatte, weil sie fernsehen müsse; sie versetzte einer Klientin des Übergangswohnheims einen Fußtritt und mußte zehn Dollar Buße bezahlen; sie schien sich intensiv mit dem Christentum auseinanderzusetzen. Eines Tages im Dezember 1977 sprach ein Berater des Übergangswohnheims mit Sylvia über ihre gesteigerte Nervosität und ihr verändertes Verhalten. Sylvia sagte, diese Veränderungen seien ihr nicht bewußt, und was auch immer den andern auffallen möge, es sei »nichts«. Der Berater hatte sich mit Dr. Werner unterhalten, der sich damit einverstanden erklärt hatte, Sylvia fünf Milligramm Stelazine zusätzlich zu verordnen, die sie morgens nehmen sollte. Im Übergangswohnheim zögerte man Miss Frumkins Übertritt in die Phase 2 um einen Monat hinaus, doch Dr. Werner lag es sehr am Herzen, daß sie rasch weitermachte. Sie wurde am 30. Januar 1978 zur Phase 2 zugelassen.

Miss Frumkin bezog ein Apartment in einem andern Gebäude auf dem Creedmoor-Areal. Mit ihrer neuen Wohngenossin teilte sie das Schlafzimmer; und sie hatten ein Wohnzimmer, ein Badezimmer und eine Küche. Sie kamen nicht miteinander aus. Obwohl Miss Frumkin 1976, als sie in der Clearview-Einheit auf der geschlossenen Abteilung gewesen war, wieder zu rauchen angefangen hatte, hatte sie 1977, als es ihr besser ging, wieder damit aufgehört – und, wie immer, wenn sie selbst nicht rauchte, haßte sie es nun, wenn andere Leute rauchten. Ihre neue Zimmergenossin war Kettenraucherin. Sylvia zankte deswegen mit ihr, doch die Zimmergenossin hörte nicht auf und ärgerte Miss Frumkin zudem noch damit, daß sie Geschirr und Aschenbecher mit ein und demselben Schwamm abwusch. Miss Frumkin verärgerte ihre Mitbewohnerin, indem sie bis ein Uhr morgens aufblieb und im Schlafzimmer fernsah; ihre Zimmergenossin ging gern um halb zehn zu Bett. Am Abend des 5. Februar 1978 rief Miss Frumkin ihre Eltern an und sagte ihnen, sie habe eine Nikotinvergiftung. Kurz darauf fing sie an zu schreien. In den frühen Morgenstunden des 6. Februar brachte man sie ins Long Island Jewish-Hillside Medical Center, wo sie um Aufnahme bat und sich beklagte, daß sie außerordentlich Mühe habe, mit ihrer neuen Zimmergenossin auszukommen, die ununterbrochen rauche. Der Psychiater, der das Aufnahmegespräch führte, fand, sie sei akut psychotisch. Das Hillside-Krankenhaus war 1972, fünf Jahre, nachdem Miss Frumkin vier Monate im Hillside verbracht hatte, mit dem Long Island Jewish Medical Center zusammengelegt worden. 1978 verfügte das Hillside über einige geschlossene Abteilungen sowie über einige offene Pavillons, und die meisten Patienten blieben nur drei Monate – das heißt, bis die Krankenversicherung nicht mehr zahlte.

Der Psychopharmakologie-Experte, der Sylvia Frumkins Krankengeschichte später untersuchte, kommentierte die zwei Jahre vom 6. Februar 1976 (als Sylvia zum sechsten Mal ins Creedmoor kam) bis zum 6. Februar 1978 (als sie zum zweiten Mal ins Hillside kam). »Der Psychiater, der ihr in der Clearview-Einheit Haldol verordnete, war offenbar in ihrer ganzen psychiatrischen Laufbahn der erste, der bei der Verabreichung von Neuroleptika ein im wesentlichen vernünftiges Konzept befolgte«, sagte er. »Ich bin der Ansicht, man sollte sich für ein Präparat entscheiden, wenn man einen neuen Patienten übernimmt, und dann bei diesem Präparat bleiben. Dann sollte man allmählich die

Dosis erhöhen, bis von drei möglichen Situationen eine eintritt: Entweder fangen die Symptome an nachzulassen, oder es geschieht nichts, und in diesem Fall sollte man davon ausgehen, daß man es vermutlich mit einem jener wenigen Patienten zu tun hat, bei denen gewisse Neuroleptika keine Wirkung zeitigen, oder, drittens, die Nebenwirkungen sind nicht mehr zumutbar. Miss Frumkin mußte das Präparat zu lange nehmen, und als nichts geschah, wurde die Dosis zu stark erhöht, worauf die Nebenwirkungen unzumutbar wurden. Anfangs ging man vernünftig vor, doch dann wurde ein entscheidender Fehler begangen. Es scheint, als hätte niemand sich der Mühe unterziehen wollen, Miss Frumkins Krankengeschichte gründlich zu studieren. Eines der überraschendsten Dinge an Sylvia Frumkins Krankengeschichte ist, daß viele Psychiater – zumindest diejenigen, mit denen sie es zu tun hatte, und ich glaube nicht, daß ihr Fall in dieser Hinsicht außergewöhnlich ist – sich weder die Zeit nahmen noch die Mühe machen wollten, sich mit ihrer Krankengeschichte zu befassen. Keine Behandlung von all denjenigen, die man ihr im Lauf von dreizehn Jahren zukommen ließ, stand in irgendeinem logischen Zusammenhang zu der vorhergehenden Behandlung. Man gewinnt den Eindruck, daß die Psychiater wie zufällig ein Präparat aus einem Hut zauberten und ihr dann von dem, was sie zufällig herausgezogen hatten, eine zu niedrige Dosis verabreichten, oder daß sie den Inhalt des Huts auf ein Tablett leerten und ihr von diesem Potpourri eine zu niedrige Dosis verabreichten. Im Dezember 1976 geriet sie schließlich an einen Psychiater, der eine der wenigen intelligenten Maßnahmen, die in ihrem Fall ergriffen wurden, durchführte: Er sah sich nämlich ihre jüngste Krankengeschichte an, stellte fest, daß sie gut auf 80 Milligramm Stelazine reagiert hatte und dank dieser Dosis nach ihrem fünften Aufenthalt im Creedmoor hatte entlassen werden können, weshalb er diese Medikation erneut verordnete. Hat ein Medikament in einer bestimmten Dosierung einmal eine bestimmte Wirkung gezeigt, so muß dies nicht zwangsläufig immer der Fall sein, denn wir sind nicht stets derselbe Mensch, aber die Chancen, daß es wirken wird, stehen nicht schlecht, und ein Versuch lohnt sich. Der Psychiater konnte nicht wissen, daß Stelazine womöglich die Nebenwirkung der unwillkürlichen Beinmotorik auf der Gould

Farm verursacht hatte, denn was sich auf der Gould Farm ereignet hatte, stand nicht in Miss Frumkins Krankengeschichte vom Creedmoor. Wäre die Nebenwirkung, die auf der Gould Farm aufgetreten war, bekannt gewesen, und wäre man sicher gewesen, daß sie auf Stelazine zurückzuführen war, wäre es zweifellos ratsam gewesen zu experimentieren, bis man auf ein Neuroleptikum gestoßen wäre, auf das Miss Frumkin ebensogut angesprochen hätte wie auf Stelazine. Sie litt nicht unter derselben Nebenwirkung, als ihr 1976 und 1977 im Creedmoor Stelazine verabreicht wurde. Ein Neuroleptikum verursacht nicht immer dieselben Nebenwirkungen, wenn es zum zweiten Mal verordnet wird, was eine mögliche Erklärung für Miss Frumkins unterschiedliche Reaktion sein mag. Auf jeden Fall kann der Clearview-Psychiater, der gewissenhaft genug war, ihre frühere Krankengeschichte auf diesen Aspekt hin zu prüfen, nicht dafür verantwortlich gemacht werden.

Wäre ich jedoch der Psychiater gewesen, so hätte ich mich wahrscheinlich gefragt, ob ich Miss Frumkin nicht mehr als 80 Milligramm Stelazine verabreichen sollte. Aus ihrer Krankengeschichte, die auf ihre erste Hospitalisierung im Jahr 1964 zurückgeht, ist ersichtlich, daß Miss Frumkin im Gegensatz zu den meisten Patienten bedeutend weniger auf Medikamente anspricht. Auch wenn sie die optimale Dosis eines für sie optimalen Medikaments bekommen hätte, hätte Miss Frumkin 1976 wahrscheinlich mehrere Monate benötigt, um ihre psychotische Episode zu überwinden. Die vier Hauptsymptome einer akuten Psychose sind im allgemeinen: Agitiertheit, Halluzinationen, Wahnvorstellungen und Denkstörungen. Die Neuroleptika reduzieren die Symptome gewöhnlich in dieser Reihenfolge. Als erstes wird der Patient ruhiger. Bei höheren Dosen und längerer Behandlung verschwinden die Halluzinationen, dann die Wahnvorstellungen. Was allzuoft geschieht, insbesondere wenn der Patient nicht auf Neuroleptika anspricht, ist, daß man die Dosis gerade nur so lange erhöht, bis die Agitiertheit, die Halluzinationen und vielleicht noch die Wahnvorstellungen verschwinden. Aber die Denkstörung bleibt, und vielleicht auch Reste wahnhaften Denkens. Die Patienten werden gemäß allgemeiner Kriterien aus den Krankenhäusern entlassen, doch wegen der Restsymptome können sie draußen nicht adäquat funktionieren und müssen wieder eingewiesen werden.

Dr. Werner hätte Miss Frumkins Stelazinedosis niemals reduzieren dürfen, genau wie der Psychiater auf der Gould Farm ihre Dosierung nicht hätte herabsetzen dürfen, als Miss Frumkin auf eine Krise zusteuerte. Für sie waren der Weggang von der Gould Farm und der Übertritt in die einzelnen Programm-Phasen des Übergangswohnheims Zeiten echter Belastung. Es ist ein gravierender Fehler, wenn man die Dosis in Zeiten der Belastung reduziert, da der Patient pharmakologisch zusätzlich gegen die gesteigerte Belastung geschützt werden muß. Dr. Werner sorgte dafür, daß Miss Frumkin schließlich wieder hospitalisiert werden mußte, noch bevor sie zu einem andern Arzt ging, der eine falsche Diagnose stellte und ihr ein trizyklisches Antidepressivum verordnete, das oft bei Zwangsneurosen wirksam ist, aber nichts gegen die Symptome einer Schizophrenie auszurichten vermag. Ich kannte und mochte Bill Werner. Er war ein warmherziger Mensch, doch gab er sich wie so viele Psychiater einer Illusion hin. Er reduzierte Miss Frumkins Stelazinedosis aus demselben Grund, aus dem er die noch unrealistischere Vorstellung hegte, ihre Medikamente schließlich ganz absetzen zu können. Er glaubte, er könne sie heilen. Er lernte während des Medizinstudiums, daß Schizophrenie unheilbar ist, und das hätte er nicht vergessen sollen. Ein Patient mit der Krankengeschichte von Miss Frumkin mußte einfach dekompensieren, wenn man die Medikamente absetzte, und das ist der Grund, weshalb Miss Frumkin stets dekompensierte, wenn sie damit aufhörte, ihre Medikamente zu nehmen. Es erstaunt mich immer wieder, wie viele Psychiater sich unter typischen Geisteskrankheiten Störungen vorstellen, die heilbar sind, wo doch die meisten Krankheiten auf unserem Gebiet und auf andern medizinischen Gebieten nicht heilbar sind. Nehmen Sie irgendeinen Allgemeinpraktiker, und Sie werden feststellen, daß er es mit Störungen wie Herzkrankheiten, Arthritis und Diabetes zu tun hat – alles Krankheiten, die wie die Schizophrenie chronisch sind. Was man bei den meisten Krankheiten versucht, ist, sie unter Kontrolle zu halten. Man versucht nicht, sie zu heilen, weil man das nicht kann, ganz gewiß nicht mit den gegenwärtig zur Verfügung stehenden Therapien, obwohl wahrscheinlich eines Tages Heilmethoden entwickelt werden.«

Kurz nach ihrer Aufnahme ins Hillside am 6. Februar 1978 wurde Miss Frumkin Thorazin verordnet, das schließlich auf eine Tagesdosis von 2800 Milligramm erhöht wurde. Dazu wurden ihr im Hillside Lithium (bis zu 900 Milligramm täglich) und Stelazine (bis zu 90 Milligramm täglich) verabreicht, aber ihr Zustand besserte sich nur geringfügig. Als sich bei der Durchführung von Tests erhöhte Leberenzymwerte ergaben, wurden die Phenothiazine − Thorazin und Stelazine − abgesetzt, und als daraufhin ebenfalls keine Besserung eintrat, wurde auch das Lithium abgesetzt. Am 18. April wurde Miss Frumkin Moban verordnet, eines der neuesten der zwanzig in den Vereinigten Staaten gebräuchlichen Neuroleptika, ein Präparat, das im Vergleich zu den andern Neuroleptika eine ganz andere Molekularstruktur aufweist.

Während der ersten zwei Monate im Hillside blieb Miss Frumkin in einem psychotischen Zustand. Als Joyce Frumkin ihr einen Besuch abstattete, fand sie ihre Schwester auf einer Matratze sitzend und betend vor. Miss Frumkin hatte einen seltsamen Gesichtsausdruck und trug eine spitze Mütze mit einer Troddel auf dem Kopf, die sie selbst angefertigt hatte. Andere Besucher erinnern sich daran, daß sie auf Tische stieg und tanzte, ihre Brille in einem Wutanfall zertrümmerte und einen so starken Rededrang hatte − so schnell und frenetisch redete −, daß sie sich immer wieder unterbrechen mußte, weil ihr die Luft ausgegangen war. Im Mai fingen ihre Halluzinationen (die primär religiöser Natur waren) und ihr bizarres Verhalten an nachzulassen. Sie war in der Lage, sich an einigen der zahlreichen im Hillside angebotenen Aktivitäten zu beteiligen; das Hillside weist einen zehnmal höheren Personalschlüssel als das Creedmoor auf. Nach Ablauf von neunzig Tagen beschloß der für ihren Fall zuständige Psychiater jedoch, sie sei nicht gesund genug, um ins Übergangsheim zurückkehren zu können, und müsse weiterhin hospitalisiert werden. Sie wurde ins Creedmoor überwiesen. Sobald Hermine Plotnick, die seit 1974 Leiterin der Clearview-Einheit ist, feststellte, daß Miss Frumkin sich wieder auf ihrer Einheit befand, sagte sie: »Der einundneunzigste Tag ist immer Creedmoor.«

Miss Frumkins siebenter Aufenthalt im Creedmoor dauerte vom 9. Mai 1978 bis zum 31. Mai 1978. Sie wurde mit Moban behandelt, und obwohl man feststellte, daß sie sich intensiv mit Religion befaßte, war sie freundlich und kooperativ. Am 31. Mai wurde sie für die Phase 1 ins Übergangswohnheim zurückgeschickt. Nach ihrer Rückkehr ins Übergangswohnheim beteiligte sie sich an einem in der Tagesklinik im Hillside durchgeführten Programm. Sie nahm an einer Musikgruppe, einer Beschäftigungstherapiegruppe und einer Frauengruppe teil. Da Sylvia sich so stark mit dem Christentum auseinandersetzte, verließ sie die Frauengruppe, weil sie die Dinge, die in der Gruppe gesagt wurden, als »sehr anstößig« empfand. Am 5. Juni fiel einem Berater im Übergangswohnheim auf, daß sie sich vorn am Kopf die Haare ausriß. Am 13. Juni hielt ein Berater schriftlich fest, daß sie nicht schlafen konnte, die ganze Nacht wach blieb und behauptete, sie sei nicht müde.

Am 16. Juni, kurz nach Mitternacht, stürzte sie im Badezimmer des Übergangswohnheims und zog sich eine Wunde am Kopf zu. Mehrere Stunden später wurde sie zum achten Mal ins Creedmoor eingewiesen. Kurz nach zwölf Uhr mittags befand sie sich in der Clearview-Einheit in einem Isolationsraum. Zwei Therapiehelferinnen, die Miss Frumkin seit vielen Jahren kannten, verließen das Gebäude durch einen Hintereingang, um sich zum Mittagessen zu begeben. Sie konnten Miss Frumkin schreien hören. Sie wußten, daß ihr siebenter Aufenthalt im Creedmoor ihr kürzester Aufenthalt gewesen war; sie wußten, daß das Intervall zwischen ihrer siebenten und ihrer achten Hospitalisierung im Creedmoor ebenfalls das kürzeste gewesen war. Sie waren traurig, daß Miss Frumkin nach bloß sechzehn Tagen wieder auf der Abteilung war.

»Kann man irgend etwas tun?« fragte die eine Frau die andere, als sie sich zu einem Feinkostladen in der Nähe begaben. Ihre Gefährtin schüttelte den Kopf und sagte dann mit trauriger Stimme: »Nur in der Vergangenheit.«

NEUNZEHN

Im Februar 1979, acht Monate nach ihrem Sturz und ihrer Wiedereinweisung ins Creedmoor, hatte Miss Frumkin plötzlich genug davon, im Creedmoor zu sein. Am 7. Februar, um drei Uhr morgens, hörte sie Stimmen. Eine der Stimmen war die Stimme Gottes. Er sagte ihr, sie solle die Klinik verlassen. Sie stand um sieben Uhr auf, zog die farblich aufeinander abgestimmten Kleider an, die ihre Eltern ihr im Dezember gekauft hatten, Rock, Bluse, Weste und Jacke, sowie ein Paar Stiefel und einen Wintermantel. Sie stopfte das fünfte zu dieser Ausstattung gehörende Kleidungsstück – eine Hose – in die Handtasche und verließ ihr Zimmer im »Hotel«. Sie holte ihre morgendliche Mobantablette ab, schluckte sie jedoch nicht; sie hatte vor einigen Tagen damit aufgehört, ihre Pillen zu nehmen. Dann trug sie sich in der Ausgehliste ein. Statt sich zum Frühstück in den Speisesaal in der Nähe des »Hotels« zu begeben, marschierte sie durch das dem »Hotel« am nächsten gelegene Kliniktor auf die Hillside Avenue hinaus und ging einige Blocks weit die Hillside Avenue entlang zu ihrer Bank. Sie hob zweihundert Dollar von ihrem Konto ab. Von der Bank ging sie zu einer Bushaltestelle und nahm einen Bus und dann die Untergrundbahn nach Manhattan. Sie verließ die Untergrundbahn beim Times Square und ging zu Fuß bis zum Busbahnhof Port Authority. Als sie eines Freitagabends im Dezember den ABMJ-Unterricht in Hollis besucht hatte, war sie zufällig Nellie und George Klopfer auf der Straße begegnet. Sie hatten Freunde besucht, die ganz in der Nähe des Zentrums wohnten. Die Klopfers hatten Miss Frumkin gesagt, sie hätten das ABMJ verlassen und wohnten nun in Middletown, einer Stadt im Orange County, New York. Sie leiteten dort ein Rehabilitationszentrum und standen einer kleinen Kirchgemeinde vor. Die Klopfers hatten Miss Frumkin ihre Adresse und Telefonnummer gegeben. In den frühen Morgenstunden des 7. Februar hatten Sylvia Frumkins Stimmen ihr gesagt, sie solle zu den Klopfers gehen. Sie ging zum Schalter der Buslinie, die nach Middletown fuhr, kaufte eine einfache Fahrkarte und erfuhr, daß der nächste Bus in anderthalb Stunden abfahre. Während dieser Wartezeit suchte sie einige Läden im Busbahnhof auf. Sie nahm einen Imbiß und kaufte sich einige Sachen: eine Häkelnadel und mehrere Stränge Garn (sie hatte die Absicht, eine Decke zu häkeln); eine Timex-Uhr, die sie sich schon immer gewünscht hatte, seitdem sie ihre letzte Uhr im Frühling 1978 verloren hatte, und eine riesige Einkaufstasche. Als sie den Bus bestieg, hatte sie noch hundert Dollar übrig. Nach einer angenehmen zweistündigen Fahrt durch die schneebedeckte Landschaft von New Jersey und New York kam sie in Middletown an. Der Bus hielt vor dem Busbahnhof. Miss Frumkin ging hinein und erkundigte sich nach dem Weg zu den Klopfers. Man sagte ihr, die Klopfers wohnten nicht weit weg, oben auf einem Hügel. Als sie am Fuß des Hügels ankam, war sie zu müde, um noch weiter durch den tiefen Schnee zu stapfen. Ihr Blick fiel auf ein Haus, sie klingelte und fragte die Frau, die ihr öffnete, ob sie ihr Telefon rasch benützen dürfe. Sie rief die Klopfers an. George Klopfer war überrascht, als er Miss Frumkins Stimme vernahm, und noch überraschter, als er erfuhr, wo sie sich befand. Er sagte ihr, er werde sie mit dem Wagen abholen; er fuhr sie zu sich nach Hause.

Sylvia verlangte den Klopfers unverzüglich das Versprechen ab, bis zum 9. oder 10. Februar niemandem zu sagen, wo sie sich aufhielt, so daß das Creedmoor sie entlassen müßte. Sie sagte ihnen, wenn sie ihre Eltern oder jemanden im Krankenhaus benachrichtigten, werde man sie holen und in die Klinik zurückbringen. Sie sagte, sie wolle lieber sterben als ins Creedmoor zurückkehren. Die Klopfers gerieten in einen Zwiespalt. Sie wußten, daß die Frumkins sich wegen Sylvia Sorgen machen würden, doch schien es ihr besser zu gehen als Ende 1975 und Anfang 1976. Sie sagte, dieses Mal sei sie entschlossen, »es zu schaffen«. Die Klopfers konnten ihren Wunsch, aus der Klinik entlassen zu werden, verstehen und erklärten sich damit einverstanden, sie aufzunehmen und für ein paar Tage niemandem etwas davon zu erzählen. Sie wiesen ihr ein Zimmer zu, und Sylvia gab ihnen ihre restlichen hundert Dollar. Am Abend des 9. Februar, kurz nachdem Miss Frumkin aus dem Creedmoor entlassen worden war, rief George Klopfer ihre Eltern an, um ihnen mitzuteilen, daß ihre Tochter gesund und munter sei. Als die Frumkins erfuhren, daß Sylvia sich seit dem 7. Februar in Middletown aufhielt, waren sie erst über die Klopfers erzürnt, weil sie es zugelassen hatten, daß sie sich zwei Tage lang wegen Sylvia hatten Sorgen machen müssen, doch waren sie erleichtert, zu erfahren, daß es ihr gutging. Obwohl die Frumkins die religiösen Ansichten der Klopfers nicht teilten – sie waren mit dem Judaismus zufrieden –, glaubten sie, daß die Klopfers es gut meinten, und waren ihnen dankbar dafür, daß sie Sylvia nach ihrer Entlassung aus dem Brunswick-Krankenhaus bei sich aufgenommen hatten. Auch wenn Sylvias letzter Aufenthalt bei den Klopfers nicht gerade erfolgreich gewesen war, so hatten die Klopfers sich doch sehr viel Mühe gegeben. Mrs. Frumkin mißbilligte die verschiedenen religiösen Gruppen, an die sich ihre Tochter gewandt hatte, und fand, es bestehe ein Zusammenhang zwischen einigen psychotischen Episoden Sylvias und ihren religiösen Vorstellungen oder dem, was Mrs. Frumkin als Suche nach Bestätigung durch eine Gruppe – irgendeine Gruppe – betrachtete, aber sie sagte, Sylvias geistiger Zustand sei ihr wichtiger als ihre Religion. »Es wäre mir lieber, eine gesunde Tochter zu haben, die wiedergeborene Christin ist, als eine geisteskranke jüdische Tochter«, sagte sie zu ihren Freunden. Sie war froh, daß Sylvia sich nicht mehr im Creedmoor und in der Stadt befand.

Miss Frumkin rief ihre Eltern am nächsten Morgen an. Sie wirkte sehr glücklich. Ihr Vater sagte ihr, er werde ihr ihre Medikamente schicken. Im Lauf der folgenden zehn Tage rief sie ihre Eltern mehrere Male an. Sie sagte, sie unternehme lange Spaziergänge, nehme ab, habe ihre Medikamente seit einer Weile nicht mehr genommen und fühle sich wohl dabei. Sie bat ihre Eltern, ihr doch einige Winterkleider zu schicken. Etwa eine Woche lang schien sich Sylvia bei den Klopfers wohlzufühlen und strengte sich an, mit ihnen und mit drei problematischen jungen Männern, die ebenfalls bei ihnen wohnten, gut auszukommen. Miss Frumkin half George Klopfer, indem sie ihm einige Schreib- und Ablegearbeiten abnahm. Sie besuchte zusammen mit den andern den Bibelunterricht, den sie in Heimen rund um Middletown erteilten. Sie aß vernünftig. Nach einer Woche war Sylvia weniger kooperativ. Sie hielt zwar ihre Diät während der Mahlzeiten ein, versorgte sich jedoch zwischendurch mit Eßwaren aus dem

Kühlschrank. Sie räumte auch ihr Zimmer nicht mehr auf. Sie wollte nicht mehr tippen oder sonst irgendwelche Arbeiten erledigen. Als George Klopfer sie am Samstag, dem 17. Februar, bat, ihm Holz hacken zu helfen, um einen Ofen anzufeuern, mit dem das Haus geheizt wurde, sagte sie, sie arbeite nicht am Sabbat. Die Klopfers ärgerten sich über sie, weil sie immer dann, wenn es ihr gerade paßte, für sich in Anspruch nahm, Jüdin zu sein. Sie veranstaltete ein solches Hin und Her zwischen dem Christentum und dem Judaismus, daß die Klopfers Zweifel daran hegten, ob sie eine wiedergeborene Christin sei. Am Samstag, dem 24. Februar, weigerte sie sich erneut, am Sabbat zu arbeiten. Als George ihr sagte, ihr Zimmer sei ein Schweinestall, und sie aufforderte, es sofort einer Säuberungsaktion zu unterziehen, schrie sie ihn an. Die Klopfers erklärten ihr, daß man in einer kleinen Gemeinschaft wie der ihrigen von jedem einzelnen erwarte, daß er seinen Beitrag leiste. Sie legten ihr nahe, am Sonntag oder Montag abzureisen, da sie nicht zur Mithilfe bereit sei. »Als ich hierherkam, haben meine Stimmen mir gesagt, ich würde nur für kurze Zeit bleiben!« schrie sie. »Meine Stimmen haben mir eben mitgeteilt, ich werd' sogar noch weniger lang bleiben, als ich glaubte. Ich geh noch heute!« Sie stopfte ihre Habe in die Einkaufstasche. Mr. Klopfer erbot sich, sie zum Busbahnhof zu fahren, doch sie bestand darauf, zu Fuß zu gehen. »Ich geh hier weg, und ich geh allein«, sagte sie. Die Klopfers rechneten aus, daß Sylvias Essen und ihre Telefongespräche sie während ihres zweieinhalbwöchigen Aufenthalts auf sechsundsiebzig Dollar zu stehen gekommen seien. Sie gaben ihr vierundzwanzig Dollar zurück. Kurz nachdem Sylvia gegangen war, rief George Klopfer die Frumkins an, um ihnen mitzuteilen, es tue ihm leid, aber es habe mit Sylvias Aufenthalt bei ihnen nicht geklappt, und sie sei mit dem Bus weggefahren.

Die Frumkins waren enttäuscht. Bis dahin hatten sie geglaubt, es gehe Sylvia gut. Sie hatten ihren Freunden erzählt, daß ihr die frische Landluft gut bekomme und daß sie mindestens bis zum Frühling bei den Klopfers bleiben werde. Sie hatten gehofft, in Wirklichkeit werde alles so ablaufen. Mrs. Frumkin fragte Mr. Klopfer, ob die Wintersachen, die sie Sylvia geschickt hatte, angekommen seien. Als sie erfuhr, daß dies nicht der Fall war, bat sie ihn, das Paket zurückzuschicken, sobald es eintreffe. Dann riefen die Frumkins beim Polizeipräsidium der Stadt New York an, gaben eine Personenbeschreibung von Sylvia durch und baten die Polizei, einen Beamten zum nächsten Bus aus Middletown an den Port-Authority-Busbahnhof zu schicken. Zwei Polizisten warteten den nächsten Bus ab. Sylvia war nicht im Bus. Die Beamten befragten den Busfahrer, und er sagte ihnen, eine junge Frau, auf die die Beschreibung der Frumkins zutraf, sei ausgestiegen, als der Bus in Paramus, New Jersey, gehalten habe. Die Frumkins hatten keine Ahnung, was Sylvia wohl in New Jersey vorhatte. Zwei Tage verstrichen, bevor sie erfuhren, wo sie sich aufhielt.

Sylvias Stimmen hatten ihr erneut gesagt, wo sie hingehen solle, und sie hatte auch diesmal ihr Ziel für sich behalten. Sie hatte oft Sendungen von einer Rundfunkstation von New Jersey gehört, die vierundzwanzig Stunden am Tag Predigten und geistliche Musik ausstrahlte. Einer ihrer Lieblings-Rundfunkpfarrer war Charles Rizzo. Wenn Pfarrer Rizzo seine Sendung machte, gab er stets ein Postfach in Oradell, New Jersey, an, wohin man ihm schreiben konnte. Es regnete heftig in Paramus am Samstagnachmittag, aber Sylvias Stimmen hatten ihr gesagt, sie solle zu Rizzo gehen, und deshalb machte sie sich zu Fuß auf den Weg nach Oradell, das etwa anderthalb Kilometer von Paramus entfernt ist. Nachdem sie eine geraume Weile eine Straße entlangmarschiert war, entdeckten sie zwei Polizisten von einem Wagen aus und hielten sie an. Sylvia sagten ihnen, sie gehe nach Oradell, um dort einen Freund zu besuchen. Die Polizisten nahmen sie bis zu einem Restaurant in Oradell mit, wo Sylvia erfuhr, daß Rizzo Pastor der Church of the Nazarene im nahegelegenen New Milford sei. Sie rief dort an, und einer von Rizzos Mitarbeitern kam zum Restaurant und holte sie ab. Als sie in der Kirche ankam, bat sie Rizzo, eine Heilungszeremonie bei ihr vorzunehmen. Er sagte ihr, sie müsse zu diesem Zweck einen Termin mit ihm vereinbaren.

Ein Mitglied der Kirche fuhr sie ins Bergen Pines County Hospital in Paramus, ein allgemeines Krankenhaus mit einer psychiatrischen Abteilung. Sylvia wurde als Notfall am Samstagabend im Bergen Pines aufgenommen. Sie war sehr aufgeregt –

sie erinnerte sich später, daß sie, als man sie Rizzo vorgestellt hatte, geglaubt hatte, er sei Billy Joel, der Rocksänger. Sie erzählte einem Psychiater im Bergen Pines, sie wolle ins Christian Health Care Center, ein privates, gemeinnütziges psychiatrisches Krankenhaus in Wyckoff, New Jersey, dessen Name im Radio oft erwähnt worden war. Es wurde ihr gestattet, dort anzurufen, wo man ihr mitteilte, sie müsse fünfzig Dollar pro Tag bezahlen, und Medicaid, das heißt Zahlungen vom Gesundheitsdienst für Bedürftige, werde nicht akzeptiert. Sylvia beschloß, das Bergen Pines sei für den Augenblick gut genug für sie: Sie hatte sofort einen Psychiater sehen können; er und die vielen diensthabenden Krankenschwestern waren höflich zu ihr gewesen; das Essen war gut, und es waren nur vier Patienten in einem Zimmer. Sie weigerte sich am Samstag und am Sonntag, dem Krankenhaus ihren Namen bekanntzugeben. Als man ihr am Montag morgen sagte, sie könne nicht im Bergen Pines bleiben, weil sie für eine Hospitalisierung nicht krank genug sei, teilte sie dem Psychiater ihren Namen, die Adresse ihrer Eltern und ihre psychiatrische Krankengeschichte mit. Der Psychiater vom Bergen Pines rief beim Creedmoor an, wo man vorschlug, Miss Frumkin solle als freiwillige Patientin dorthin zurückkehren. Sylvia sagte, sie kehre unter keinen Umständen ins Creedmoor zurück. Sie wurde zu einer Sozialarbeiterin im Bergen Pines geschickt, die ihre Eltern anrief. Die Sozialarbeiterin teilte Mrs. Frumkin mit, daß ihre Tochter sich seit Samstag im Bergen Pines befinde, aber nicht länger dort bleiben könne. Um sechzehn Uhr müsse sie das Krankenhaus verlassen haben. Falls die Frumkins ihre Tochter nicht abholen könnten, werde man ihr einen Busfahrplan und genug Geld geben, damit sie nach Hause fahren könne.

Mrs. Frumkin sagte der Sozialarbeiterin, sie rufe in einigen Minuten zurück. Dann rief sie Hermine Plotnick an. Sie wußte, daß Mrs. Plotnick zwei Söhne hatte, und bat sie »von Mutter zu Mutter« um Hilfe. Sie erzählte ihr, was sich zugetragen hatte, und bat sie, nach New Jersey hinauszufahren, Sylvia abzuholen und ins Creedmoor zu bringen. Mrs. Plotnick erklärte Mrs. Frumkin ganz ruhig, daß sie als Angestellte des Creedmoor gegen das Gesetz verstoße, wenn sie Sylvia gegen ihren Willen ins Creedmoor zruückhole. »Wenn ich eine entlassene Patientin entgegen ihren Einwänden wieder ins Krankenhaus bringe, ist das eine Verletzung ihrer Rechte«, sagte Mrs. Plotnick. »Es käme einer Entführung gleich.« Mrs. Frumkin redete noch eine Weile und sagte, daß sie außer Joyce niemanden habe, an den sie sich wenden könne. Sie wisse, daß Joyce nichts mit Sylvia zu tun haben wolle, und es sei ihr klar, daß man Joyce nicht in diese Geschichte hineinziehen sollte. Daraufhin fragte sie Mrs. Plotnick, ob die Möglichkeit bestehe, daß zwei Psychiater vom Creedmoor ein Gutachten über Sylvia ausstellten, damit man sie wieder im Creedmoor aufnehme. Mrs. Plotnick erklärte ihr, daß kein Psychiater vom Creedmoor Sylvia in den letzten drei Wochen zu Gesicht bekommen habe und daß ein Psychiater vom Bergen Pines, der Sylvia heute gesehen habe, der Meinung gewesen sei, Sylvia müsse nicht hospitalisiert werden. Mrs. Frumkin verabschiedete sich von Mrs. Plotnick, rief Joyce im Geschäft an und bat sie, nach New Jersey zu fahren, Sylvia abzuholen und nach Hause zu bringen. Joyce Frumkin wußte, daß es für ihre Eltern nichts Schlimmeres geben konnte, als Sylvia zu Hause zu haben, aber es war ihr klar, daß es im Augenblick keine Alternative gab. Wenn sie Sylvia nicht abholte, so würden es ihre Eltern tun. Deshalb erklärte sie sich damit einverstanden, ihnen die Fahrt nach Paramus abzunehmen. Mrs. Frumkin rief die Sozialarbeiterin im Bergen Pines an und bat sie, doch dafür zu sorgen, daß Sylvia bis neunzehn Uhr im Krankenhaus bleiben könne, da dies der früheste Zeitpunkt sei, zu dem Joyce dort sein könne. Die Sozialarbeiterin sagte, neunzehn Uhr sei in Ordnung. Dann redete Mrs. Frumkin mit Sylvia und sagte ihr warnend, sie könne bloß zu Hause bleiben, wenn sie sich anständig benehme. Die Frumkins hatten die Hoffnung aufgegeben, ihre jüngste Tochter jemals davon überzeugen zu können, friedlich unter einem Dach mit ihnen zusammenzuleben, und wollten sich der Feuerprobe, von der sie wußten, daß sie ihnen bevorstand, nicht unterwerfen. Mrs. Frumkin wünschte sich oft, daß es, abgesehen vom Creedmoor und ihrem Zuhause, irgendwo auf der Welt einen Platz für ihre Tochter gäbe.

Joyce Frumkin traf kurz nach neunzehn Uhr im Bergen Pines County Hospital ein. Sylvia bestieg müde den Wagen ihrer Schwester. Als erstes erzählte sie Joyce, die Klopfers hätten sie vor die Tür gesetzt. Einige Minuten später sagte sie, sie hätten ihr gesagt, sie müsse gehen, wenn sie nicht wie die andern kräftig bei der Arbeit mitanpacken wolle, und sie beklagte sich, sie hätten sie geplagt. Dann sagte sie, das Bergen Pines sei genau die Art von Krankenhaus, wo sie hätte sein sollen, daß es wesentlich freundlicher als das Creedmoor sei.

»Sylvia, du bist im Gracie Square, im St. Vincent's, im Hillside und im Brunswick gewesen«, sagte Joyce. »Wieviel mehr nette Kliniken willst du noch ausprobieren?«

Sylvia warf ihrer Schwester einen wütenden Blick zu. »Plage mich nicht so wie die Klopfers«, sagte sie warnend zu Joyce, und dann stellte sie das Autoradio an. Sie fummelte am Frequenzwähler herum, bis sie die Station von Pfarrer Rizzo gefunden hatte, und dann hörte sie sich alle fünfzehn Minuten die Höllenfeuer-und-Verdammnis-Predigt von einem andern Geistlichen an. Von Zeit zu Zeit sagte sie »Amen« oder »Gepriesen sei der Herr« oder »Halleluja«. Manchmal redete sie laut und lachte vor sich hin.

»Was tust du?« fragte Joyce.

»Ich rede laut«, antwortete Sylvia defensiv.

Joyce wußte aus Erfahrung, daß Sylvia mit ihren Stimmen redete. Sie fand Sylvia überraschend ruhig, als sie über die George-Washington-Brücke auf die Cross-Bronx-Schnellstraße und über die Throgs-Neck-Brücke fuhren. Kaum hatten sie jedoch die Throgs-Neck-Brücke überquert, als Sylvia giftig wurde. »Bist du sicher, daß du mich nach Hause und nicht ins Creedmoor fährst?« fragte sie mehrere Male. Joyce war versucht, Sylvia auf direktem Weg ins Creedmoor zu bringen, in der Hoffnung, daß man ihre Schwester dabehalten werde, doch wagte sie es nicht. Sylvia sah sie so drohend an, daß Joyce keine Sekunde daran zweifelte, Sylvia werde auf sie einschlagen, wenn sie nach Süden in Richtung Creedmoor statt nach Westen in Richtung Beechhurst fahre. Während Joyce widerstrebend nach Westen fuhr, fragte sie Sylvia, weshalb sie aus dem Creedmoor davongerannt sei. Joyce rief ihr in Erinnerung, daß sie ja nicht auf der geschlossenen Abteilung, sondern im »Hotel« gewesen sei, das nicht so übel war, und daß sie auf ihre Entlassung hingearbeitet habe.

»Ich konnte es einfach nicht länger im Creedmoor aushalten«, sagte Sylvia. »Ich werde nun zu Hause wohnen und zu Dr. Logan Stemple in ein christliches Psychotherapiezentrum in Manhattan gehen.« Sie erzählte Joyce, sie habe vom Bergen Pines aus in der Praxis von Dr. Stemple angerufen. Er habe für die ganze Woche keinen einzigen Termin mehr frei gehabt, doch habe seine Sekretärin ihr einen Termin bei einem seiner Mitarbeiter für den nächsten Morgen gegeben. Sie sagte, sie habe 1975 zum ersten Mal von Dr. Stemple gehört und ihn seit damals immer wieder aufsuchen wollen, weil er Psychiater und wiedergeborener Christ sei. Sie sei davon überzeugt, er könne ihr helfen. Joyce fragte sie, wie sie Dr. Stemple denn zu bezahlen gedenke. Sylvia sagte, Dr. Stemple akzeptiere Medicaid, und sie melde sich, sobald sie zu Hause sei, bei Medicaid und stelle einen Antrag. Die erste Sitzung bei seinem Mitarbeiter, einem wiedergeborenen Christen und Psychologen, der keine Medicaid-Patienten übernehme, werde sie mit den vierunddreißig Dollar bezahlen, die sie noch auf ihrem Sparkonto habe.

Joyce und Sylvia Frumkin trafen um halb zehn Uhr abends im Haus ihrer Eltern ein. Sylvia ging ins Haus und begrüßte ihre Eltern ziemlich sachlich. »Ich habe Jesus gefunden, alles wird gut werden, und fragt mich nicht, was bei den Klopfers gewesen ist«, sagte sie. Ihre Mutter bemerkte ihre neue Einkaufstasche, sah, daß der Reißverschluß kaputt war, und fragte Sylvia, was die Tasche gekostet habe. Als Sylvia ihrer Mutter sagte, sie habe dafür fünfunddreißig Dollar bezahlt, sagte Mrs. Frumkin, Verkäufer würden Einfaltspinsel doch eine Meile gegen den Wind riechen. Sylvia hatte ihrer Mutter von ihrer neuen Timex-Uhr erzählt, als sie von den Klopfers aus zu Hause angerufen hatte. Mrs. Frumkin bemerkte, daß Sylvia die Uhr nicht am Handgelenk trug, und wollte wissen, wo sie war. Sie durchwühlten die Einkaufstasche; als sie die Uhr nicht fanden, wurden beide hysterisch. Sylvia erinnerte sich, daß sie ihre Uhr im Bergen Pines noch gehabt hatte, und sagte, sie habe sie wahrscheinlich im Krankenhaus liegenlassen. Mrs. Frumkin sagte, sie werde die Sozialarbeiterin am nächsten Tag anrufen. Dann machte sie Sylvia erneut darauf aufmerksam, daß sie nur so lange zu Hause wohnen könne, wie sie sich anständig benehme. Sylvia erwiderte, sie wolle sich Mühe geben und ihr Zimmer in Ordnung halten. Sie ging zu Bett.

Am Dienstag vormittag, dem 27. Februar, fuhr Irving Frumkin Sylvia zum Christlichen Psychotherapiezentrum in Manhattan. Sie fand den Psychologen sympathisch, wollte jedoch Dr. Stemple sehen. Der Psychologe war der Meinung, sie benötige ohnehin einen Psychiater, der ihr Medikamente verschreiben könne. Er konnte mit Dr. Stemple für die folgende Woche einen Termin für Sylvia vereinbaren. In den nächsten Wochen ging Sylvia Frumkin ein- bis zweimal pro Woche für eine dreiviertelstündige Sitzung zu Dr. Stemple. Sie erzählte ihren Eltern, er sei ein wunderbarer Arzt, denn er könne gut zuhören und habe ihr im Gegensatz zu so vielen andern Psychiatern, als sie ihm erzählt habe, sie höre Stimmen und sei von Dämonen besessen, nicht gesagt, sie sei verrückt. Sie habe auch das Gefühl, sie stehe mit Dr. Stemple in einer besonderen geistigen Beziehung; sie seien beide wiedergeboren worden und seien folglich »wie Bruder und Schwester in Christus«. Dr. Stemples Diagnose lautete: Schizophrenie, schizoaffektiver Typus – eine Störung, die er als Kombination von Schizophrenie und manischer Depression betrachtete. (Als ein Jahr später die dritte Auflage des *Diagnostischen und Statistischen Handbuchs psychischer Störungen* erschien, wurde die schizoaffektive Störung nicht mehr als Unterform der Schizophrenie aufgeführt. Es werden zudem keine Kriterien für die Diagnose dieses spezifischen Typus einer psychischen Störung genannt.) Nach der Meinung von Dr. Stemple war Sylvias Denkprozeß gestört, und ihre Stimmung schwankte zwischen tiefer Depression und stark gehobener Stimmung hin und her. Zuerst verschrieb er ihr eine kleine Dosis Trilafon, die er dann allmählich auf 32 Milligramm pro Tag erhöhte – was etwa dem Äquivalent von 320 Milligramm Thorazin entspricht. Er sagte ihr, Trilafon sei sein bevorzugtes Neuroleptikum, weil es kaum Nebenwirkungen erzeuge. Später gab er ihr Lithium und steigerte die Dosis langsam auf 1800 Milligramm pro Tag. Die Medikamente schienen Miss Frumkins Zustand nicht zu beeinflussen, denn sie sagte ihrer Mutter oft, sie »schwebe wie ein Drachen«. Mrs. Frumkin gab gelegentlich darauf zur Antwort: »Ich werde dir einen Sandsack als Ballast besorgen müssen.«

Einen Tag nach Sylvias Rückkehr brach im Haus der Frumkins Streit aus. Sylvia räumte ihr Zimmer nicht auf. Einige Tage später rief Mrs. Frumkin Joyce an und ärgerte sich, daß Sylvias Zimmer aussehe, als sei ein Tornado darüber hinweggefegt. Mrs. Frumkin nahm oft Zuflucht zu Analogien aus dem Bereich der Unwetterkatastrophen, um die Zimmer in ihrem Haus zu beschreiben. Kurz bevor Sylvia Anfang Februar aus dem Creedmoor davongerannt war, hatte sie beschlossen, sie wolle in einem bestimmten italienischen Restaurant in Queens Fettucine Alfredo essen gehen. Sie hatte ihren Plan, bevor sie zu den Klopfers ging, jedoch nicht verwirklichen können. Anfang März bestand sie darauf, zu Hause Fettucine Alfredo zu kochen. Butterstückchen landeten auf dem Küchenboden. Schmutzige Teller, Schüsseln, Töpfe und Pfannen stapelten sich im Abwaschbecken. Sylvia spülte nicht gern Geschirr. Mrs. Frumkin, die die Küche als ihre Privatdomäne betrachtete, sagte zu Sylvia, sie sei zu fett, um Fettucine Alfredo zu essen, und jagte sie aus der Küche. Sylvia rannte zur Küche hinaus mit einer Schüssel voll Nudeln mit Butter und Käse und warf sie im Wohnzimmer auf den Boden. »Meine Küche und mein Wohnzimmer sahen aus, als ob ein Zyklon sie heimgesucht hätte«, sagte Mrs. Frumkin an jenem Abend am Telefon zu Joyce.

Während ihrer ersten drei Wochen zu Hause verbrachte Sylvia Frumkin die meiste Zeit auf ihrem Zimmer. Sie verließ es nur, wenn sie sich zu Dr. Stemple begab, und bald kam es vor, daß sie die Sitzungen bei ihm in letzter Minute absagte. Sie saß stundenlang mit gekreuzten Beinen im Lotussitz auf dem Bett und kaute an den Fingernägeln, bis sie bluteten. Oft sah sie bis drei Uhr morgens fern oder hörte sich Sendungen von geistlichen Radiostationen an, und oft telefonierte sie mit den Geistlichen, denen sie zugehört hatte; die Telefonrechnung der Frumkins für den Monat März war entsprechend hoch. Sie weigerte sich, sich anzuziehen, und erschien mit nicht zugeknöpftem Nachthemd zu den Mahlzeiten. Ihr Vater erhob Einspruch gegen ihr »unanständiges Dekolleté«. Ihre Mutter erhob Einwände gegen die großen Portionen, die sie bei Tisch aß, und gegen ihre nächtlichen Raubzüge im Kühlschrank, besonders weil Sylvia Dinge aß, die Mr. Frumkin für sich selbst gekauft hatte – leichtverdauliche Nahrungsmittel für seine Schonkostgerichte wie Sauermilch, Frischkäse und Kaffeeaufheller. Nachdem sie einige Tage zu Hause verbracht hatte, fing Sylvia eine Abmagerungskur an. Sie hatte bei den Klopfers mehrere Pfund abgenommen und nahm zu Hause noch weitere neun Pfund ab, indem sie sich zwei Wochen lang mehr oder weniger strikt an eine 1200-Kalorien-Diät hielt. Während dieser Zeit kaute sie jeden Bissen achtundvierzigmal, bevor sie ihn hinunterschluckte. »Der Herr hat mir soviel Willen gegeben«, sagte sie eines Abends zu ihrer Mutter. Nach drei Wochen Abmagerungskur wog sie 77 Kilo. Dann war es mit ihrem Willen zu Ende. Sie fing wieder an, große Mengen kalorienreicher Nahrungsmittel zu verspeisen. Sie nahm nicht weiter ab.

Mitte März hatte Irving Frumkin genug davon, daß seine jüngste Tochter zu Hause wohnte. Ihre Trägheit, ihre Eßgewohnheiten und ihre unanständige Sprache gingen ihm auf die Nerven. Er drohte damit, er werde die Polizei anrufen und sie bitten, Sylvia wieder in die Klinik zu bringen. »Was willst du denn der Polizei sagen?« Sylvia gab höhnisch selbst eine Antwort: »Daß ich mein Zimmer nicht aufräume? Daß ich zuviel esse? Deswegen werden sie mich nicht einliefern.« Ende des Monats war Mr. Frumkin schließlich soweit, daß er sagte, es mache ihm nichts aus auszuziehen, wenn das die einzige Möglichkeit sei, Sylvia loszuwerden.

Der 2. April 1979 war Harriet und Irving Frumkins vierzigster Hochzeitstag. Mrs. Frumkin erinnert sich daran, daß sie und Irving am 2. April 1939 nach dem Hochzeitsempfang in einem Restaurant in Brooklyn mit einem Bus nach Washington gefahren waren, um dort kurze Flitterwochen zu verbringen, und daß sie, gerade als sie den Bus besteigen wollten, ihrem Ehemann gesagt hatte, sie möchte auf der Fahrt gern ein bißchen Schokolade essen. Irving war in den Busbahnhof hineingegangen. Mrs. Frumkin hatte sich vorgestellt, er sei in wenigen Minuten mit zwei Tafeln Schokolade wieder da. Zehn Minuten waren verstrichen, und der Busfahrer wollte grade losfahren, da sah Mrs. Frumkin ihren neuen Ehemann mit einem Päckchen unter dem Arm auf den Bus zurennen. Sie konnte den Busfahrer dazu überreden, auf ihn zu warten. Irving Frumkin war in den Bus gesprungen und hatte seiner Frau eine braune Papiertüte überreicht. In der Tüte war eine Schachtel mit einem Pfund Whitman's-Sampler-Pralinen. Mrs. Frumkin hatte die Schokolade genossen. Sie hatte auch die luxuriöse Pralinenschachtel schön gefunden. Nachdem die Flitterwochen um und die Pralinen aufgegessen waren, hatte sie die Schachtel aufbewahrt. Zum ersten Hochzeitstag hatte Irving Frumkin seiner Frau ein Päckchen mit den Worten überreicht: »Dies ist eine Erinnerung.« Jedes Jahr bekam Harriet Frumkin nun zum Hochzeitstag eine Schachtel Whitman's-Sampler-Pralinen.

Am 2. April 1979 ging Irving Frumkin zum Supermarkt. »Dies ist das erste Mal seit vierzig Jahren, daß ich dir keine Schachtel Whitman's-Sampler-Pralinen zum Hochzeitstag gekauft habe«, sagte er. »Das Leben in diesem Haus geht mir im Moment zu sehr auf die Nerven, ich hab's nicht geschafft, dir die Pralinen zu kaufen. Tut mir leid.«

Mrs. Frumkin tröstete ihn. »Mein Leben ist so bitter geworden, daß du mir schon eine ganze Süßwarenfabrik hättest bringen müssen, um es zu versüßen«, sagte sie. »Ich weiß, daß du am liebsten fortgingest. Wenn es nicht wegen meiner Kunststudenten wäre, ich würde sofort mitkommen.«

Joyce hatte ihren Eltern eine Karte und ein Geschenk zum Hochzeitstag geschickt. Sylvia gratulierte ihnen nicht einmal.

Mehrere Tage nach dem unglücklichen Hochzeitstag beschloß Sylvia, daß sie jeden Tag einige Stunden außer Haus verbringen wollte. Sie erhielt jeden Monat einen Scheck von der Sozialversicherung, die ihr eine Erwerbsunfähigkeitsrente auszahlte. Überdies hatte sie, wenn sie sich nicht in der Klinik befand, jeden Monat Anspruch auf eine Zahlung vom Sozialhilfeamt. Sie sagte ihren Eltern, sie werde sofort einen Antrag auf Sozialhilfe stellen, wies jedoch darauf hin, daß es einige Zeit dauere, bevor sie die Schecks bekomme, und bat sie, ihr in der Zwischenzeit mit fünf Dollar pro Tag auszuhelfen, damit sie etwas Taschengeld habe. Sie versprach ihren Eltern, ihnen das Geld zurückzuzahlen, sobald die Schecks eintrudeln würden. Mrs. Frumkin gab ihr das Geld; es war fünf Dollar pro Tag wert, Sylvia einige Stunden aus dem Haus zu haben. An manchen Tagen machte Sylvia sich auf die Suche nach einem Job; an andern Tagen besuchte sie einen McDonald's nach dem andern. Bei McDonald's wurde gerade ein Wettbewerb durchgeführt. Um den Hauptpreis zu gewinnen, mußten die Teilnehmer vier Spielmarken mit den Zahlen 1, 2, 3 und 4 erwerben. Jede Person, die über alle vier Marken verfügte, sollte fünfundzwanzigtausend Dollar erhalten. Sylvia konnte sich eine beträchtliche Anzahl Marken mit den Nummern 1 und 2 verschaffen. Schließlich war sie auch in den Besitz einer Spielmarke mit der Nummer 3 gelangt und war davon überzeugt, zu den Gewinnern zu zählen. Sie hoffte, auch noch eine Nummer 4 zu erwischen. Während mehrerer Wochen suchte sie verschiedene McDonald's-Restaurants in Queens auf, kaufte sich etwas zu essen oder zu trinken und verlangte eine Spielmarke. Dann fand sie heraus, daß sie in einen McDonald's gehen konnte, ohne irgend etwas zu verzehren, und daß man ihr eine Spielmarke gab, wenn sie darum bat. Da sie immer mehr von dem Wunsch besessen war, das Spiel zu gewinnen, fing sie an, in verschiedenen McDonald's von Tisch zu Tisch zu gehen und die Gäste zu fragen, ob sie ihre Spielmarke haben könne. Man forderte sie auf, das Restaurant zu verlassen. Sie verließ das Lokal ruhig. An manchen Tagen verbrauchte Sylvia den größten Teil ihres Taschengelds für den Bus, weil sie die McDonald's-Restaurants in ganz Queens aufsuchte.

An andern Tagen suchte sie Stellenvermittlungsagenturen auf. Sie fand, sie würde eigentlich gern irgendwo als Empfangsdame arbeiten und verfüge über die nötigen Qualifikationen. An manchen Tagen wirkte sie ziemlich ruhig, und die Agenturen schickten sie zu Vorstellungsgesprächen. Bis sie jedoch bei der betreffenden Firma ankam, war sie bereits wieder aufgedreht, redete zuviel und zu schnell und wurde abgelehnt. Dann fing sie an, Firmen, die Stelleninserate für Empfangsdamen in den Zeitungen veröffentlichten, direkt aufzusuchen, doch bot man ihr nie einen Posten an. Harriet Frumkin sagte, sie hoffe, ihre Tochter würde eine Stelle finden, glaube aber nicht daran. »Du willst eine Stelle bekommen? Ha!« sagte sie eines Morgens, als Sylvia das Haus verließ. »Als was denn – als fette Dame in einem Zirkus?«

Joyce Frumkin kam am 11. April 1979 für die Passah-Feiertage nach Hause. Mrs. Frumkin wünschte, daß das ganze Haus für das Fest geputzt wurde. »Mein Gott, dein Zimmer sieht aus, als sei ein Hurrikan darübergefegt«, hatte sie am 10. April zu Sylvia gesagt. »Mißbrauche den Namen des Herrn nicht!« hatte Sylvia sie angeschrien. Mrs. Frumkin hatte das Zimmer ihrer Tochter an jenem

Tag selbst geputzt, während Sylvia einkaufen gegangen war. Am 11. April hatte Mrs. Frumkin ein gutes Abendessen vorbereitet. Sie hatte Traubensaft statt Wein auf den Tisch gestellt, weil man ihr gesagt hatte, Menschen, die Neuroleptika einnähmen, sollten lieber keinen Alkohol trinken. Als das Seder-Essen bereit war, rief Mrs. Frumkin die Familie zu Tisch. Sylvia war nicht dazu zu bewegen, das Wohnzimmer zu verlassen, wo sie fernsah. »Ich will dein lausiges Essen nicht«, sagte sie zu ihrer Mutter. Joyce flehte ihre Mutter an, Sylvia einfach zu ignorieren. Sie war überzeugt, Sylvia würde der Vorstellung, daß alle andern beim Essen saßen, nicht widerstehen können und zu Tisch kommen. Mrs. Frumkin hörte nicht auf Joyce. Sie bat Sylvia, sich zu ihnen zu setzen. Schließlich gab Sylvia nach. »Na schön, dann komm ich eben«, sagte sie, als erweise sie ihrer Mutter damit einen großen Gefallen. Sie aß ziemlich viel und legte sehr schlechte Tischmanieren an den Tag. Dann fiel ihr plötzlich auf, daß kein Wein auf dem Tisch stand, und sie beschuldigte ihre Eltern der Gotteslästerung. »Wein gehört dazu; er ist das Blut Christi«, sagte sie.

Joyce hatte genug. Sie war bekümmert, weil sich der Gesundheitszustand ihrer Eltern verschlechtert hatte, seitdem Sylvia wieder zu Hause war: Die Magengeschwüre ihres Vaters machten sich bemerkbar, er nahm ab, und ihre Mutter hatte Schmerzen wegen ihrer Arthritis. »Glaubst du allen Ernstes, daß ich jedesmal, wenn ich ein Glas Beaujolais trinke, das Blut deines Herrn trinke?« fragte Joyce ihre Schwester. Sylvia nahm ein Glas Traubensaft und warf es nach ihrer Schwester. Joyce duckte sich. Der Traubensaft landete auf dem Eßzimmerboden. »Wenn du Jesus so sehr liebst, warum gehst du dann nicht an irgendeinen schönen Ort, weit weg von hier, und wirst Nonne?« schrie Joyce. Die Frumkins hatten absichtlich das traditionelle Seder-Gebet weggelassen, aus Angst, Sylvia werde eine Tirade zum Thema der wiedergeborenen Christen vom Stapel lassen. Nun, nachdem sie ihrer Familie mitgeteilt hatte, ihre Seelen seien verdammt, weil sie Christus nicht gefunden hatten, verließ Sylvia den Tisch.

Am nächsten Morgen blieb sie auf ihrem Zimmer, nahm das Mittagessen allein ein und ging am Nachmittag aus dem Haus. Spät am Abend rief sie zu Hause an. Sie sagte, sie habe bis auf das letzte Zehn-Cent-Stück alles Geld aufgebraucht und befinde sich in einem McDonald's in Bayside, Queens, einige Kilometer von Beechhurst entfernt. Mr. Frumkin hatte sich schon viele Male ans Steuer seines Wagens gesetzt, um Sylvia irgendwo abzuholen, wenn sie anrief und sagte, sie habe ihr Portemonnaie verloren oder die letzten fünfzig Cent für Essen ausgegeben. Diesmal fuhr Joyce los, um Sylvia abzuholen und ihrem Vater die Mühe zu ersparen.

Der 1. Mai 1979 war Harriet Frumkins einundsiebzigster Geburtstag. Der Tag fing damit an, daß Sylvia sagte: »Du bist meine Mutter, und ich sollte dich mehr als irgendeinen Menschen auf der Welt lieben, mit Ausnahme meines Ehemannes, wenn ich einen hätte, aber ich hasse dich.«

»Ich hoffe, daß dies mein letzter Geburtstag gewesen ist«, sagte Mrs. Frumkin zu Sylvia. Beinahe ebensooft, wie Sylvia sagte, sie wünsche, sie sei nie geboren worden, sagte Mrs. Frumkin, sie wünsche, sie sei tot.

»Dann stirb doch und spring in dein Grab«, antwortete Sylvia. »Du wirst ohnehin langsam senil. Du hast lange genug gelebt. Mach schon und stirb, und laß mich mein eigenes Leben leben.«

»Ich wünschte, ich könnte sterben, dann wäre ich dich und dein großes Maul endlich los«, sagte Mrs. Frumkin. »Danke für diesen netten Geburtstag.«

Sylvia schien dieses Gespräch nicht sonderlich beeindruckt zu haben, und bald darauf verließ sie das Haus, um sich um eine Stelle zu bewerben, wo sie hätte Häkelarbeiten anfertigen sollen. Als sie an jenem Nachmittag, immer noch stellenlos, wieder nach Hause kam, erteilte ihre Mutter gerade eine Kunstunterrichtsstunde in ihrem Studio im Dachgeschoß. Sylvia beschloß, sich einen Imbiß zu machen. Die Anweisungen auf einer Packung tiefgekühlter Kartoffel-Plätzchen, die sie in der Tiefkühltruhe gefunden hatte, besagten, daß die Plätzchen ohne Öl erhitzt werden sollten. Sylvia goß reichlich Öl über einige Reibekuchen und legte sie dann in eine Bratpfanne, die sie über eine große Gasflamme gestellt hatte. Ein Rauchmelder, der in der Küche angebracht war, schlug Alarm. Mrs. Frumkin hörte den Alarm und rannte in die Küche. Sie nahm die Bratpfanne vom Herd, schrie Sylvia an, beendete den Unterricht, putzte dann den verdreckten Herd und sagte dabei: »Methusalem war gegen mich ein Waisenknabe.« Sylvia entschuldigte sich nicht und gratulierte ihrer Mutter nicht zum Geburtstag. Als sie sich an jenem Abend auf ihr Zimmer begab, flüsterte sie Gebete vor sich hin, und auf ihrem Gesicht zeigte sich ein flüchtiges Lächeln.

Später am selben Abend machte Irving Frumkin einen Spaziergang. Er kam mit einem Päckchen nach Hause, das er seiner Frau überreichte. Als sie es öffnete, sah sie eine Schachtel Whitman's-Pralinen, die sie sonst immer zu ihrem Hochzeitstag geschenkt bekam. »Ich möchte, daß du zu deinem Geburtstag wenigstens ein Geschenk bekommst«, sagte er. »Es sind nun über zwei Monate, seit Sylvia wieder zu Hause ist. Ich weiß nicht, wie lange ich das alles noch aushalte.«

Mrs. Frumkin nickte. »Wenn das Creedmoor nicht so ein Alptraum wäre, hätte ich nichts dagegen, sie dorthin zurückzuschikken, und wenn sie ein klein bißchen verrückter wäre, als sie es jetzt ist, würde es ihr nichts ausmachen, aber es gibt Tage, da ist sie beinahe normal, und ich bringe es einfach nicht übers Herz.«

An Sylvias schlimmsten Tagen rief Mrs. Frumkin Dr. Stemple an. Gewöhnlich hatte er gerade einen Patienten, weshalb sie bei der Sekretärin die Nachricht hinterließ, sie halte es mit Sylvia nicht mehr aus, und ob Dr. Stemple bitte zurückrufen könne. Dr. Stemple reagierte oft nicht auf Mrs. Frumkins Telefonanrufe; die Angehörigen der andern Patienten riefen ihn nicht so häufig an. Eines Tages vereinbarte er jedoch mit den Frumkins und Joyce einen Termin, um sich mit ihnen über Sylvia zu unterhalten. Sie schilderten Sylvias Verhalten und fragten ihn, ob er irgend etwas tun könne, um es zu ändern. »Sie war psychotisch, als sie zu mir kam, und sie ist immer noch psychotisch«, sagte Dr. Stemple. »Ich bin nicht einmal sicher, ob sie das Trilafon nimmt, und ich möchte die Dosis nicht erhöhen. So wie es jetzt um sie steht, wird sie bald in einer Klinik landen, aber da sie so wild entschlossen ist, nicht wieder in eine Klinik zu gehen, bin ich bereit, weiterhin zu versuchen, ihr zu helfen.« Die Frumkins erkundigten sich bei Dr. Stemple nach den Sitzungen, die er mit ihr abgehalten hatte. »Sie bestreitet neunundneunzig Prozent des Gesprächs«, erzählte ihnen Dr. Stemple. »Sie stellt mir kaum jemals eine Frage, und ich kann höchstens dann ein Wort einwerfen, wenn die Sitzung bereits um ein paar Minuten überzogen ist und ich weiß, daß der nächste Patient auf mich wartet. Dann muß ich sie einfach unterbrechen und ihr sagen, daß es Zeit für sie ist, zu gehen.« Dr. Stemple sagte den Frumkins, er glaube, er könne Sylvia nur helfen, weil er die Terminologie der wiedergeborenen Christen verstehe, die sie gebrauche, und weil er an ihrem Leiden Anteil nehme. Als die Frumkins gingen, hatten sie einen guten Eindruck von Dr. Stemple. Er schien ein liebenswürdiger, gebildeter, feinfühliger Mensch mit guten Absichten zu sein.

Ende April hatte Sylvia Frumkin damit angefangen, sich an einem der ältesten und geschätztesten Rehabilitationsprogramme für ehemalige Psychiatriepatienten von New York City, dem Fountain House, zu beteiligen. Das Fountain House, eine gemeinnützige Gesellschaft, war Mitte der vierziger Jahre ins Leben gerufen worden, als eine Anzahl ehemaliger Patienten sich mit dem Ziel, einander bei der schwierigen Aufgabe des Übergangs vom Leben in der Klinik zum Leben in der Gemeinde beizustehen, in einer Gruppe zusammengeschlossen hatten. 1965 hatte die Gesellschaft ein modernes sechsstöckiges Gebäude an der West Fortyseventh Street errichtet. 1979 verwiesen viele staatliche Krankenhäuser und Kliniken ihre ehemaligen Patienten an das Fountain House, und die meisten wurden bald darauf zum Tagesprogramm zugelassen. Tagtäglich kamen etwa 350 Mitglieder zwischen 9.00 und 16.00 Uhr zum Fountain House, nahmen an Sitzungen teil und verrichteten die für den täglichen Betrieb des Speisesaals oder der Snackbar erforderlichen Arbeiten; sie arbeiteten in der Putzmannschaft, als Leiter für Ausflüge oder als Angestellte des Sekretariats, das die Ein- und Ausgänge registrierte, die Telefonzentrale bediente und im Vervielfältigungsverfahren eine Tageszeitung, die *Fountain House Today*, herausgab. Hunderte von weiteren Mitgliedern besuchten an den Abenden, Wochenenden und Feiertagen die geselligen Veranstaltungen, die im Fountain House stattfanden.

Viele Mitglieder, die im Tagesprogramm für berufliche Wiedereingliederung Fortschritte erzielten, beteiligten sich nach einigen Monaten am Programm für Überbrückungsjobs. Das Fountain House hat mit etwa vierzig Firmen von New York City – mit Banken, Werbeagenturen, Kaufhäusern, Restaurantketten – Vereinbarungen getroffen, wonach diese Firmen insgesamt 140

Stellen für berufliche Wiedereingliederung zur Verfügung stellen, wie zum Beispiel die folgenden Beschäftigungsmöglichkeiten: Preisschildchen auf Waren aufkleben, Kurierdienste und Arbeiten in Selbstbedienungsrestaurants. Ohne das berufliche Wiedereingliederungsprogramm des Fountain House wären zahlreiche ehemalige Psychiatriepatienten auf Dauer arbeitslos und finanziell von andern abhängig. Die Tatsache, daß etwa fünfundzwanzig Prozent der Menschen, die zum Fountain House kommen, bereits in der ersten Woche und fünfunddreißig Prozent innerhalb des ersten Monats aufgeben, stimmt die wenigen Mitarbeiter vom Fountain House traurig.

Das Fountain House gehörte zu jenen Dingen, die bei Sylvia Frumkin einen unmittelbaren Sturm der Begeisterung auslösten. Nachdem sie es einige Male aufgesucht hatte, um sich zu informieren, erzählte sie ihren Eltern Ende April, es sei ein wundervoller Ort. Sie war besonders begeistert, weil man im Speisesaal Sandwiches für fünfundzwanzig Cent, Kaffee für zehn Cent und Tee für fünf Cent bekam. Sie entschied sich dafür, im Sekretariat zu arbeiten. Sie hörte nicht auf ihren Berater, der ihr sagte, sie müsse mehrere Monate auf einen Überbrückungsjob und vielleicht noch länger auf einen Platz in einem der siebzig Apartments warten, die dem Fountain House gehörten. Anfang Mai schrieb sie mehrere Artikel für die *Fountain House Today*. In diesen Beiträgen äußerte sie ihre Unzufriedenheit über Wohnprogramme, an denen sie früher teilgenommen hatte und bei denen gemeinsames Kochen und Essen obligatorisch gewesen waren (»entschieden nicht meine Kragenweite«), sowie ihre Sehnsucht nach einem Fountain-House-Apartment, das einem die Möglichkeit bot, seine Einkäufe selbständig zu tätigen und das zu essen, worauf man Lust hatte. »Ich bin mein eigener Mensch – ich tu gern das, was ich will und wann ich will.«

Anfang Mai sprach Miss Frumkin etwa eine Woche lang positiv über Dr. Stemple und das Fountain House. Am 3. Mai hatte sie dem Fountain House ihren Scheck von der Sozialversicherung ausgehändigt und das Mitgliederbüro gebeten, ihr pro Tag bloß einige Dollars zu geben, damit das Geld für den ganzen Monat reiche – eine Dienstleistung, die das Fountain House für viele Mitglieder erbringt. Eines Nachmittags begegnete Joyce Sylvia zufällig in einem Laden. Joyce hatte noch kein Mittagessen gehabt und lud Sylvia ein, mit ihr in eine Imbißstube zu kommen. Die beiden Schwestern unterhielten sich freundschaftlich über das Fountain House und über Joyces Stelle als Abteilungsleiterin in einem Kaufhaus im Zentrum. An jenem Nachmittag konnte Joyce einige Stunden lang verstehen, weshalb ihre Mutter sich sträubte, Sylvia wieder ins Creedmoor zu schicken. Abends rief Sylvia Joyce an. Sie warf ihr vor, sie habe Cozy Carrot, einen orangefarbenen Stoffhund, der beiden gehört hatte, als sie klein waren, ins College mitgenommen und habe damit ihr Leben ruiniert. Dann hängte Sylvia ein.

Die Begeisterungsstürme von Miss Frumkin kamen in der Regel rasch auf, doch flauten sie noch rascher ab. In der zweiten Maiwoche war es bereits soweit, daß sie viele Termine bei Dr. Stemple nicht mehr einhielt und ihre Ansichten über das Fountain House sich ins Gegenteil verkehrt hatten. Das Verfassen von Artikeln für *Fountain House Today* sei eine Vergeudung ihrer journalistischen Talente, sagte sie, sie wolle lieber für *Glamour* schreiben. Sie beklagte sich darüber, daß die meisten Mitglieder vom Fountain House »Verrückte« und »Spinner« seien. Nach wenigen Tagen schrieb sie nicht mehr für die Fountain-House-Zeitung und zeigte sich nur noch selten im Sekretariat. Sie erwog, dem Fountain House den Rücken zu kehren und als ambulante Patientin in das Schreibmaschinen-Büro vom Creedmoor zurückzukehren. Sie ging nur noch ins Fountain House, um dort zu Mittag zu essen und ihr tägliches Taschengeld abzuholen und weil sie gern nach Manhattan fuhr, um einzukaufen.

Am 5. Mai 1979 wurde Sylvia Frumkin einunddreißig Jahre alt. Ihre Eltern, zwei Freunde der Familie und die Wilders – der Bruder ihrer Mutter und seine Frau – schenkten ihr Schecks zum Geburtstag. »Ich liebe Geld«, sagte Sylvia oft. »Geld ist das schönste Geschenk für mich.« Erst sagte Sylvia, sie werde ihre Gesamtbarschaft von achtzig Dollar, die sie zu ihrem Geburtstag bekommen hatte, für Tonbandkassetten mit geistlicher Musik ausgeben. Aber eigentlich wollte sie Kosmetika kaufen. Sie zögerte jedoch, weil sie das Gefühl hatte, das könnte zu »weltlich« sein, und dann kündigte sie ihren Eltern eines Morgens an: »Der Herr will, daß wir gut aussehen.« Eine Woche lang erkundigte sie sich in einem halben Dutzend Geschäften nach den Preisen für Kosmetika. In der folgenden Woche gab sie über fünfundsechzig Dollar für Gesichtscreme, Lippenstifte in den verschiedensten Farben, Wimperntusche, Augenbrauenstifte und Wangenrouge aus. Sylvia verbrachte Stunden damit, elegante Läden auf der Madison Avenue und der Fifty Avenue aufzusuchen. Anfang Mai kaufte sie zum Geburtstag von Joyce, der Ende September war, in einem Schokoladengeschäft an der Fifth-seventh Street eine winzige, teure Schachtel aus Papiermaché, die eine einzige Praline enthielt. Auf ihren verschiedenen Einkaufsbummeln verwöhnte sie sich selbst mit zahlreichen Eisbomben.

An manchen Tagen war Mrs. Frumkin froh, daß sie das Opfer brachte, Sylvia nicht ins Creedmoor zurückzuschicken, und sie sagte, sie sei im Begriff zu lernen, wie sie ihr Leben mit einer nervtötenden Tochter meistern könne. Sie erzählte einer Freundin voller Stolz, sie räume Sylvias wie vom Sturm verwüstetes Zimmer nicht auf, sondern schließe ganz einfach die Tür und tue so, als habe ihr Haus ein Zimmer weniger. Mrs. Frumkin war beinahe ebenso wetterwendisch wie Sylvia. So konnte sie zum Beispiel einer Freundin um fünf Uhr nachmittags erzählen, Sylvia gehöre nicht ins Creedmoor, während sie einer andern Freundin um sechs erzählte, sie glaube nicht, daß sie auch nur einen Tag überleben könne, wenn Sylvia zu Hause bleibe. Zwischen fünf und sechs hatte Sylvia womöglich einen Teller nach ihr geworfen (1979 waren Mrs. Frumkin gerade noch zwei Teller von ihrem einstigen Eßservice, das sie zur Hochzeit bekommen hatte, geblieben) oder sie hatte eine Stunde lang mit jemandem telefoniert, während Mrs. Frumkin das Telefon ebenfalls hatte benützen wollen, oder sie hatte angefangen, Englisch mit einem starken russischen Akzent zu reden, und wollte nicht mehr damit aufhören. An manchen Tagen kam Sylvia überraschend früh von ihrem Einkaufsbummel in Manhattan nach Hause, und ab und zu kam es dann vor, daß ihre Eltern nicht zu Hause waren. Dann mußte Sylvia bei einer Nachbarin auf ihre Eltern warten. Manchmal wütete sie gegen ihre Eltern, weil sie es »einer Frau über dreißig« nicht erlaubten, einen Schlüssel zum eigenen Haus zu haben.

Am Samstag, dem 12. Mai, einen Tag vor Muttertag, ging Sylvia früh aus dem Haus. Sie kam am Abend mit einer Schachtel unter dem Arm nach Hause, die sie ihrer Mutter überreichte. Mrs. Frumkin öffnete die Schachtel und sah eine riesige Eistorte. Auf dem Schokoladeneis stand in großen gelben Lettern: »Alles Gute zum Geburtstag, zum Hochzeitstag, zum Muttertag.« Da ihre Mutter die Kunst liebte, hatte Sylvia den Schriftzug mit Staffeleien, Pinseln und Paletten in verschiedensten Zuckerguß-farben umrahmen lassen. Mrs. Frumkin besah sich die Torte, die Sylvia ausgesucht hatte. »Das reicht für zehn Personen«, bemerkte sie. »Hättest du statt dessen nicht eine kleine Torte kaufen können und eine hübsche Karte, die ich hätte aufbewahren können?« Sie fragte Sylvia, wieviel die Torte gekostet habe. Als Sylvia zur Antwort gab, sie habe zehn Dollar gekostet, sagte ihre Mutter, sie habe zuviel Geld ausgegeben und sie solle herauszufinden versu-chen, weshalb ihre Sozialhilfe-Schecks immer noch nicht einge-troffen seien, so daß sie anfangen könne, das Geld, das ihre Eltern ihr geborgt hatten, zurückzuzahlen und für ihr Zimmer, ihr Essen und ihre Telefonanrufe einen Beitrag zu leisten. Der Kühl-schrank der Frumkins war nur mit einem kleinen Tiefkühlfach ausgestattet. Während Mrs. Frumkin alles, was sie im Tiefkühl-fach untergebracht hatte, einschließlich des Geburtstagsgeschenks Sylvias an ihre Schwester Joyce, herausnahm und die Eistorte hineinstellte, ärgerte sie sich noch immer über das viele Geld, das Sylvia ausgab.

Nachdem ihre Mutter ihrem Mißfallen eine halbe Stunde lang Luft gemacht hatte (»Joyce braucht diese Schokolade etwa so sehr, wie sie eine kranke Schwester braucht«), blickte Sylvia, der es Spaß gemacht hatte, das Muster für die Torte zu entwerfen, und die sich darauf gefreut hatte, sie ihrer Mutter zu überreichen, traurig drein. »Du freust dich nie über etwas, das ich dir schenke«, sagte sie. »Du hast an allem, was ich tue, etwas auszusetzen.«

»Und du verbringst zuviel Zeit im Eisladen«, antwortete Mrs. Frumkin. »Gestern hast du mir eine Flasche Sirup von dort mitgebracht. Ich mag Sirup genausosehr wie Arsen.«

Joyce Frumkin kam zum Muttertag nach Hause. Sie schenkte ihrer Mutter einen Gutschein für einen neuen Haarschnitt, für Haarefärben und Maniküre bei ihrem Friseur in Manhattan. Mrs. Frumkin sagte Joyce, ihr Friseur sei unerhört teuer, und es sei viel zu anstrengend für sie, nach Manhattan zu fahren. Dann erklärte sie sich damit einverstanden. »Du hast offensichtlich nur eine Tochter, wie ich sehe!« schrie Sylvia. »Ich bin bloß eine Bürgerin zweiter Klasse! Ich bin deine Stieftochter! Du hast mich nie geliebt!« Sie verfluchte ihre Mutter. Mrs. Frumkin antwortete, sie wünschte, sie wäre keine Mutter, dann würde man sie nicht anschreien. Sylvia ging auf ihr Zimmer und fing an zu packen. Es regnete stark. Mrs. Frumkin sagte: »Weshalb wartest du nicht, bis der Regen aufhört, bevor du davonrennst?« Sylvia ließ sich in ihrem Zimmer nieder, um fernzusehen, und blieb dort, bis Joyce nach Hause ging.

Mrs. Frumkin war es leid, immer hinter Sylvia herrennen und ihre Habseligkeiten einsammeln zu müssen. Sie hatte den Klopfers vor kurzem für den Betrag, den sie hatten auslegen müssen, um das Paket mit Sylvias Winterkleidern wieder zurückzuschikken, einen Scheck zukommen lassen. Sie hatte auch der Sozialarbeiterin vom Bergen Pines County Hospital einen Scheck geschickt, weil sie so liebenswürdig gewesen war, Sylvias Uhr und andere Dinge, die sie dort vergessen hatte, zurückzuschicken. Sie hatte eben zwei Dollar bei einem Schuster ausgegeben, um den Reißverschluß der viel zu teuren Einkaufstasche, die Sylvia gekauft hatte, reparieren zu lassen. Sie machte sich auch Gedanken darüber, wie Sylvia sich wohl am Tag ihrer Kunstausstellung benehmen werde. Sie befürchtete, Sylvia werde ihr vor den Studenten und deren Eltern eine Szene machen und ihr vorwerfen, daß sie ihre Ersatzkinder mehr liebe als sie, oder sie werde Schriften der wiedergeborenen Christen verteilen. Joyce erkundigte sich bei ihrer Mutter, ob nicht eine ihrer Freundinnen Sylvia am Tag der Kunstausstellung einladen könnte. »Die Ausstellung fällt auf einen Donnerstag«, sagte Mrs. Frumkin. »Da arbeiten meine Freundinnen, und du bist in Los Angeles. Es gibt sonst niemanden, der Sylvia einladen würde. Für deinen Vater ist sie Luft. Er geht in den Supermarkt, er unternimmt Spaziergänge, er liest seine Zeitung, und er redet laut mit den Gästen, die bei den Fernsehsendungen auftreten. Wenn wir uns unterhalten und das Telefon klingelt, nimmt er den Hörer ab und redet einfach fünf Minuten mit mir weiter, bevor er sich meldet.«

Kaum war Joyce gegangen, kam Sylvia aus ihrem Zimmer, bedrohte ihre Mutter mit einem Brotmesser, legte das Messer hin, schlug ihrer Mutter den Kopf mehrere Male gegen die Küchenwand, rannte wieder auf ihr Zimmer und schrie etwas über Jesus. »Wenn du bloß Jesus akzeptieren würdest, dann hätten wir Frieden und Eintracht in diesem Haus!« kreischte sie. »Dieses Haus ist voller böser Geister. Wenn ich abends zu Bett gehe, sehe ich Dämonen.«

Am Montag morgen, dem 14. Mai, stand Sylvia um halb sieben Uhr auf und verließ das Haus in der Absicht, nach Manhattan zu fahren. Nachdem sie gegangen war, stand Mrs. Frumkin auf. Ihr Kopf schmerzte immer noch. Sie ging in die Küche, wo sie einen Notizzettel und ein Traktat fand, die mit einem Magneten am Kühlschrank befestigt worden waren. »Bitte lies diese Schrift«, hatte Sylvia geschrieben. »Dies ist das Fleisch und Getränk meines Herrn. Es könnte unsere Beziehung retten.« Mrs. Frumkin warf einen Blick auf die Titelseite des Traktats der wiedergeborenen Christen und zerriß es ungelesen. Dann setzte sie sich an ihre Schreibmaschine und schrieb Sylvia einen Brief, der auszugsweise wie folgt lautete:

»Sylvia, Liebes, bitte lies dies & denk darüber nach. Danke, daß du uns mit deinem Fleisch und Getränk versorgst. Du kannst es ganz für dich haben, aber bitte hör auf, uns damit vollzustopfen. Es macht uns bloß zu Gegnern und trägt nichts dazu bei, unsere Beziehung zu verbessern. Ich sehe nicht, wie dieses ganze Getue um Jesus deine Wutanfälle, deine Temperamentsausbrüche, deine unanständige Sprache und deinen Haß auf deine eigene Familie gemildert haben soll. Es hat viel eher eine Karikatur aus der Liebe und Güte gemacht, die dein Jesus gepredigt hat. ›Liebet einander‹ – tust du das? Wenn das Fleisch und Getränk für den Körper und die Seele sein soll, weshalb stopfst du dann deinen einst lieblichen, geschmeidigen und anmutigen Körper dauernd voll, und weshalb ruinierst und besudelst du deinen einst schönen, samtweichen Teint? Warum? Nicht nur, daß du das ›Liebet einander‹ nicht befolgst, sondern du haßt auch noch dich selbst. Setz dich mal ruhig hin und denk darüber nach, wie du auf andere Menschen wirkst und wie du diejenigen, die dich lieben, mißhandelst.«

Mrs. Frumkin legte den Brief auf Sylvias Schreibtisch. Als Sylvia nach Hause kam, ging sie auf ihr Zimmer. Beim Abendessen erwähnte sie den Brief nicht. Nach dem Abendessen ging sie wieder auf ihr Zimmer, und ihre Mutter konnte hören, wie sie laut in der Bibel las, betete und stundenlang einen religiösen Sender hörte.

Am Dienstag, dem 15. Mai, stand Sylvia früh auf und stritt mit ihrem Vater über das Chaos, das sie in der Küche angerichtet hatte, als sie sich das Frühstück zubereitet hatte – einen raffinierten Eisbecher aus Eiscreme, Schlagsahne und dem Sirup, den sie ihrer Mutter geschenkt hatte. Als Mrs. Frumkin aufstand und in Sylvias Zimmer ging, fand sie den Brief, den sie Sylvia am Montag geschrieben hatte, auf dem Schreibtisch. Sie warf ihn weg. Am Morgen des 16. Mai stritt sich Sylvia erneut mit ihrem Vater. Sie kam erst um Viertel nach eins am Morgen des 17. Mai wieder nach Hause. Ihr Vater war zu Bett gegangen. Ihre Mutter war aufgeblieben und hatte auf sie gewartet. Sie fragte Sylvia, wo sie gewesen sei. Sylvia sagte ihr, das gehe sie nichts an, aber sie sei mit einer Gruppe von wiedergeborenen Christen unterwegs gewesen und habe auf dem Times Square Traktate verteilt. Sie hoffe, sie hätten einige verirrte Seelen zum Christentum bekehrt und hätten einen aufregenden und fröhlichen Abend verbracht. Sie ging geradewegs ins Bett.

Um halb sieben war sie schon wieder auf. Sie hatte erneut Streit mit ihrem Vater, nachdem er ihr gesagt hatte, wie rücksichtslos es von ihr gewesen sei, ihre Mutter bis spät in die Nacht hinein warten und sich Sorgen machen zu lassen. Sylvia verließ wütend das Haus und ging zu einem christlichen Buchladen, von dem sie am Vorabend gehört hatte. Als sie vor dem Laden stand, war er geschlossen.

Sie hätte um neun Uhr im Fountain House sein sollen. Sie traf um zehn Uhr fünfundvierzig dort ein. Sie sah auf die Uhr und stellte fest, daß sie unverzüglich wieder gehen mußte, weil sie um elf Uhr einen Termin bei Dr. Stemple hatte. Sie machte sich zu Fuß auf den Weg. Sie wollte ihn unbedingt sehen, um ihm mitzuteilen, daß sie nach dem aufregenden Abend, wo sie am Times Square Zeugnis abgelegt hatte, ihre Medikamente nun nicht mehr nehme. Als sie eiligen Schritts zwei Blocks weit zu Fuß gegangen war, stellte sie fest, daß es bereits nach elf war und daß sie viel zu spät bei Dr. Stemple eintreffen würde. Sie rief Dr. Stemples Praxis von einer Fernsprechzelle aus an und sagte der Sekretärin, sie komme mindestens eine halbe Stunde zu spät.

Die Sekretärin sagte, Dr. Stemple habe einen anderen Patienten für elf Uhr fünfundvierzig bestellt, und gab ihr für den folgenden Vormittag einen neuen Termin. Nur wenige von Dr. Stemples Patienten sagten so viele Sitzungen ab wie Sylvia Frumkin – hätten sie es getan, sagte er zu Sylvia, hätte er seine Miete nicht mehr bezahlen können –, aber er hatte seiner Sekretärin gesagt, Sylvias Not sei größer als die seiner anderen Patienten, und als Christ betrachte er es als seine Pflicht, den Versuch zu machen, ihr zu helfen.

Miss Frumkin spazierte gemütlich zum Fountain House zurück, um ihr tägliches Taschengeld abzuholen und ihren Lunch einzunehmen – ein Truthahn-Sandwich für fünfundzwanzig Cent, zwei Schokoladepuddings und drei Becher Schokoladenmilch. Sie setzte sich zu einem Mann und einer Frau an einen Tisch und fing an, ihnen von Jesus zu erzählen. Die Frau verließ den Tisch eilends mit einer Entschuldigung. Der Mann blieb sitzen und sagte zu Miss Frumkin, er sei ebenfalls ein wiedergeborener Christ. Sie kramten beide ihr Neues Testament hervor und fingen an, laut zu lesen. Jeder lobte den Herrn, ohne sich um ein einziges Wort zu kümmern, das der andere sagte. Nach dem Mittagessen verließ Miss Frumkin das Fountain House. Als sie am Vorabend Traktate verteilt hatte, hatte sie von einem Programm in der Bronx gehört, das New Life for Girls, Neues Leben für Mädchen, genannt wurde. Man hatte ihr gesagt, ein Geistlicher, der sich am Programm beteilige, helfe auch wiedergeborenen Christen, die Probleme hätten, bei der Wohnungssuche. Am Muttertag war sich Miss Frumkin endgültig darüber klargeworden, daß sie es nicht länger aushalten würde, zu Hause zu wohnen. Am nächsten Morgen hatte man ihr im Fountain House zum fünfzigsten Mal gesagt, die Warteliste für die Apartments sei immer noch sehr lang. Als sie am Donnerstag nachmittag das Fountain House verließ, um sich in die Bronx zu begeben, war sie ordentlich gekleidet – Bluse, Rock und Jacke, drei der fünf Kleidungsstücke, die ihre Eltern ihr im Dezember gekauft hatten –, doch war sie so aufgeregt, daß ihr der Schaum vor dem Mund stand. Am Abend rief sie ihre Eltern an, um ihnen mitzuteilen, sie verbringe die Nacht in der Bronx bei einer jungen Frau, die am Programm »Neues Leben für Mädchen« teilnehme, und sie habe am nächsten Morgen einen Termin mit dem Geistlichen, der Mitglied des Programms sei.

Am Freitag morgen, dem 18. Mai, rief Miss Frumkin um elf Uhr in Dr. Stemples Büro an – sie hätte zu dieser Zeit bereits dort sein sollen –, um ihre Stunde abzusagen. Dr. Stemple kam ans Telefon. Sie sagte ihm, sie nehme keine Medikamente mehr, weil sie sie nicht mehr brauche. Er sagte ihr, es sei in Ordnung, wenn sie die Medikamente übers Wochenende nicht nehme, aber sie solle ihm versprechen, ihn Montag morgen anzurufen, um einen Termin mit ihm zu vereinbaren. »Ich liebe Sie als Schwester in Christus«, sagte er. »Gott segne Sie.« Dann nahm Sylvia die Untergrundbahn von der Bronx nach Manhattan und ging ins Fountain House, um ihr Geld abzuholen. Der 18. Mai war ihr letzter Tag im Fountain House; sie gehörte nun zu den fünfunddreißig Prozent der Mitglieder, die innerhalb des ersten Monats aufgeben. Am Freitag nachmittag rief sie zu Hause an, um mitzuteilen, daß sie vom Programm »Neues Leben für Mädchen« nicht aufgenommen worden sei. Der Geistliche und seine Mitarbeiter seien sehr nett gewesen, sagte sie, hätten ihr jedoch erklärt, daß es sich bei ihrem Programm um ein Programm für ehemalige Alkoholikerinnen, Drogensüchtige und Prostituierte und nicht für ehemalige Psychiatriepatientinnen handle. Sie sagte zu ihrer Mutter, sie habe noch sechs Dollar und zwei U-Bahntickets. Sie sagte, sie werde die sechs Dollar für ein Theaterstück ausgeben, das ein Schauspieler, der den wiedergeborenen Christen angehöre, um acht Uhr abends in der Manhattan Church of the Nazarene aufführe. Der Schauspieler sei ein ehemaliger Drogenhändler, Zuhälter und Priester des Satans, der mit neuem Leben erfüllt worden sei, seit er in den Schoß des Herrn zurückgefunden habe. Mrs. Frumkin fragte Sylvia, was mit ihrem Abendessen sei, da sie ja, wenn sie die Eintrittskarte gekauft habe, kein Geld mehr hätte. »Ich muß nichts essen«, sagte Sylvia. »Dies hier ist Nahrung und Getränk für mich. Dieser Mann ist bei den wiedergeborenen Christen sehr bekannt.« Ihre Mutter sagte, sie solle nicht zu spät nach Hause kommen. Sylvia beruhigte ihre Mutter, sie solle sich ihretwegen keine Sorgen machen. »Ich werde nicht allein sein«, sagte sie, »mein bester Freund, J.C., wird bei mir sein.«

Sylvia ging in die Manhattan Church of the Nazarene und

genoß die Darbietung des Schauspielers. Ihre Eltern blieben bis nach Mitternacht auf und warteten auf sie. Um halb eins ging Mr. Frumkin zu Bett. Seine Frau zog den Pyjama an. Einem Mann, der neben Sylvia gesessen hatte, war während der Vorstellung schlecht geworden; er schien Krampfanfälle zu haben. Sylvia fragte ihn, was mit ihm los sei. Er sagte, er habe Leberzirrhose. Sie fragte ihn, wo er wohne und wie er nach Hause kommen wolle. Er sagte, er habe ein Zimmer in der Bronx und fahre mit der U-Bahn nach Hause. Sie sagte ihm, sie werde ihn nach Hause bringen. Sie verließen die Kirche zusammen, und Sylvia winkte ein Taxi herbei. Der Mann gab dem Taxifahrer eine Adresse in der Bronx an. Nachdem er stolpernd aus dem Wagen gestiegen war, ließ sich Sylvia nach Queens bringen. Um halb zwei morgens klingelte sie an der Haustür.

Mrs. Frumkin öffnete in Pyjama und Hausschuhen. Sie war überrascht, Sylvia mit einem Fremden auf der Schwelle anzutreffen. Sylvia stellte den Mann als Taxifahrer vor und bat ihre Mutter, ihm die $ 17.50 zu bezahlen, die sie ihm schuldete. Mrs. Frumkin fragte sie, wie sie es geschafft habe, auf einen so hohen Betrag zu kommen. Sylvia erklärte, sie habe einen Mann, der an Leberzirrhose leide, von der Kirche bis zu seiner Wohnung in der Bronx mitgenommen. Mrs. Frumkin schrie ihre Tochter an, weil sie Geld an einen Mann verschwendet habe, der offensichtlich Alkoholiker war. Sie fragte Sylvia, wer der Mann gewesen sei. Sylvia sagte, sie kenne seinen Namen nicht. »Jesus sagte mir, ich solle ihn nach Hause bringen«, sagte sie.

»Du bist nicht die Heilsarmee, und du bist keine Missionarin, und du kannst auch nicht die Verantwortung für alle Betrunkenen der Welt übernehmen«, sagte ihre Mutter. »Du hättest ihn mit der U-Bahn nach Hause fahren lassen sollen.«

Sylvia meinte, sie habe Angst gehabt, der Mann könne unter einen Zug geraten, und bat sie, den Taxifahrer einfach zu bezahlen und ruhig zu sein. Mrs. Frumkin erklärte dem Taxifahrer, sie habe bloß sehr wenig Geld im Haus. Der Fahrer sagte, sie könne ihm einen Barscheck ausstellen. Mrs. Frumkin stellte einen Scheck über $ 17.50 aus. Der Taxifahrer ging.

Kaum war er weggefahren, schrie Mrs. Frumkin ihre Tochter wieder an. »Sylvia, wenn du hierbleiben willst, mußt du dich anders benehmen«, kreischte sie. »Zwei Tage lang bekommen wir dich nicht zu Gesicht, und dann, nachdem du deine letzten sechs Dollar ausgegeben hast, tauchst du mit einer Rechnung für siebzehn Dollar und fünfzig Cent auf. Mit welcher Art von Leuten verkehrst du eigentlich?«

»Mir reicht's!« schrie Sylvia. »Ich verlasse dieses Haus der Verdammnis. Hier wohnen lauter Dämonen. Ich verleugne dich!«

Mrs. Frumkin sah einen Ausdruck reinsten Hasses auf dem Gesicht ihrer Tochter. Sie wandte den Blick von Sylvia ab, schaute auf ihre Beine und sagte laut: »Sylvia, du hast keine Strümpfe an. Was ist mit den zwei Paar Strumpfhosen, die ich dir am Donnerstag gegeben habe? Du kannst doch nicht einfach mit nackten Beinen davonlaufen. Warte bis morgen früh!«

Sylvia ignorierte ihre Mutter, rannte auf ihr Zimmer, warf ein Kofferradio, ihr Tonbandgerät und einige andere Habseligkeiten in ihre Einkaufstasche und rannte aus dem Haus. Mrs. Frumkin warf sich einen Mantel über den Pyjama und raste ihrer Tochter hinterher. Sie rief ihr zu, sie solle nach Hause kommen. Sylvia rannte so schnell sie konnte. Als sie zurückblickte und sah, daß ihre Mutter sie verfolgte, schrie sie: »Mach, daß du nach Hause kommst! Ich komme nicht zurück!«

Mrs. Frumkin rannte zwei Blocks weit hinter ihrer Tochter her und rief ein oder zweimal gequält: »Bitte, laß mich nicht hinter dir herrennen!« Nachdem sie drei Blocks weit gerannt war, stürzte Mrs. Frumkin. Sie konnte nicht aufstehen. »Sylvia, bitte hilf mir«, rief sie.

»Geh nach Hause, und Jesus wird dir helfen!« schrie Sylvia zurück und rannte weiter. Mrs. Frumkin saß einige Minuten auf dem Gehsteig und stand dann mühselig auf. Sie konnte Sylvia nicht einmal mehr sehen. Es war zwei Uhr morgens, und die Straßen in der ruhigen Wohngegend der Frumkins waren menschenleer. Als sie nach Hause stolperte, hatte sie das Gefühl, nicht mehr sie selbst zu sein. Es ergab für sie keinen Sinn, um zwei Uhr nachts draußen zu sein – es kam selten vor, daß sie nach zwanzig Uhr das Haus noch verließ. Sie habe ein eigentümliches Gefühl des Unwirklichseins empfunden, wie sie einer Freundin am nächsten Tag erzählte, als befinde sie sich mitten in einem Alptraum. Irving Frumkin hörte seine Frau nach Hause kommen. Als sie

ihm erzählte, was geschehen war, erbot er sich, die Polizei anzurufen. Mrs. Frumkin meinte, das bringe nichts. Er legte sich
wieder schlafen. Mrs. Frumkin legte sich aufs Bett und weinte.

Sylvia Frumkin rannte nach dem Sturz ihrer Mutter noch eine
Weile weiter. Sie hörte die Stimme Gottes, die ihr sagte, sie solle
ins Long Island Jewish-Hillside Medical Center gehen. Nachdem
sie eine beträchtliche Strecke zurückgelegt hatte, kam sie zu einer
Bushaltestelle und wußte, daß sie von dort aus einen Bus ins
L.I.J.-Hillside nehmen konnte. Sie wartete lange auf den Bus. Es
war Samstag, der 19. Mai, 4.45 Uhr, als sie die Notfallstation des
L.I.J.-Hillside betrat. Sie teilte einer Krankenschwester, die als
erste mit ihr redete, ihren richtigen Namen und ihre richtige
Anschrift mit, beklagte sich, daß sie infolge eines Familienkrachs
unter Spannungszuständen leide, und sagte, Gott habe sie ins
Hillside geführt. Daraufhin wurde sie von einem Arzt kurz
untersucht, der gleichzeitig eine kurze psychiatrische Anamnese
machte. Miss Frumkin erzählte dem Arzt, sie sei seit über fünfzehn Jahren psychisch krank, sie habe vor drei Tagen aufgehört,
ihr Trilafon und ihr Lithium zu nehmen, weil sie geglaubt habe,
sie könne ohne Medikamente auskommen, und sie habe drei
Nächte lang nicht mehr geschlafen. Der Arzt hatte den Eindruck,
sie leide an chronischer Schizophrenie und befinde sich in einem
Zustand der Dekompensation. Er überwies sie an die diensthha-
bende Ärztin Dr. Margaret Ramirez, die seiner Diagnose zustimmte. Frau Dr. Ramirez fand Miss Frumkin wirr und hoch-
gradig agitiert und stellte einen starken Rededrang, eine Lockerung der Assoziationen sowie akustische Halluzinationen fest;
außerdem war Miss Frumkins akute Psychose derart ausgeprägt,
daß ihr Urteilsvermögen stark beeinträchtigt war. Frau Dr. Ramirez war der Meinung, Miss Frumkin müsse hospitalisiert und
auf einer geschlossenen Abteilung untergebracht werden, denn
sie gefährde sowohl sich selbst als auch andere. Um halb neun
Uhr morgens rief sie die Frumkins an. Mrs. Frumkin nahm den
Hörer ab. Sie hatte die ganze Nacht nicht geschlafen. Sie hatte bis
um acht Uhr auf dem Bett gelegen. Um neun sollte ein Kunststu-
dent kommen, und sie hatte sich eben angezogen und etwas
Make-up aufgetragen.

Frau Dr. Ramirez sagte, ihre Tochter befinde sich im L.I.J.-Hillside und müsse ihrer Meinung nach in eine geschlossene Abteilung eingewiesen werden. Mrs. Frumkin bat sie ohne zu zögern, Sylvia im Hillside aufzunehmen. Dr. Ramirez sagte, das könne sie nicht, denn für die Betten der geschlossenen Abteilung vom Hillside gebe es eine Warteliste. Mrs. Frumkin flehte die Ärztin an, sie solle Sylvia so lange auf einem Feldbett im Flur schlafen lassen, bis ein Bett auf einer geschlossenen Abteilung frei werde. Dr. Ramirez sagte, das sei nicht möglich. Als Mrs. Frumkin sie weiterhin anflehte, sagte sie, Mrs. Frumkin könne zwischen zwei Möglichkeiten wählen. Sofern sie der Meinung sei, sie könne mit ihrer Tochter zu Hause fertig werden, würde sie Sylvia nach Hause schicken, und Mrs. Frumkin könne sich dann nach einer ambulanten Behandlungsmöglichkeit für ihre Tochter umsehen, doch sie persönlich rate ihr von einer solchen Vorgehensweise ab. Sie, Frau Dr. Ramirez, könne aber auch im Creedmoor anrufen, um festzustellen, ob man Sylvia dorthin überweisen könne. Mrs. Frumkin sagte, sie glaube, es sei nicht vernünftig, wenn Sylvia nach Hause komme, weil sie wahrscheinlich gleich wieder davonrenne. Frau Dr. Ramirez sagte Mrs. Frumkin, sie werde im Creedmoor anrufen. Sie sprach mit Dr. Charles Ling, dem für das Wochenende zuständigen Arzt, der ihr sagte, sie solle Sylvia ins Gebäude N/4 schicken, wo er die Aufnahmeformalitäten mit ihr durchführen werde. Die Ambulanz für Miss Frumkin traf um neun Uhr fünfundvierzig im Hillside ein. Zehn Minuten später befand sie sich wieder auf der Abteilung 043, der Frauen-Abteilung der Clearview-Einheit für die Neuaufnahmen, wo sie am 16. Juni 1978 eingetreten und bis Dezember 1978 geblieben war.

Gemäß Dr. Lings Aufnahmenotizen war Miss Frumkin ruhelos und hyperkinetisch. Sie rede unablässig und gebe zu, Stimmen zu hören. Die Stimmen würden ihr dauernd etwas über »Gott und die Teufel« zuflüstern. Sie glaube, die Menschen auf der Straße würden sie verfolgen. Dr. Ling diagnostizierte Schizophrenie, chronischer und undifferenzierter Typus. Er rechtfertigte Miss Frumkins Hospitalisierung damit, daß sie eine Gefahr für sich selbst und für andere darstelle, und schrieb, sie müsse wegen ihrer akuten psychotischen Symptome fachmännisch betreut und behandelt werden, und zwar in einem Krankenhaus. Miss Frumkin erhob keine Einwände gegen die Hospitalisierung. Sie unterzeichnete einen Antrag auf freiwillige Einweisung. Zwei Tage später wurde sie noch einmal von Dr. Sun Ming Wong untersucht, von jenem Arzt, der am 16. Juni 1978 das Aufnahmegespräch mit ihr geführt und sie damals als manisch-depressiv, manischer Typus, diagnostiziert hatte. Am 21. Mai 1979 stellte er dieselbe Diagnose.

ZWANZIG

Viele der Therapiehelferinnen der Clearview-Einheit, die Miss Frumkin während ihres achten Aufenthalts im Creedmoor – vom 16. Juni 1978 bis zum 9. Februar 1979 – betreut hatten, betreuten sie auch wieder während ihres neunten Klinikaufenthalts, der am 19. Mai 1979 begann und bis in das Jahr 1980 hineinreichte. Sie hatten ein schreckliches Gefühl des Déjà-vu. Miss Frumkin kam im Mai 1979 in einem ebenso akut psychotischen Zustand auf die Abteilung wie im Juni 1978, doch der Verlauf ihres Aufenthalts war nach den verschiedenen Beurteilungskriterien eher schlimmer als vor einem Jahr.

Im Juni 1978 hatte sie nach ihrer Rückkehr auf die Clearview-Einheit in den ersten fünf Tagen 30 Stunden und in den ersten zwei Wochen 100 Stunden in einem abgeschlossenen Isolationsraum verbracht. 1979 verbrachte sie in den ersten fünf Tagen 100 Stunden und in den ersten zweieinhalb Wochen 200 Stunden im Isolationsraum. 1978 war sie extrem aggressiv gewesen. Ende Frühling und im Sommer 1979 griff sie noch mehr Patientinnen an als im Vorjahr, und auch sie mußte mehr Schläge, Bisse und Kratzwunden einstecken. Ab und zu wurde sie von denselben Patientinnen gebissen, die sie schon 1978 gebissen hatten: Barbara Herbert, die bereits 1978 Drehtürpatientin vom Creedmoor gewesen war, war auch 1979 Drehtürpatientin. Im August 1979 versetzte ein Patient Miss Frumkin einen Schlag und brach ihr die Nase; dies war ihr erster Knochenbruch, obwohl sie bereits einmal von einem Auto angefahren worden war, aus einem fahrenden Wagen gesprungen war und fünfzehn Jahre lang in psychiatrischen Anstalten gekämpft hatte. 1979 schikanierte sie das Pflegepersonal weitaus mehr als im Vorjahr. Sie versetzte einer Therapiehelferin mit einem Buch einen Schlag auf den Kopf, biß eine andere in die Hand und goß einer dritten Wasser über den Kopf. Sie verpaßte einer Therapiehelferin eine Ohrfeige, weil diese sich geweigert hatte, ihr die Schlüssel für die Plexiglasscheibe auszuhändigen, mit der das Fernsehgerät im Tagesraum vor der Zerstörungswut der Patienten geschützt wurde, und sie zerbrach die Brille einer andern Therapiehelferin. Sie spuckte mehreren Angestellten ins Gesicht, zerrte einige Krankenschwestern an den Haaren und versetzte einem Leiter des Behandlungsteams einen Stoß, so daß er quer durch den Flur schlitterte. Sie schlug auf Therapiehelferinnen, Angestellte des Speisesaals und Putzfrauen ein oder warf Schuhe nach ihnen und schleuderte Besuchern Stühle entgegen. 1979 verfiel sie in ein noch infantileres Verhalten als 1978, sie kleidete sich noch bizarrer, sie entkleidete sich häufiger und trug ein noch exotischeres Make-up auf; sie aß auch etwas Lippenstift und behauptete, es seien Bonbons. Sie zerbrach zwei Brillen (1978 hatte sie nur eine Brille zerbrochen), sie weigerte sich häufiger, ihre Medikamente zu nehmen, und sie nannte mehr schwarze Therapiehelferinnen »Niggerhuren«. Ihre akut psychotische Phase dauerte länger, vielleicht weil ihr weniger Medikamente verabreicht wurden. 1978 hatte sie nach fünf Wochen 90 Milligramm Haldol bekommen – das Äquivalent von 4500 Milligramm Thorazin –, was sich als therapeutische Dosis erwiesen hatte. 1979 erhielt sie nie mehr als 30 Milligramm Haldol. 1978 hatte Dr. Sun Miss Frumkin als manisch-depressiv diagnostiziert, sie jedoch mit Medikamenten gegen Schizophrenie behandelt. 1979 diagnostizierte er sie wiederum als manisch-depressiv, aber nachdem er ihr mehrere Wochen lang Neuroleptika verordnet hatte, setzte er sie auf Lithium und verschrieb ihr, genau wie Dr. Stemple, zusätzlich noch eine kleine Dosis Trilafon. Das Lithium half ihr nicht mehr, als es ihr in der Vergangenheit geholfen hatte. Dank der kleinen Dosis Trilafon wurde schließlich eine geringfügige Stabilisierung ihres Zustands erzielt. 1978 hatte Miss Frumkin vom 16. Juni bis zum 31. Juli warten müssen, bis man ihr zum ersten Mal Ausgang erteilt hatte. 1979 mußte sie vom 19. Mai bis zum 24. August warten, bis sie die Abteilung für eine Stunde verlassen durfte.

Als Miss Frumkin 1979 erneut ins Creedmoor eingewiesen wurde, herrschten in der Clearview-Einheit noch dieselben traurigen Verhältnisse wie 1978. Der Personalmangel auf den Abteilungen war immer noch groß. 1979 war die Arbeitsmoral der überarbeiteten und schlecht bezahlten Therapiehelferinnen und -helfer auf einem genauso tiefen Stand wie eh und je. Um sich einen einigermaßen annehmbaren Lebensstandard sichern zu können, mußten viele dauernd einer zweiten Vollbeschäftigung nachgehen; einige arbeiteten in andern Krankenhäusern oder in Pflegeheimen; eine Therapiehelferin war Geschäftsführerin eines Nathan's-Restaurants; einige wurden vom Sozialamt unterstützt, andere verkauften Avon-Kosmetika. Viele mußten eine Lohnpfändung hinnehmen. Die Abteilungen waren immer noch schmutzig; jemand, der am Tag, bevor er einem Patienten der Clearview-Einheit einen Besuch abstattete, zufällig den Film *Einer flog über das Kuckucksnest* gesehen hatte, sagte spontan, die im Film angeprangerte staatliche psychiatrische Anstalt sei aber wesentlich sauberer. Die Versorgungsgüter waren immer noch knapp; Phasen ohrenbetäubenden Lärms und sporadischer Aggressivität wechselten sich ab mit Phasen der Langeweile, wenn die schäbig gekleideten Patienten müßig im Kreis herumgingen. Die meisten Psychiater waren Ausländer (1979 praktizierten mehr indische Psychiater in den Vereinigten Staaten als in Indien), und das Gespräch zwischen Arzt und Patient war immer noch durch enorme sprachliche und kulturelle Hemmnisse geprägt. Das Essen war immer noch kohlehydratreich. 1979 gab das Psychiatriezentrum Creedmoor pro Patient und Tag $ 1.80 für Lebensmittel aus – weniger als die Polizei von New York City für die Tagesration Futter für ein Pferd. Einmal, nach einer besonders faden Mahlzeit, sagte Miss Frumkin, die besten Mahlzeiten, die sie jemals im Creedmoor eingenommen habe, seien die Fertiggerichte gewesen, die man den Patienten während eines Streiks der Angestellten im November 1968 vorgesetzt hatte.

Kurz nachdem Sylvia Frumkin am 19. Mai 1979 ins Creedmoor eingewiesen worden war, wurde ihren Eltern, genau wie im Vorjahr, empfohlen, sie nicht zu besuchen. Das Pflegepersonal hatte auch diesmal den Eindruck, daß es für die Frumkins nicht günstig sei, wenn sie Sylvia in ihrem schlechtesten Zustand sähen, und sie fanden, es sei auch für Sylvia besser, wenn sie ihre Eltern nicht sähe. 1978 hatte Mr. Frumkin den Ratschlag des Pflegepersonals nicht befolgt, und er befolgte ihn auch 1979 nicht. Er besuchte Sylvia im Mai und im Juni im Krankenhaus und wurde von seiner Tochter geschlagen, ignoriert und unflätig beschimpft.

Eines Tages, als er Sylvia einen Besuch abstattete, war sie barfuß. Er fragte sie, weshalb sie keine Schuhe trage. Sie sagte ihm, sie sei Tänzerin, und Tänzerinnen trügen keine Schuhe. Dann schrie sie: »Mach, daß du hier rauskommst! Verschwinde!« Nach einem weiteren Besuch im Creedmoor sagte Mr. Frumkin zu seiner Frau, Sylvia sei »völlig verrückt«. Mrs. Frumkin hatte Sylvia vom 11. Juni 1978 bis zum 2. August 1978 nicht besucht, und sie besuchte sie auch vom 19. Mai 1979 bis zum 1. September 1979 nicht, rief jedoch häufig im Creedmoor an. Aufgrund ihres ersten Telefonanrufs – sie hatte am 19. Mai angerufen, bevor Sylvia vom Hillside auf die Abteilung überwiesen worden war – hatten die Therapiehelferinnen Sylvias Tonbandgerät, ihre Uhr und ihre Einkaufstasche weggeschlossen. Das Radio war in der Zeit zwischen dem Augenblick, wo sie aus dem Haus gerannt war, und ihrer Ankunft im Creedmoor abhanden gekommen. Die Kleider, die sie am siebzehnten, achtzehnten und neunzehnten getragen hatte, verschwanden, nachdem sie bereits im Creedmoor war. 1978 war der peruanische Poncho, den Sylvia am 16. Juni, als sie ins Creedmoor gekommen war, getragen hatte, abhanden gekommen; er tauchte im Herbst 1979 völlig zerschlissen im staatlichen Ankleideraum wieder auf und sah aus, als hätte er sämtliche Waschmaschinen sämtlicher Abteilungen des Psychiatriezentrums Creedmoor hinter sich.

Am 24. Mai, als Mr. Frumkin Sylvia auf der Clearview-Einheit besuchen kam und ihre Habe mit nach Hause nahm, erfuhr Mrs. Frumkin, daß Sylvias Radio und Kleider abhanden gekommen waren. Sie rief Mrs. Plotnick an – zum ersten Mal, seit sie sie am 26. Februar von Mutter zu Mutter um Hilfe gebeten hatte. Mrs. Frumkin war fuchsteufelswild. Sie warf Mrs. Plotnick vor, sie persönlich sei für das Abhandenkommen von einigen von Sylvias Sachen verantwortlich, und ließ durchblicken, die Angestellten der Clearview-Einheit hätten das Radio und die Kleider gestohlen. Nachdem Mrs. Plotnick Mrs. Frumkin hatte ausreden lassen, sagte sie ganz ruhig, es sei unmöglich, in Erfahrung zu bringen, wann genau das Radio verschwunden sei: Zwischen dem Zeitpunkt, wo Sylvia am Morgen des 19. Mai aus dem Haus der Frumkins gerannt war, und dem Zeitpunkt, wo sie auf der Notfallstation des L.I.J.-Hillside aufgetaucht war, waren drei

Stunden verstrichen, und niemand könne wissen, was sich in diesen Stunden ereignet habe. Mrs. Plotnick sagte, sie würde den Leiter des für Sylvia zuständigen Behandlungsteams bitten, sich nach dem fehlenden Rock, der verschwundenen Bluse und Jacke umzusehen. »Ich habe genug von dieser Delegiererei, Sie delegieren immer alles«, sagte Mrs. Frumkin in feindseligem Tonfall. »Ich akzeptiere keinerlei Entschuldigung.« Auf Joyce Frumkins Zureden hin rief Mrs. Frumkin einige Tage später Mrs. Plotnick an, um sich zu entschuldigen. Ihre Entschuldigung bestand in einer Frage und drei Aussagen: »Warum mußte all das uns passieren?« fragte sie. »Wir haben Besseres verdient. Sie hat Besseres verdient. Eine Geisteskrankheit ist ein Schicksal, das schlimmer ist als der Tod.«

Eine Freundin von Mrs. Frumkin, die gehört hatte, wie Harriet Frumkin sich vom Tag an, da Sylvia von den Klopfers zurückgekommen war, bis zum Tag, da sie davongerannt war, über Sylvia beklagt hatte, erkundigte sich am 21. Mai nach ihr. Die Freundin sagte, sie nehme an, Mrs. Frumkin sei erleichtert, nun da sie Sylvia endlich aus dem Haus habe. Mrs. Frumkin leugnete, irgendein Gefühl der Erleichterung zu verspüren. Sie sagte, es sei unmöglich, glücklich zu sein, wenn man eine Tochter im Creedmoor habe – und ein Kind dort zu wissen sei schlimmer als ein totes Kind zu haben. Sie erzählte ihrer Freundin, was sich in den frühen Morgenstunden des 19. Mai zugetragen hatte, und sagte ihr, sie habe Schuldgefühle, weil sie Sylvia, als sie mit dem Taxifahrer vor der Tür stand, eine solche Szene gemacht habe. »Ich habe den Mann ja ohnehin bezahlt«, sagte sie, »deshalb hätte ich mit Sylvia netter sein sollen. Vielleicht hätte ich ›Hallo Liebling‹ sagen und sie einfach zu Bett gehen lassen sollen. Vielleicht hätte ich mich sogar beim Taxifahrer bedanken und ihm ein Trinkgeld geben sollen, weil er sie sicher nach Hause gebracht hat. Ich mache immer alles falsch.«

Die Freundin wußte, daß Mrs. Frumkin sich, bevor Sylvia davongerannt war, besonders Gedanken darüber gemacht hatte, wie Sylvia sich wohl an Mrs. Frumkins Kunstausstellung benehmen würde. Sie rief Mrs. Frumkin an jenem Abend an, um sich zu erkundigen, wie die Ausstellung verlaufen sei. Mrs. Frumkin sagte, ihre Studenten hätten alle schöne Porträts, Landschaften mit Meer und Bilder von der Stadt gemalt, und Joyce hätte ihr geholfen, ein hübsches Programm zum Andenken drucken zu lassen, aber sie sagte auch: »Wer könnte sich an einer Kunstausstellung freuen, wenn seine Tochter in einem zwei auf drei Meter kleinen Isolationsraum mit nichts als einer Matratze auf dem Boden eingeschlossen ist?« Sie sagte zu ihrer Freundin, wenn Sylvia am 31. Mai noch zu Hause gewohnt hätte, hätte das nicht das geringste Problem verursacht. »Ich hatte mir genau ausgemalt, wie Sylvia den Tag verbringen würde«, sagte sie zu ihrer Freundin. »Sie hatte sich so sehr gewünscht, das Musical *Annie* zu sehen, und sie ist immer gern auswärts essen gegangen, deshalb hatte ich mir vorgenommen, ihr Geld für die Nachmittagsvorstellung und für ein anschließendes Abendessen zu geben.« Die Freundin wies Mrs. Frumkin nicht darauf hin, daß das Musical an Donnerstagnachmittagen nicht aufgeführt wurde, und sie behielt ihre Meinung für sich, als Mrs. Frumkin in wehmütigem Tonfall sagte, ohne Sylvia sei es zu still im Haus. »Sie war wie ein aufziehender Sturm«, sagte Mrs. Frumkin. »Erst sieht man, wie der Himmel immer dunkler wird. Dann sieht man Blitze und hört es donnern. Dann gießt es eimerweise. Und dann ist der Sturm vorbei, und es herrscht eine unheimliche Stille.«

Am 15. September 1979 wurde Sylvia Frumkin zum ersten Mal ein Urlaub zu Hause gewährt, und im Januar 1980 durfte sie als ambulante Patientin heimkehren. In der Zeit, als sie für Besuche zu Hause beurlaubt worden war, und in der Zeit, als sie zu Hause lebte, besuchte sie tagsüber das Schreibmaschinen-Büro, und abends und an den Wochenenden stritt sie mit ihren Eltern. Eines Abends kochte sie wieder einmal Fettucine Alfredo. Ihre Mutter kam in die Küche, rutschte auf einem Stückchen Butter aus, das Sylvia hatte fallen lassen, schlug mit dem Kopf gegen eine Schublade, die Sylvia nicht geschlossen hatte, und mußte wegen Rückenschmerzen auf die Notfallstation des Flushing-Krankenhauses gefahren werden. Sylvia aß immerzu. Im Sommer 1980 wog sie 91 Kilo – ein neuer Rekord – und schilderte sich selbst traurig als Ballon mit Armen, Beinen und einem Kopf. Sie verlor viele Sachen – Bibliotheksausweise, Brieftaschen, sämtliche Kosmetika und die Timex-Uhr, die sie auf dem Weg zu den Klopfers erstanden hatte. Im Herbst 1979 warf sie am Jom Kippur einen Löffel Frischkäse nach Joyce; im Frühling 1980, am Passah, zerbrach sie den zweitletzten Porzellanteller von dem Service, das ihre Mutter zur Hochzeit geschenkt bekommen hatte; am Muttertag 1980 warf sie Teebeutel an die Wände und die Decke der Küche; am Vatertag 1980 rannte sie aus einem Restaurant, wo sie mit ihren Eltern, ihrer Schwester und zwei Freunden der Familie zu Abend gegessen hatte, weil sie das Gefühl hatte, man ignoriere sie. Am 1. April 1980, als Sylvia in Zwietracht zu Hause wohnte und man im Creedmoor versuchte, einen Platz in einem Pflegeheim für sie zu finden, setzte eine Sozialarbeiterin vom Creedmoor, in der Hoffnung, Eltern und Tochter würden sich stärker um ein einigermaßen erträgliches Zusammenleben bemühen, wenn sie schriftlich gewisse Verpflichtungen eingingen, Verträge für Sylvia und die Frumkins auf, die alle unterzeichnen mußten. Sylvia verpflichtete sich, keine Gläser und kein Geschirr mehr herumzuwerfen, ihre Mutter und ihren Vater nicht zu schlagen, ihr Zimmer sauber zu halten, sich um ihre Körperpflege zu kümmern (zu baden, das Haar zu waschen, sich anständig zu kleiden) und die für die Schonkost ihres Vaters vorgesehenen Speisen nicht mehr zu essen. Im Vertrag, den Irving und Harriet Frumkin unterzeichneten, erklärten sie sich damit einverstanden, Sylvia nicht auf ihre Medikamente anzusprechen, zu versuchen, ihr jeden Tag ein Kompliment zu machen (zum Beispiel dafür, daß sie weiterhin an einem Programm teilnahm, einen Kurs besuchte oder ihr Aussehen verbesserte), nicht hinter ihr herzurennen, wenn sie in einem Wutanfall das Haus verließ, und sich nicht über ihr Gewicht und ihre Eßgewohnheiten auszulassen. Drei Tage nachdem die Verträge unterzeichnet worden waren, sagten Sylvia und Mrs. Frumkin unabhängig voneinander zu der Sozialarbeiterin: »Diese Verträge sind nicht einmal das Papier wert, auf das sie geschrieben wurden.«

Drei Monate nach der Unterzeichnung dieser Verträge und nachdem sämtliche Familienmitglieder gegen jede einzelne Vertragsbestimmung verstoßen hatten, ließ Sylvia Frumkin sich von der Schreibmaschinenarbeit im Creedmoor beurlauben. Im Juni und August besuchte sie einen Buchhaltungskurs an der Flushing-High-School. Nach Abschluß des Kurses weigerte sie sich, wieder in das Schreibmaschinen-Büro zu gehen; sie hatte wieder einmal beschlossen, all ihre Beziehungen zum Creedmoor abzubrechen. Ende August und Anfang September ging sie einem neuen Zeitvertreib nach: Sie sammelte Gutscheine. Sie stopfte ihr Zimmer und die Garage der Frumkins mit Gutscheinen voll, die sie aus Zeitungen und Zeitschriften ausschnitt, die sie gekauft, auf der Straße aufgelesen oder in Abfalleimern gefunden hatte. Miss Frumkin riß sämtliche Pappschachteln auseinander, die sie Nachbarn oder gutmütigen Fremden abschwatzen konnte. Sie bewahrte die Deckel, Böden und Seitenwände der Schachteln für künftige Verwendungszwecke auf. Sie löste die Etiketten von Konservendosen, sammelte das Einwickelpapier von Süßigkeiten und legte sich auf diese Weise eine umfassende Sammlung von »Belegen« zu, die sie im Fall von Angeboten für Geldrückgabe einzulösen hoffte. Während sie Gutscheine ausschnitt, Schachteln auseinanderriß und »Belege« sortierte, aß sie noch unmäßiger als sonst. Ihr Gewicht stieg auf 93 Kilo. Mitte September ging Miss Frumkin wieder ins Fountain House. Nach ihrem ersten Tag erzählte sie ihrer Mutter, die Klienten vom Fountain House seien doch wesentlich netter als die vom Schreibmaschinen-Büro. Miss Frumkins zweite Serie von Besuchen, die sie dem Fountain House abstattete, war kürzer als die erste. Im Sommer 1980 hatte ein Arzt im Creedmoor die niedrige Dosis Trilafon, die sie zusammen mit dem Lithium nahm, noch weiter herabgesetzt, und Anfang September wurde Miss Frumkin zusehends aggressiver. Eines Tages schlug sie ihren Vater. Und eines Tages packte sie ihre Mutter an den Haaren und schlug ihr den Kopf, ohne das Haar loszulassen, gegen eine Wand. Am 18. September wurde Sylvia Frumkin aus dem Creedmoor entlassen. Joyce Frumkin kam für den Jom Kippur am 20. September nach Hause; Sylvia fiel über sie her.

In den ersten achteinhalb Monaten des Jahres 1980 war Sylvia Frumkin anscheinend mit dem jüdischen Glauben zufrieden gewesen. Sie hatte regelmäßig dem jüdischen Gottesdienst im Creedmoor beigewohnt und sich gut mit dem Rabbiner verstanden. Einige Tage nach Jom Kippur lernte Sylvia einige wiedergeborene Christen kennen, die vor einem chinesischen Restaurant in Flushing Traktate verteilten. Sie luden Sylvia ein, mit ihnen eine Kirche zu besuchen. Sie ging mit, amüsierte sich und kam an jenem Abend gegen Mitternacht übelgelaunt nach Hause. Ihr Vater schlief bereits. Ihre Mutter hatte unruhig auf sie gewartet. Sylvia sagte zu ihrer Mutter, sie spinne, drohte ihr, sie werde ihr eine scheuern, ging auf ihr Zimmer und knallte die Tür zu. Sie blieb die ganze Nacht auf. Harriet Frumkin lag auf dem Bett und konnte kein Auge zutun. Sie hörte knisternde Geräusche, die aus dem Zimmer ihrer Tochter kamen, war jedoch zu verängstigt, um nachzusehen, was Sylvia tat.

Sylvia kam am Sonntag morgen um fünf Uhr aus ihrem Zimmer. Ihre Mutter sah, wie sie ins Wohnzimmer ging und drei Schallplatten aus einem Schrank nahm. Sie gehörten zu den Lieblingsplatten von Mrs. Frumkin. »Die gehören mir!« schrie Mrs. Frumkin, »leg sie zurück!« Es gelang ihr, eine Debussy- und eine Beethoven-Schallplatte zu retten, doch konnte sie Sylvia nicht daran hindern, eine fünfundzwanzig Jahre alte Schallplatte des »Zauberers von Oos« zu zertrümmern.

Als Mrs. Frumkin sich um acht Uhr wieder aus ihrem Zimmer wagte, stand die Tür zu Sylvias Zimmer offen. Noch nie hatte Mrs. Frumkin Sylvias Zimmer in einem solch chaotischen Zustand erlebt. Sylvia hatte in der Nacht ihr Kissen mit der Schere aufgeschnitten – sie erzählte ihrer Mutter, Dämonen hätten darauf getanzt – und fast all ihre Gutscheine, Schachtelteile und Tonbandkassetten zerstört. Die Barry-Manilow- und die Elton-John-Kassetten hatte sie besonders gemocht, doch nun fand sie sie blasphemisch. Die auf dem Boden liegenden entrollten Tonbänder sahen aus wie Schlangen. Sie hatte auch einige Poster, die sie dekorativ an die Wände gepinnt hatte, zerschnitten und dabei die Wände zerkratzt. Sie redete ständig über Jesus, über Dämonen und Verrückte, drohte damit, sie werde ihre Eltern ausrotten, und schrie so laut, daß die Nachbarn der Frumkins, die Verständnis für deren schlimme Lage zeigten, anriefen, um sich zu erkundigen, ob sie mit Sylvia nicht zu Rande kämen.

Irving Frumkin hatte die ganze Nacht durchgeschlafen. Der Anruf der Nachbarn kam kurz nachdem er aufgestanden war; er hängte ein, verließ das Haus und rief von einem benachbarten Süßwarengeschäft aus die Polizei an. Zwei Polizisten trafen ein. Sylvia beharrte darauf, Dr. Stemple anzurufen, den sie über ein

Jahr lang nicht mehr gesehen hatte. Es gelang ihr, ihn in seinem Landhaus in New Jersey zu erreichen, und sie stellte ihm Fragen über Besessenheit. Daraufhin sagte sie zu den Polizisten, sie werde mitkommen, wolle jedoch noch ein Taschenbuch aus ihrem Zimmer holen. Sie sprang durch das Fliegengitterfenster ihres Zimmers und landete, unverletzt, im Garten der Frumkins. Einer der Polizisten hatte sowohl die Tür ihres Schlafzimmers als auch die Haustür im Auge behalten. Der andere hatte sein Augenmerk auf das Schlafzimmerfenster und die Tür, die in den Garten führte, gerichtet. Er sah, wie Sylvia sprang und sicher auf dem Boden landete. Er erwischte sie, bevor sie nochmals einen Fluchtversuch unternehmen konnte. Einer der Polizisten, ein junger Mann, sagte: »Meine Frau ist auch eine wiedergeborene Christin, aber sie schreit und tobt nicht so.« Er funkte, um eine Ambulanz anzufordern. Der andere Polizist sagte: »Sie fluchen wie ein Fuhrmann und reden gleichzeitig von Jesus.«

Am Sonntag abend, dem 28. September 1980, wurde Sylvia Frumkin zum zehnten Mal ins Creedmoor eingewiesen. Dr. Werner, der Direktor des Psychiatriezentrums, war 1978 an einem Herzanfall gestorben; sein Nachfolger, Dr. Yoosuf A. Haveliwala, hatte eine Umstrukturierung des Psychiatriezentrums vorgenommen, das nun dem Krankenhaus aus der Zeit vor 1969 glich. Trotzdem kam Miss Frumkin in dasselbe Gebäude, in dem sie bereits 1978 und 1979 untergebracht worden war – in das Gebäude N/4. Im Dezember 1980, kurz bevor das Gebäude N/4 geschlossen wurde, wurde sie auf die I.P.C.U. 2 verlegt, eine der beiden neu geschaffenen Intensiv-Abteilungen für langfristige chronische Psychiatriepatienten. Ihre Medikation bestand immer noch aus Lithium und einer kleinen Dosis Trilafon. Sie verabscheute die neue Abteilung noch mehr als die Abteilung 043. Kurze Zeit nach ihrer Verlegung auf die I.P.C.U. 2 sagte sie, sie sei immer noch davon überzeugt, Jesus würde ihr helfen – im Gegensatz zu den Psychiatern, die immer wieder versagt hätten. »Eine Geisteskrankheit ist schlimmer als Krebs«, sagte sie. »Das Leiden hört nie auf.«

Ein Mann, der kurz darauf einen Besuch im Creedmoor machte, setzte sich zu Miss Frumkin und hörte ihr eine Stunde lang zu. Später erzählte er seiner Frau, er habe eine Weile vergessen, daß er sich im Creedmoor befunden habe, und habe sich gefragt, wo Miss Frumkins brillanter Geist sie wohl hingeführt hätte, wenn die Krankheit sie nicht ins Creedmoor gebracht hätte.

Es ist ein heißer Sommernachmittag. Sylvia Frumkin stolziert im Tagesraum herum. Sie trägt eine himbeerfarbene Bluse und eine violette Hose. Ein weißes T-Shirt ist locker um ihren Hals geschlungen; von Zeit zu Zeit zieht sie das T-Shirt über den Kopf und trägt es als Stirnband. Dann und wann zieht sie die Bluse aus. Sie trägt keinen Büstenhalter. Sie trägt auch keine Schuhe, und ihre Fußsohlen sind schwarz. Auf den Augenlidern, unter den Augen und auf den Lippen hat sie silberblauen Lidschatten aufgetragen. Sie redet laut mit sich selbst. Wie sie so im Tagesraum herumwandert, bemerkt sie drei Besucher – eine Frau mit zwei kleinen Mädchen. Die drei sind gekommen, um einer Patientin, die sich für Röntgenaufnahmen ins Gebäude 40 begeben mußte, einen Besuch abzustatten. Die Frau und ihre beiden Töchter warten darauf, daß die Patientin zurückkehrt. Sie sind schon früher oft ins Creedmoor gekommen; sie kennen Miss Frumkin, und Sylvia kennt sie. Sylvia kommt zum Tisch herüber, an dem sie sitzen, läßt sich neben der Frau auf einem Stuhl nieder und sagt zu ihr und den Kindern, sie sei die Superfrau. »Sie sind Mary Tyler Moore«, sagt sie zu der Frau. »Nein, Sie sind Loretta Swit, und Sie spielen Hot Lips im Film M*A*S*H.« Sie erzählt einem der Mädchen, sie habe sie in der Mike-Douglas-Show gesehen. »Wir machen alle einen Film«, sagt sie zu dem andern Mädchen. »Creedmoor ist das Universal-Filmstudio. Der ehemalige Direktor, Dr. Werner, hat es mir geschenkt. Er hat mir das ganze Krankenhaus geschenkt, bevor er starb. Auf dem Rasen wächst Löwenzahn. Ich möchte seine Wurzeln ausreißen. Meine Haut ist genau wie der Rasen. Ich werde sie herunterreißen und das Löwenzahnbeet herauszerren. Das ist nicht Schizophrenie, das ist Akne im Endstadium. Mein Kosmetiker wird mich wieder zusammenflicken. Nicht das Rauchen verursacht Krebs, sondern die Umweltverschmutzung. Als ich elf war, haben Dustin Hoffman und ich – er war der hübscheste Junge der Klasse – ein Gedicht über ein Mittel gegen Magensäure gemacht, das wir

Rülpser Cocktail tauften. Ich werde es Ihnen vorsingen.« Sylvia singt den Text nach der alten Melodie für die Pepsi-Cola-Werbung:

Rülpser Cocktail ist ein Drink
und nicht rosa, sondern pink,
doch er macht dich ganz schön flink.
Rülpser Cocktail.
Rülpser Cocktail schmeckt ganz gut,
wenn man Eis darunter tut,
das ist schon ein alter Hut.
Rülpser Cocktail.

Wie sie die Worte der dritten Strophe singt, die mit dem Vers »Rülpser Cocktail riecht nach nichts« beginnt, bleibt sie bei den ersten drei Worten des zweiten Verses hängen: »Und man sagt, man sagt, man sagt«, wiederholt sie. Sie hält inne, ergänzt dann den Vers mit den Worten: »Du bist die Säure los« und sagt dann ärgerlich: »Ach geh zum Teufel Rülpser Cocktail.« Eine Minute lang sieht sie aus, als fange sie zu weinen an, doch ihre Miene hellt sich gleich wieder auf, sie sagt den Kindern erneut, daß sie die Superfrau ist, sagt ihnen, daß sie mit einer Klassenkameradin einmal ein Musikstück mit dem Titel »Kantate auf Beech-Nut-Pfefferminz-Kaugummi« komponiert habe, und fängt dann an, schnell zu reden. »Lange Zeit wollte ich als Psychiatriepatientin zu *Was bin ich?* gehen«, sagt sie. »Mein wirklicher Beruf ist Psychiatriepatientin. Ich habe freie Kost und freies Logis, erhalte freiwillige Sozialleistungen von Medicaid und Medicare und werde von der Sozialversicherung und der Sozialhilfe bezahlt. Aber die Sendung ist abgesetzt worden, und vielleicht bin ich nicht mehr verrückt. Vielleicht habe ich bloß eine Idiosynkrasie – Sie müßten einen Arzt fragen. Und Gott der Herr möchte, daß ich zur Mike-Douglas-Show mit Programmen von wiedergeborenen Christen gehe. Ich möchte Ärztin werden. Ich möchte weg vom Filmtheater und zum operierenden Theater. Ich werde Ärztin oder Krankenschwester, und ich werde einen Schlüssel zu meiner Haustür bekommen. Lee Harvey Oswald ist als Patient hier. Gott spricht viel mit mir. Die Stimme ist ein Kobold in meinem Kopf. Ich bin eine gute Freundin von Mike Nichols und Diane von

Fürstenberg. Ich habe Geraldo Rivera kennengelernt, als ich im Elmhurst war. John Travoltas Vater spielt den Schatten in einer Radiosendung. Ich glaube, der Cowardly Lion aus dem ›Zauberer von Oos‹ war heimlich mit Judy Garland verheiratet. Ich werde Lyle Waggoner heiraten, der die Rolle von Steve Trevor spielt. Ich werde Lynda Carters Rolle als *Superfrau* übernehmen, wenn ich Steve heirate. Ich will meine eigene Show haben, eine Show mit dem Titel *Sylvia's*. Ich bin meine Lieblingsperson. Ich wünschte bloß, ich käme mit allen andern ebensogut aus wie mit mir selbst. Im geheimen habe ich bereits meine eigene Show.«

Sylvia blickt die Kinder an und sagt ihnen, sie sollen nicht an ihr zweifeln, denn sie *sei* die Superfrau. Sie langt in eine kleine Handtasche, die sie bei sich hat, und zieht einen Fetzen Papier hervor, auf den sie kritzelt: »Mohammed Ali entschuldigte sich bei mir.« Sie sagt zu der Frau, sie habe einmal eine große Einkaufstasche besessen, sie jedoch verloren. Sie kramt wieder in der Tasche, zieht einen fast aufgebrauchten rosa Lippenstift hervor, reicht ihn dem jüngeren Mädchen und sagt ihr laut flüsternd, sie habe ihn von der Königin von England geschenkt bekommen. »Ich habe Prinz Charles Chuck genannt«, sagt sie. »Ich bin Pfefferminz-Patty. Charles Schulz ist der Direktor meiner High-School. Meine Schwester Joyce hat das College besucht und ist hochnäsig geworden. Sie hat mich verlassen und Cozy Carrot mitgenommen. Joyce wirft in Kosmetiksalons mit Zwanzig-Dollar-Noten um sich wie andere Leute mit zwei Dollar und fünfzig Cent, aber das Haus von Joyce ist nicht auf Fels gebaut, es ist auf Sand gebaut. Es ist ein Sandschloß. Israel ist das gelobte Land, aber New Jersey ist der Himmel. Bitte helfen Sie mir im Christian Health Care Center aufgenommen zu werden. Ich würde gern nach New Jersey gehen, aber vielleicht gehe ich auf die Gould Farm. Die Hare Krishnas sind eigentlich nicht schlecht, aber ich finde, sie sollten nach Indien zurückkehren, denn sie versuchen, unser Land in Besitz zu nehmen. Ich habe die Absicht, wieder zur Schule zu gehen, um die sechste Klasse zu besuchen. Ich möchte meine Kindheit noch einmal erleben. Ich möchte meinen Eltern Miete zahlen, ein Schloß an meiner Tür anbringen und Kochprivilegien bekommen. Das Zuhause ist der richtige Ort für mich. Das Zuhause ist da, wo das Herz ist. Mein Vater war mein erster Zahnarzt. Ich möchte für eine Weile mit der Zeitmaschine in die Vergangenheit zurückkehren. Als ich auf der Music-and-Art-Schule war, hatte ich einmal eine sehr gute Freundin, Camilla Costello. Sie war die Nichte von Abbott und Costello. Sie sagte mir: ›Sylvia, ich habe viele Freundinnen, aber du bist meine beste Freundin.‹ Zur selben Zeit hatte ich eine Therapeutin namens Francine Baden. Francine war meine Traumpatin. Das waren die besten sechs Monate meines Lebens, die einzig normalen sechs Monate meines Lebens, jene sechs Monate mit Camilla und Francine. Einmal habe ich zu Francine gesagt: ›Gesund werden heißt erwachsen werden.‹ Ich bin nicht sicher, ob ich erwachsen werden will. Ich werde auf ewig die Superfrau bleiben.« Plötzlich sagt sie zu den Kindern, die keinen Ton von sich gegeben haben, sie sollen still sein. »Schhh«, sagt sie. »Hört ihr den Springbrunnen in der Ecke gurgeln? Vielleicht kann ich nur noch zwei Wochen lang die Superfrau sein, denn in zwei Wochen wird das Wasser des Brunnens überfließen, und bis dahin muß ich hier raus sein.«

Nachtrag der Autorin

Kurz nachdem *Is There No Place On Earth For Me?* im Frühling 1981 in vier Folgen im *New Yorker* abgedruckt worden war, besserte sich Sylvia Frumkins Zustand, und sie konnte wieder zu Hause leben. Nichts machte mich glücklicher als ihre Reaktion auf das, was ich über sie geschrieben hatte. »Ich haßte es, lesen zu müssen, wie verrückt ich gewesen bin«, sagte sie zu mir, »aber dadurch habe ich den festen Entschluß gefaßt, zu versuchen, nie wieder so verrückt zu werden und nie wieder ins Creedmoor zurückzugehen.« Dank der Veröffentlichung im *New Yorker* hat ein hervorragender Psychiater in New York City Sylvia als Privatpatientin übernommen. Sylvia hat mir vor kurzem erzählt, er sei der beste Psychiater, den sie jemals gehabt habe. Offenbar gelang es ihm, sie mit Medikamenten zu stabilisieren. Seit ich Sylvia 1978 kennengelernt habe, habe ich sie noch nie in einer solch guten Verfassung erlebt. Als ich mich das letzte Mal mit ihr unterhielt, sagte sie, sie mache eine Abmagerungskur und habe 14 Kilo abgenommen, und sie hoffe, sie könne eine eigene Wohnung haben.

Ich hoffe, daß sie, wenn dieses Buch im April in den Vereinigten Staaten erscheint, in dieser Wohnung lebt und daß es ihr dort gefallen wird, denn ich möchte, daß es auf dieser Welt einen Platz für Sylvia Frumkin, meine Freundin und mein Anliegen, gibt, so wie auch für die vielen tausend andern Menschen, die so sind wie sie.

Susan Sheehan
Dezember 1981

Nachwort von Manfred Krapp

Susan Sheehans Buch ist die treffende Nachzeichnung des Leidensweges einer chronisch schizophrenen jungen Frau. Aus ihm spricht die Unmittelbarkeit der Erfahrung der Autorin, die mit Sylvia Frumkin auf engstem Raum zusammengelebt hat, um ihr Leben möglichst authentisch beschreiben zu können. Susan Sheehan weist mit ihrem Bericht auf eine zutiefst existentielle Frage hin, die das In-der-Welt-Sein von Menschen wie Sylvia Frumkin prägt: die Frage, ob es für sie überhaupt auf dieser Welt einen Platz gibt.

Das Buch bricht ab, ohne eine Antwort auf diese Frage zu finden, auch wenn im Nachtrag der Autorin gedämpfter Optimismus spürbar wird, daß sich vielleicht dank der erfolgreichen Veröffentlichung des Buches und der damit einhergehenden positiven Bestätigung Sylvia Frumkins Leben grundlegend verändern, sie einen Platz in der Gesellschaft finden könnte.

Dennoch bleibt das beklemmende Gefühl, daß viele ähnlich schwerkranke Mitmenschen ihr Schicksal ohne eine solche Hilfestellung meistern müssen. Solchen Gefühlen von Hilflosigkeit und Ohnmacht wird jeder ausgesetzt, der sich, z. B. als Angehöriger oder als therapeutischer Helfer, mit der Welt chronisch psychotischer Menschen in Beziehung setzt. Das Buch vermittelt diese Erfahrungen auch einem breiteren Publikum.

Susan Sheehan greift im Gegensatz zu andern Erfahrungsberichten über die Schizophrenie (Sechehaye, Tagebuch einer Schizophrenen; Green, *Ich hab Dir nie einen Rosengarten versprochen*), die den positiven Aspekt einer in Einzelfällen durchaus möglichen Heilung wiedergeben, die negative, mit Hoffnungslosigkeit einhergehende Dimension der Krankheit auf und zeichnet so ein die Mehrzahl dieser Kranken repräsentierendes Bild. Sie wirkt damit auch spektakulär aufgemachten »Erfahrungsberichten« entgegen, die den »Wahnsinn« romantisierend und plakativ verwenden, um eigene − nichtpsychotische − Erfahrungen dramatischer und effektvoller erscheinen zu lassen.

Das Buch ermöglicht gerade dadurch ein wirkliches Verständnis für die Problematik dieser Kranken, indem es auch ambivalente Gefühle ihnen und der Krankheit gegenüber unverblümt zur Sprache bringt. Es zeigt auf, wie Gefühle von Anteilnahme und Identifikation in Resignation und Ohnmacht umschlagen können. Die häufig recht bunte psychotische Phantasiewelt kann uns faszinieren, auch wenn sie den Bezug zur Wirklichkeit verloren hat. Das eng damit verbundene archaische, ungesteuerte Ausleben von narzißtischen Bedürfnissen kann bei den Mitmenschen Angst und Abwehr, manchmal sogar Neid hervorrufen. Auf diese Weise kann sich der Konflikt des psychotisch Kranken mit seiner Umwelt verschärfen und seine Isolation noch mehr zunehmen.

Nach der Lektüre dieses Buches kann man ahnen, daß sich hinter der Welt von Wahnideen und Halluzinationen, aggressiven und autistischen Verhaltensweisen für den Kranken etwas sehr Wertvolles verbergen muß. Wie z.B. aus der »autobiographischen Odyssee« Sylvia Frumkins ersichtlich wird, bekommt der Wahn den Sinn, den Mangel an elementaren zwischenmenschlichen Erfahrungen zu kompensieren.

Das Buch zeigt sehr anschaulich, wie Sylvias Krankheit auch aus ihrer Lebensgeschichte heraus verständlich wird. Sie war als kleines Mädchen ein sensibles und oft allein gelassenes, aber auch phantasiebegabtes Kind. Sie leidet darunter, keine Freunde zu haben, und beginnt schon früh, sich imaginäre Freunde zu erschaffen, und erzählt diesen Geschichten. Ständig muß sie erfahren, daß ihre Bedürfnisse von ihrer Umgebung nicht wahrgenommen werden und ihre Eltern sie zutiefst ablehnen. Es besteht eine pathologische Symbiose zwischen Mutter und Tochter; Sylvia ist ebenso wie ihre Schwester ein Objekt der narzißtischen Bedürfnisse ihrer Eltern. Dies führt zu archaisch durchbrechenden heftigsten Aggressionen Sylvias der Mutter gegenüber, denen die Krankheit Form und Struktur verleiht.

Der in den Entstehungsbedingungen der Krankheit eine wichtige Rolle spielende familiäre Hintergrund wird für den Leser bis in feinste Verästelungen transparent gemacht und gibt ein Beispiel dafür, wie pathognomonische Faktoren über Generationen weitergegeben werden. Das Buch enthält sich dabei jeglicher Schuldzuweisung, und man empfindet nicht nur Mitgefühl für die Kranke, sondern – vor allem mit fortschreitender Lektüre – auch für die hilflosen und leidenden Eltern.

All dies stellt die auch von der Autorin aufgegriffene Frage nach den Ursachen der Schizophrenie erst einmal in den Hintergrund. Man geht heute von einem multifaktoriellen Geschehen aus, das heißt, daß ein vermuteter genetischer bzw. konstitutioneller Faktor bestimmter äußerer Bedingungen bedarf, um manifest zu werden. Biologische und psychodynamische Betrachtungsweisen schließen sich also nicht aus, sondern können sich gegenseitig ergänzen.

Sylvias Krankheit entwickelt sich aus einer existentiellen Not, die für sie nur durch Schaffung von eigenen Phantasiebereichen bewältigt werden kann; Phantasiebereichen, die sich schließlich zum Wahn verselbständigen, in denen sie sich aber begehrt und umworben, als Frau berühmter Popstars und selbst als Filmstar fühlen kann. Der Wahn ermöglicht ihr, eine unbefriedigende Welt zurückzulassen und auf den Planeten Verna zu »emigrieren«, auf dem das Leben heiterer und weniger belastend ist als auf der Erde. So äußert sich im Wahn ein Hoffnungsschimmer auf eine bessere Welt.

In der Psychopathologie verbirgt sich also auch etwas Kreatives. Das zeigt sich in manchen Gedichten und überraschenden Äußerungen Sylvias. Prinzhorn hat gezeigt, welch faszinierende Kunstwerke bei entsprechender künstlerischer Begabung in der Psychose entstehen können, und Bader und Navratil haben nachgewiesen, daß sich in der Psychose die gleichen kreativen Gestaltungstendenzen wie beim gesunden Künstler manifestieren.

Sylvia Frumkin lebt die Vorstellung von ihrer Einzigartigkeit unter anderem in der Phantasie aus, sie sei *die* Patientin, und alle anderen Patienten seien nur Spiegelungen ihrer Persönlichkeit, deren Anwesenheit erforderlich sei, damit sie lerne, mit sich selbst zu leben. Ein Psychiater bezeichnet sie denn auch zutreffend als »Genie im Wahnsinnigsein« und betont die »dionysische Färbung« ihrer Psychose.

Tatsächlich ist es nicht ungewöhnlich, daß in einer Psychose auch rauschhafte Komponenten in Erscheinung treten können. Nach Erich Neumann erfolgt in der Psychose eine Überwältigung des Ichs durch numinose Inhalte aus dem Unbewußten.

Dieses Gefühl des Ausgeliefertseins kann in der Selbstaufgabe zum Umschlagen der Angst in Rausch und Orgasmus führen. In Sylvia Frumkins Psychose liegen die Hölle als Symbol für den Einbruch numinoser Kräfte und der Rausch als lustvolles Erleben dieser Überwältigung nahe beieinander. Hier können in Anlehnung an Neumann ähnlich wie »in den Mysterien Hades und Dionysos ein und dieselbe Figur bedeuten«.

Im Gegensatz zur Antike ist dem modernen Menschen der Sinn für das Mysterium als einem Gefäß zum Auffangen elementarer psychischer Kräfte abhanden gekommen. Vielleicht läßt sich damit das häufige Auftreten religiöser Inhalte in Wahnvorstellungen erklären. Auch bei Sylvia Frumkin kündigt sich die Psychose manchmal durch religiöse Träume an. Mit Religion verbindet Sylvia die Hoffnung auf ein neues Leben. All dies macht verständlich, daß es ihr nicht leichtfällt, ihren Wahn aufzugeben. Sie selbst stellt lakonisch fest: »Kranksein hat seinen Charme.«

Der Abschied vom Wahn bedeutet für sie ein Opfer, das entsprechende Trauerarbeit erforderlich macht. Treffend wird geschildert, wie der Verlust des Wahns sie für Therapeuten und Mitpatienten weniger liebenswert macht. Oft wird dieser existentiellen Kategorie in der Therapie psychotisch Kranker zu wenig Rechnung getragen.

Ein hochkompliziertes Krankheitsbild wie das der Schizophrenie muß auch in seinen Wechselwirkungen mit Gesellschaft und Kultur betrachtet werden. Wahnvorstellungen werden stark vom jeweiligen Zeitgeist geprägt, auch wenn darüber hinaus viele Symbole in der Psychose eine Bedeutung besitzen, die über den sozialen oder kulturellen Kontext hinausgeht. Das Buch veranschaulicht sehr schön Struktur und Wirkung der Institution »Psychiatrie«. Die Autorin schildert die amerikanischen Verhältnisse, ohne zu beschönigen, aber auch ohne moralische Urteile zu fällen. Die Verhältnisse in den Vereinigten Staaten sind durchaus auf unsere Verhältnisse in dem Sinne übertragbar, daß der Leidensweg eines chronisch Schizophrenen bei uns ähnlich verlaufen könnte. Susan Sheehans Buch gibt einen Überblick über die allgemein in der Psychiatrie in den letzten Jahrzehnten gebräuchlichen Behandlungsmethoden und ihre Problematik. Dabei wird die historisch bedeutsame Veränderung in der Psychiatrie verdeutlicht, die durch die Einführung der modernen Psychopharmakatherapie in den fünfziger Jahren eingesetzt hat. Dies hat überall zu einer drastischen Reduzierung der Zahl chronisch hospitalisierter Patienten und zur sogenannten Drehtürpsychiatrie geführt, das heißt, viele Patienten können durch Medikamente schnell stabilisiert und nach Hause entlassen werden, erleiden dort jedoch wieder einen Rückfall und müssen dann erneut stationär behandelt werden. Eine weitere große Veränderung in der Psychiatrie bewirkte die sogenannte Sozialpsychiatrie bzw. gemeindenahe Psychiatrie etwa ab Ende der sechziger Jahre. Sie geht von der Erkenntnis aus, daß dem sozialen Umfeld ein wesentlicher Einfluß auf die Rückfälligkeit der Patienten zuzuschreiben ist. So wurden verschiedene soziotherapeutische Behandlungsformen entwickelt, vor allem Gruppenaktivitäten, wie z. B. die therapeutische Gemeinschaft, die den Kranken auf den Wiedereintritt in die soziale Umwelt vorbereiten soll. Ebenso bemühte man sich, krankmachende soziale Verhältnisse, z. B. in der Familientherapie, zu verändern. Man erkannte auch den ungünstigen Einfluß einer langen Hospitalisierung in der psychiatrischen Klinik auf den Verlauf der Erkrankung.

Die Atmosphäre psychiatrischer Kliniken und Stationen läßt sich in Susan Sheehans Buch hautnah nachempfinden. Schlechte bauliche und sanitäre Verhältnisse, viele schwerstgestörte Patienten auf engstem Raum, Geruch von Kaffee, Rauch und Urin, Kleiderzeremonie bei der Aufnahme, Isolierräume, durch Medikamente sedierte und inaktive Patienten, Gewalttätigkeit von Patienten gegen sich selbst, untereinander oder gegen das Pflegepersonal, schlechte pflegerische und ärztliche Besetzung, mangelnde therapeutische Ausbildung und viele andere der geschilderten Umstände kann man auch bei uns in vielen psychiatrischen Großkliniken antreffen, wenn auch die Verhältnisse in New York aufgrund größerer sozialer Gegensätze, ethnisch-kultureller Probleme und der enorm hohen Kriminalität sicherlich noch extremer sind. Vergleichbar mit unseren Organisationsstrukturen ist auch die Gliederung des Psychiatriezentrums Creedmoor in distriktbezogene Aufnahmebereiche für kürzerfristige Behandlungen, rückwärtige Stationen für mittelfristige Behandlungen,

Rehabilitationsabteilungen und Stationen für chronisch hospitalisierte Kranke, die zu einem Leben in der Gesellschaft nicht mehr in der Lage sind (sogenannte Abschiebestationen). Auch bei uns stellt sich das Problem, daß besonders bei unruhigen Patienten eine gemeindenahe Unterbringung in Heimen und ähnlichen Einrichtungen oft nur schwer möglich ist. Durchaus ähnlich organisiert und strukturiert sind auch die Rehabilitationseinrichtungen, wie Wohngemeinschaften und Übergangsheime, die auf eine Entlassung vorbereiten sollen. In den USA besteht in diesem Bereich ein weites Feld von Privatinitiativen (wie z. B. der Farmaufenthalt von Sylvia Frumkin zeigt), die in den Vereinigten Staaten stärker noch als hier weltanschaulich und religiös oder auch sektiererisch geprägt sein können. Das kann, muß sich aber nicht negativ auswirken, wie das Beispiel von Dr. Stemple zeigt, dem es gelingt, mit Sylvia über die Religion ein für sie erstaunlich festes therapeutisches Bündnis herzustellen.

Nicht übertragbar auf unsere Verhältnisse ist die Beschreibung der finanziellen Verantwortung des Patienten und seiner Familie in den Vereinigten Staaten. Durch das System der gesetzlichen Krankenversicherung sind die Kranken in der BRD wesentlich besser abgesichert. Bei uns wird finanzielle Unterstützung durch die Angehörigen nur entweder über die Sozialhilfe erfolgen oder im sogenannten Pflegefall. Es besteht aber auch bei uns die Tendenz, sogenannte Behandlungsfälle, zu denen Sylvia Frumkin sicherlich zählen würde, in Pflegefälle umzuwandeln.

Gerade an diesem Punkt oder auch in Form von Stellenreduzierung setzen auch bei uns in den letzten Jahren finanzielle Sparmaßnahmen an. Damit droht durchaus die Gefahr, daß die durch die Psychiatrieenquete erfolgten Reformbestrebungen der siebziger Jahre wieder zunichte gemacht werden.

Ich möchte noch einige Bemerkungen zur Psychotherapie mit Schizophrenen anschließen, da dieses Kapitel bei Susan Sheehan nicht so fachspezifisch kommentiert wird wie die medikamentösen Behandlungsmethoden durch den Kommentar des Psychopharmakologen. Dabei soll es nicht um eine Gegenüberstellung Psychotherapie versus Psychopharmaka-Therapie gehen, da sich beide gegenseitig sehr sinnvoll ergänzen.

Das Buch macht deutlich sichtbar, wie sehr ein Behandlungserfolg von der persönlichen Beziehung zwischen dem Patienten und dem Therapeuten abhängt. Es zeigt auch den negativen Einfluß einer Familie, die therapeutische Möglichkeiten mehr oder weniger bewußt zu boykottieren versucht. Eine individuelle Psychotherapie kann daher nur dann Erfolg haben, wenn günstige äußere Bedingungen vorliegen.

Es ist ein Verdienst der jahrzehntelangen Arbeit von G. Benedetti, Möglichkeiten und Grenzen der Psychotherapie von Psychosen systematisch erforscht zu haben. Er weist auf eine anthropologische Dimension der Psychotherapie hin, die über die eigentliche Therapie im Sinne einer Heilung hinausweist. Er sieht die Bedeutung der Psychotherapie schon darin, daß es »nur dank der Psychotherapie möglich ist, über die innere Art der psychotischen, grenzpsychotischen und schizophrenen Erkrankungen Genaueres zu erfahren«.

Sylvia Frumkin ist viele therapeutische Beziehungen eingegangen, die fast immer durch sie selbst oder äußere Umstände zum Scheitern gebracht wurden. Ihre engste therapeutische Beziehung – die zu Francine Baden – wird von Sylvias Mutter unterbunden. Francine Baden gibt in ihrem abschließenden Bericht eine anschauliche Analyse der pathologischen Symbiose zwischen Mutter und Tochter. Es entsteht der Eindruck, daß die Mutter den in der Therapie einsetzenden Ablösungsprozeß der Tochter durch Verhinderung einer weiteren therapeutischen Zusammenarbeit unmöglich zu machen versuchte. Sylvia war sich ihrer archaischen Aggression der Mutter gegenüber bewußt und davon überwältigt worden. Im nachhinein empfindet sie diese Entwicklung als die »Öffnung von Pandoras Büchse«. Damit drückt sie aus, daß ihre Aggressionen sich als so stark erwiesen, daß sie nicht mehr »eingefangen« werden konnten. Durch den Abbruch der Therapie fehlte nun das therapeutische Gefäß, um diese Aggressionen aufzufangen, es kommt zu einer Verschlechterung der Krankheit. Dies Beispiel verdeutlicht die Grenze der Psychotherapie von Psychosen.

In jeder Psychotherapie spielt die Gegenübertragung eine wichtige Rolle. Man versteht darunter alle gefühlsmäßig besetzten Reaktionen, die beim Therapeuten durch den Patienten ausgelöst werden. In der Psychosenpsychotherapie ist das Übertragungs-/Gegenübertragungsgeschehen am intensivsten. Dazu kommt die »Gegenidentifikation«, die nach Benedetti »eine Fähigkeit des Unbewußten ist, sich in die Situation des Kranken hineinzuversetzen, um damit wiederum seine Identifikationsbereitschaft mit dem Therapeuten und eine kohärentere Selbstidentität zu stimulieren«.

Die Bewußtmachung der eigenen Gegenübertragung und Gegenidentifikation beim Therapeuten und deren Transzendieren ist die wichtigste Voraussetzung für das Funktionieren einer Psychosentherapie. Das Buch gibt einige Beispiele, wie die im Therapeuten als Reaktion auf Sylvia Frumkin entstehenden Gefühle sich therapeutisch positiv oder negativ auswirken. Es ist im übrigen charakteristisch für die Wirkung psychotisch Kranker auf die Menschen ihrer Umgebung, daß sie deren unbewußte Schattenseiten sehr sensibel wahrnehmen, manchmal diese fast entlarven. Hier und da bekommt man fast den Eindruck, daß die durch die sensible Wahrnehmung des eigenen Unbewußten durch den Schizophrenen hervorgerufene Verunsicherung geradezu zu Fehlleistungen provoziert. Die Darstellung der Problematik des therapeutischen Personals bringt dies treffend zum Ausdruck.

Es stellt sich schließlich die Frage, wie Susan Sheehan selbst auf Sylvia Frumkin und deren psychotische Welt reagiert hat. Man kann dem Nachtrag entnehmen, daß sich eine freundschaftliche Beziehung zwischen den beiden Frauen entwickelt hat. Inwieweit ist es möglich, könnte man sich fragen, die Beziehung zu einem psychotisch Kranken wieder zu objektivieren und einen Bericht vorzulegen, der auf die Darstellung der eigenen subjektiven Gefühle verzichtet? Wie die Erfahrungen zeigen, ist in der Psychosenpsychotherapie gerade der Verzicht des Therapeuten auf eine objektive Betrachtungsweise die elementare Voraussetzung für das Herstellen einer Beziehung mit einem psychotisch Kranken. Benedetti geht davon aus, daß ein Sich-hinein-Versetzen in die Welt der Psychose bei der geistig gesunden Persönlichkeit des Therapeuten tief im Unbewußten liegende Prozesse auslöst, die vom Kranken sensibel wahrgenommen und für ihn zum Ariadne-Faden im Labyrinth der Psychose werden und so die Gesundung herbeiführen können.

In welcher Weise Susan Sheehan und Sylvia Frumkin miteinander kommuniziert haben, erfahren wir nicht, doch ist die Darstellung der Begegnung von Autorin und Protagonistin auch nicht Ziel des Buches. Susan Sheehan will Verständnis schaffen für die Welt dieser Kranken und deren Schwierigkeiten in unserer Gesellschaft.

Ob allerdings die Totalität der Welt des Wahns mit den Mitteln der Vernunft jemals vollständig durchdrungen und erfaßt werden kann, ist eine andere, bis jetzt nicht geklärte Frage.

DEREK GILL
ELISABETH KÜBLER-ROSS

WIE SIE WURDE WER SIE IST
379 Seiten mit 20 Fotos, gebunden mit Schutzumschlag

Die Lebensgeschichte der Sterbeforscherin Elisabeth Kübler-Ross
ist außergewöhnlich in jeder Beziehung: von ihrer Geburt als
anscheinend kaum lebensfähiges Kind – eines von Drillingen –
im Jahre 1926 über ihre abenteuerreiche Jugendzeit, in der sie
gleich nach dem Zweiten Weltkrieg als freiwillige Helferin Frie-
densdienste in Frankreich, Belgien, Schweden, Polen und Italien
leistete, bis hin zu ihrer Ausbildung als Ärztin und Psychiaterin
und ihrem plötzlichen internationalen Ruhm durch ihre Interviews mit Sterbenden. Elisabeth Kübler-Ross hat diesen Bericht
über ihr Leben ausdrücklich autorisiert und mit einem Nachwort
versehen. So ist dieses Buch nicht nur für die interessant, die sich
mit den Problemen von Tod und Sterben beschäftigen, sondern
für jeden, der die faszinierende Entwicklungsgeschichte einer
Frau miterleben möchte, deren ganze Existenz einer Aufgabe
gewidmet ist: den Menschen die Angst vor dem Tod zu nehmen
und sie zu einem sinnerfüllten Leben zu ermutigen.

»Der Biograph hat eine dankbare Aufgabe. Derek Gill unterzieht
sich ihr engagiert und mit spürbarer Hochachtung und Bewun-
derung für die Leistung dieser Ärztin.«
Frankfurter Allgemeine Zeitung

»Ein einfühlsames Buch, das auch sehr gut übersetzt ist und für
jeden wichtig, der von Elisabeth Kübler-Ross mehr als nur die
fünf seelischen Phasen des Sterbens kennen will.«
Die Diakonie Schwester

Kreuz Verlag

SCHWESTER LILIANE JUCHLI
HEILEN DURCH WIEDERENTDECKEN DER GANZHEIT
200 Seiten mit zahlreichen Graphiken, gebunden

In erster Linie für Krankenschwestern und Menschen in helfen-
den Berufen bestimmt, ist dieses Buch der bekannten Autorin
über diesen Adressatenkreis hinaus ein grundlegendes Werk über
das, was man heute den Paradigma-Wechsel nennt. Die Autorin
versteht den Leib als eine Einheit des ganzen Menschen im
Unterschied zum Körper als einer physiologischen Maschine. So
gesehen ist Krankheit kein Zustand, der einer Reparatur bedarf,
sondern Ausdruck einer Krise der seelisch-geistigen Entwicklung, die zur Reifung herausfordert. Anleitungen zu praktischen
Übungen zur Entspannung, zum Malen, zum Imaginieren und
zur Selbstwahrnehmung ergänzen die Darlegungen.

THEODOR SEIFERT/ ANGELA WAIBLINGER (Hrsg.)
THERAPIE UND SELBSTERFAHRUNG
Einblick in die wichtigsten Methoden
400 Seiten, 50 Autorenfotos, gebunden

Dieser Band gibt dem Laien, aber selbstverständlich auch Fach-
leuten eine anschauliche, allgemeinverständliche Orientierung
über 50 verschiedene Methoden der Therapie und Selbsterfahrung. Dabei geht es um Psychotherapie und Psychiatrie im enge-
ren Sinne, aber ebenso um Körpertherapien und um Wege zum
geistigen Training. Alle Beiträge sind von kompetenten Fachver-
treterinnen und Fachvertretern verfaßt, die aus eigener Erfahrung
schreiben. Gegensätzliche Auffassungen zwischen den verschiedenen Schulen und Methoden werden in diesem Band nicht
thematisiert. Der Leser kann sich selbst ein Urteil bilden. So ist
ein Nachschlagewerk entstanden, durch welches jeder sich zutreffend informieren kann. Literaturhinweise zu jedem Beitrag ergänzen das Werk.

Kreuz Verlag